Sección de Obras de Historia

SANTA MARÍA TONANTZIN VIRGEN DE GUADALUPE

RICHARD NEBEL

SANTA MARÍA TONANTZIN VIRGEN DE GUADALUPE

Continuidad y transformación religiosa en México

Traducción del alemán por el
Pbro. Dr. Carlos Warnholtz Bustillos,
arcipreste de la Insigne y Nacional Basílica de Guadalupe,
con la colaboración de la señora
Irma Ochoa de Nebel

FONDO DE CULTURA ECONÓMICA
MÉXICO

Primera edición en alemán, 1992
Primera edición en español, 1995
Primera reimpresión, 1996

En la portada: Imagen de la Virgen de Guadalupe con personificaciones emblemáticas de América y Europa, las cuatro apariciones y la alegoría de las armas mexicanas; autor anónimo, siglo XVII, óleo sobre tela (201 × 121 cm). Colección: Museo de la Basílica de Guadalupe. Fotografía de Gilberto Chen.

Título original:
Santa María Tonantzin Virgen de Guadalupé - Religiöse Kontinuität und Transformation in Mexiko

ISBN 3-85824-072-9

Carretera Picacho-Ajusco, 227; 14200 México, D. F.

ISBN 968-16-4536-7

Impreso en México

En una palabra, para el mexicano la Virgen de Guadalupe es tridimensional. No la discute ni la analiza, porque la respira y la siente en él.

RODOLFO USIGLI, *Corona de luz*, México, 1965, p. 53

Vos, Virgen Santa, con más razón que San Pablo a los de Corinto y otros pueblos, podéis decir a los mexicanos: *Per Evangelium, ego vos genui.* Con más razón que San Juan a los de Éfeso, podéis llamar a los americanos hijitos míos, y decirles con toda verdad: "Yo os concebí al pie de la Cruz, allá en el Monte Calvario; pero os he parido en Tepeyac"; y después: "¡Oh, felices americanos! Excelentísima y nobilísima Ciudad de México, consolaos. Nadie podrá arrebataros lo que se os ha dado, porque sabrá conservaros la dádiva quien os la ha concedido, como permanezcáis fieles y agradecidos a vuestra Soberana bienhechora".

De un sermón del doctor Ramón Pérez Anastaris, Canónigo de la Catedral de Valladolid (hoy Morelia) en Michoacán, México, predicado el 12 de diciembre de 1796 en el Santuario de Nuestra Señora de Guadalupe, citado por Ernesto de la Torre Villar y Ramiro Navarro de Anda, *Testimonios históricos guadalupanos,* México, 1982, p. 1188.

PRESENTACIÓN

He leído con toda atención la tesis doctoral "de habilitación" —como le llaman en algunas partes de Europa, por ejemplo en Alemania y Suiza— del doctor Richard Nebel, cuyo título es *Santa María Tonantzin Virgen de Guadalupe. Continuidad y transformación religiosa en México.* No cabe duda de que es un estudio acucioso, profundo y erudito de un tema que nos apasiona a los mexicanos. Basta fijarse someramente en la amplísima bibliografía por él consultada para darnos cuenta de que, hasta la fecha de la edición de su tesis en alemán, no dejó nada de lo existente por consultar.

El autor no sólo es un historiador, sino, además, un teólogo cristiano completamente ortodoxo en su fe, que trata de enfocar con sumo interés y con gran respeto el tema guadalupano mexicano, y por encima de todas las discusiones de índole meramente histórica, proyecta dicho tema en toda su amplitud y trascendencia para la fe y los valores cristianos de nuestro pueblo.

El libro de Nebel no es un libro polémico. Es una obra de amplia investigación objetiva, histórico-religiosa, que ilumina con criterios bien fundados el fenómeno mexicano de Guadalupe. Resulta, pues, del todo interesante el que, siendo un estudioso extranjero de gran honestidad intelectual, aborde el tema sin prejuicios de ninguna clase; y esto es muy importante para la obtención de un resultado serio de valor científico, ya que no se trata de un dogma de fe, sino de una creencia piadosa profundamente arraigada en el pueblo de México, inestimable en sus múltiples consecuencias.

Sin duda Nebel nos proporciona pistas preciosas para la profundización de este estudio bajo muy diversos aspectos, algo sumamente deseable entre nosotros. El historiador teólogo, por ejemplo, analiza a los llamados "cuatro evangelistas" de las apariciones de Santa María de Guadalupe en la colina del Tepeyac (Miguel Sánchez, Lasso de la Vega, Becerra Tanco y Francisco de Florencia, S.J.), tratando de penetrar en la mentalidad religiosa de la época y teniendo en cuenta la gran credulidad, honesta y piadosa, en toda clase de milagros, para ellos fáciles de aceptar, basándose especialmente en muy discutibles interpretaciones escriturísticas saturadas de gongorismos.

Nebel los ve no tanto como fieles trasmisores de la verdad "histórica" de un hecho concreto y real en el sentido de la historiografía crítica y científica moderna, sino como devotos difusores de una hermosa tradición catequética mariológica llena de un profundo sentido humano y religioso, conforme a la doctrina tradicional de la Iglesia acerca de la participación de María en la historia de la salvación.

Hay que advertir que hasta la fecha no se ha podido precisar históricamente quién fue el autor del famoso *Nican Mopohua.* ¿Fue acaso un celoso misionero empeñado en la catequesis de los indígenas? ¿O tal vez un indígena culto con cualidades literarias y conocimientos teológicos? Lo ignoramos. ¿Cuándo precisamente se escribió dicha narración? Algunos piensan que en el último cuarto del siglo XVI.

Podríamos por tanto pensar, de acuerdo con los estudios del autor, que los famosos cuatro evangelistas, aprovechando dicha narración de finales del siglo XVI, se convirtieron en apóstoles de las apariciones guadalupanas. En efecto, estos hombres, con una incipiente conciencia nacionalista y con la firme certeza de poseer valores religiosos propios, sintieron que no tenían por qué importarlos de allende los mares. Pero, además, los animaba la piadosa persuasión de una presencia sobrenatural de María entre nosotros, presencia de fe y reafirmación de los valores propios de los pobladores de estas tierras, aunados a las tradiciones y creencias de los conquistadores y evangelizadores del Nuevo Mundo.

El análisis profundo del guadalupanismo mexicano me permite pensar en una providencia divina especial, que se valió y se sigue valiendo de esta tierna y devota narración llena de elementos indígenas y europeos, para la realización del noble y heroico trabajo de la evangelización.

Todos los que se dedican a la investigación de las fuentes históricas guadalupanas saben muy bien que hasta la fecha no poseemos el documento auténtico original del *Nican Mopohua,* elaborado muy probablemente, como apuntaba, en el último cuarto del siglo XVI. Lo que realmente conocemos es la versión impresa en lengua náhuatl del bachiller Lasso de la Vega, la que algunos conocedores de dicha lengua afirman que la copió de una versión ya existente.

Creo por lo tanto válida la exégesis teológica, pastoral, ascética y mística que se ha hecho de tan hermosa e ingenua narración, faltando todavía, como dice el autor de la tesis, un estudio comparativo, lingüístico y de pensamiento de todas las narraciones que guardan similitud y parentesco con el *Nican Mopohua.*

Desde luego Nebel trata con gran respeto y delicadeza a los múltiples historiadores del pensamiento guadalupano, de tal manera que cada quien puede seguir sosteniendo sus puntos de vista de acuerdo con sus estudios y convicciones. En mi opinión esta tesis puede abrir amplios horizontes para la formación de un verdadero Centro de Estudios Guadalupanos de calidad y con gran proyección tanto cultural como religiosa. Sin duda allí podrán caber nuestros mejores estudiosos, historiadores, sociólogos, antropólogos, pastoralistas y teólogos, cuyas aportaciones serían muy valiosas para un mejor entendimiento de nuestra verdadera identidad nacional.

Para Nebel ha faltado entre nosotros una más profunda y amplia investigación que arrojaría luz sobre dicha temática.

Ojalá que la publicación de este libro en su versión castellana, hecha con todo empeño por el doctor Carlos Warnholtz Bustillos, con motivo del centésimo aniversario de la Coronación de la Santísima Virgen María de Guadalupe como Reina de México y Emperatriz de las Américas e Islas Filipinas, signifique una aportación valiosa para todos los que, con mirada amplia y auténtica modernidad, quieran adentrarse en el conocimiento de nuestros valores, sin tenerle miedo a la verdad.

El tema seguirá siendo apasionante, no sólo para nosotros, sino también para todos los que tratan de adentrarse en el conocimiento de nuestras raíces y de nuestra evolución tanto cultural como político-social.

Monseñor GUILLERMO SCHULENBURG PRADO
abad de Guadalupe

PRÓLOGO

La historiografía del cristianismo se empieza a modificar al desplazarse, en estos finales del siglo XX, la cifra mayoritaria de cristianos de Europa a América, África y Asia, otrora "colonizados" y "evangelizados" desde la misma Europa.

En el marco de la conmemoración de los 500 años del descubrimiento de América (1992) se ha venido desarrollando en el campo internacional de la ciencia una fuerte controversia sobre el "descubrimiento",[1] la conquista de "América" y sus repercusiones. Esta controversia se ha extendido al área eclesiástica, teológica y social.

Debemos entender el presente trabajo de teología e historia intercultural del cristianismo: *Santa María Tonantzin Virgen de Guadalupe. Continuidad y transformación religiosa en México,* como una aportación teológica a este conjunto de temas, cuyos resultados presentes han de ser discutidos en el trasfondo del estado actual de la investigación internacional. La tesis fundamental es la convicción de que el llamado "acontecimiento guadalupano" del siglo XVI no constituye un suceso histórico ya concluido, sino que con este acontecimiento se puso en marcha un proceso que ha contribuido a configurar el curso de la historia de México, y cuya fuerza creadora se manifiesta en las actuales condiciones sociales y en los problemas de esta tierra, y aún más allá de sus fronteras.

Justamente, el acontecimiento guadalupano, como determinante del desarrollo histórico y cultural de la tierra de los aztecas, mayas y otros pueblos, desempeña un importantísimo papel en la intensa discusión que acerca de su identidad, desde hace siglos, se experimenta en México y que abarca también la cuestión de si el México

[1] Sobre la dialéctica de los sucesos históricos del "descubrimiento", "encubrimiento" e "invención" de "América", véase Edmundo O'Gorman, *La invención de América,* México, 1958, 1977. Véase también Luis Navarro García, *Las claves de la colonización española en el Nuevo Mundo (1492-1824),* Barcelona, 1991, pp. 105-109.

moderno debe ser considerado como el heredero de una tradición "americana" independiente, o si, por el contrario, se le debe tomar por un vástago de las fuerzas colonizadoras europeas, especialmente de España. Este debate se ha reflejado en las más variadas disciplinas de la ciencia, pero sobre todo en la literatura[2] y en la teología[3] mexicanas.

Este trabajo nació del deseo de descubrir y presentar en forma compendiada un conjunto de problemas en torno al fenómeno guadalupano, que por una parte son tan viejos como la historia del cristianismo en España o en México, y por otra han sido poco investigados por la ciencia. Se basa en fuentes fundamentales escritas en náhuatl (Sahagún, Lasso de la Vega y cantares mexicanos, entre otros) y en documentos españoles de los siglos XVI y XVII (Zumárraga, Bustamante, Sánchez, Florencia y Becerra Tanco, entre otros), en los trabajos de mexicanistas renombrados (Seler, Garibay y León-Portilla, entre otros) e historiadores (De la Torre Villar, O'Gorman y Lafaye, entre otros), se basa también en sólidos resultados obtenidos de la investigación etnológica y antropológica (en especial de mexicanos y norteamericanos), en tratados de misionología (Ricard, Borges, Baumgartner, Elizondo, Siller y otros), en las obras de los más conocidos "guadalupanos" (Cuevas, Velázquez, Junco, López Beltrán, Chauvet, etc.), así como también en experiencias, estudios e investigaciones propias en España, México y en varios países de América.

Me propuse consultar el mayor número posible de obras y manuscritos, lo que sólo fue posible con el auxilio de numerosas personas e instituciones. Quiero dar las gracias por la ayuda prestada y por permitírseme la obtención de copias, especialmente a monseñor Guillermo Schulenburg Prado, vigésimo primer abad de la in-

[2] De la totalidad del escrito sobre este tema, véase particularmente Octavio Paz, *El laberinto de la soledad*, México, 1950; Carlos Fuentes, *Obras completas*, tomos I-III, México, 1974; Leopoldo Zea, *Discurso sobre la marginalización y la barbarie*, Barcelona, 1988.

[3] Ernesto de la Torre Villar y Ramiro Navarro de Anda ofrecen una excelente selección de textos y documentos en *Testimonios históricos guadalupanos*, compilación, prólogo, notas bibliográficas e índices de E. de la Torre V. y R. Navarro de A., México, 1982. *Cf.* también Jakob Baumgartner, "Guadalupanismo und Fünfhundertjahrfeier der Evangelisierung Lateinamerikas", en *NZM*, 44 (1988), p. 142; Michael Sievernich, "500 Jahre Evangelisierung Lateinamerikas aus der Sicht der europäischen Theologie", en *OK*, 30 (1989), pp. 409-428.

signe y nacional basílica de Santa María de Guadalupe, y al padre doctor Carlos Warnholtz, en primer lugar por haberme permitido el acceso a los documentos y manuscritos originales (siglos XVII al XIX) que todavía se conservan y guardan en la caja de seguridad de la Basílica, y a la biblioteca "Lorenzo Boturini", y en segundo lugar por haber hecho posible la presente publicación en español; al licenciado Héctor Rogel Hernández, director de la biblioteca del Seminario Conciliar de Tlalpan, México, D.F.; a la profesora Glafira Magaña Perales, jefa del Programa de Archivos Eclesiásticos de la Nación del Archivo General de la Nación; al personal del Ibero-Amerikanisches Institut Preussischer Kulturbesitz, en Berlín. Tengo también una especial deuda de gratitud con el servicio de préstamo interbibliotecario de la Universidad de Bayreuth.

Vaya también mi agradecimiento, por sus valiosas informaciones en mi búsqueda de fuentes y bibliografía y sus sustanciosos consejos en el campo pastoral y de la evangelización, a monseñor Ernesto Cardenal Corripio Ahumada, arzobispo primado de México; a monseñor Enrique R. Salazar y Salazar, presidente del CEG; a los padres Lauro López Beltrán, Miguel Ángel Cerda, Senén Mejic, Eleazar Ramírez T., Jesús María Rodríguez R., Salvador Rosales (todos ellos del CEG), y a Baltazar Ochoa Espinosa (Xalapa, Veracruz).

También doy las gracias a los siguientes obispos: José A. Llaguno, S.J., Sergio Méndez Arceo, Sergio Obeso, Samuel Ruiz García. A los padres y hermanos del CENAMI: Santiago Aguado A., Hilda Espín Moya, Garis Fernández Mier, Clodomiro L. Siller A. A los padres y profesores del CELAM, UP, Vía, CEHILA: Salvador Carrillo Alday, M.Sp.S., Miguel Concha Malo, O.P., Víctor M. Pérez Valera, S.J., Jesús García, María Alicia Fuente de Guzmán, Manuel Olimón Nolasco, José Luis Guerrero, José de Jesús Herrera A. y José Martín Rivera Hernández.

Por su asesoría científica estoy en deuda con Alfonso Alcalá Alvarado, M.Sp.S. (UP); Ramón Arzápalo (UNAM), Miguel León-Portilla (UNAM), Alfredo López Austin (UNAM), Carlos Martínez Marín (UNAM), A. Pompa y Pompa (UNAM, INAH).

Agradezco los consejos en el campo científico de Arnulf Camps (Nijmegen, Holanda), Anton Dauer (Bayreuth), Peter Dressendörfer (Bonn), Teodoro Hampe Martínez (Wien), Reinhard Liehr (Berlín), Horst Pietschmann (Hamburgo), Hanns Prem (Bonn), Bruno Schlegelberger (Berlín), Eberhard Schmitt (Bamberg), Michael Sievernich (Frankfurt del Main) Konrad Tyrakowski (Eichstätt), Bernward H. Willeke (Osnabrück).

Quiero expresar mi más vivo reconocimiento a Ernesto de la Torre Villar (UNAM) y a Jakob Baumgartner (Friburgo).

Doy las gracias a la Facultad de Teología Católica de la Universidad de Würzburg por haber aceptado este trabajo como tesis posdoctoral para habilitación en la docencia en el semestre de invierno de 1990.

Finalmente agradezco a mi esposa Irma Ochoa Fernández, quien con gran conocimiento del tema ha colaborado en todo el trabajo y muy especialmente en la traducción al español.

Confiamos en que todas estas ayudas y todo este esfuerzo sirvan de estímulo a historiadores, filólogos y científicos de otras disciplinas para posteriores investigaciones, y que ponga al alcance de los teólogos y estudiosos de la religión las fuentes que hasta ahora no se habían tomado en cuenta o que no eran asequibles.

Esperamos que este trabajo contribuya a desarrollar otros aspectos relevantes tanto en el campo teórico como en el práctico de la investigación y fomente nuevos trabajos que den continuidad al presente.

RICHARD NEBEL
Académico Corresponsal de la Academia
Mexicana de la Historia

ABREVIATURAS

A. Instituciones y organizaciones

ADLAF	Arbeitsgemeinschaft Deutsche Lateinamerika Forschung
AGN	Archivo General de la Nación, México
AHN	Archivos Históricos Nacionales, Madrid
ANGTM	Asociación Nacional Guadalupana de Trabajadores Mexicanos
BLB	Biblioteca Lorenzo Boturini, México
BSC	Biblioteca del Seminario Conciliar, México
BSMG	Insigne y Nacional Basílica de Santa María de Guadalupe, México
CaGu	Venerable Cabildo de la Insigne y Nacional Basílica de Santa María de Guadalupe, México
CAM	Centro de Antonio de Montesinos, México
CEAV	Centro Ecuménico Antonio Valdivieso, Managua, Nicaragua
CCEG	Centro Coordinador de Educación Guadalupana, México
CEBS	Centro de Estudios Bernardino de Sahagún, México
CEDIPIO	Centro Diocesano de Pastoral Indigenista de Oaxaca, México
CEEC	Comisión Episcopal de Evangelización y Catequesis, México
CEG	Centro de Estudios Guadalupanos, México
CEHILA	Comisión de Estudios de Historia de la Iglesia en América Latina, México y otros lugares
CEI	Comisión Episcopal para Indígenas, México
CELAM	Consejo Episcopal Latinoamericano, Bogotá
CEM	Conferencia del Episcopado Mexicano, México

CENAMI	Centro Nacional de Ayuda a las Misiones Indígenas, México
CEP	Centro de Estudios y Publicaciones, Lima, Perú
CNEP	Confederación Nacional de Escuelas Particulares, A.C., México
CNG	Congreso Nacional Guadalupano, México
CIMI	Conselho Indigenista Missionário, Brasilia
CNBB	Conferéncia Nacional dos Bispos do Brasil
DBK	Sekretariat der Deutschen Bischofskonferenz, Bonn
DEI	Departamento Ecuménico de Investigaciones, San José, Costa Rica
INAH	Instituto Nacional de Antropología e Historia, México
ISE	Instituto de Sagrada Escritura, México
ISEE	Instituto Superior de Estudios Elesiásticos, México
UIA	Universidad Iberoamericana, México
UNAM	Universidad Nacional Autónoma de México
UP	Universidad Pontificia

B. Revistas científicas, periódicos y enciclopedias

AA	*American Anthropologist,* Washington
Abside	*Abside. Revista de Cultura Mexicana,* México
AfL	*Archiv für Liturgiewissenschaft,* Regensburgo
AlbAm	*Archivo Ibero-Americano,* Madrid
AKG	*Archiv für Kulturgeschichte,* Colonia-Graz
ALCECS	*América Latina: Estudios de Científicos Soviéticos,* Moscú
Americas	*The Americas,* Washington
AmEth	*American Ethnologist,* Washington
AMN	*Anales del Museo Nacional de México,* México
AMNAHE	*Anales del Museo Nacional de Arqueología, Historia y Etnografía,* México
AnBoll	*Analecta Bollandiana,* Bruselas
AQ	*Antropological Quarterly,* Washington

Artes de México	*Artes de México,* México
ASFM	*Anuario de la Sociedad Folklórica de México,* México
BFL	*Bulletin de la Faculté des lettres,* Estrasburgo
ByZ	*Byzantinische Zeitschrift,* Leipzig
Catholica	*Catholica. Vierteljahresschrift für ökumenische Theologie,* Münster
Christus	*Christus,* México
Conc.	*Concilium. Internationale Zeitschrift für Theologie,* Einsiedeln y otras ciudades
Correo del Sur	*Correo del Sur,* Cuernavaca, Morelos
CuadAm	*Cuadernos Americanos, Revista del Nuevo Mundo,* México
CuadMex	*Cuadernos Mexicanos,* México
CuCo	*Estudios sobre las Culturas Contemporáneas, Revista de investigación y análisis,* Universidad de Colima, México
DC	*Democracia Cristiana,* México
Diakonia	*Diakonia,* Mainz
DOCA	*Documentación Católica,* México
DocG	*Documentos Guadalupanos*
D.P.	Documentos de la III Conferencia General del Episcopado Latinoamericano en Puebla
EfMex	*Efemérides Mexicana. Revista de la Universidad Pontificia de México,* México
EHA	*Estudios de Historiografía Americana,* México
EI	*Estudios Indígenas,* Departamento de Pastoral del Centro Nacional de Ayuda a las Misiones Indígenas (CENAMI), del Secretariado Ejecutivo de la Comisión Episcopal para Indígenas, México
EM	*Estudios Marianos,* Madrid
EN	*Exhortación Apostólica Evangelii Nuntiandi* (Paulo VI, 1975)
ESpMi	*España Misionera,* Madrid
Ethnos	*Ethnos,* Estocolmo
Excelsior	*Excélsior. El Periódico de la Vida Nacional,* México
FolkAm	*Folklore Americano,* Lima, Perú

Greg	*Gregorianum,* Roma
HAHR	*The Hispanic American Historical Review,* Durham
HLQ	*The Huntington Library Quarterly,* San Marino, Calif.
HispSac	*Hispania Sacra,* Barcelona
Histórica	*Histórica,* ed. CEG, México
HM	*Historia Mexicana,* El Colegio de México, México
HumAn	*Humanidades. Anuario,* Universidad Iberoamericana, México
HZ	*Historische Zeitschrift,* Munich
IAA	*Ibero-Amerikanisches Archiv.,* Hamburgo, Berlín
Ibam	*Iberoamericana,* Frankfurt del Main
Iglesias	*Iglesias,* México
In PMV, AmLa	*Informes de Pro Mundi Vita, América Latina,* Bruselas
JAF	*Journal of American Folklore,* Boston, Mass.
JAR	*Journal of Anthropological Research,* Albuquerque, Nuevo México
JBLA	*Jahrbuch für Geschichte von Staat, Wirtschaft und Gesellschaft Lateinamerikas,* Colonia
JChSt	*A Journal of Church and State,* Waco, Texas
JIP	*Journal of Individual Psychology,* Millwood, N.Y.
Juan Diego	*Juan Diego,* Cuernavaca, Mor.
LAAR	*Latin American Research Review,* Austin, Texas
Logos	*Logos. Revista Cuatrimestral de la Escuela de Filosofía,* Universidad La Salle, México
LThK	*Lexikon für Theologie und Kirche,* Friburgo
MAMH	*Memorias de la Academia Mexicana de Historia,* México
MANHG	*Memoria de la Academia Nacional de Historia y Geografía,* México
Marianum	*Marianum,* Roma
MC	*Exhortación Apostólica "Marialis Cultus"* (Paulo VI, 1974)
Merkur	*Merkur, Deutsche Zeitschrift für europäisches Denken,* Stuttgart
Metrópoli	*Metrópoli,* México
MissHisp	*Missionalia Hispanica,* Madrid

MQR	*The Mexico Quarterly Review,* México
NM	*Nican Mopohua,* México, 1649
NMHR	*New Mexico Historical Review,* Alburquerque, Nuevo México
NZM	*Neue Zeitschrift für Missionswissenschaft [Nueva Revista de Ciencia Misional],* Immensee, Suiza
O Cruzeiro	*O Cruzeiro,* edición Internacional, Río de Janeiro
OK	*Ordenskorrespondenz,* Colonia
Proceso	*Proceso,* México
RAH	*Real Academia de la Historia,* Madrid
REAA	*Revista Española de Antropología Americana,* Madrid
REB	*Revista Eclesiástica Brasileira,* Petrópolis
REtn	*Revista de Etnografia,* Porto, Portugal
RHA	*Revista de Historia de América,* Instituto Panamericano de Geografía e Historia, México
RHMiss	*Revue d'Histoire des Missions,* París
RI	*Revista de Indias,* Madrid
RJav	*Revista Javeriana,* Bogotá
Sae	*Saeculum,* Friburgo, Munich
Salm	*Salmanticensis,* Universidad Pontificia de Salamanca
Servir	*Servir,* México
Signs	*Signs, Journal of Women in Culture and Society,* Chicago
Solidaria	*Solidaria,* México
StID	*Studies in Interreligious Dialogue,* Amsterdam
Tep	*Tepeyac. El Mensaje Guadalupano,* México
Tlalocan	*Tlalocan,* México
Verbum SVD	*Verbum SVD,* St. Augustin, Roma
Versión	*Versión. Estudios de Comunicación y Política,* Universidad Autónoma Metropolitana, México
WK	*Weltkirche.* Documentos de África, Asia y América Latina. Un servicio comunitario de las Obras Adveniat, Misereor, Missio: Essen, Aquisgrán, Munich
Yachay	*Yachay. Revista de Cultura, Filosofía y Teología,* Universidad Católica Boliviana, Cochabamba, Bolivia

ZKG	*Zeitschrift für Kirchengeschichte,* Stuttgart
ZMR	*Zeitschrift für Missionswissenschaft und Religionswissenschaft,* Münster
ZPhF	*Zeitschrift für Philosophische Forschung,* Meisenheim/Glan

INTRODUCCIÓN: EL TEMA Y EL MÉTODO

1. Sobre el contexto del problema

Tras la conquista de México Tenochtitlan, capital azteca, que Hernán Cortés consumó en el año de 1521, la veneración de la población indígena a Nuestra Señora de Guadalupe, según la obra de fray Bernardino de Sahagún, O.F.M., se estableció en el lugar donde anteriormente había existido un templo a la diosa Tonantzin Cihuacóatl ("nuestra venerada madre la mujer serpiente").

Conforme a la tradición religiosa del país, esta veneración tiene su origen en el "acontecimiento guadalupano", que comprende: *a)* las cuatro apariciones (del 9 al 12 de diciembre de 1531) de la Virgen de Guadalupe, Madre de Dios, en la colina del Tepeyac, situada al norte de la antigua capital azteca, y que ahora forma parte del territorio de la ciudad de México, D.F.; *b)* el mensaje de Nuestra Señora dirigido al vidente Juan Diego, indio nahua bautizado y transmitido por éste a fray Juan de Zumárraga, O.F.M., primer obispo de México, así como la petición de la misma Virgen María de erigir un templo dedicado a ella en el lugar de las apariciones; *c)* la "señal milagrosa" de las flores en el Tepeyac; *d)* la aparición al tío del vidente, que estaba enfermo, y su curación; *e)* el "milagro" que sucede en presencia del obispo: la impresión de la imagen de Nuestra Señora de Guadalupe en la tilma de Juan Diego; *f)* por último, los efectos de estos sucesos transmitidos a lo largo de la historia, que habían de ser de una importancia extraordinaria para el desarrollo religioso, social y cultural de México.

Este acontecimiento guadalupano es el objeto del presente estudio inherentemente crítico, aunque concebido en forma abierta en su trascendencia, su evaluación e interrelación transcultural, su efecto múltiple y contrapuesto sobre la Iglesia, la teología y la sociedad; emprende también el laborioso intento de agrupar selectivamente gran cantidad de material dentro de un rigor lógico, y establecer un balance provisional amplio y compacto de la investigación guadalupana en función de la continuidad y transformación del complejo guadalupano en su sistematización y en la historia de sus efectos. En tres partes trataremos: I. El acontecimiento guadalupano y el marco histórico; II. El acontecimiento guadalupano en su estructura literaria, en el *Nican Mopohua;* III. El acontecimiento guadalupano y la reflexión, que trata sobre la recepción y reflexión teológicas, así como de la importancia del acontecimiento guadalupano para la Iglesia y la sociedad.

En vista del estado en que se encuentra la investigación, principalmente en el continente americano, es necesario hacer un balance provisional, que sin substituir ni anticiparse a los necesarios estudios especializados, permita establecer una interrelación entre los temas y campos específicos de investigación y las áreas parciales de la historia y de la reflexión teológica estudiadas en la totalidad de este acontecimiento guadalupano. De ahí que el intento de hacer este balance esté orientado hacia el aspecto de la relación que el acontecimiento guadalupano tiene con el pasado y con el presente, a fin de lograr la vinculación de aquellos conjuntos o complejos independientes y que han sido elaborados de distinta manera. En esta forma desarrollaremos desde un punto de vista genético y sistemático las conexiones del fenómeno guadalupano, y su relación con la historia y con la teología mexicanas. Dado que la actividad de cada uno de los historiadores, de los teólogos y de los estudiosos de otras disciplinas especializadas parte, hoy como ayer, de convicciones fundamentales opuestas, surge un panorama muy diferenciado que deja traslucir hasta qué punto el tema de la Virgen de Guadalupe tiene un futuro abierto en el campo de la teología.

Para tratar apropiadamente con problemas teológicos, es bien sabido que no basta trabajar determinadas cuestiones con los instrumentos teóricos de un presente eventual, sino que es necesario esforzarse por considerar dichas cuestiones en una perspectiva histórica. Por esta razón, la presente investigación científica misional sobre la Virgen de Guadalupe contiene, además de las aportaciones que se ocupan de los problemas y de los rasgos característicos de esta teología, una serie de aportaciones que pretenden hacer avanzar este trabajo en el terreno de las reflexiones propias de la historia de las religiones. En este proceso se pone de manifiesto claramente que en cada fase de la evolución del debate histórico y teológico, la tradición y el progreso se compenetran en tal forma, que el suceso guadalupano se revela como un paradigma de continuidad histórica, en el que tiene cabida una diversidad y transformación continua. Por esta razón, en un primer capítulo previo a la investigación hemos presentado un breve resumen de las etapas más importantes del desarrollo de la mariología y del marianismo en la antigua Hispania hasta el comienzo de la Edad Moderna. Sobre todo nos permitirá comprender y valorar la importancia de aquellas tradiciones religiosas que, en unión con el origen y el desarrollo del santuario de Nuestra Señora Santa María de Guadalupe de Villuercas en la Extremadura española, nacieron y se difundieron más tarde en otras tierras y continentes. El desarrollo histórico de la Guadalupana de España, el relato de su aparición en el contexto de la antigüedad romano-cristiana por un lado, y por el otro, de la transformación de esta herencia bajo la influencia islámica y la tradición medieval europea, constituyen el trasfondo sobre el cual sobresale claramente la peculiaridad de las discusiones posteriores en España y en ultramar.

Durante la expansión europea, la veneración a Nuestra Señora de Guadalupe se propaga también en América, África y Asia, y se convierte, por así decirlo —desde el punto de vista español—, en el signo de la hispanidad. Esto se aplica también en el ámbito de aquellos países de América del norte y del centro, así como de Asia, que después de la conquista y de la implantación de un nuevo sistema político-administrativo, pertenecieron al virreinato de Nueva España. En México, capital del virreinato, erigida en el lugar que ocupaba el antiguo centro del imperio azteca, se difunden, por lo menos desde mediados del siglo XVI, diversas tradiciones "guadalupanas" que tienen orígenes tanto hispanocristianos como autóctonos mexicanos, pero sobre todo tolteca-aztecas.

Por este motivo, en un segundo capítulo abordamos este conjunto hispanomexicano antiguo de Guadalupe del Tepeyac en México, e intentamos lograr una comprensión más profunda del fundamento histórico del fenómeno guadalupano mexicano. A partir de la colonización y evangelización de los países del Nuevo Mundo se originaron diversos procesos de transformación dignos de consideración tanto en el ámbito de la cultura y de la religión cristiana de los mestizos y de los españoles en México. Dichos procesos no son universales ni se pueden generalizar en sus formas de desarrollo y de manifestación en lo que al fenómeno "guadalupano" se refiere. Si bien es cierto que en otros países de América se pueden observar formas semejantes de desarrollo en la época de la expansión europea, sin embargo éstas adquieren en México una peculiaridad propia.

Si bien el origen y fuentes de esta Guadalupe mexicana están sujetos a fuertes polémicas, este segundo capítulo quiere dejar constancia de que sus efectos en la historia no tienen precedente. Guadalupe, símbolo de la continuidad de la vida y de la cultura en México, representa un punto culminante de las fuerzas religiosas y creadoras de la nación mexicana. Por eso no es sorprendente que haya sido punto de partida de movimientos sociales, culturales, religiosos y políticos, que ya desde el siglo XVII favorecieron en buen grado, tanto su evolución hacia la independencia de España, la madre patria, como el surgimiento de una conciencia nacional "mexicana".

Después de presentar los orígenes, desarrollo, efectos y problemas históricos específicos de la Guadalupe española y mexicana, una segunda parte se ocupa de las formas y los contenidos de una lograda transculturación del cristianismo, representada por el documento guadalupano fundamental, el *Nican Mopohua (Aquí se narra)*, el cual mantiene un valor y una actualidad ejemplares para el desarrollo de una auténtica teología mexicana, así como para la praxis teológica y para la pastoral eclesiástica en el México actual.

En un primer capítulo presentamos el relato de las apariciones transmitido en náhuatl por Lasso de la Vega en 1649, e intentamos la empresa, no exenta de dificultades, de traducir por primera vez este importante documento de su versión nahua directamente al alemán.* Esto constituía una tarea urgente y necesaria, ya que, aunque hasta ahora dicho documento existía en lengua alemana, en

* Recuerde el lector que esta edición es versión en español de la obra en alemán. [E.]

parte completo y en parte en extracto, en algunos escritos de devoción guadalupana, en versiones populares que presentan traducciones del castellano o del inglés, éstos revelaban por parte de los autores poco conocimiento del lenguaje y de la cultura nahua.

En un segundo capítulo se examinan los contenidos literarios y los planteamientos del *Nican Mopohua,* y se desarrollan, a manera de ejemplo, perspectivas contrastivas, comparándolas por una parte con la narración extremeña, y por otra, con la importante tradición literaria de los cantares mexicanos aztecas.

En un tercer capítulo ampliamos la discusión sobre el *Nican Mopohua* a la luz de rasgos teológicos de carácter lingüístico, antropológico y cultural, con el fin de abrir nuevas posibilidades en la investigación. Es de gran trascendencia darse cuenta de que, en el marco del mensaje cristiano, o bien guadalupano, se llega a una nueva interpretación y reorientación de las concepciones éticas y religiosas de los antiguos mexicanos que en el siglo XVII son integrados, por los llamados cuatro evangelistas mexicanos entre otros, en el acto de salvación cristiana. Expresado en el lenguaje de la pedagogía religiosa: tiene lugar un proceso de aprendizaje que de forma diferenciada hace posible a los mexicanos integrar en el horizonte cristiano su propio mundo multifacético en una nueva perspectiva más grande y más amplia.

Y así ante todo el *Nican Mopohua* adquiere una gran significación, ya sea como forma artística independiente, o bien como una etapa esencial en el proceso histórico espiritual de la apropiación nacional del patrimonio de ideas cristianas desde el siglo XVII hasta el México de hoy. Y así también nos damos cuenta de que esta narración poética está considerada como premisa fundamental para la comprensión y para la clasificación histórica de los proyectos teológicos de los siglos XVII y XVIII en México. Sin embargo muy pocas consecuencias hemos sacado de este conocimiento. Para ello tendría que darse primero una condición importante, a saber, una investigación de la historia de las teologías de aquel tiempo. Con el presente trabajo queremos impulsar dicha investigación.

La cuestión acerca de la continuidad del cristianismo de la historia mexicana constituye desde el siglo XVI un problema central para la Iglesia y la teología en México. La conciencia de la diferencia del propio presente histórico, no solamente frente al pasado eclesiástico de Europa, sino también frente al cristianismo primigenio, hace más necesaria la tarea de elaborar una interrelación evolutiva en cuya continuidad las distintas épocas de México mantengan su identidad cristiana o la estructuren a partir de ella.

Aquí desempeña un papel primordial la reflexión teológica del acontecimiento guadalupano, cuyos pensamientos fundamentales presentamos en una tercera parte de nuestro trabajo, en tres capítulos que contienen como puntos centrales: la teología y la imagen de Nuestra Señora de Guadalupe, el mensaje guadalupano del *Nican Mopohua* y la religiosidad popular.

La veneración a la imagen de Nuestra Señora de Guadalupe es una característica típica de la actitud católica y piadosa en México. Por eso un primer capítulo esboza en algunos rasgos fundamentales las reflexiones teológicas que han tomado a esta imagen como punto de partida de conceptos histórico-proféticos, nacionalistas y mariológicos. Un segundo capítulo presenta una visión global de los esfuerzos que hacen los teólogos y representantes de la Iglesia cristiana para comprender en forma más amplia el mensaje cristiano tal como se presenta en la configuración histórica del *Nican Mopohua.* La Iglesia en México está experimentando actualmente un cambio radical en lo que se refiere a su significación en la vida pública y también respecto a la comprensión teológica de su función social. Volver a definir esto, a la luz del *Nican Mopohua* es una preocupación actual que muchos teólogos abordan en el presente. Junto a esta dimensión ético-social, expresamos además el carácter modélico del *Nican Mopohua* para la evangelización, y su relevancia para el desarrollo de una teología cristiana autóctona así como de un cristianismo auténticamente mexicano.

Tema de un tercer capítulo es la veneración guadalupana como parte constitutiva importante de una religión popular basada primordialmente en el rito. Este capítulo trata del "sincretismo" religioso, de la eficacia y de la transformación de la religiosidad y del simbolismo guadalupanos en el México actual. Si bien existe una tensión entre la religiosidad expresada libre y particularmente y las formas litúrgicas y de culto dirigidas eclesiásticamente, se hace evidente que lo que de buena gana se llama "sincretismo" de una manera apresurada e irreflexiva, en México designa un complejo religioso que habría que definir de nuevo en cada uno de los diferentes grupos étnicos y capas sociales del país. Mirando más de cerca, dicho sincretismo se muestra frecuentemente como una forma específica de inculturación del cristianismo en un determinado contexto cultural mexicano y hace evidente que la evangelización cristiana muchas veces se realizó en una forma más profunda de lo que comúnmente se quisiera admitir.

La cuarta parte, con la que se concluye el trabajo, se ocupa de la nueva y extensa relación que la Iglesia tiene con su herencia guadalupana histórica y teológica y con sus imágenes tradicionales. Basándose en los trasfondos históricos y en los presupuestos teológicos, y en corrientes actuales de la teología guadalupana de la Iglesia mexicana y de sus aspiraciones de "autenticidad" e inculturación del cristianismo en el espacio cultural mexicano, esta cuarta parte dirige la mirada más allá de la discusión histórica, filológica y teológica, hacia la condición del indígena según la teología guadalupana en la vida cotidiana eclesiástica: en su pedagogía, catequesis y pastoral. A manera de ilustración se presentarán y discutirán dos conceptos concretos de una pastoral que llamaremos guadalupana: el "Proyecto para la Creación de un Centro de Coordinación de Educación Guadalupana", que se promovió en 1987 a raíz de un simposio guadalupano en San Juan Tlacatecpan, Méx., así como la pastoral guadalupana practicada actualmente en la diócesis de Tulancingo, Hgo., bajo la consigna "Evangelización Indígena por Indígena" (EVIPI).

Las presentes investigaciones, afianzadas en los trasfondos históricos y teológicos, son imprescindibles para enjuiciar los planteamientos presentes y futuros. Estas investigaciones, por ser análisis y concepciones referidos a la situación actual, no sirven para fines de conservación museográfica, sino que esencialmente persiguen tres objetivos: primero, descubrir las tendencias del guadalupanismo a mediano y a largo plazo; segundo, con base en tales investigaciones, estos análisis y concepciones deben abrir perspectivas para que, como es de esperarse, el guadalupanismo y su fuerza de irradicación se desarrolle ulteriormente en lo concerniente a la Iglesia y a la sociedad entera; tercero, de esta manera los análisis históricos y las reflexiones teológicas deberán entenderse como intentos de hacer consciente que a lo largo de la historia el guadalupanismo se ha enraizado en la Iglesia y en la sociedad entera de México, de tal forma que de dicha conciencia surja la fuerza para un proyecto futuro que pueda ser cada vez más eficaz para la Iglesia y para la sociedad de México.

2. Literatura y estado de la investigación

En el año 1648 salió a la luz en México el primer libro impreso sobre las apariciones de la Virgen de Guadalupe con el título *Imagen de la Virgen María, Madre de Dios de Guadalupe, celebrada en la historia con la profecía del capítulo doce del Apocalipsis,* que había sido escrito por el criollo Miguel Sánchez, un famoso teólogo y predicador de su época. Desde entonces la gran mayoría de las publicaciones tiene como tema la historia y la apología de las apariciones marianas. La iconografía, iconología, pintura (y fotografía), el culto y su historia, los documentos papales y episcopales, las predicaciones, las iglesias y capillas, la poesía y el teatro, los cantos, himnos y oraciones, son objeto de otros tantos estudios. Por el contrario pocas publicaciones abordan, y eso con poca profundidad, el estado de las fuentes sobre los orígenes de Guadalupe. Así, por ejemplo, la biografía del vidente Juan Diego se apoya ampliamente en la literatura de vidas y leyendas aparecida desde mediados del siglo XVII. Las obras más recientes se ocupan cada vez más de la historia de los efectos del guadalupanismo, principalmente en el desarrollo social y cultural del país, como en el nacimiento de una conciencia nacional mexicana bajo el signo de la "Morenita" del Tepeyac. En tiempos más recientes son cada vez más los escritos que se dedican a las reflexiones teológicas sobre el acontecimiento guadalupano. Dado que no es posible ocuparnos más de cerca de la extensa y muy diversa literatura sobre el tema "Guadalupe", nos remitimos a las clasificaciones compendiadas de Montejano y Aguiñaga,[1] Rogel, Organista, Marín[2] y Grajales y Burrus,[3] cuyos datos bibliográficos, sin embargo, considerando la abundancia del material, sólo pueden ser una selección y por lo mismo no pretenden ser completos.[4]

En las últimas décadas nuestra imagen del arraigamiento creciente del guadalupanismo en el mundo mexicano ha adquirido una gran diferenciación a través de muchos estudios especiales, de tal manera que se puede hablar de un progreso de conocimientos no sólo cuantitativo, sino también cualitativo. Sin embargo, tenemos que decir que a pesar de haberse ampliado e intensificado la interpretación, los estudios y los exámenes, la investigación científica del fenómeno guadalupano se encuentra todavía en sus comienzos en muchas áreas, como por ejemplo: en relación con un estudio sistemático de la bibliografía pertinente sobre las fuentes y el acceso al material que se encuentra disperso, y por esta razón difícilmente localizable o disponible, por ejemplo el que se encuentra en numerosos archivos parroquiales del país; igualmente en la investigación literaria y lingüística de los documentos más importantes, sobre todo del *Nican Mopohua;* en la gestación y la historia de la literatura guadalupana en España y en México; en los libros de consulta sobre las figuras centrales de la historia de esta literatura en su desarrollo histórico y avatares, en sus obras, y en las complicadas acciones recíprocas de su vida y su obra; en la extensa literatura de la predicación desde el siglo XVII hasta el siglo XIX; en la investigación en el campo etnológico y antropológico, así como en los tratados científico-religiosos acerca de la autenticidad de la devoción guadalupana, sus formas específicas de expresión y sus ámbitos de aplicación entre los distintos grupos étnicos en México; en la integración de la religiosidad

[1] Rafael Montejano y Aguiñaga, "Notas para una bibliografía guadalupana", en *Ábside,* XIII (1949), núm. 3, pp. 355-402, núm. 4, pp. 499-546.

[2] H. Rogel, F. Organista y G. Marín, *Fichero guadalupano* (ISEE), México, 1984; de los mismos, *Libro Anual: Año 1981-1982: Conmemoración guadalupana,* México, 1984, pp. 409-548.

[3] Gloria Grajales y Ernst Burrus, S.J. (comps. y eds.), *Bibliografía guadalupana (1531-1984). Guadalupan Bibliography (1531-1984),* Washington, D.C., 1986.

[4] La extensa literatura guadalupana y las investigaciones guadalupanas han encontrado poca atención en el ámbito germanoparlante. De manera que hasta ahora sólo han aparecido pocos escritos piadosos o catequéticos y traducciones del castellano y del inglés al alemán.

mexicana originaria en la fe cristiana como una tarea de pedagogía religiosa y de pastoral; y finalmente en las teologías guadalupanas en la historia de la sociedad y de la cultura del país; en la fundamentación bíblico-teológica y del desarrollo de una teología y de una ética "mexicanas" a la luz del *Nican Mopohua* e incluyendo la Toltecáyotl, o sea la filosofía y los valores de la cultura nahua del México antiguo.

A lo largo de los casi 500 años de la historia guadalupana se pueden constatar puntos críticos, tendencias, así como una continuidad de la controvertida discrepancia acerca del origen de la tradición en México, de las narraciones de las apariciones y los relatos de milagros transmitidos en los documentos, en especial en el *Nican Mopohua*, y también de la autenticidad de los documentos mismos. Está claro que la crítica guadalupana, iniciada ya desde el siglo XVI sobre todo con fray Francisco de Bustamante, O.F.M., y que alcanza su punto culminante en el siglo XIX con los escritos de Juan Bautista Muñoz y en especial con los del renombrado erudito Joaquín García Icazbalceta, se compone de afirmaciones que provienen de puntos de vista muy diferentes y que tienen muy diversos matices, pero que nunca se han podido liberar del todo de los prejuicios o trasfondos de la historia contemporánea.

Un escrito de A. Alcalá[5] proporciona una breve vista de conjunto acerca de estas discrepancias de los llamados "aparicionistas" y "antiaparicionistas", de los partidarios y los impugnadores de las apariciones. Este autor somete los distintos argumentos a un breve examen crítico y al mismo tiempo cita las obras más conocidas de famosos autores, entre ellos los mencionados Icazbalceta y Muñoz, además de Agustín de la Rosa, Esteban Antícoli, S.J., Fortino Hipólito Vera y otros (todos del siglo XIX), así como Mariano Cuevas, S.J., Jesús García Gutiérrez, Alfonso Junco, Lauro López Beltrán, José Bravo Ugarte, Antonio Pompa y Pompa, Fidel Chauvet, O.F.M. y otros (todos del siglo XX).

[5] Alfonso Alcalá Alvarado, *El milagro del Tepeyac. Objeciones y respuestas* (M.Sp.S.), México, 1981. Torre Villar y Navarro de Anda, *Testimonios,* ofrecen una excelente clasificación y selección de la abundante literatura.

La obra del P. F. Velázquez,[6] que logra una buena visión de conjunto sobre la historia y la tradición guadalupanas, y que está elaborada desde el punto de vista eclesiástico mexicano, pertenece sin duda a las publicaciones fundamentales dentro del terreno contemplado por nosotros. Esta obra, a pesar de la crítica moderna, sirve todavía como introducción a su problemática, amplia y bien fundamentada, y no ha perdido nada de su frescura original.

De entre la multitud de presentaciones de conjuntos destaca un pequeño tratado de Francisco de la Maza;[7] éste vincula emotividad poética con fidelidad histórica y análisis crítico.

Más fuertemente orientada a las discusiones actuales científicas está la excelente introducción a la problemática guadalupana desde la perspectiva del historiador Edmundo O'Gorman, quien ofrece una visión global sobre las posiciones más importantes y las cuestiones aún no resueltas.[8]

Especial mención merece también la instructiva investigación de J. Lafaye, quien enlaza hábilmente la historia espiritual, social y cultural y tematiza la formación histórica del guadalupanismo moderno, originada en la dialéctica entre cultura y sociedad, abriendo perspectivas reveladoras.[9]

Finalmente, en la ya citada obra de Ernesto de la Torre Villar y Ramiro Navarro de Anda (1982), que tiene como base 32 textos y documentos guadalupanos representativos, se despliega una abundante información; por medio de textos escogidos del siglo XVI hasta el siglo XX, proporciona una viva impresión de la multiplicidad de opiniones y de corrientes teológicas dentro del cristianismo mexicano. Entre los documentos comentados y provistos de amplia bibliografía se encuentran extractos de los escritos guadalupanos o eruditos tan renombrados como Miguel Sánchez, Lasso de la Vega, Luis Becerra Tanco, Francisco de Florencia, S.J. (todos del siglo XVII), Lo-

[6] Primo Feliciano Velázquez, *La aparición de Santa María de Guadalupe,* México, 1931 (repr. facs. 1981).

[7] Francisco de la Maza, *El guadalupanismo mexicano,* México, 1953 (reimp. 1981).

[8] Edmundo O'Gorman, *Destierro de sombras. Luz en el origen de la imagen y culto de Nuestra señora de Guadalupe del Tepeyac,* México, 1986.

[9] Jacques Lafaye, *Quetzalcóatl y Guadalupe. La formación de la conciencia nacional en México,* México, FCE, 1977 (original francés, París, 1974).

renzo Boturini Bernaducci, Cayetano de Cabrera y Quintero, Juan José Eguiara y Eguren, Miguel Cabrera, Mario Fernández de Echeverría y Veytia, Francisco Javier Clavijero, José Ignacio Bartolache y Díaz de Posadas, fray Servando de Teresa de Mier Noriega y Guerra, Juan Bautista Muñoz (todos del siglo XVIII), José Miguel Guridi y Alcocer, Joaquín Fernández de Lizardi, Carlos María de Bustamante, Joaquín García Icazbalceta, Ignacio Manuel Altamirano (todos del siglo XIX) y otros más.

Noguez R.,[10] llevado por el deseo de presentar material básico de las distintas épocas en parte poco trabajado conforme a la crítica de las fuentes, de cuestionar lo más objetivamente posible el material sujeto a controversia y de elaborar un cuadro global de las fuentes y documentos guadalupanos, ha realizado una aportación importante a la investigación de la teoría del lenguaje, de la historia de las ideas y de la descripción técnica de los documentos conocidos que necesitan investigación complementaria. Esto es válido tanto más cuanto que una gran parte de la literatura guadalupana de los siglos XIX y XX se basa en "hechos", datos y documentos cuya historicidad o autenticidad no rara vez carecen de un sólido fundamento científico.

Se pueden encontrar obras fundamentales más recientes hechas desde la perspectiva eclesiástica, ante todo entre las publicaciones de la Basílica de Guadalupe (BSMG),[11] del Instituto Superior de Estudios Eclesiásticos (ISEE),[12] del Centro Nacional de Ayuda a las Misiones Indígenas (CENAMI),[13] del Centro de Estudios Guadalupanos (CEG),[14] así como del Mexican American Cultural Center (MACC) en San Antonio, Texas.[15] Estas publicaciones tratan de establecer

[10] Francisco J. Noguez Ramírez, *The Apparition and the Early Cult of the Virgin of Guadalupe in Tepeyac, Mexico City. A Study of Native and Spanish Sources Written in the Sixteenth and Seventeenth Centuries,* Ann Arbor, Michigan, 1987.

[11] Juan Ignacio Echegaray y otros (eds.), *Álbum conmemorativo del 450° aniversario de las apariciones de Nuestra Señora de Guadalupe,* México, 1981; Guillermo Schulenburg Prado (ed.), *450° Aniversario 1531-1981. Congreso Mariológico,* México, 1983.

[12] ISEE (ed.), *Libro Anual: Año 1981-1982: Conmemoración guadalupana,* México, 1984.

[13] Especial atención les corresponde a las publicaciones de Clodomiro A. Siller; véase "Fuentes y bibliografía".

[14] El CEG publica, entre otras, las revistas *Tepeyac* e *Histórica,* así como las conferencias que se dan en las reuniones y congresos; véase también "Fuentes y bibliografía".

[15] Aquí señalamos sobre todo los escritos de Virgilio P. Elizondo.

una base argumentativa y el correspondiente marco teológico y estructural para la solución de numerosos problemas; además, tratan de ofrecer orientación adecuada para la toma de decisiones en la interrelación entre ciencia, metafísica, ética y pastoral.

Desde hace unos 20 años se considera sobre todo al CEG como un centro de publicación de una nueva literatura guadalupana "ofensiva", que en parte ha producido resultados valiosos. Pero, por otra parte, ciertamente tiene conciencia de su falta de objetividad; más aún, es decididamente anticientífica, sabiendo que la razón calculadora en el sentido tradicional no es la única vía para conocer y experimentar; pero esta posición conduce no raras veces a sostener opiniones pseudocientíficas que no discutiremos en detalle, ya que esto nos llevaría a una discusión infructuosa.

En esta visión de conjunto de la temática, la literatura y el objeto de estudio, no hemos tratado de presentar uno por uno cada aspecto importante y cada publicación digna de tenerse en cuenta. Más bien hemos querido subrayar los puntos de la investigación hasta ahora esenciales en el ámbito de la historia y de la teología, acentuar las carencias y destacar la necesidad de renovar e intensificar las investigaciones guadalupanas. El resultado de esta rápida consideración nos lleva a reconocer sin ambages que en la literatura existente se tratan ciertamente aspectos importantes de la problemática guadalupana, pero que hasta el presente casi no se han elaborado estudios exhaustivos sobre el contexto intercultural. Sin embargo, las relaciones interculturales deben ser consideradas como factores configurativos esenciales de la realidad guadalupana, que son de gran importancia para la historia de la Iglesia, de la sociedad y de la cultura de México. El presente estudio debe entenderse como una contribución para paliar esas carencias de investigación.

Primera Parte

EL ACONTECIMIENTO GUADALUPANO Y EL MARCO HISTÓRICO

I. GUADALUPE EN ESPAÑA

1. La génesis en la Iberia antigua y en la Edad Media

La veneración a María abarcó y abarca un amplio espacio, no solamente en la vida cotidiana de los pueblos de la Península Ibérica, sino también en su historia y en su cultura. Sin embargo, dada la limitación requerida por todos los temas del presente trabajo, no podemos tratar exhaustivamente, sino sólo como un breve sumario, el proceso histórico de esta veneración mariana y su significado, especialmente para España y para la hispanidad.[1] La amplitud del tiempo que abarca su historia, la extensión geográfica, la multitud de problemas y cuestiones y la exuberancia de la bibliografía hacen que parezca indicado considerar únicamente aquellos sucesos, factores, momentos (y éstos sólo en una selección) que se pueden tener como importantes para el desarrollo de la historia y de la teología, en el marco de la veneración a la Virgen de Guadalupe en España y en Nueva España-México.

En esta breve presentación se tratará el desarrollo de los distintos hechos de la veneración, culto y doctrina en conjunto. Esto está justificado tanto por la limitación especial de la investigación como también por la circunstancia de que estos temas están estrechamente unidos entre sí, tanto en sí mismos como históricamente, puesto que a lo largo de la historia influyeron unos sobre otros y así continuaron desarrollándose.

La veneración a María, separada del culto a Dios y a los santos, tuvo su origen en Oriente,[2] de donde poco a poco fue recibida por

[1] Para el fondo histórico, mitológico y psicológico de las formas "españolas" de la veneración a María, *cf.* Elmar Ullrich, *Die marianische Advokation und ihre Funktion als Personenname im Neuspanischen,* Würzburgo, 1966, pp. 2-30; Carlos Álvarez Santaló y María Jesús Buxó i Rey *et al.* (coords.) *La religiosidad popular,* 3 t., Barcelona, 1989.

[2] Wolfgang Beinert y Heinrich Petri (comps.), *Handbuch der Marienkunde,* Regensburgo, 1984; Hilda Graef, *Maria. Eine Geschichte der Lehre und Verehrung,* Friburgo de Brisgovia, 1964.

la Iglesia occidental, y probablemente ya en tiempos apostólicos se extendió a la Hispania romana.[3] La cristianización de las provincias bética, cartaginense, tarraconense, lusitania y galliciana, se realizó principalmente desde Roma a través del África del Norte (Cartago, Tipasa, Tingitanum); hasta el siglo IV había abarcado sobre todo la bética del sur y los territorios del Mediterráneo, y desde el siglo V la Península Ibérica entera en el reino de los suevos y en el visigodo.[4]

Al mismo tiempo se hizo notar también una influencia religiosa de los bizantinos, que durante su hegemonía en la costa del Mediterráneo y en los territorios del sur, apoyados en las simpatías de los romanos católicos, habían combatido con éxito a reyes godos arrianos (Atanagildo, Leovigildo y otros).[5]

La veneración y la doctrina marianas obtienen impulsos considerables ya desde Ossius (Osio, Hosius, ¿257?-357) de Corduba y Gregorio de Ilíberis († después de 392), quienes defendieron el credo de Concilio de Nicea (325, *Symbolum Nicaenum)* y acuñaron en ideas teológicamente importantes algunos dogmas marianos fundamentales. El hispánico Aurelio Clemente Prudencio (348-¿415?), uno de los líricos cristianos más importantes de fines de la tardía Edad Antigua latina, alaba a la Inmaculada, que quebrantó la cabeza de la serpiente.[6] El poeta latino cristiano Sedulio (siglo V), cuyo "Carmen Paschale" se encuentra entre los poemas latinos más difundidos en la Edad Media, saluda a María en su "Salve, Sancta Parens", que después pasó a ser el *introito* de la misa de María.[7]

Por la vinculación con el África romana se propagó en el reino visigodo (siglos V-VIII) un pensamiento fundamental de san Agustín: María es considerada como modelo de la Iglesia. Ya san Paciano (?-¿392?), como obispo de Barcelona alrededor del año 380, había desarrollado conceptos semejantes en su "Liber de Baptismo". Dicho concepto de María encuentra entrada más tarde en la litur-

[3] Manuel Ballesteros Gaibrois, *Historia de España,* Barcelona, 1967.

[4] José Orlandis, Domingo Ramos-Lissón, *Die Synoden auf der Iberischen Halbinsel bis zum Einbruch des Islam* (711), Paderborn y otros, 1981.

[5] Franz Görres, "Die bizantischen Besitzungen an den Küsten des spanisch-westgotischen Reiches" (554-624), en *ByZ,* XVI (1907), pp. 515-538.

[6] Ullrich, *Marianische Advokation,* 17.

[7] Beinert y Petri, *Handbuch,* 135.

gia mozárabe, cuyo repertorio probablemente ya se había formado en los siglos VI y VII (aprobado en el IV Concilio de Toledo, 633) y que tenía centros especiales para su fomento en Zaragoza, Segovia y Toledo. El fundamento y el marco de esta liturgia son creados principalmente por san Isidoro en el siglo VII. Sin embargo, la formación teológica sobre el concepto y doctrina de María y su veneración, que resulta de la conexión con la cristología, es promovida en forma decisiva por tres grandes figuras de la Iglesia visigoda en Hispania: por los arzobispos san Leandro de Sevilla (¿540?-600), san Isidoro de Sevilla (¿560?-636) y san Ildefonso de Toledo (607-667), cuyo tema principal es la maternidad virginal.[8] Leandro ejerce influjo en la teología medieval a través del simbolismo alegórico en su *Libro de las Vírgenes.* María como símbolo de Iglesia se encuentra en la obra del padre de la Iglesia, Isidoro, discípulo del anterior, que en sus escritos emplea una tradición propia de la Iglesia oriental y salva para el mundo medieval un acervo de conocimientos de la Antigüedad.

En el periodo siguiente, el X Concilio de Toledo (656) ocupa en la historia de la mariología hispánica un lugar preponderante en el cual Ildefonso, abad del monasterio de Agalí, consigue la introducción de una fiesta de la Madre de Dios el 18 de diciembre, que más tarde se llamó "Expectación del Nacimiento de Jesús". Ildefonso, probablemente discípulo del mencionado Isidoro, que en diciembre de 657, a la muerte de Eugenio II, llegó a ser obispo de Toledo, es considerado como el más grande mariólogo de la Iglesia visigoda.[9] En el tratado *De virginitate perpetua S. Mariae* defiende la virginidad perpetua de María y enseña que el suceso salvífico tuvo lugar con la colaboración de la madre de Jesús. Es notorio que esta idea de una "corredención" de María es resaltada, entre otras,

[8] Graef, *Maria,* 130-132; Orlandis, *Synoden,* 218-219, 305.

[9] Juan María Cascante Dávila, *Doctrina mariana de S. Ildefonso de Toledo,* Barcelona, 1958. De acuerdo con el *Manuale Sacramentorum secundum usum Ecclesiae Mexicanae* de 1560, en ese mismo día celebraba la Iglesia de Nueva España la "Commemoratio annuntiationis sanctae Mariae". El tercer Concilio de Nueva España (1585) cambió el nombre de esta fiesta por "Expectatio partus B.M.V." Para esto, *cf.* Jakob Baumgartner, *Mission und Liturgie in Mexiko,* 2 vols., Schöneck-Beckenried (Suiza), 1971-1972, vol. I: *Der Gottesdienst in den jungen Kirchen Neuspaniens;* vol. II: *Die ersten liturgischen Bücher in der Neuen Welt,* p. 95.

también en la leyenda de Guadalupe, escrita cerca de 750 años más tarde.[10]

Según Alastruey, ya en el siglo VII era celebrada también la fiesta de la Asunción de María, y menciona como fuente para esta celebración el *Antifonario de la Catedral de León* y el *Liber Comitis* del convento de San Millán de la Cogolla (Logroño). Parece ser que también el *Codex Sancti Hildefonsi* contiene el formulario de la misa de la Assumpta; una referencia más de la celebración de esta fiesta se encuentra en la *Vita S. Hildefonsi* que se le atribuye al obispo Cixila de Toledo,[11] pero que probablemente se debe considerar como un texto del siglo X o del XI.[12]

También en el X Concilio de Toledo (656) debe de haber sido promovida la celebración de la fiesta de la Asunción de María.

Basten los hechos mencionados como ejemplos del florecimiento de la veneración mariana en el tiempo de los visigodos. H. Rahner los remonta a la lucha antiarriana: "La herejía arriana estaba estrechamente relacionada con los errores mariológicos, y así también el crecimiento de la fe en los dogmas marianos estuvo unido a la lucha antiarriana".[13] Es sabido que esta "lucha" se decidió con la solemne conversión de Recaredo y de los godos en el año 589 (III Concilio de Toledo) al catolicismo. Esto inició un periodo de florecimiento de la Iglesia visigoda —o también hispánica— en el siglo VII, en el cual alcanzó en todos los campos de la vida espiritual una altura tal "como no se ha conocido en ningún otro país de la cristiandad oriental u occidental de entonces".[14] Esta época del cristianismo, llamada también "Era Isidoriana", fue fundamental para el desarrollo de la veneración y doctrina marianas. Su significado en el periodo siguiente

[10] Para esto, *cf.* caps. 1, 2b: Narración de la aparición. Un característico testimonio sobre el concepto fundamental de María como mediadora entre el cielo y la tierra es la inscripción dorada que está puesta alrededor de la cúpula de la catedral de Zaragoza. En el año 40 d.C. se habría aparecido allí la Virgen sobre una columna a Santiago, patrono y apóstol de España. Después del Santuario de Compostela, donde se dice que está enterrado el mismo Santiago, el santuario de la Virgen del Pilar se convirtió en el más grande lugar de peregrinaciones. El visitante puede leer en la cúpula que la Virgen bendijo a Zaragoza con su presencia "en carne mortal".

[11] Gregorio Alastruey, *Tratado de la Virgen Santísima*, Madrid, 1956, p. 931.

[12] Orlandis, *Synoden*, 225.

[13] Cit. según Ullrich, *Marianische Advokation*, 16.

[14] Orlandis, *Synoden*, 95.

de la Reconquista y de la expansión del poderío ibérico en ultramar no se debe pasar por alto.

La veneración y piedad marianas en la provincia hispánica del Imperio romano, que había sido conquistada por los visigodos y que desde el siglo VI se había convertido al cristianismo, no fueron desarrolladas y propagadas sólo por la élite eclesiástica de Hispania. Más bien se desarrollaron también en un conjunto de conceptos de fe y de prácticas de la "religiosidad popular" hispano-lusitana, que se había originado de la mezcla de religiosidad ibérica, fenicia, cartaginense y principalmente grecorromana, con el pensamiento cristiano de los primeros siglos y el pensamiento germánico, y más tarde al enriquecerse con elementos orientales e islámicos dieron origen a lo mozárabe.[15] Excavaciones arqueológicas señalan una veneración de figuras femeninas ya en la época prerromana. Esto lo testifican numerosos lugares sagrados céltico-ibéricos, especialmente la Gran Dama del Cerro (Albacete) y la famosa gran Dama de Elche (Alicante), que es la expresión más sublime del aprecio a las divinidades femeninas en la Península Ibérica. Algunas formas familiares de la religiosidad popular, influidas por elementos grecorromanos provenientes de un sustrato mitológico y de los usos y costumbres resultantes de éste, pasaron a formar parte de la veneración de María como "sucesora" de divinidades anteriores, desde luego, revestidos de un nuevo espíritu. Así, por ejemplo, no pocas de las divinidades veneradas anteriormente en la península aparecen como advocaciones marianas, *v.g.* Virgen de la Luz *(Lux),* la Gran Madre de Dios *(Mater Magna),* Virgen de la Salud *(Salus),* Virgen de la Paz *(Pax),* Virgen de la Victoria *(Victoria),* Virgen de la Fuensanta *(Fons),* Virgen del Sol *(Sol).* Por la *interpretatio christiana,* que aplica a la Santísima Virgen varios símbolos antiquísimos (tierra, agua, luna, entre otros), muchas veces al convertir en santuario mariano un templo dedicado a viejas diosas madre, éstas eran sustituidas por María, conservando sus mismos patrocinios y prácticas.[16]

[15] Baldomero Jiménez Duque, *La espiritualidad romana, visigoda y muzárabe,* Madrid, 1977.

[16] Ullrich, *Marianische Advokation,* 18-23: Maria als Nachfolgerin früherer Gottheiten; Ballesteros Gaibrois, *Historia,* 17-202; José María Blázquez, *Religiones en la España antigua,* Madrid, 1991.

Con esto queda claro que el culto a María en Hispania se alimentó de muchas fuentes, que aquí sólo pueden mencionarse en forma limitada. Una religiosidad y piedad populares bastante independientes de la teología, de la doctrina oficial y de la liturgia[17] comportaron numerosas formas de veneración mariana tanto locales como regionales y también nacionales, las cuales aparecieron en una cultura popular muy diversificada y múltiple y fueron transmitidas en parte en la literatura. Así, por ejemplo, ya en el siglo VIII el mencionado Ildefonso de Toledo, debido a su veneración mariana panegírica, se convirtió en el centro de legendarias apariciones de María, tales apariciones fueron recibidas en los misales españoles antiguos y así contribuyeron a la formación de una excesiva veneración mariana en España. A menudo sus diversas formas de expresión no son históricamente evidentes y están sujetas desde un principio a influjos no sólo racionales, sino también irracionales y afectivos.

Así *v.g.* se narra en la vida de san Ildefonso que en el año 666 la Virgen María, rodeada de una multitud de ángeles, se le apareció (una segunda vez); al entrar él en la catedral de Toledo el 18 de diciembre, a celebrar la fiesta de la Madre de Dios que él mismo había introducido, "la que dio a luz a Dios" lo alabó como a su fiel servidor y en señal de su agradecimiento lo revistió con un ornamento sagrado.[18] Dichas apariciones de María llegaron a ser un copioso motivo de arte en la ciudad imperial, y tuvieron gran difusión en la Europa cristiana a través de la poesía, la pintura y sobre todo de la legendaria ornamentación, junto con muchas narraciones de apariciones y de milagros de María y de otros santos.[19]

De acuerdo con otra tradición, que merece ser mencionada dentro del marco de nuestra temática, la misma Virgen María introdujo su culto en España, como puede leerse en la leyenda de uno de

[17] J. Ibáñez y F. Mendoza, *María en la liturgia hispana,* Pamplona, 1975.

[18] Para las palabras de María a Ildelfonso, *cf.* Thomas F. Crane (ed.), *Liber de miraculis sanctae Dei Genitricis Mariae,* publicado en Viena, en 1731 por Bernard Pez, O.S.B., Ithaca, N.Y., 1925, p. 4: "Hoc vestimentum de paradiso DEI Filii mei attuli tibi, quo vestieris in Domini, & mea solemnitate, & in hac cathedra sedebis, quando te libuerit insidere. Sed scito certissime quod praeter te nemo in cathedra hac impune sedebit, vel hoc vestimentum valebit induere. Quod si quis praesumpserit, Domino iudice non carebit".

[19] Respecto a la difusión de la leyenda en Europa, *cf.* Crane, *Liber,* 82.

los más famosos y más visitados santuarios marianos, el de Nuestra Señora del Pilar en Zaragoza.[20] Otra narración informa que el papa Gregorio Magno (590-604) regaló a su amigo san Leandro de Ecija (posteriormente Metropolitano de Sevilla) aquella madona "bizantina", ante la cual todavía hoy ora el pueblo andaluz en la iglesia de la Santa Cruz de Ecija (Andalucía). También se dice que las famosas madonas de Montserrat (Cataluña), Valvanera (Logroño), Aránzazu (Guipúzcoa), Almudena (Madrid), Fuensanta (Córdoba), Guadalupe (Extremadura), así como también la mencionada Virgen del Pilar (Zaragoza), y otras más, ya eran veneradas antes de la invasión del Islam (711), y que el tan difundido culto a la Virgen de la Antigua, que tal vez tuvo su punto de partida en Sevilla, podría remontarse hasta los primeros tiempos del cristianismo.

La historia y la leyenda demuestran que el culto a María en el periodo visigodo estaba firmemente anclado en la cultura de la población de la Península Ibérica; cultura que llevaba el sello ante todo céltico-ibérico-romano-germánico. Después de la disolución del reino visigodo hispánico como consecuencia de la invasión islámica al comienzo del siglo VIII, durante la subsiguiente hegemonía de los moros, subsistió y continuó operando un limitado culto cristiano mariano, así como también una forma de veneración, sin imágenes, a María, madre del gran Nabî (profeta) Jesús, impuesta por el Islam y el Corán (Suras 3, 5, 19, etc.).[21]

En el periodo de la Reconquista (711-1492) la veneración a María desempeña un papel preponderante. Así como Santiago, que

[20] Pues se dice que en el año 40 d.C., cuando María vivía todavía, fue personalmente a Caesaraugusta y le dio al apóstol Santiago *el Mayor,* que predicaba el Evangelio en España, el encargo de construir en su honor un santuario, dándole para tal encargo el pilar en el que hoy se encuentra la más pequeña de las vírgenes españolas, Nuestra Señora del Pilar, conocida entre el pueblo con el cariñoso nombre de *la Pilarica.* En recuerdo de esta alta distinción, la liturgia local, el 2 de enero, día de la aparición, aclama con alegría y llena de orgullo: "Non fecit taliter omni nationi" (No hizo tal cosa a cualquier nación). Para esto y lo que sigue, véase la obra magnífica e impresionante de Wilhelm Gumppenberg, *Atlas Marianus... Monachii,* Anno MDCXXII, que presenta las leyendas y narraciones de más de mil imágenes, santuarios y lugares de peregrinación de María en todo el mundo.

[21] J.-M. Abd-El-Jalil, *Marie et l'Islam,* París, 1950; Richard Konetzke, "Islam und christliches Spanien im Mittelalter", en *HZ,* 184 (1957), pp. 573-591; Eric R. Wolf, "Society and Symbols in Latin Europe and the Islamic Near East: some Comparisons", en *AQ,* 42 (1969), núm. 3, pp. 287-301.

según la tradición legendaria combatió contra los moros en la batalla de Clavijo (844) montando un caballo blanco, se convirtió en el patrono de la Reconquista, también María queda confirmada como su patrona desde el principio, dado que la primera victoria sobre los moros que en 718 lograron los nobles visigodos huidos a las montañas de Asturias bajo el mando de Pelayo, en Covadonga (posteriormente santuario nacional de España), se atribuyó a la Virgen de las Batallas. Antes de entrar en batalla, los caballeros castellanos eran juramentados en la catedral de Toledo ante la imagen de la Virgen de la Antigua, y una de las más grandes figuras de esa época, el rey Fernando III de Castilla y León, mandó consagrar como catedrales dedicadas a María las mezquitas principales de las ciudades reconquistadas de Córdoba (1236) y Sevilla (1248). Todavía, 100 años después de la expulsión del último rey moro, fue erigida la iglesia de Santa María de la Alhambra, al lado de la Alhambra en el atrio de la mezquita del Sultán, como un agradecimiento posterior por la ayuda que supuestamente la patrona de la Reconquista había concedido a los cristianos en sus batallas.

Entre los santuarios marianos de ese agitado periodo se debe resaltar el de Guadalupe en las montañas de Extremadura. Su construcción se comenzó bajo el reinado de Alfonso XI, después de que éste logró una inesperada victoria sobre los musulmanes a orillas del Río Salado (1340), precisamente en el lugar donde, según la tradición, un pastor había vuelto a encontrar una imagen de María escondida en otros tiempos por unos cristianos al huir de los musulmanes. Durante y después de la Reconquista, muchas leyendas de los territorios respectivamente reconquistados refieren el descubrimiento de imágenes de María bajo circunstancias milagrosas. Se trata aquí de imágenes escondidas que en su mayoría fueron puestas en lugar seguro antes de la invasión de los moros y que más tarde, una vez encontradas, se convirtieron en imágenes milagrosas preferidas de la devoción del pueblo de las respectivas regiones.

Sobre esto llama la atención, citando elocuentes ejemplos de Cataluña, Marés Prebere, quien habla de más de 900 iglesias y capillas dedicadas a la "Purísima Madre de Dios", así como de 200 imágenes encontradas de manera milagrosa en esta provincia, que habían sido escondidas en valles, montes y otros lugares por cristianos desconocidos, para protegerlas primero de los visigodos arrianos y más tarde de los moros.[22]

Así, los musulmanes hicieron dos cosas en favor de la veneración mariana: por una parte, contribuyeron a una cierta continuidad del culto a María y, por otra, precisamente por la supresión de la veneración de las imágenes, se originó que dicha veneración se encendiera con más vehemencia. Ello se manifiesta con fuerza también en la literatura y en la poesía, que ya en la Reconquista, sobre todo en las regiones y territorios recuperados, ganaron un gran auge debido al periodo de florecimiento cultural resultante (*v.g.* Toledo, siglo XIII), originado por la simbiosis musulmano-judeo-cristiana.[23] Su influjo en el marianismo y en la mariología del país fue considerable. Por otro lado, obtuvieron estímulos y motivaciones de la religiosidad y piedad del pueblo, del culto mariano en las cortes cristianas de los reinos que se iban formando, así como también del esplendor de los cantores de gesta, los cancioneros y los trovadores en el siglo XII.

[22] Francesch Marés Prebere, *Historia y Miracles de la Sagrada Imatge de Nostra Senyora de Nuria. Composta per lo Dr. Francesch Marés Prebere ab las addicions fetas per Don Anton Del Duque y Vergés Rector de Caralps, y Santuari*, Puigcerdá (Cataluña), 1850, pp. 17-18: "De aquesta tant assenyalada misericordia es molt participant (de la gracia del Senyor) nostra Provincia de Catalunya: puix está tant Illustrada de las Sagradas Imatges de la Purissima Mare de Deu, que passan de nou centas las Iglesias, y Capellas de las Ciutats, Vilas y Llochs, dedicadas á la Soberana Verge: á demés de las quals, arriban á número de dos centas, las que se son trobadas miraculosament en dita Provincia, y sels ha edificat Iglesia, Capella, ó Oratori en Montanyas, ó llochs deserts [...] De las demes imatges, apenas se sap com, ni de quina manera, ni per qui foren amagadas en aquells llochs, ahont per temps son estadas trobadas: sinó que comunament se presum, que en lo temps, que los Moros ocuparen estas terras de Espanya, los Christians las amagavan, soterrantlas baix terra, ó en las Montanyas, ó en las valls, ó en altras parts; perque no fossen maltractadas, arribant en las sacrilegas mans de aquells barbaros; tambè se presum, quen amagaren moltas en temps, que los Heretges Arrians, perseguint la Iglesia de Deu, perderen lo respecte á las santas Imatges. De manera que no se sap, ni ab certesa, ni per conjecturas, qui las posá en aquell, lloch, ahont després son estadas trobadas".

[23] Juan Vernet, *Die spanisch-arabische Kultur in Orient und Okzident*, Zürich, 1984; Paul Wilpert (ed.), *Antike und Orient im Mittelalter*, Berlín, 1962; para la historia de la disputa espiritual entre cristianismo e Islam en la Edad Media, véase la presentación de Ludwig Hagemann y Reinhold Glei, *Thomas von Aquin, De rationibus fidei, kommentierte lateinisch-deutsche Textausgabe von L. Hagemann und R. Glei* (Corpus Islamo-Christianum, Series Latina 2), Altenberge, 1987. Más bibliografía importante: L. Hagemann, *Christentum und Islam zwischen Konfrontation und Begegnung*, Altenberge-Würzburg, 1983, 1990; Wilhelm Hoenerbach, *Islamische Geschichte Spaniens*, Stuttgart, 1970; Peter Dressendörfer, *Islam unter der Inquisition. Die Morisco-Prozesse in Toledo 1575-1610*, Wiesbaden, 1971.

El elevado florecimiento del culto mariano ilustraría, en este periodo de la Edad Media hispánica, la literatura que se desarrollaba en las diversas lenguas populares de la Península Ibérica. Esta literatura se vio impulsada en el siglo XI por el antecedente de dos grandes tradiciones contrapuestas: una erudita, basada en una romanización y cristianización anterior, que enlazaba con la cultura y la religión de la Roma antigua y cristiana; y otra popular, basada en textos de canciones de contenido lírico y épico transmitidos oralmente, lo mismo que en muy diversas formas de cultura y religiosidad popular. Esta contrapartida dejará sentir eficaz influencia en épocas tan distintas como la del dominio de los visigodos y de los suevos, la invasión árabe, la reconquista, el ensanchamiento imperial y la expansión en ultramar.

Este mismo proceso y su respectivo contexto político-espiritual y religioso-cultural fundamentan el carácter especial del marianismo en la Península Ibérica. En el Siglo de Oro español el culto múltiple y la suntuosidad, salidos de la gran cantidad de "personificaciones" y representaciones de la Madre de Dios, convierten la veneración mariana en el centro de la fe española misma que, a través de los místicos fray Luis de Granada, santa Teresa de Jesús, fray Luis de León y san Juan de la Cruz, entre otros, en los siglos XVI y XVII, obtiene un colorido riguroso y exaltado.

Ya en las obras literarias más tempranas encontramos representaciones poéticas de María, la Madre de Jesús, en muchos géneros, estilos y tendencias, desde la veneración distanciada de la liturgia hasta los divertidos sainetes.[24] También en el marco de las piezas teatrales espirituales, en las que ya desde el siglo XI se representaban, en el recinto de las iglesias, diversos pasajes del Evangelio y diversas formas de la liturgia, se exhibían también sucesos de la vida de María. El pueblo debía ser atraído a los textos sagrados a través de la

[24] Algunas formas concretas de la lírica española, tanto de la popular como de la cultivada, que tuvieron sus orígenes sobre todo en la poesía precristiana, cristiana medieval y arábigo-andaluza, podrían deber su formación al culto y veneración marianos específicamente españoles. Para esto, *cf.* Emiliano Díez-Echarri y José María Roca Franquesa, *Historia de la literatura española e hispanoamericana,* Madrid, 1950, 1972, pp. 54-55. Para el movimiento de reforma cluniacense, *cf.* Peter Segl, *Königtum und Reformbewegung in Spanien,* Kallmünz, 1974.

realidad drástica de este género literario.[25] Hay testimonios de una poesía mariana, escrita en lengua popular, desde los siglos XII-XIII, tal vez avalada por el movimiento de Reforma cluniacense de los siglos XI-XII y por la piedad eminentemente de orientación mariana de la orden cisterciense, del periodo siguiente; no deben pasarse por alto las actividades de las órdenes de caballería españolas de la Edad Media, *v.g.* de la orden de Calatrava, que fue fundada en el siglo XII.

Ya en los más antiguos textos en lengua vulgar o romance (siglo XI), las jarchas —que son los versos finales, en forma de estribillo, de las *muwassahas* árabes o hebreas—, se pueden sacar conclusiones acerca del culto mariano de aquella época. Lo mismo se puede afirmar de los textos épicos, *v.g.* el *Cantar del Mio Cid* (que tuvo su origen alrededor de 1140) narra las hazañas de Rodrigo Díaz de Vivar, héroe nacional. Estos poemas eran recitados por juglares (mester de juglaría) de origen netamente popular.

A principios del siglo XIII aparece un género poético más culto, distinto al anterior, el llamado "mester de clerecía". Su representante principal es Gonzalo de Berceo (¿1195?-1264), primer poeta castellano de nombre conocido. Es el más importante autor religioso de la baja Edad Media en España.[26] Adscrito como sacerdote secular al monasterio benedictino de San Millán de la Cogolla (Logroño), escribió vidas de santos, obras marianas y poemas didácticos litúrgicos, cuyo contenido estaba saturado de escenas de la vida cotidiana de su comarca y de su ambiente campesino. Compuso, entre otras, 25 narraciones en verso, apegadas estrictamente a las fuentes latinas, pero a la vez transmitidas con un colorido local, que relatan los milagros atribuidos a la Virgen.[27] Estos *Miraclos de Nuestra Señora* pudieran haber influido en las *Cantigas de Santa María,* de Alfonso X *el Sabio* (1221-1284), 420 composiciones sobre he-

[25] Un ejemplo único de estos "dramas lírico-litúrgicos" lo encontramos todavía hoy en Elche (Alicante): cada año, con ocasión de la fiesta de la Asunción, el 14-15 de agosto, se representa en la iglesia de la Asunción una pieza medieval, *Misterios de Elche,* sobre la muerte, asunción y coronación de María.

[26] Gonzalo de Berceo, *Milagros de Nuestra Señora,* 6ª ed., Madrid, 1947, 1973, Col. Austral, 716.

[27] Richard Becker, *Gonzalo de Berceos Milagros und ihre Grundlagen,* Estrasburgo, 1910.

chos milagrosos y alabanzas a María escritas en gallego-portugués.[28] Mencionemos aquí también los poemas hagiográficos (anónimos, siglos XII-XIII) *Vida de Santa María Egipcíaca* y *Libro dels tres Reis d'Orient,* cuyo contenido revela semejanzas con algunas narraciones de la famosa *Leyenda áurea,* de Jacobo de Voragine, creada más tarde (1298).[29]

Aprovechando tradiciones propias de Europa,[30] mezclándolas con tradiciones específicamente hispanas, se redactan, desde los siglos XIII-XIV en rima y prosa de lengua vulgar, milagros y leyendas de María que a su vez influirán en otras regiones de Europa.

Interesante para el desarrollo de la mariología es el *Tratado sobre la Asunción de María,* de don Juan Manuel (1282-¿1349?), un sobrino de Alfonso X; estudio que puede ser considerado al mismo tiempo como una anticipación y una defensa del dogma de la Asunción de María a los cielos.

La supresión del latín, aun en la prosa, en el siglo XIII es significativa para la elaboración literaria del culto mariano difundido en el pueblo, al otorgar la posibilidad de hacer tratados de moral, controversias religiosas, obras históricas, narraciones y leyendas en una lengua inteligible para el pueblo. A este respecto logró tener una función muy importante la escuela de traductores de Toledo, al abrir a la nueva prosa el mundo hebraico, árabe y romano-eclesiástico. Como primer texto de prosa vulgar y a la vez el primer trabajo acerca de una discusión interreligiosa en lengua castellana, es interesante citar la *Disputa del cristiano y el judío,* que probablemente apareció alrededor del año 1200.

Cabe todavía aludir a las obras teológicas y líricas de fray Ambrosio Montesinos, O.F.M., Juan Ruiz *Arcipreste de Hita,* Pero López de Ayala, san Vicente Ferrer y otros más, pero sobre todo a las obras

[28] Israel J. Katz y John E. Keller (comps.), *Studies on the "Cantigas de Santa María": Art, Music and Poetry. Proceedings of the International Symposium on the "Cantigas de Santa María" of Alfonso X, El Sabio (1221-1284) in Commemoration of its 700th. Anniversary Year,* 1981, (Nueva York), 19-21 de noviembre, Madison, Wi., 1987.

[29] Jakobus de Voragine, *Die Legenda Aurea,* en alemán por R. Benz, Heidelberg, 1955, 1979 (9ª ed.); estos datos y los siguientes en Díez-Echarri, *Historia,* 19-84.

[30] Hannelore Bühler, *Die Marienlegenden als Ausdruck mittelalterlicher Marienverehrung,* Colonia, 1965.

del mallorquín *doctor Illuminatus* Ramón Llull (¿1232?-1316),[31] que fueron favorables a la mariología y al marianismo de aquel periodo (siglos XIII-XV) en la Península Ibérica.

Para terminar nuestro breve sumario sobre el desarrollo del marianismo y de la mariología, merecen especial mención las visiones del Apocalipsis de san Juan, que tuvieron difusión en manuscritos y en series ilustradas en España y en otras regiones de Europa en la Edad Media.[32] En virtud de que su reflexión teológica y literaria tuvo un influjo especialmente duradero en Nueva España, no pueden pasarse por alto por lo menos dos temas del llamado "Beatus-Zyklus" (series ilustradas de Beatus):[33] Beatus (†798) fue un monje benedictino originario de Liébana en Asturias, no lejos de la sagrada gruta de Covadonga, donde tuvo comienzo la Reconquista en el siglo VIII. Su comentario al Apocalipsis, concluido en su tercera redacción alrededor de 785, es una colección de citas compiladas de comentarios más antiguos conocidos por él: de Ireneo, Ambrosio, Gregorio de Elvira (=Ilíberis), del donatista Tyconius, Agustín, Victorino de Poetovio (=Ptuy), Jerónimo, Fulgencio de Ruspe, Aspringio de Beja, Primasio de Hadrumetum, Gregorio Magno e Isidoro de Sevilla.

Entre las múltiples ilustraciones que se hicieron para este comentario del Apocalipsis, sobresalen entre otras las de muchos manuscritos mozárabes que fueron iluminadas en Oviedo, Távara, San Miguel de Escalada, San Millán de Cogolla, Gerona, Seo de Urgel (todos del siglo X), en San Isidro de León (1047). Deben destacarse los temas "la mujer y el dragón" y "el pájaro y la serpiente".[34] En el comentario de Beatus al Apocalipsis 12,1-17 se identifica a la mujer revestida del sol con la Iglesia. Por eso la escena representa una visión de la lucha entre los poderes de Dios y los de Satanás, conce-

[31] Erhard Wolfram Platzeck, *Raimund Lull,* 2 vols., Düsseldorf, 1962-1964.

[32] Para el aspecto teológico-histórico espiritual y para el sumario de las representaciones artísticas del tema del Apocalipsis, inspiradas en el escrito de San Juan Evangelista, véase Fritz van der Meer, *Apokalypse. Die Visionen des Johannes in der europäischen Kunst,* Friburgo, Basel, Viena, 1978.

[33] Van der Meer, *Apokalypse,* 109-118.

[34] John Williams, *Early Spanish Manuscript Illumination,* Londres, 1977, pp. 68-71 y 94-95; Van der Meer, *Apokalypse,* 112 y 118.

bida en un gran escenario cósmico. El pasaje de dicho texto inspiró la iconografía medieval popular primero tomando a san Miguel vencedor del dragón como modelo y en épocas posteriores se inspiró en la "Inmaculata Conceptio": María de pie sobre la luna y con su hijo en los brazos.

También es digno de notarse el tema del "pájaro y la serpiente", que aparece con tanta frecuencia en el mundo del Mediterráneo, y que en el contexto cristiano de las miniaturas de Beatus se debe considerar como una alegoría de la Redención: Jesucristo triunfa sobre Satanás. Ambos motivos, preñados de simbolismo, "la mujer revestida de sol y el dragón" y "el pájaro y la serpiente", cobrarían siglos más tarde en la Nueva España una interpretación específicamente "mexicana", en la que, incluyéndose la mitología tolteca-azteca, el acontecimiento guadalupano pasaría a ocupar un papel central.

La veneración a la Virgen María tomó en España, a lo largo de los siglos, formas muy intensas. Guardada en la profundidad de una cripta, expuesta a la contemplación en un nicho de altar o en la solemnidad de un santuario, llevada en procesiones de Semana Santa y de un sinnúmero de fiestas y ceremonias profanas y eclesiásticas, aclamada y amada a lo largo del tiempo por el pueblo y por sus guías en la "Tierra de María Santísima", sus incontables formas suscitaron y suscitan los sentimientos más profundos y variados.[35] Casi cada lugar, pero seguramente cada comarca, cada distrito, cada provincia, tiene su "santuario mariano" característico. Así, los habitantes tienen la representación y están ligados a una imagen perfectamente determinada de María, es decir, la de su comunidad nacional y de su provincia, misma que ocupa el punto central de toda fiesta mariana. Junto con los himnos y coplas locales hay suntuosas

[35] La Virgen del Pilar (Zaragoza), de Montserrat (Barcelona), de Ujué (Navarra), de la Vega (Salamanca), de Nuria (Gerona), del Claustro (Solsona, Lérida), del Sagrario (Toledo), la Blanca (León), de las Batallas, de la Sede, de los Reyes, de la Esperanza, "La Macarena" (todas en Sevilla), de Guadalupe (Cáceres), de los Dolores (Málaga), de los Cuchillos (Valladolid), del Rocío (Huelva), de la Paz (Segovia), de Fuencisla (Segovia), de las Mercedes (Barcelona), de los Desamparados (Valencia), la Dolorosa (Granada), de Copacabana, de la Soledad, de la Estrella, de los Jinetes, del Dado, la Soterraña, y muchas otras más. Para esto, véase Juan Subías Galter, *Imágenes españolas de la Virgen,* Barcelona, 1941; Ullrich, *Marianische Advokation,* 18-30; Antonio Viñayo G., *Santuarios marianos en tierras de León,* Madrid, 1987.

procesiones, batallas florales, gigantes y cabezudos, danzas populares, fuegos populares, corridas de toros. Así, pues, la imagen de María encarna la patria, pues está íntimamente unida a la historia y a la tradición de su ambiente. Dado que es de origen terreno, se presta precisamente a unir lo trascendente con lo real, lo sagrado con lo profano.

El fervor mariano del español "'une el cielo a la tierra', y da a la religión un carácter de realidad. La santificación de la tierra, que resulta de ese fervor en unión con el pluralismo mariano, ha llevado a un nacionalismo y patriotismo ferviente".[36] En él se manifiesta aquella mezcla de lo sagrado con lo profano, aquella pasión sin freno por lo celestial y lo terrenal y en definitiva aquella combinación de idealismo y realismo, que pueden ser considerdos como rasgos fundamentales del carácter nacional español, que ha sido expresado genialmente en forma literaria en el *Quijote (El ingenioso hidalgo Don Quijote de la Mancha,* 1605-1615), de Miguel de Cervantes Saavedra (1547-1616).

El santuario nacional de Guadalupe en Extremadura, cuyo significado intercultural se expondrá a continuación, se convirtió, del siglo XIII al XV, en el centro de ese singular nacionalismo y patriotismo español. En Guadalupe aparece en forma condensada el fervor mariano que caracterizó de manera definitiva la religión y la cultura de los españoles, y de aquí salieron, todavía en la época de la expansión en ultramar, impulsos esenciales que habrían de fomentar determinadas formas y procesos de actuación mística, religiosa y cultural, que también ejercerían su influencia en el "fervor mariano mexicano".

2. Guadalupe de Las Villuercas, Extremadura

a) Desarrollo histórico

En la provincia de Cáceres de la Extremadura española se halla Guadalupe, "corriente de agua escondida",[37] convento y santuario de

[36] Ullrich, *Marianische Advokation,* 111.

[37] El origen, la historia y el significado fundamental de la palabra castellana *Guadalupe* son dis-

peregrinaciones de la comarca Las Villuercas, al margen sureste de la sierra de Guadalupe, en otro tiempo difícilmente transitable. El origen de dicho convento se remonta a una imagen sagrada de la Virgen María, que según la leyenda fue regalada por Gregorio Magno al obispo Leandro de Sevilla, para protegerla de los moros se le enterró en el siglo VIII, y durante el reinado de Alfonso X (1252-1284) o de Alfonso XI (1311-1350),[38] un pastor la encontró cerca del riachuelo de Guadalupe. Según narran las fuentes, la primera piedra del Santuario de Nuestra Señora de Guadalupe se colocó después del hallazgo de la imagen sagrada y de una milagrosa aparición de María.

Esta suposición se basa en una serie de narraciones de los siglos XIV y XV que se deben a algunos religiosos de la orden de los jerónimos, bajo cuya dirección estuvo el santuario de 1389 a 1835. La famosa abadía fue fundada hacia 1340 por Alfonso XI después de su inesperada victoria sobre los moros en Río Salado. Juan I de Castilla fundó allí un convento de jerónimos, cuya construcción comenzó en 1389. En el periodo siguiente (siglos XIV-XVI), Guadalupe llegó a ser el convento de mayor prestigio y uno de los centros de arte y de cultura más ricos del país. También desde el punto de vista social (sanatorios, hospitales) y de la política de la educación (escuelas, institutos de formación, principalmente en el área de la medicina), el convento y el lugar del mismo nombre desplegaron una actividad fascinante, que mereció atención a lo largo y a lo ancho de todo el país. Guadalupe, un foco de historia y de cultura española desde la batalla de Río Salado (1340) hasta la erección del monasterio de San Lorenzo de El Escorial (1563), se convirtió también en un centro político-religioso, que estuvo estrechamente vinculado a la monarquía de Castilla y a la orden de los jerónimos.

cutidos. Es universalmente aceptada la aseveración de que la primera parte, *Guad-*, es una raíz árabe para indicar ríos y corrientes de agua *(oued)*, como está abundantemente difundido en la toponimia de la península ibérica *(Guad*alquivir, *Guad*iana, *Guad*ix, *Guad*alete, *Guad*iela, *Guad*alhorce, etc.). No ha encontrado todavía una coordinación unánime el sufijo del nombre *Guadalupe,* que los especialistas en lengua árabe traducen de distintos modos como "río de lobos" *(guad-lupus),* "corriente de agua escondida", "río de grava obscura", "río de amor", etc. Véase para esto la nota 112 del cap. II.

[38] Arturo Álvarez, *Guadalupe: arte, historia y devoción mariana,* Madrid, 1946, pp. 25-27; Germán Rubio, *Historia de Ntra. Sra. de Guadalupe,* Barcelona, 1926.

Al igual que Santiago de Compostela, Nuestra Señora de Guadalupe se convirtió en un punto central de espiritualidad hispánica —con el sello de la Reconquista—, y al igual que el santuario de Nuestra Señora del Pilar, en un sagrario del catolicismo español y de la hispanidad, cuyo influjo religioso, cultural y político perduró también durante la expansión en ultramar en los siglos XVI y XVII. Los Reyes Católicos y, en el periodo siguiente, Carlos I, Felipe II, Felipe III, Felipe IV y Carlos II distinguieron el santuario de una manera especial con sus visitas y privilegios. Pero desde el siglo XVII disminuyó considerablemente la influencia y la notabilidad del santuario y del convento. Con Felipe V (1683-[1701]-1746) de la Casa de los Borbones, se acabó la presencia de los reyes en Guadalupe, lo cual se volvió a cambiar sólo hasta Alfonso XIII (1886-[1931]-1941) y Juan Carlos I (1938-[1975]-). Desde 1908 los franciscanos se establecieron en Guadalupe y tomaron el control del santuario, el cual fue erigido en Basílica por Pío XII en 1955 y visitado por Juan Pablo II el 4 de noviembre de 1982 en un viaje pastoral por España.[39]

b) Narraciones de apariciones

La pequeña estatua de María, Nuestra Señora de Guadalupe, en la iglesia conventual y santuario del mismo nombre, Guadalupe, en la Extremadura, ricamente ataviada, representa a la Madre de Dios, llevando al Niño Jesús sobre el brazo izquierdo, y en la mano derecha un cetro de cristal como signo de su maternidad divina. Esta "madona negra", conocida como Virgen Morena por el color obscuro de su piel, tuvo, según una tradición legendaria —probablemente por su apariencia bizantina—, una prehistoria llena de vicisitudes, aun antes de ser encontrada, en la que el poder milagroso de la imagen se pone de manifiesto de manera impresionante.

Esculpida por el evangelista Lucas y ya una vez enterrada y es-

[39] Guadalupe, un lugar de contradicción. Por un lado, morada de grandes ascetas (fray Juan de Carrión, P. Andrés de Salmerón y otros); por otro lado, riquezas relucientes. Para la agitada historia del famoso santuario, véase Álvarez, *Guadalupe*, 9-251; Rubio, *Historia*, 67-534; Sebastián García, *Guadalupe: Cita de fe y de arte*, Barcelona, 1985.

condida en Bizancio, fue traída a la Ciudad Eterna por el que fue más tarde Gregorio Magno y venerada en su capilla doméstica. Llevada por las calles de Roma en una procesión de rogativas, realizó un gran milagro y salvó a la ciudad de una grave peste. Posteriormente, el papa Gregorio la regaló a su amigo Leandro, más tarde obispo de Sevilla. Cuando san Isidoro, que justamente estaba de paso en Roma, llevó la escultura de la Madona a la antigua Hispalis, ella salvó a los navegantes de un gran peligro de naufragar y a su llegada a la ciudad sureña también la libró de una peste que la azotaba.

Dicha escultura fue venerada en Sevilla hasta que los moros invadieron la Península Ibérica (711) y derrotaron a Roderico, rey visigodo (718). Para evitar que los enemigos se apoderaran de ella, unos eclesiásticos que huían hacia el norte la llevaron consigo y la escondieron, junto con un escrito sobre su historia, una campana y unas reliquias, en una cueva excavada para el efecto, que, a manera de tumba, estaba rodeada de grandes piedras.[40]

Es sabido que este escondite se hallaba cerca del río Guadalupe en la región montañosa de Las Villuercas, en la provincia de Cáceres.

Transcurrieron más de 600 años desde entonces. En Castilla y León reinaba don Alfonso XI (1311-1350).

Primera versión.

> [...] Andaban unos pastores guardando sus vacas cerca de un lugar que llamaban Halía, en una dehesa que se llama hoy en día "la dehesa de Guadalupe". En aquesta dehesa andaban aquestos sobredichos pastores guardando sus vacas; y uno dellos halló menos una vaca de las suyas; y apartóse para la buscar por espacio de tres días. Y no la hallando, metióse en las montañas que estaban el río arriba, y apartóse a

[40] En torno al texto de la leyenda, que según Germán Rubio está basado en un códice anterior a 1400, véase de él mismo: *Historia,* 13-22, especialmente 13-19; algunos pasajes relevantes del texto español antiguo se encuentran en William A. Christian, Jr., *Apparitions in Late Medieval Rennaissance Spain,* Princeton, N.J., 1981, 276-279, esp. 276-277, tomados de "AHN Clero Codice 48 B, fols. 5v-8v, written or transcribed c. 1400-1440" (p. 276). El códice del P. Diego de Ecija (†1534) presenta una variante: en la cueva se habían guardado también reliquias de san Fulgencio, además supuestamente la campana comenzó a tocar para maitines. Para esto, *cf.* fray Diego de Ecija, *Libro de la invención de esta santa imagen de Guadalupe...,* Introducción por el doctor fray Arcángel Barrado Manzano O.F.M., Cáceres, 1953, pp. 35-49, esp. 41.

unos grandes robledales; y allí vió estar su vaca muerta, cerca de una fuente pequeña.

Y el pastor, desque vió su vaca muerta, allegóse a ella; y fué muy maravillado, por cuanto no estaba mordida de lobos ni herida de otra cosa. Y sacó su cuchillo de la vaina para la desollar; y abriéndola por el pecho a manera de cruz, según es costumbre de desollar, en esa hora se levantó aquella vaca; y él, muy espantado, tiróse afuera, y la vaca estuvo queda. Y en esa hora le apareció Nuestra Señora la Virgen Santa María, y dijo a este pastor:

"No hayas miedo; cá, yo soy la Madre de Dios, por la cual alcanzó la humanal generación redención. Toma tu vaca y vé, ponla con las otras; cá, de aquesta vaca habrás otras muchas en memoria de aqueste aparecimiento que aquí te apareció. Y desque la pusieres con las otras vacas, irás a tu tierra y dirás a los clérigos y a las otras gentes que vengan aquí a este lugar donde te aparecí, y que caven aquí y hallarán una imagen mía".[41]

Segunda versión.

[...] y pasados ya más de 600 años que los moros entraron en España y que la imagen de Nuestra Señora estaba debajo de tierra, y reinando en Castilla y León el noble rey don Alonso, el onceno de este nombre e hijo del rey don Fernando el IV, que ganó la villa de Alcaudete, y nieto del rey don Sancho, que ganó a Tarifa, y padre del rey don Pedro y del rey don Enrique el II, andando unos vaqueros guardando sus ganados en una dehesa, que se dice de Guadalupe, a causa que pasa por ella el río que se dice Guadalupe, y cerca de un lugar que se dice Alía, acaeció que a uno de ellos se le perdió una vaca; y andándola a buscar por espacio de tres días y no la pudiendo hallar, metióse por la ribera arriba del río susodicho Guadalupe, por entre unas grandes montañas de muy grandes robledales y otros muchos árboles silvestres, por los cuales yendo, halló una pequeña fuente, donde después que bebió, abajóse por el regato del agua abajo, cuando, un tiro bueno de piedra y de distancia de la fuente, vió estar la vaca muerta, encima del lugar donde la imagen de Nuestra Señora estaba, como pareció después.

[41] Rubio, *Historia,* 20-21.

Ca como la vaca llegó a aquel santo lugar, donde estaba enterrado aquel santo tesoro, luego, súbitamente, cayó muerta, porque la pobre ermita donde la dejaron los clérigos con la longura del tiempo, que todas las cosas consume, se había caído y en tal manera desbaratado, que casi no había ya señal alguna de ella; pues como este vaquero llegase a ver a su vaca y mirándola muy bien con mucha diligencia por todas partes, no la hallase alguna mordedura de lobos o de otro animal, ni rastro de ello, ni menos hinchada, como suelen estar los animales de algún día muertos, estaba muy maravillado, no sabiendo de qué se podía haber muerto.

Y aparejándose para la desollar, sacó un cuchillo y, a costumbre de carnicero, hízole una cruz en los pechos y, estando en esto ocupado, a deshora, se levantó la vaca viva, estándola desollando, y él, espantado de cosa tan maravillosa y nunca semejante vista ni oída, apartóse algún tanto de la vaca todo turbado y, estando así espantado de aquella novedad, a deshora le apareció la Reina de los Cielos y Madre de Dios, la Virgen María, Nuestra Señora, y le dijo:

"No temas, que yo soy la Madre de Dios, Salvador del linaje humano; toma tu vaca y llévala al hato con las otras, y vete luego para tu tierra, y dirás a los clérigos lo que has visto [y este vaquero era natural de Cáceres] y decidles de mi parte que te envío yo allá, y que vengan a este lugar donde ahora estás, y que caven donde estaba tu vaca muerta debajo de estas piedras: y hallarán ende una imagen mía. Y cuando la sacaren, diles que no la muden ni lleven de este lugar donde ahora está; mas que hagan una casilla en que la pongan. Ca tiempo vendrá que en este lugar se haga una iglesia y casa muy notable y pueblo asaz grande.[42]

Primera versión.

Y en esta hora desaparecióle Santa María; y el pastor tomó su vaca y fuese con ella, y púsole con las otras y contó a sus compañeros todas las cosas que le habían acaecido. Y sus compañeros hacían burla dél. Y el pastor respondió y dijo:

"Amigos, no tengades en poco aquestas cosas; cá, si no queredes creer a mí, creed a aquella señal que trae a los pechos la vaca".

[42] Variante en Diego de Ecija, *Libro*, 43-44.

Y ellos, viendo la señal que traía en los pechos la dicha vaca a manera de cruz, creyéronlo.

Y él, despidióse de sus compañeros y fuese para su tierra. Y sabed que por doquier que iba, contaba a todos cuantos hallaba este milagro que le había acontecido.

Y sabed que este pastor, que era natural de Cáceres, y ahí tenía muger e hijos, desque que llegó a su casa, halló a su muger llorando [falta la mención del hijo muerto, causa de aquel llanto]; y él dijo:

"No hayas cuidado ni llores; cá, yo lo prometo a Santa María de Guadalupe, que Ella me lo dará vivo y sano, y yo [se] lo prometo para servidor de su Casa".

Y en esa hora se levantó el mozo vivo y sano, y dijo a su padre: "Señor padre, aguisad y vamos para Santa María de Guadalupe".

Y cuantos estaban allí fueron maravillados y creyeron todas las cosas que después dijo del aparecimiento de Nuestra Señora Santa María.

Y este pastor llegó a los clérigos y díjoles: "Señores, sabed que me apareció Santa María en unas montañas, cerca del río Guadalupe; y mandóme que os dijese que fuésedes allí donde me apareció, y cavásedes en aquel mismo lugar donde me Ella apareció; y que hallaredes ahí una imagen suya, y que la sacásedes de allá y que le hiciésedes una casa.

Y mandóme más, que dijese a los que tuviesen cargo de su Casa le diesen a comer a todos los pobres que a ella viniesen [raspado y medio tachado] una vez al día.

Y díjome más, que haría venir a esta su Casa muchas gentes, de muchas partes, por muchos miraglos que haría por todas las partes del mundo, así por mar como por tierra.

Y díjome más, que allí, en aquella grande montaña, se haría un pueblo.[43]

Segunda versión.

Y dichas estas cosas y otras que adelante se dirán, desapareció.

Y el pastor, tomando su vaca, fuése con ella al hato y contó a sus compañeros todo lo que le había acaecido; y ellos, como hombres de poco ingenio y rústicos de poco saber, no le daban crédito a las cosas que les

[43] Rubio, *Historia,* 21-22.

decía; y, así, hacían burla de él, no mirando que todas las cosas son a Dios posibles y que en todo tiempo y por muchas maneras muestra sus maravillas a quien a El place; y el vaquero, viendo en ellos tanta dureza y que así hacían de él burla y menospreciaban lo que les decía, díjoles:

"Amigos, no burléis ni tengáis en poco lo que os he dicho; y si no queréis creer a mí, id a mirar la señal que trae la vaca en los pechos y por ella podréis ver si es cierto lo que os digo".

Y como los vaqueros fuesen a mirar la vaca y viesen la señal que en los pechos traía, creyeron todos lo que su compañero el vaquero les decía; mayormente, que le tenían por hombre de buena vida y temeroso de Dios.

Este vaquero era natural de Cáceres y tenía en aquella villa su mujer e hijos y, pedida licencia de sus compañeros, fué allá a cumplir el mandado a que le enviaba la Reina de los Angeles, y por visitar su casa.

Y como se fuese derecho a ver su mujer e hijos, entrando por casa, hallóla que estaba llorando por un su hijo, que estaba difunto, que aún no lo había llevado a enterrar. Lo cual visto del vaquero, comenzóla a consolar como pudo de la pena y trabajo en que estaba por la muerte del hijo y, mostrándole algún placer, dijo que se asosegase y no quisiese más llorar, porque aquella Señora que le apareciera y le enviara con su mensaje era poderosa de resucitar aquel niño y le tornar a la vida presente, como había hecho a la vaca que era muerta y estaba comenzada a desollar.

Y la buena dueña consolada con estas palabras y esperanza, el devoto vaquero hincó la rodilla en tierra delante los clérigos que, a aquella sazón, vinieron con otras gentes para llevar el niño a enterrar, y delante de cuantos allí estaban y derramando muchas lágrimas de devoción de aquella Señora que ya le había escogido para su servidor, con gran fe y esperanza que en Ella tenía, dijo así:

"Señora, tú sabes la embajada que de tu parte traigo y creo muy cierto ser esto por tí ordenado, que yo hallase este mi hijo muerto, porque tú mostrándote maravillosa en me lo resucitar, sea más ligeramente creído de aquellos a que soy aquí por tu mandado venir; pues que así es, Señora, suplícote que lo quieras resucitar y de aquí te lo ofrezco por tu perpetuo servidor y de lo llevar a aquel lugar santo, donde tú tuviste por bien de me aparecer".

Y fué cosa maravillosa, que luego delante de los clérigos y de la otra gente que allí estaba, el mozo resucitó, como quien despierta del sueño, y comenzó a importunar a su padre que lo llevase a Guadalupe al lugar donde nuestra Señora le había aparecido; y estando todos maravillados de este tan gran milagro, díjoles el vaquero:

"Señores amigos, sabed que para dar fe al mensaje que yo os traigo, bien era menester que Nuestra Señora tuviese por bien de obrar esta tan gran maravilla; ca por nuestros pecados muchas veces dudamos en aquellas cosas que no vemos corporalmente [...]

"Y mandóme [continuó] que os viniese a decir que fuésedes allá y que hallaríades debajo de tierra una su imagen, y que la sacáredes de allí y le hiciésedes una casilla en que la pusiésedes, porque tiempo vendrá que se hará allí una grande iglesia y población. Y asimismo me mandó que dijese a los que tuviesen cargo de esta iglesia, que diesen a los pobres que a ella viniesen de comer una vez al día, y que ella haría venir a esta su iglesia muchas gentes de diversas partes, por los muchos milagros que ella haría por el mundo, así por mar como por tierra".

Y oídas estas cosas por los clérigos, parecíanles como algo dudosas; más como vieron el milagro del mozuelo resucitado y el vaquero ser hombre de buena vida y mucha verdad, y que por tal era tenido en opinión de todo el pueblo, creyeron ser cosa cierta todo lo que decía.[44]

Primera versión.

Y desque oyeron los clérigos y las otras gentes aquestas cosas, pusiéronlo luego por obra; y anduvieron su camino hasta aquel lugar donde apareció Nuestra Señora Santa María.

Y en esa hora que llegaron, comenzaron a cavar en aquel mismo lugar que el pastor les mostró que le apareciera Santa María. Y ellos, cavando en aquel mismo lugar, hallaron una cueva a manera de sepulcro, y sacaron dél la imagen de Nuestra Señora Santa María y una campanilla que estaba con ella, y la piedra sobre que estaba asentada.[45]

Segunda versión.

Y luego el cabildo de la clerecía nombró ciertos clérigos de ellos para que se fuesen con el vaquero al lugar donde Nuestra Señora le apareciera. Y como así llegasen con muchas gentes del pueblo de Cáceres y

[44] Variante en Diego de Ecija, *Libro,* 47.
[45] Rubio, *Historia,* 22.

de otros que por el camino les acompañaron, por venir a ver esta cosa tan maravillosa, que oían, al lugar que el vaquero les trajo, comenzaron a cavar en aquel lugar que el vaquero les señaló y, no mucho hondo, toparon con un sepulcro de mármol y hallaron dentro en él la imagen de Nuestra Señora la Virgen Santa María y las otras cosas que con ella se pusieran, como ya está dicho arriba; y como sacasen y fuesen vistas de todos, fueron sus corazones movidos a gran devoción y reverencia de ella, en especial, viéndola tan fresca y ajena de corrompimiento, como suele acaecer a las cosas que debajo de tierra están, mayormente pasando sobre ella, como pasaba, un regato de agua que venía de una fuentecica, que nacía un poco encima poco más de un tiro de piedra.

Pues viendo ellos esta tan gran maravilla, bien quisieron tomar la imagen y llevarla de allí, pero no osaron ir contra lo que el vaquero les dijera, que no la mudasen de allí, mas que la hiciesen una casilla en que estuviese. Mas por cumplir con su devoción tomaron todas las piedras que estaban en derredor y en torno de la imagen y, quebrantándolas, porque cupiese a todos su parte, lleváronlas por reliquias, salvo el mármol sobre que estaba la imagen puesta, que dejaron allí y está ahora puesto en la entrada de la iglesia, por la parte de dentro, como entramos a la mano derecha, debajo del pasadizo por donde descienden del coro a la sacristanía, junto a la imagen de Nuestra Señora de la Piedad. El cual está allí puesto como reliquia, donde todos los que entran en la iglesia besan por reverencia de Nuestra Señora.

En el cual mármol esta Reina de misericordia ha mostrado algunos milagros, porque tocando algunos en él han recibido sanidad de algunas enfermedades.[46]

Primera versión.

Y debedes saber que todas las otras piedras que estaban al derredor, todas las quebrantaron y las llevaron por reliquias.

Y en esa hora le edificaron una casa muy pequeña, de piedras secas y de palos verdes; y cubriéronla de corchas; cá, sabed que había cerca saz de alcornoques.

Y sabed que vinieron con aquestas gentes muchos enfermos de diversas enfermedades; y en la hora que llegaban a la imagen de Santa

[46] Variante en Diego de Ecija, *Libro,* 48.

María, luego cobraban salud de todas las enfermedades; e íbanse para las tierras loando a Dios y a la su bendita Madre por los grandes miraglos y maravillas que había hecho.

Y quedóse el pastor por guardador con su muger, é hijos, y su linaje por servidores de Santa María.

Y así como fueron manifiestos estos miraglos por toda España, venían de todas partes muy muchas gentes a visitar esta imagen a reverencia de Santa María, por los muchos miraglos y maravillas que por Ella hacia.

Y estos miraglos húbolos de saber el Rey Don Alfonso que de paso os hubimos dicho, y hubo un escrito que hallaron con la imagen de Santa María, y mandó que fuese trasladado en sus crónicas reales.

Y a poco de tiempo, hubo una batalla con los moros, en la cual batalla pensó ser vencido; y prometióse a Nuestra Señora la Virgen Santa María de Guadalupe, la cual le acorrió, que fué vencedor. Y desque hubo vencido a los moros, vino a cumplir el voto que había prometido, y trajo muchas cosas de aquellas que se ganaron en la batalla para servicio de la Casa de Santa María; y entre otras muchas cosas, venían muchas ollas de metal; las cuales sirvieron aquí mucho tiempo a los peregrinos.[47]

Segunda versión.

Y como dice la historia antigua susodicha, viendo muchos enfermos en Cáceres cómo el hijo del vaquero fuera resucitado, viniéronse con ellos, como pudieron, al tiempo que venían a buscar la imagen, y como al tiempo que la sacasen la tocasen, fueron todos sanos de diversas enfermedades. Y así, libres, se volvían loando el nombre de Nuestro Señor Dios por tan grandes maravillas y milagros, como tenía por bien de mostrar delante de ellos, por méritos de su Santa Madre.

El santo vaquero quedó allí por guarda y servidor de la ermita, con su mujer e hijos y otros muchos de su linaje; y fué llamado este vaquero don Gil de Santa María, como parece en un privilegio del rey don Alonso el XI, del que se hará adelante mención; y luego comenzó a ser visitada esta santa imagen y ermita de muchas gentes de diversas tierras, volando la fama de los muchos y grandes milagros que la bendita

[47] Rubio, *Historia,* 22.

Reina de misericordia obraba con aquellos que se le encomendaban, a título de Guadalupe.

Y como estas nuevas llegasen al muy noble rey don Alonso el XI, de quien suso hemos dicho hubo la carta que se halló con la imagen de Nuestra Señora, por lo cual tomó gran devoción en esta iglesia de Guadalupe. Y luego fué divulgada por toda España la devoción de Nuestra Señora Santa María de Guadalupe, que quienes a ella se encomendaban y los que venían a visitar su santa iglesia e imagen, hallaban muy cumplido remedio y consolación de lo que deseaban y pedían a esta Madre de misericordia. Y fuéle puesto el nombre de Guadalupe, a causa del río que pasa allí junto, que se llama Guadalupe.[48]

El origen y el autor de la antigua leyenda piadosa de Guadalupe ya citada son desconocidos. Sin embargo, existen diversos manuscritos posiblemente auténticos que transmiten la "epopeya de Guadalupe". Estos manuscritos fueron publicados y comentados por el P. A. Barrado M.,[49] que enumera las fuentes, dependientes unas de otras, en el siguiente orden cronológico: *1)* Códice de 1400, desconocido; *2)* Códice 555 del Archivo Histórico Nacional, escrito en 1440; *3)* Códice del P. Alonso de la Rambla (1484); *4)* Códice 344 del Archivo Histórico Nacional, escrito antes de 1500; *5)* Códice del P. Diego de Ecija (†1534); *6)* Códice del P. Juan Herrera, de la Biblioteca de El Escorial, IV-a-10, escrito en 1535.

Según la transmisión de Gabriel de Talavera (1597), prior del convento de los jerónimos de Guadalupe, la "historia" de Guadalupe fue escrita por orden del general de la orden Alonso de Oropesa "hace ahora ciento cuarenta años", por autores que habrían obtenido lo que sabían "de libros antiguos" que ya habían sido escritos en los tiempos en que fue encontrada milagrosamente la sagrada imagen:

> [...] el Padre Fray Alonso de Oropesa, religioso de Guadalupe, y General de nuestra Orden, varon de ilustres partes y merecimientos, mãdó q̃ de todas las cosas de la ordẽ se hiziesse relación, tratando con diligencia de su primer origen y principio, de su fundacion, dota-

[48] Variante en Diego de Ecija, *Libro*, 49.

[49] Diego de Ecija, *Libro; cf.* también Jacques Lafaye, *Quetzalcóatl y Guadalupe*, México, 1977, pp. 304-308; Rubio, *Historia*, 23-28.

ciones, y grandezas, y del aumento con que auian proseguido. En virtud deste mandato, aura ciento y quarenta años se compuso la historia famosa de Guadalupe: y sus autores cõfiessan auerla sacado de libros antiguos, cõpuestos en tiempos que aun durauan muchos que se hallaron a los milagros y prodigios de su admirable inuencion.[50]

Por lo que se refiere al contenido de la "historia" más antigua que se conoce, hay que considerar que en su redacción, hecha por un religioso del convento de Guadalupe, ni la iglesia ni el convento ni el lugar ni los milagros ni los peregrinos eran ya visión profética, sino una realidad cotidiana para los hombres de Las Villuercas y para su piedad mariana. De esta manera se hizo extraordinariamente popular dicha "historia", que explica *a posteriori* los fundamentos y orígenes, o también —para usar la expresión utilizada por el P. Diego de Ecija— la "invención" de Santa María y del culto que la rodeaba en Guadalupe. Lo histórico se mezcló con lo legendario y fabuloso. Se hizo evidente lo que desde muchos siglos antes aparecía en la formación de leyendas de santuarios y de santos en Europa,[51] a saber: que unas leyendas más antiguas de otras regiones y países en parte se repetían, y en parte se transformaban.[52] Así tam-

[50] Fray Gabriel de Talavera (Geron.), *Historia de Nuestra Señora de Guadalupe Consagrada a la Soberana Magestad de la Reyna de los Ángeles, Milagrosa Patrona de este Sanctuario, Com priuilegio en Toledo en casa de Thomas de Guzmã Petrus Angelus, 1507 fecit,* p. 336.

[51] Los cuatro libros de los *Diálogos* (escritos en 593-594), de Gregorio I Magno (550-604), difundidos en la Edad Media y en parte traducidos frecuentemente, los ocho libros de las *Narraciones de Milagros* de Gregorio de Tours (538-594) y la *Navigatio Brendani,* atestiguada desde el siglo IX, entre otros, produjeron gran efecto en la piedad, en el culto a los santos y a sus reliquias, en la búsqueda de milagros, en la liturgia y en las tradiciones populares. También las múltiples leyendas particulares sobre santos de la era cristiana primitiva y de la Edad Media contemporánea en Europa, escritos en latín o en lenguas vulgares, y muy especialmente las colecciones de leyendas *Dialogus miraculorum* (com. en 1219-1223) y los *Libri VIII miraculorum* (com. en 1225-1227) de Caesarius v. Heisterbach, SOCist. (1180?-1240), el *Speculum historiale* (com. antes de 1256) de Vincentius de Beauvais, O.P. (1184/1194-1264?), el *Speculum sanctorale* (com. 1329) de Bernardo Guidonis, O.P. (1260-1331), el *Catalogus Sanctorum* (com. en 1369-1372) de Petrus de Natalibus (?-1406?) y la *Legenda aurea* (com. antes de 1264) de Jacobus a Voragine, O.P. (1228/1330-1298), traducida en muchas lenguas y frecuentemente aumentada, ejercieron gran influencia en el arte y en la piedad populares y prepararon asimismo el terreno para las leyendas marianas en Occidente. Para éstos, véase Winfried Böhne, "Legende", en *LThK,* 6 (1961), pp. 876-878; Jacobus de Voragine, *Legenda aurea,* IX-XXXVII (introducción); Bühler, *Marienlegenden,* 10-17,26,36-47,73-84, y otros más.

[52] Hippolyte Delehaye, *Les légendes hagiographiques,* Bruselas, 1905; Heinrich Günter, *Legenden-Studien,* Colonia, 1906; del mismo, *Die christliche Legende des Abendlandes,* Heidelberg,

bién, la narración de Guadalupe transfirió rasgos y sucesos de la vida de "santos orientales" a la historia de los santos españoles, y relató sucesos de la vida de un santo como vivencias de un santo posterior. Tal como sucedió con narraciones de personas (santos), aconteció también con las de imágenes sagradas y santuarios. También la leyenda de Guadalupe se nutrió con narraciones de los tiempos del dominio de los romanos, visigodos y moros, así como también de la Reconquista, las cuales eran propagadas casi únicamente en forma oral, y por lo mismo no estaban firmemente circunscritas. Se narraban por tradición convirtiéndose en "tradiciones religiosas", originadas entre el pueblo o entre los amigos o partidarios de los personajes (santos) o bien, en el caso que nos ocupa, del convento y santuario de Guadalupe. La fantasía profusamente creativa del "alma popular", de la religiosidad popular y de los usos y costumbres del pueblo de Extremadura tuvo un papel importante en la formación de su "leyenda".

Leyendas antiguas y extranjeras e historias se entrelazaban formando un tejido del que, lo que se oía, lo que la gente decía, se seguía elaborando oralmente de buena fe, se ordenaba y finalmente se compilaba por escrito. De esta manera las narraciones populares se convertían en una "verdad" transformada poéticamente, es decir, en hechos históricos libremente configurados, con los cuales le interesaba más al narrador explicar el origen de la imagen sagrada y recomendar su veneración que contribuir a la verdad y a la realidad estrictas e históricas. Por lo mismo, el origen, el contenido y el efecto de esta leyenda sólo pueden ser entendidos y apreciados adecuadamente partiendo de la mentalidad y de los fundamentos culturales y espirituales de los hombres que vivieron en la Europa medieval[53] y en Hispania.[54]

Lo que vale para muchas leyendas (de María)[55] se aplica también

1910; Hellmut Rosenfeld, *Legende*, Stuttgart, 1961, 1972 (3ª ed.); Peter Dinzelbacher, *Vision und Visionsliteratur im Mittelalter*, Stuttgart, 1981.

[53] Aaron J. Gurjewitsch, *Das Weltbild des mittelalterlichen Menschen*, Munich, 1982; Peter Dinzelbacher y Dieter R. Bauer (comps.), *Volksreligion im hohen und späten Mittelalter*, Paderborn, Munich-Viena, 1990.

[54] Christian J., *Apparitions*, 3-149.

[55] Adolf Mussafia, "Studien zu den mittelalterlichen Marienlegenden", I, II, III, en *Sitzungs-*

a la leyenda piadosa de Guadalupe. "En un juego sujeto a cambios frecuentes, la leyenda produce como por arte de magia versiones de acuerdo con el tiempo; en cada país y en cada siglo, éstas regocijan al pueblo que las comenta entre sí, presentan enigmas a los eruditos, como un duende tramposo que no quiere desistir de sus antiguas costumbres."[56] Se originan nuevas variantes en la tradición oral, que son retenidas en versiones discrepantes cuyo origen y acopio en su mayoría no quedan clarificados. Al mismo tiempo surgen muchos motivos y se alude a sucesos que al paso de muchos siglos se convierten en nuevas leyendas en los países más diversos.

Basta una somera comparación para darse cuenta de que muchas narraciones sobre apariciones de María[57] —como también la leyenda de Guadalupe— tienen una estructura fundamental y muestran muchos paralelos en diversas épocas y regiones:[58] las imágenes, o bien apariciones, están rodeadas de luz y/o fuego; ángeles que esculpen o cincelan la sagrada imagen (ya la Edad Antigua precristiana conocía obras de imágenes no hechas por mano de hombre, y aparecidas repentinamente); campanas que comienzan a tocar solas cerca de la imagen de María; imágenes que deben parte de su celebridad a quienes supuestamente las crearon, especialmente a san Lucas;[59] imágenes marianas cuyo rostro es negro o moreno son objetos preferentes de devoción;[60] imágenes sagradas son llevadas so-

berichte der Philosophisch-Historischen Classe der Kaiserlichen Akademie der Wissenschaften, CXIII (1886), pp. 917-994; CXV (1888), pp. 5-92; CXIX (1889), Tratado 9, pp. 1-66; CXXIII (1891), pp. 1-85; CXXXIX (1898), pp. 1-74; L. Villecourt, "Les Collections Arabes des Miracles de la Sainte Vierge", en *An Boll,* XLII (1924), pp. 21-68.

[56] Stephan Beissel, *Wallfahrten zu unseren Lieben Frau in Legende und Geschichte,* Friburgo de Brisgovia, 1913, p. 50.

[57] Christian Jr., *Apparitions,* 10-331; del mismo, *Local Religion in Sixteenth-Century Spain,* Princeton, N.J., 1981.

[58] Beissel, *Wallfahrten,* 28-39, 77-87, 116-125, 377, 408, 453-456, 462-468, 470-474, 486, y otros más; del mismo, *Geschichte der Verehrung Mariens in Deutschland während des Mittelalters,* Friburgo de Brisgovia, 1909; Mario Martins, "Narrativas de Aparições de Nossa Senhora", en *Salm,* (1958), pp. 703-722.

[59] Beissel, *Wallfahrten,* 116-125; la iglesia mariana más significativa en Madrid fue antes la de Nuestra Señora de la Almudena, en el lugar de una antigua mezquita. Esta madonna, patrona de la ciudad y de la provincia, se dice que fue esculpida por S. Nicodemo, pintada por S. Lucas, traída a España por Santiago, escondida de los moros en un muro por S. Isidoro y encontrada por el rey Alfonso VI…, Beissel, Wallfahrten, 460-461.

[60] *Loc. cit.,* 138-141.

lemnemente en procesiones de rogativas por sus ciudades, o las ciudades vecinas, expuestas en iglesias y veneradas durante varios días con devociones u oficios.[61]

Especialmente en el periodo de la Reconquista prevaleció la costumbre en la Península Ibérica de enterrar imágenes y esculturas. Éstas aparecerán nuevamente en épocas posteriores, como Nuestra Señora de la Estrella, del Molino, del Espino, del Tremedal en Orihuela (Alicante), de las Ermitas, del Cid, en Iglesuela, del Campo, de la Zarza y de la Hoz (todas del siglo XII), y otras más.[62]

Muchas imágenes de María también fueron enterradas con campanas, con una cruz y/o con reliquias, para esconderlas y salvarlas de los moros que se aproximaban, *v.g.* Nuestra Señora de Aránzazu (Alava, siglo XII), de la Peña en Catalayud (Zaragoza, siglo XIV), de Cabeza en la provincia de Jaén (1227), del Puche en Valencia (hacia 1200) y otras más.[63]

La narración de Guadalupe parece haber inspirado otras narraciones sobre el hallazgo de imágenes enterradas, principalmente en la región de Segovia, en Castilla la Vieja. Así se dice que la imagen de Nuestra Señora de la Soterraña en Santa María la Real de Nieva fue descubierta y desenterrada en 1391 después de que un pastor pretendió haber visto una señal en el cielo.[64]

Este modelo encontró su repetición en historias bien documentadas de hallazgos de fechas más recientes, en Valverde del Majano (1623), Bernardos (1728) y otros. En la narración de la aparición de San Antonio de Padua en las Navas de Zarzuela (Segovia), transmitida desde el año 1455, corresponde, como en la leyenda de Gua-

[61] *Loc. cit.*, 254-274; se dice que la imagen de Nuestra Señora de Atocha, en Madrid, fue llevada en 1580 de su iglesia en procesión solemne por las calles a causa de la peste, y expuesta a la veneración en diferentes iglesias tres días en cada una. Fue llevada por las calles más de 50 veces, y cada vez proporcionó ayuda (p. 274).

[62] Beissel, *Wallfahrten*, 29; según Beissel, De la Fuente menciona 70 imágenes de María, en su mayoría de madera, piedra o alabastro, que en la antigüedad fueron encontradas en España por pastores, campesinos o carboneros.

[63] *Loc. cit.*, 28.

[64] Catalina de Lancaster, esposa de Enrique III de Castilla, donó hacia 1395 el convento dominicano de Santa María de Nieva en el lugar donde la Virgen María se habría aparecido a un pastor. Para esto, véase Pierre Tisné y D. José Milicua, *Spanien. Bildatlas der Spanischen Kunst*, Schauberg, Colonia, 1968, p. 114.

dalupe, a la resurrección de un muerto la necesaria fuerza probatoria para la aparición de María. Guadalupe comparte con la leyenda de san Miguel del Monte Gargano también el tema ya conocido de un animal perdido que conduce a un pastor a un lugar sagrado, y con la de Rocamadour en Francia y Nuria en los Pirineos catalanes el del hallazgo de una imagen con campana escondida en la tierra.[65]

El copioso material de nuestra investigación nos obliga a realizar una selección. Así, de la abundancia, imposible de abarcar, de las leyendas (de apariciones) y de sus variantes en España, se presentarán sumariamente algunos temas o motivos principales que se repiten constantemente, y cuya notoria incursión en la leyenda de Guadalupe se hará evidente.[66]

Apariciones marianas

1) El mismo tema fundamental:
Aparición de la Virgen María y/o hallazgo de su imagen (escultura o pintura).

2) El origen milagroso de la imagen:
- *a)* aparecen por primera vez;
- *b)* existen ya y salen nuevamente a la luz; durante una invasión habían sido llevadas a un escondite para asegurarlas contra una profanación.

3) El hallazgo de la imagen:
- *a)* es puramente casual, por un hombre o un animal;
- *b)* se lleva a cabo debido a que el descubridor recibe una señal.

En relación con:
- *a)* el hallazgo por casualidad le ocurre a una persona de estrato social bajo (pastor[a], campesino, leñador) que por su

[65] Christian Jr., *Apparitions,* 92-103.

[66] Anna-Britta Hellborn, "Las apariciones de la Virgen de Guadalupe en México y en España", en *Ethnos,* 29, núms. 1-2 (1964), pp. 58-72; Christian Jr., *Apparitions,* 10-222; del mismo, *Local Religions,* 70-125; Beissel, *Geschichte,* 233; del mismo, *Wallfahrten,* 449-476, 480-481; Lafaye, *Quetzalcóatl,* 295-327; Marés Prebere, *Historia,* 1-222.

trabajo se encuentra en las cercanías del lugar del hallazgo. Éste por lo general es una cueva, la raíz o la rama de un árbol o un pliegue del terreno. Si es un animal el que se topa con la imagen, en la mayoría de los casos es una vaca o un buey, de vez en cuando también una oveja o una cabra. En muchos textos el animal acompaña a su amo al escondite de la imagen, un motivo que se puede presentar como una clase de señal para el verdadero descubridor.

En relación con:

b) La "señal" es variada y multiforme. Sus manifestaciones características son las siguientes:

- Una luz clara ilumina el lugar donde se encuentra la imagen. La luz sale de la imagen misma o del lugar del escondite.
- Una estrella cae varias veces del cielo y siempre sobre el mismo lugar.
- En un determinado lugar no cae nieve.
- Al arar, los bueyes se quedan parados en un punto determinado.
- Un animal —en general un buey o un ave— se echa o se posa en un determinado lugar.
- Con frecuencia hay flores que llaman la atención por su perfecta belleza, su fuerte olor o el esplendor de su florecimiento extemporáneo, *v.g.* rosas en la nieve.
- El descubridor percibe ruidos extraños.
- Alguien se aparece y manda desenterrar la imagen: la Virgen María, Carlomagno u otro santo.
- La figura que se aparece, envuelta en luz brillante, puede también estar acompañada de ángeles.

4) La duda acerca de la credibilidad del descubridor:

Muchos textos relatan que la gente del lugar y sus autoridades no le dan crédito al descubridor. Por eso María les otorga una prueba de su aparición:

a) en la mayoría de los casos desaparece una deformidad física que tiene el descubridor: el mudo habla, el manco recobra el brazo que le faltaba, etcétera.

b) Es sanado un enfermo o es resucitado un muerto de entre los parientes o amigos del descubridor.
c) La Virgen María deja su propia imagen plasmada en un objeto que el descubridor lleva consigo.[67]

5) La voluntad de la Virgen, o bien de su imagen, es:
a) Que la imagen permanezca en el lugar de su hallazgo.
b) Erección de una capilla o de una iglesia en el lugar de la aparición o bien del hallazgo.
Es frecuente el motivo de la imagen que es demasiado pesada para ser transportada; la Virgen manifiesta también su voluntad regresando ella misma su imagen al lugar del hallazgo o muestra su desacuerdo haciendo fracasar los trabajos de la construcción de la iglesia.

Apariciones de María y aparición de Guadalupe

Si se confronta la narración de Guadalupe con las otras narraciones de apariciones en España, se hace patente que los motivos, así como los esquemas de pensamiento y tradición que los originaron, muchas veces son semejantes o idénticos, y como ya se ha dicho, en la mayoría de los casos surgen también en las leyendas y narraciones propias de otros países y continentes: María se aparece personalmente; la aparición es en sábado; una luz llama la atención del descubridor; el descubridor es de rango social bajo; las autoridades y otras personas no creen en la aparición; algunos signos (la imagen misma, flores, curaciones) hacen creíble la aparición; en el lugar de la aparición se erige una capilla o iglesia; la imagen sagrada es milagrosa; la fama se extiende; se origina un santuario, etcétera.

Las fuentes sobre el acontecimiento de Guadalupe en Extremadura transmiten una tradición cristiana propia que se difundió entre la población desde la cristianización de la Península Ibérica. Sin

[67] Aquí deben señalarse dos textos antiguos que relatan una intervención de la Virgen María por medio de la "aparición" de su imagen "pintada" de una manera milagrosa, y precisamente en una iglesia de la ciudad de Lydda en tiempos de los apóstoles, así como sobre una columna de la tumba de María en Getsemaní. *Cf.* Crane, *Liber,* 23-25.

embargo, las versiones manuscritas de estas fuentes, redactadas todavía en forma de leyenda y existentes aún en la actualidad, hacen sospechar que dichas versiones fueron creadas expresa e intencionalmente con el fin de dar una instrucción histórica y religiosa en relación con la imagen y el santuario, pues se esfuerzan por hacer reconocer su conexión y por demostrar casualidades, desarrollo y orígenes. Pero la cualidad narrativa se convierte en su desventaja.

El acontecimiento de Guadalupe es conducido a través del espíritu humano del narrador. Con esto la narración adquiere una influencia subjetiva antes de llegar al que la medita o investiga. Esta subjetividad se hace perceptible en la elección y selección del material de la leyenda, que consciente o inconscientemente quiere influir en el interesado y en la valoración de la narración, tendenciosamente retocada. Falta crítica y diferenciación. Se utilizan sin distinción testimonios y tradiciones de diversas épocas y regiones. Una dificultad más resulta de la manera en que fueron confeccionadas estas fuentes, cuyos autores tienden a la adopción de extensos pasajes de otras obras sin señalarlas. Sin embargo no hay que admirarse de esto, ya que no existía el concepto de la propiedad intelectual tal como se le conoce actualmente.

Junto a tales descubrimientos en cuanto al contenido, llama la atención la preferencia por las figuras retóricas, los giros o locuciones que se emplean, la tendencia a la tipificación y a la analogía. Se nota por ejemplo la tendencia de adscribir a determinadas personalidades o grupos de personas determinadas propiedades y modos de conducta, pues así lo exige o da por supuesto el sentimiento de la época o la tradición popular (véase por ejemplo la descripción de la Virgen María del vaquero Gil, de los pastores, de las autoridades). De manera especial hay que considerar que las fuentes de la leyenda de Guadalupe no han sido transmitidas en el original del autor, sino en varias versiones (copias, elaboraciones, extractos, ampliaciones) que difieren unas de otras. La cuestión sobre el texto original de esta leyenda hasta ahora no ha sido aclarada, y tal vez difícilmente podrá aclararse.

Otro aspecto importante es el hecho de que la posición de aquellos autores (que están totalmente arraigados en la manera de pensar medieval) respecto a lo que es "verdadero", o bien "no verdadero", es distinta de aquella a la que están acostumbrados los autores del presente. El concepto de verdad era para ellos relativo y coloreado subjetivamente y fuertemente dependiente de vínculos religiosos y sociales. Por eso este concepto debe ser valorado desde el aspecto de "sinceridad" o "lealtad", más que desde la perspectiva de "hecho". Precisamente en vista de esta comprensión de la "verdad", acentuada de distinta manera, no se pueden excluir de antemano alteraciones de las fuentes en favor de la finalidad eclesiástico-religosa de la propagación del culto a Guadalupe y del aumento de influencia religioso-política del convento de los jerónimos, pues en la Edad Media parece haber valido absolutamente como admisible el afianzar la convicción subjetiva de la verdad mediante una *pia fraus,* es decir, una "falsificación piadosa", "agradable a Dios", realizada por motivos religiosos.[68] Esto se puede aplicar también a muchas historias milagrosas y milagros[69] que según P. A. Sigal deben ser vistos como una parte imprescindible de la sociedad medieval y que tendrían que ser explicados como algo extraordinario que es al mismo tiempo cotidiano.[70] Es digna de notarse a este respecto la opinión de A. Gurjewitsch, que aconseja un prudente juicio o dictamen sobre la fe medieval en los milagros, que es considerada como algo característico de la sociedad medieval.[71]

[68] Baudouin de Gauffier, "Mentalité de l'hagiographie médiévale d'après quelques travaux récents", hace una revisión general del estado de la discusión sobre la investigación de la comprensión de la verdad por el hombre medieval y sobre las falsificaciones en el campo de la diplomacia y de la hagiografía, en *AnBoll,* 86 (1968), pp. 391-399; Klaus Schreiner, "Discrimen veri ac falsi", proporciona informaciones sobre falsificaciones hagiográficas, en *AKG,* 48 (1966), pp. 1-53, y del mismo, "Zum Wahrheitsverständnis im Heiligen- und Reliquienwesen des Mittelalters", en *Sae,* 17 (1966), pp. 131-169.

[69] Para el concepto de milagro, que la Iglesia católica tiene como un suceso "contra", "supra" o "praeter naturam", válido desde la Edad Media pero entre tanto precisado, véase Hermann Lais, "Was sagt die Kirche zum Wunder?", en Karl Forster (comp.), *Wunder und Magie,* Würzburg, 1962, pp. 13-41.

[70] Pierre-André Sigal, *L'homme et le miracle dans la France médiéval (XIe-XIIe siecle),* París, 1985, p. 10. Son fuentes básicas de esta obra 262 obras hagiográficas con más de 5 000 historias de milagros; véanse también para esto las presentaciones de Constanze Rendtel, *Hochmittelalterliche Mirakelberichte als Quelle zur Sozial-und Mentalitätsgeschichte und zur Geschichte der Heiligenverehrung, untersucht an Texten insbesondere aus Frankreich,* 2 vols., Düsseldorf, 1985; Christian Jr., *Local Religion,* 93-105; Peter Dinzelbacher y Dieter R. Bauer (comps.), *Volksreligion im hohen und späten Mittelalter,* Paderborn-Munich-Viena, 1990.

[71] Gurjewitsch, *Weltbild,* 367-373.

El conjunto de cuestiones planteadas sobre "historias milagrosas" y "falsificación", o bien "hallazgo" de la piadosa leyenda extremeña, desempeñó y desempeña sólo un papel secundario en lo referente a la discusión sobre el origen y desarrollo de la esencia del santuario de Guadalupe, así como también para la reflexión teológica del acontecimiento de Guadalupe en España; pero en cambio en México, el debate sobre el acontecimiento mexicano de Guadalupe ha dado y da ocasión a discrepancia y polémica, que se enciende en la controversia sobre la aparición de la Virgen María (aparicionistas-antiaparicionistas), así como en la discusión acerca de una posible "ficción" del *Nican Mopohua* —la "leyenda" mexicana de Guadalupe— que expondremos posteriormente.

3. Guadalupe, signo de la hispanidad

Después de Guadalupe de Las Villuercas, uno de los primeros y más famosos santuarios en España[72] fue el de Nuestra Señora del Paso en Madrid, que fue fundado en 1458 por Enrique IV y a cuya imagen se le dio la advocación de Guadalupe. Esta denominación tropezó con la enérgica oposición de la abadía extremeña de Guadalupe, por lo cual de momento se le llamó Nuestra Señora de los Ángeles. Empero, después de que Isabel *la Católica* hizo trasladar el monasterio de El Paso (Madrid) a El Retiro, se impuso la advocación original. Parece que durante el reinado de Felipe II dicha imagen fue trasladada a la iglesia de San Jerónimo el Real (Madrid), donde primero los Habsburgo y después la dinastía de los Borbones le tributaron una veneración privilegiada como a Nuestra Señora de Guadalupe, disponiendo ante su imagen suntuosas celebraciones y ceremonias. Otro conocido santuario, Santa María de Liébana, que en el siglo X todavía estaba dedicado a las santas Justa y Rufina, debe de haber recibido, a más tardar en el siglo XV, la advocación de Guadalupe.

[72] Para la difusión del culto a Guadalupe en España y en otros países, véanse los datos de fray Francisco de San Joseph, *Historia universal de la primitiva, y milagrosa imagen de N.ra Señora de*

Desde tiempos muy antiguos también en Portugal algunos santuarios de Guadalupe disfrutan de una veneración especial por parte del pueblo, por ejemplo en Braga y en San Martín de Evora. Este último atribuye su origen, según una tradición, al hecho de que la Virgen María de Guadalupe se le apareció a un niño. También en Granada se veneran imágenes de Guadalupe, *v.g.* en la iglesia de Santo Tomás de Villanueva, pero sobre todo en Santa Isabel, la iglesia de un convento de jerónimas. La veneración de la estatua de Guadalupe de allí parece remontarse a los tiempos de Isabel *la Católica*. De las muchas iglesias, capillas y altares de España donde la imagen sagrada de Guadalupe —diferente según las regiones— ha seguido siendo hasta el día de hoy un foco de piedad popular, debe destacarse aquí un santuario más, en Rianjo (Galicia), que fue fundado en 1773 por un religioso de Guadalupe de Extremadura, oriundo de ese lugar.[73] También se veneran imágenes de Guadalupe en la iglesia de San Millán (Madrid) y en Villalba de Sancobad (Galicia), en Donbenito en la Serena, en la iglesia parroquial de Santoña (Santander), que por cierto se parece mucho a la de Guadalupe del Tepeyac (México, D. F.); además, una pintura al óleo (1655) del flamenco Pablo Legot en Puerto Real (Cádiz) en la iglesia de San Sebastián de allí mismo, como también las imágenes de Castillo de Montánchez, Hinojosa del Duque y Fernán Núñez, donde la fiesta de la Virgen de Guadalupe el 8 de septiembre cuenta con una larga tradición.

En el periodo de la expansión española a ultramar, el santuario extremeño se convirtió en un polo para los navegantes y conquistadores,[74] de los cuales muchos eran oriundos de Extremadura. En efecto, los más conocidos de ellos se dirigían allá una o varias veces en la vida, por ejemplo Hernán Cortés, Francisco Pizarro y Pedro de Valdivia, los conquistadores de México, del Imperio de los incas y de Chile, además de Francisco de Orellana, que fue el primero

Guadalupe…, Madrid, 1743, cap. XX, pp. 130-139; Rubio, *Historia,* 223-228; Gumppenberg, *Atlas Marianus,* 135-137, 594-595, 2057-2058.

[73] Álvarez, *Guadalupe,* 293-295.

[74] Arturo Álvarez, "Guadalupe, pila bautismal del Nuevo Mundo", en *RI,* XX (1960), núms. 7-9, pp. 113-124; Sebastián García (comp.), *Extremadura en la evangelización del Nuevo Mundo, Actas y estudios* (congreso celebrado en Guadalupe durante los días 24 al 29 de octubre de 1988), Cáceres (Extremadura) 1990; Mariano Cuesta Domingo, *Extremadura y América,* Madrid, 1992.

que escaló los Andes del Perú y atravesó el Amazonas; Hernando de Soto, descubridor del Mississippi, y finalmente Sebastián Belalcázar, uno de los conquistadores de Nueva Granada. La crónica del convento de Guadalupe relata que muchos navegantes atribuyen su salvación de un naufragio a la intervención de esta advocación de María. Cristóbal Colón, del que se dice que peregrinó varias veces a las montañas de Extremadura, llamó Guadalupe a una de las islas de las Antillas, que los aborígenes llamaban Curuqueira o Turuqueira[75] —un primer "vástago" del santuario extremeño y la primera advocación mariana en el Nuevo Mundo—, que en las épocas siguientes cambió varias veces de soberano y por fin pertenece definitivamente (desde 1816) a Francia, como Guadeloupe. Se dice que ya en 1496 dos indios, que habían sido llevados por Colón a España en su segunda expedición a las Indias Occidentales, recibieron el bautismo en Guadalupe (Extremadura).

Santa María de Guadalupe, Virgen de la Hispanidad,[76] se convirtió en lo sucesivo en el fundamento y origen de múltiples santuarios, fiestas y cofradías en muchos países del mundo, de lo cual informan ampliamente los jerónimos Gabriel de Talavera,[77] Francisco

[75] Fray Antonio Vázquez de Espinosa O.C.D., *Compendio y descripción de las Indias Occidentales,* edición y estudio preliminar por B. Velasco Bayón, O.C.D., Madrid, 1969, Primera Parte, lib. 1, cap. I, núm. 1 [p. 7].

[76] José de la Peña y Cámera, *Guadalupe y la hispanidad,* Madrid, 1965.

[77] Talavera, *Historia,* 454-455: "[...] Desde la aparición desta Princessa, hã sucedido mil dichosas suertes a España abriẽdose nueuos caminos y desconocidas carreras en el mar, ya a los Castellanos, y a los Portugueses, cõquistadores ilustres, vnos y otros, de aq̃llas ricas tierras dõde el Sol nace, y esconde sus rayos al Poniente; los quales plantando con grã honra de la religion, y aumẽto crecidissimo de la Fè, muchas iglesias, donde se enseñaua aquella gente barbara, les dieron noticia de sus principios, del fauor grande desta imagen santissima, de sus prodigios, milagros, y obras marauillosas, a q̃ los conquistadores que dello les dauan cuenta, se reconocian tan obligados, como quien confessaua en sus victorias y triumphos gloriosos, el fauor y braço desta Señora. Y assi en testimonio desta obligadissima voluntad, diero por nombre a vna de las primeras islas que ganaron, Guadalupe: pareciendoles que con tan dichoso fundamento y fauorable titulo, auiã detener en todo prosperissimo sucesso. Arraygose desta suerte la deuocion y respeto del sanctuario en aquellos moradores, deforma que començaron luego a dar prendas del buẽ animo con que hauian recibido la doctrina, leuantando iglesias, y santuarios de mucha deuocion, con titulo de nuestra Señora de Guadalupe, especial en la ciudad de Mexico de nueua España, y de los Reyes en el Piru, y en las de las Indias Orientales, que con animo valeroso y digno de eterna gloria conquistaron los Portugueses, donde dexarõ tan plantado este ilustrissimo nombre, que no tienen otro mas celebre en sus necessidades. Edificaron junto a los muros de la ciudad de Goa un templo y sanctuario, donde con gran frecuencia acude la gente a inuocar el fauor de la Reyna del cie-

de S. Joseph[78] y Wilhelm Gumppenberg, S.J. Este último, sobre todo, recopiló una rica tradición y muchos datos hagiográficos en relación con la veneración mariana en todo el mundo y la configuró en lenguaje plástico-épico para su fortalecimiento espiritual y piadoso. A pesar de que le falta sentido histórico-crítico a su voluminosa obra, que en las narraciones hace evidentes muchos enlaces directos y semejanzas, en su habilidad para hacer expresivo y calificar lo que sólo se puede captar conceptualmente, su *Atlas Marianus* (1672) presenta una antología mariana impresionante.

Su presentación de las causas y antecedentes del florecimiento del culto a Guadalupe en Messina[79] se puede considerar como modelo de muchas otras narraciones.

lo. Creo por muy cierto sucedio en este mismo sitio donde se leuanto la iglesia, aquel milagro que referimos en el libro tercero, de Alonso de Alburquerque conquistador ilustre destas naciones. Otra insigne iglesia leuantaron mas adelante en la ciudad de Cochin, y en ella instituyeron vna gran cofradia, en que se perpetuasse con mayor reuerencia la memoria deste santo templo. Otras muchas iglesias se dedicaron a la Princessa soberana, por ser muy ordinario en la India elegir los demas pueblos, las deuociones y titulos que en las ciudades principales se celebran. Tambien referimos en el libro tercero, quan estendida esta la gloria deste sanctuario por todas las regiones, prouincias, y partes del viejo mundo, Asia, Africa y Europa".

[78] San Joseph, *Historia,* cap. XX, p.130: "La venerabilissima Imagen de nuestra Señora de Guadalupe [...] ha esparcido continuamente, como lucidissimo Sol, por todas sus quatro partes, los rayos de sus prodigios [...] Prueba es de esta verdad la grande copia de Templos, Capillas, Oratorios, y Altares, que tiene en toda la Christiandad, erigidos à gloria de su nombre por correspondencia, y gratitud de sus liberalidades, mostrandose en sus Retratos maravillosa, como si fuessen la primitiva, y principal Imagen; que es prerrogativa, y excelencia singularissima de esta Señora, pues no sè yo, à lo menos con tal frecuencia, se celebre semejante gracia de otra Imagen alguna; y de la Virgen de Guadalupe se oyen innumerables prodigios por sus medallas, lienzos y papeles, de que pudiera referir muchos individuales casos".

[79] Gumppenberg, *Atlas Marianus,* 2057-2058: MCXX. Imago B.V. Miraculosa. De Guadalupa. Messinae in Sicilia. "Eo in monte extra Vrbem Messinensem, in quo olim stetit Castrum Orionis pro Vrbis defensione, hodie stat Castrum Regis Hispaniae velut Vrbis frenum milite Hispano, & tormentis bellicis instructissimum. Ad hoc castrum Hispanus quispiam Deiparae Guadalupanae addictissimus (de qua suo loco dixi) sacellum aere suo exstruxit, & sculptam Statuam prototypo quàm simillimam in eo reposuit. Habuit faventes sibi Hispanos ob patrium affectum: quapropter Dominica prima Septembris, quâ festum prima vice celebratum est, explosione omnium tormentorum & bombardarum Deipara honores accepit. Populus quoque Messinensis tantae celebritatis fragore accitus & animatus, cum multa audîsset de miraculis Guadalupanae Statúae in Hispania; ad paria beneficia accipienda spem suam erexit. Et fuerunt sané, qui fiduciâ suâ velut ruptâ glacie fontem miraculorum aperirent, hos alij atque alij secuti paria, quin etiam majora, impetrârunt.

Testes horum sunt parietes, è quibus votivae tabellae maximo numero pendent, monumenta beneficientiae Marianae. Inter has tabellas illa memorabilis est, quae navem refert Galli Mercatoris à quinque bellicis nauigijs Turcicis tantùm non captam, jam ad ictum tormenti curulis vi-

Otros santuarios de Guadalupe nacieron en los siglos XVI-XVII: en el convento franciscano de Palermo, en Goa y Cochín del Asia, en Manila[80] y en múltiples lugares de Las Indias, por ejemplo México, Chuquisaca (La Plata), Potosí, Lima, Puerto de Pisco, Ica de Valverde, Chuquiabo, Oruro, Mirque, Cochabamba, Quito, Trujillo,[81] en el Valle de Pacasmayo, y muchos otros.[82]

Son importantes, para la propagación del culto de Guadalupe en Sudamérica[83] las obras que emprendió el jerónimo fray Diego de Ocaña,[84] quien en septiembre de 1601 inició por primera vez en Potosí manifestaciones festivas en honor de la Virgen de Guadalupe, cuya imagen pintó para el convento franciscano de aquel lugar. En estas festividades se representó una gran comedia guadalupana escrita por el mismo Ocaña. Por orden del obispo de Chuquisaca (=Ciudad de la Plata de la Nueva Toledo), Alonso Ramírez de Vergara, que era oriundo de Extremadura, confeccionó asimismo en La Plata una imagen de la Virgen de Guadalupe. Ataviada con joyas valiosas y objetos preciosos, fue coronada Reina de Chuquisaca en una fiesta extraordinariamente fastuosa, que fue celebrada con

cinam: cùm Hugo (hoc enim Gallo nomen) facto huc voto, ventum repentè accivit è coelo, cujus ope sine ullo discrimine elapsus est ab ipsa usque Barbaria Messinam usque. Hoc attuli, ut lector sciat, similia quamplurima pendere in Templo anathemata. Qui exaudiri à Deipara cupiunt, septies Templum hoc accedunt, & septies sanctissimum Missae Sacrificium procurant, & exauditos se fatentur. Reverendus Pater Placidus Samperius Societatis JESU I.5. cap. 19".

80 Fray Gaspar de San Agustín, *Conquistas de las Islas Filipinas,* Madrid, 1698 (reimp. 1975), lib. 3, cap. XXI, pp. 693-696; véase para esto los argumentos de Lafaye, *Quetzalcóatl,* 398-399, 402-403.

81 Vázquez de Espinosa, *Compendio,* Segunda Parte, lib. 4, cap. IV, núm. 1160 [p. 274] y cap. VII, núm. 1170 [p. 276]; fray Reginaldo de Lizárraga, *Descripción breve de toda la Tierra del Perú, Tucumán, Río de la Plata y Chile,* estudio preliminar por Don Mariano Hernández Sánchez-Barba, Madrid, 1968, cap. XV [p. 13]: "De Nuestra Señora de Guadalupe", en donde probablemente se refiere a Guadalupe Trujillo (faltan las pp. 49 y 50 del manuscrito, donde estaba este capítulo); *loc. cit.,* cap. XLII [pp. 33-34]: "De la Iglesia de Nuestra Señora de Guadalupe" (cerca de la Ciudad de los Reyes=Lima).

82 Carlos G. Villacampa, *La Virgen de la hispanidad o Santa María de Guadalupe en América,* Sevilla, 1942; Rubio, *Historia,* 223-230; San Joseph, *Historia,* cap. XXV, pp. 181-184 (Pacasmayo), cap. XVI, p. 190 (Chuquisaca), cap. XXV, p. 182: "No cede in riquezas, con tener tantas, como dexo referidas, la Virgen de Guadalupe de Pacasmayo, á la Virgen de Guadalupe de México..."

83 Julio García Quintanilla, *Historia de la Iglesia de las Charcas o La Plata* (Sucre-Bolivia), t. III: *Templos, conventos, monasterios, orfelinatos, congregaciones, religiosas, etc. (desde 1539 a 1963),* Sucre, 1964; Arturo Álvarez, *Guadalupe en la América andina,* Madrid, 1969; Rubio, *Historia,* 228-230; Villacampa, *La Virgen.*

84 Fray Diego de Ocaña, *Un viaje fascinante por la América hispana del siglo XVI,* Madrid, 1969.

tanto derroche como la fiesta del Corpus Christi. Se dice que tiempo después dicha imagen fue adornada con una medalla especial, que lleva la inscripción "Batalla de Junín y Ayacucho". Esta medalla se le atribuye a Simón Bolívar, caudillo del movimiento de independencia latinoamericano, quien hizo este donativo a la Virgen de Guadalupe por la ayuda que supuestamente brindó a las tropas libertadoras en su lucha contra los colonizadores españoles. También en 1784 se patentizó a dicha virgen especial honor y agradecimiento por su pretendido apoyo contra los indios cataris que se habían sublevado, y que trataban de saquear la ciudad.[85]

También se sabe por tradición que entre todas las cofradías laicas en el Alto Perú de aquel entonces, la que más sobresalía era la de Nuestra Señora de Guadalupe, por su esplendor y riqueza. Estaba reservada sólo a españoles y fue erigida por dicho Diego de Ocaña a principios del siglo XVII en Potosí, La Plata, Tumina, La Laguna y La Paz. Esta cofradía de laicos difería de las demás en que uno de sus fines principales consistía en la colecta de limosnas para el convento español. Sobre todo era muy famosa la cofradía de Guadalupe de la mencionada ciudad de Chuquisaca, conocida por la proverbial magnificencia de la imagen de su santo nombre, cuya fiesta se celebraba el 8 de septiembre con magníficas solemnidades y folclor religioso.[86]

Sucre (Chuquisaca), la capital actual de Bolivia, ha conservado como herencia a lo largo de los siglos la veneración a "Mamita" de Guadalupe. Cada año la ciudad celebra su fiesta y la acompaña por la plaza en su cortejo triunfal. En el tiempo de la Colonia y también después de la Independencia era venerada como "la Patrona Celestial", y el 30 de diciembre de 1938, por acuerdo de las autoridades eclesiásticas, fue coronada solemnemente. Esta estatua de la Virgen de Guadalupe (1.50 m), venerada en la catedral de la capital y ricamente ataviada con oro, plata y alhajas, es estimada como la más valiosa en su estilo, en el arte escultórico del país. Una tradición popular muy difundida y palpable en la Bolivia de hoy la aso-

[85] Quintanilla, *Historia,* 54.
[86] Diego de Ocaña, *Un viaje,* 325-347, 355-440.

cia con el apóstol Santiago: la estatua, "...'que trajeron del cielo como regalo dos ángeles montando el caballo de Santiago' (Concolocorvo, *Lazarillo de ciegos caminantes)* se apareció antes del alba y fue colocada junto a la iglesia".[87] El hecho de que precisamente es el apóstol Santiago el que interviene en la aparición de la Virgen de Guadalupe podría evocar en la imaginación de los nativos la visión aterradora que éstos tenían de Santiago apóstol, especialmente en los inicios de la Colonia. "¡Santiago, y a ellos!", es sabido que con este grito de batalla se arrojaban los españoles sobre los indios en el combate, apoyados por el apóstol Santiago que montaba un caballo blanco y blandía una espada.

En Sucre pudo haber subsistido absolutamente la intención de infundir terror a los indios para que ellos no exigieran la devolución de su porción de tierra —un ejido— en el que se construyó la catedral.[88] Es evidente que la antigua fe popular española fue trasplantada a América y que, adaptada al nuevo entorno social y cultural, encontró difusión: Santiago (de Compostela) y la Virgen de Guadalupe (de Extremadura) brindan asistencia contra los indios del Nuevo Mundo, al igual que antes contra los moros durante la Reconquista.

La veneración a la Virgen de Guadalupe de Extremadura fue propagada en el Nuevo Mundo a consecuencia de la difusión del cristianismo, sobre todo por las órdenes religiosas, en especial por los franciscanos, que en muchos de sus conventos fundaron la Cofradía de Guadalupe.

> De tan universal devoción a Nuestra Señora, nacieron en España, Portugal, las Américas y en otros puntos del mundo multitud de Santuarios en su honor levantados;[89] y hubiéranse multiplicado hasta lo infinito si el mezquino criterio de los Gerónimos guadalupenses no lo hubieran impedido con todas sus fuerzas, combatiendo el perjuicio

[87] Carlos Montenegro, "Santiago en Bolivia", en Rafael Heliodoro Valle, *Santiago en América*, México, 1946, p. 130.

[88] *Ibid.*

[89] Se le atribuían milagros a las imágenes de Guadalupe; *cf.* Talavera, *Historia,* lib. 5, pp. 322-323: "Retratos de la imagen de Guadalupe, por quien Dios ha hecho milagros".

que de los mismos podría seguirse en la constante afluencia de limosnas a la Santa Casa.[90]

No es de extrañar, pues, que la Santa Casa de los jerónimos haya tenido muchas veces diferencias con los franciscanos, imponiéndose, sin embargo, estos últimos en la mayoría de los casos.

Con todo, muy independiente de la historia de España, había de originarse en el siglo XVI, en lo que fue jurisdicción del dominio de los aztecas y que a raíz de la expansión española fue parte del Virreinato de Nueva España, un santuario de Guadalupe, cuyos orígenes hasta ahora no ha sido posible esclarecer científicamente, pero cuyos efectos han cobrado una importancia única tanto para los pueblos autóctonos, los indios, como también para los españoles y criollos.

Teniendo en cuenta el antecedente de la veneración a María, o bien a Guadalupe en España, nuestro objetivo en el siguiente capítulo será descubrir los elementos que lograron que el cristianismo en la Nueva España permaneciera y se extendiera. De igual manera, las exposiciones y argumentos demostrarán el proceso de aceptación, transformación y fusión de la herencia cultural mexicana antigua, nahua especialmente, la cultura y religión colonial de México, es decir de Nueva España, y sus efectos en el guadalupanismo mexicano.

[90] Rubio, *Historia,* 223-224.

II. GUADALUPE EN MÉXICO

1. Religión tolteca-azteca

a) Desarrollo histórico

Para tratar el tema que pretendemos es presupuesto fundamental un conocimiento sólido de las culturas del México antiguo.[1] En atención a la abundancia del material, sólo podremos abordar aquí algunos aspectos religiosos medulares de la cultura náhuatl, que dominaba en México al tiempo de la Conquista, en especial de la religión tolteca-azteca.[2]

En la parte de América Central que los científicos han denominado "Mesoamérica" se desarrollaron múltiples e importantes culturas: la olmeca, maya, mixteca, zapoteca, huasteca, totonaca, teotihuacana, otomí, tolteca, purépecha, azteca y muchas otras más. Si bien entre estos pueblos existían en parte grandes diferencias, se puede hablar de una unidad mesoamericana con relación a religión y cultura. En esta región los hombres veneraron, a lo largo de la historia, a las divinidades de la lluvia, de la vegetación y de los astros, dispensadoras de la luz y de la vida. Los dioses eran representados bajo diversas formas entre los diferentes pueblos. Con frecuencia se

[1] El gran mexicanista E. Seler (1849-1922) realizó trabajos fundamentales para la investigación moderna, en parte orientadores hasta hoy. Eduard Seler, *Gesammelte Abhandlungen zur Amerikanischen Sprach-und Altertumskunde,* 5 vols., Berlín, 1902-1923 (reimpresión Graz, 1960); Hanns J. Prem, *Geschichte Altamerikas,* Munich, 1989; Günter Lanczkowski, *Die Religionen der Azteken, Maya und Inka,* Darmstadt, 1989; Manuel Ballesteros Gaibrois y otros, *Cultura y religión de la América prehispánica,* Madrid, 1985.

[2] Una fuente fundamental para el estudio de la historia antigua mexicana es la *Historia general de las cosas de Nueva España* del franciscano Bernardino Ribeira de Sahagún (1499-1590), llegado a Nueva España en 1529 y que, entre otras cosas, dio clases a los nahuas en el colegio franciscano de Santa Cruz en Tlatelolco (hoy México, D.F.). Bernardino de Sahagún, *Historia general de las cosas de Nueva España,* edición parcial en facsímil de los *Códices matritenses en lengua mexicana,* 5 vols., Madrid, 1905-1907.

les daba la figura de animales, en especial de serpiente, jaguar y águila. Pero sus funciones y sus rasgos esenciales eran semejantes. Como era necesario congraciarse con los dioses, fueran buenos o malos, aun las artes estaban consagradas a la metafísica de esta religión. La religión abarcaba todos los aspectos de la vida de los hombres: el político, el social, el familiar, el individual, y estaba estrechamente ligada a ellos.[3]

Los aztecas, o también mexicas, herederos de estas culturas y religiones, eran el pueblo más poderoso de Mesoamérica a la llegada de los españoles. Poco más o menos en el siglo XI algunas tribus nómadas pertenecientes a la familia lingüística de los pueblos nahuas que venían del Norte, llegaron al valle de México. Por su habilidad para conducir la guerra y por su fe en su misión religiosa como "pueblo del Sol" elegido por Huitzilopochtli, estas tribus nómadas unidas (los chichimecas) pronto alcanzaron la supremacía en la altiplanicie de México y hacia 1325 fundaron en el lago de Texcoco su capital México-Tenochtitlan, centro del poder y del dominio sobre una gran parte del actual territorio mexicano. Los sucesos políticos, los puntos culminantes de su cultura y de su religión y la vida cotidiana de los aztecas han sido legados a la posteridad en esculturas, cerámica, códices y jeroglíficos. En un sincretismo admirable asimilaban los conceptos religiosos y las prescripciones del culto de los pueblos sometidos a ellos, que por su parte les transmitían la herencia religiosa de culturas más antiguas.

La orientación religiosa de los múltiples pueblos incorporados al dominio de los aztecas estaba en correspondencia con la clase social a la que pertenecían.[4]

La religión popular de los nahuas se concentraba en los cultos ancestrales, en su mayoría incruentos, rendidos a deidades de la lluvia y de la fecundidad, tanto masculinas como, muy especialmente, femeninas (Quetzalcóatl, Tláloc, Tlazoltéotl, Cihuacóatl, entre otros), y dedicadas también a las manifestaciones y atributos del principio supremo e inaccesible, Ometéotl (Dios de la Dualidad), funda-

[3] Alfonso Caso, *El pueblo del Sol,* México, 2ª ed., 1974.

[4] Miguel León-Portilla, *La filosofía náhuatl,* México, 1956,1976 (4ª ed.); Alfredo López Austin, *Hombre-Dios. Religión y política en el mundo náhuatl,* México, 1973.

mento y verdad de todo lo creado, llamado también Ometecuhtli y Omecíhuatl (Señor y Señora de la Dualidad).

La casta dominante de guerreros y sacerdotes de los aztecas buscaba la síntesis de estas manifestaciones y trataba de reducir lo múltiple a meros aspectos de ciertas deidades. Los ideales guerrero-masculinos de las divinidades de la guerra y de los astros, así como de las diosas femeninas (Huitzilopochtli, Tezcatlipoca, Coatlicue, Cihuacóatl, entre otros) eran vigilados estrictamente por esta clase sacerdotal y guerrera que propagaba una religión caracterizada por la visión "Tlacaelel-Huitzilopochtli",[5] manifestada en la visión místico-guerrera de su elección divina como, "pueblo del Sol" y en el enorme incremento de los más diversos (en su mayoría sincréticos) dioses y cultos de sacrificios humanos.[6] Este celoso cuidado de dichos ideales se llevaba a cabo por razones religiosas, para conservar el orden y la armonía del mundo: los dioses habían creado el mundo por medio de sacrificios *(cf.* los mitos de creación y de sacrificios); y los hombres, como colaboradores de los dioses, debían sostener el orden universal por medio de sacrificios —el sacrificio de uno lograba la salvación de todos—; por razones sociopolíticas, para mantener las estructuras sociales y conservar el derecho al dominio político; por adhesión al orden y a la estructura tradicional de clases, para cumplir la "voluntad de los dioses", para fomentar el sentido comunitario, como medio de expansión y de terror, etcétera.

Contra esta predominante cosmovisión político-religiosa de la clase dirigente de los aztecas y esta religión oficial hubo levantamientos (tlaxcaltecas, huexotzincas, purépechas y otros). Los así llamados *tlamatinime* ("sabios") desarrollaron concepciones teológico-filosóficas en la visión de Quetzalcóatl-Netzahualcóyotl y, apartándose de los cultos cruentos de los sacrificios humanos, buscaban nuevas posibilidades y nuevos caminos para responder a los problemas no resueltos de la existencia humana, y por medio de la trascendencia

[5] León-Portilla, *La filosofía,* 249-257.

[6] Walter Krickeberg, *Altmexikanische Kulturen,* Berlín, 1979; Richard Nebel, *Altmexikanische Religion und christliche Heilsbotschaft. Mexiko zwischen Quetzalcóatl und Christus,* Immensee, 1983, 1990 (2ª ed.).

del lema creativo "in Xóchitl in Cuícatl" (Flor y Canto) encontrar acceso al misterio de *Ipalnemohuani,* "El por quien se vive".[7]

b) Cosmovisión

La concepción del mundo que predominaba entre los aztecas a la llegada de los europeos[8] estaba caracterizada principalmente por la cosmovisión de los toltecas. Este concepto del mundo presupone la existencia de tres niveles del universo. En dirección horizontal, a la mitad, se encuentra la tierra, dividida en cuatro cuadrantes, cuatro direcciones del mundo, simbólicas y de colores, que se unen en el centro, el ombligo de la tierra. El Oriente, representado simbólicamente por el color blanco, es el país de las mujeres, de la fecundidad y de la vida; el Norte, el cuadrante negro, es el lugar de los muertos; el Poniente es la tierra roja, donde habita el sol; finalmente el Sur, de color azul, representa la región de la simiente. En dirección vertical, el universo consta de capas o planos que se encuentran unos sobre otros: por encima de la tierra hay diferentes capas y cielos de distintos colores, lugares de los astros y de los dioses. Bajo tierra se encuentran las regiones de los muertos hasta el más profundo Mictlán, la "tierra de la muerte" y el más allá metafísico. Lo que está en la tierra (Tlaltícpac) puede ser captado y reconocido por el hombre, es modificable y transitorio como "plumas de quetzal" y "pedrería de jade", es "como un sueño". Lo que está "sobre nosotros" (Topan) y lo que está debajo en el "reino de los muertos" (Mictlán) escapa al conocimiento de los hombres, que en la tierra, en su calidad de *macehualtin* ("merecido" por la sangre y el sacrificio de los dioses), tienen que conseguir méritos.

[7] Richard Nebel, "Concepciones teológicas y filosóficas de los *tlamatinime* en la cultura náhuatl: hacia una teología liberadora", en *Logos,* XIV (1986), núm. 42, pp. 41-61; Birgitta Leander, *In Xóchitl in Cuicatl. Flor y Canto,* México, 1972.

[8] Seler, *Gesammelte Abhandlungen,* IV, 1-167; León-Portilla, *Filosofía,* 83-127; Krickeberg, *Altmexikanische Kulturen,* 148-257; Nebel, *Altmexikanische Religion,* 27-107; Manfred Kerkoff, "Orientierung über die Philosophie der Nahua-Völker", en *ZPhF,* XVIII (1964), núm. 2, pp. 185-223; Juan I. Morera de Guijarro, "Sobre la existencia de una filosofía azteca", en *RJ,* XXXVII (1971), núms. 127-128, pp. 287-307; Anncharlott Eschmann, *Das religiöse Geschichtsbild der Azteken,* Berlín, 1976.

c) Divinidades

La omnipresencia de Ometéotl (Dios de la Dualidad), el principio dual, que está en Omeyoacan ("Lugar de la Dualidad") es patente. Él actúa como Huehuetéotl ("Dios viejo o antiguo"), In Teteuinanin Teteu ita ("Madre de los dioses-Padre de los dioses"), y, más abstractamente, como origen de las fuerzas cósmicas: simultánea a su acción sustentadora de la tierra, su identificación con los astros, con el fuego y con el agua como Xiuhtecuhtli ("Señor del fuego") y como el dios de la Lluvia, Tláloc. Este principio supremo tiene relaciones especiales con Tlalticpac, con todo aquello que "existe sobre la tierra", lo cual se expresa con diversos nombres y títulos (atributos existenciales) de Ometéotl: Tloque Nahuaque ("Dueño del cerca y del junto"), Ipalnemohuani ("Aquel por quien se vive"), Totecuio in ilhuicahua in tlalticpacque in mictlane ("Nuestro Señor dueño del cielo, de la tierra y de la región de los muertos"), Yohualli-Ehécatl ("Noche-viento": invisible e impalpable), Moyocoyani ("el que a sí mismo se inventa"), in Tonan, in Tota ("Nuestra Madre, Nuestro Padre"). Estos y muchos otros "dioses" más aparecen en su fisonomía masculina y femenina, son nuevas fases o máscaras, detrás de las cuales se oculta el rostro dual del principio supremo Ometéotl, que también actúa como Ometecuhtli-Omecíhuatl ("Señor de la Dualidad, Señora de la Dualidad") y Tonacatecuhtli-Tonacacíhuatl ("Señor de nuestra carne, Señora de nuestra carne o nuestro sustento"). De día su fuerza se concentra y otorga la vida por medio del sol; entonces lleva el nombre de Tonatiuh ("El que va haciendo el día"), Ipalnemohuani ("Aquel por quien se vive"), Tezcatlanextia ("Espejo que hace mostrarse a las cosas"), Citlallatónac ("Astro que hace lucir a las cosas") y Yeztlaquenqui ("El que está vestido de rojo"), que para los aztecas vino a ser el dios guerrero Huitzilopochtli. Por la noche el principio dual se hace invisible e impalpable, Yohualli-Ehecatl ("Noche-Viento"), en relación con la luna se hace Tezcatlipoca ("Espejo que humea"), en su aspecto femenino, Citlalinicue ("La del faldellín luminoso de estrellas"), y finalmente Tecolliquenqui ("La que está vestida de negro"). En relación con la tierra, a la que mantiene en pie, se convierte en Tlallamánac

("La que sostiene a la tierra") y en Tlallíchcatl ("El que cubre a la tierra con algodón"), cuando hace que aparezcan sobre ella las nubes. Si se encuentra en el ombligo de la tierra, es Tlaltecuhtli ("Señor de la tierra"), y en su función como madre que concibe la vida es Coatlicue ("La del faldellín de serpientes") o Cihuacóatl ("Mujer Serpiente"). A esta madre del género humano se le llamó también Tonan ("Nuestra madre") o Tonantzin (reverencial [en forma diminutiva]: "Nuestra [querida] madrecita"), una denominación que también valía para la diosa de la tierra Ilamatecuhtli ("Señora anciana") y Cozcamiauh ("Collar de espigas").

Algunos conceptos del culto a estas y a otras "deidades" han sobrevivido a los tiempos y han permanecido vivos hasta el presente en la múltiple religiosidad popular de los grupos étnicos y de una parte de la población mestiza mexicana, en parte vinculados a la veneración de los santos y en especial a la Virgen María, o bien a la Virgen de Guadalupe. Para comprender esta religiosidad popular y los sincretismos que aparecen bajo muy variadas formas en las más diversas regiones del país, es importante examinar la investigación del desarrollo histórico, difusión y aceptación de las concepciones del culto a las diosas de la tierra en la zona mesoamericana, realizada por A. Mönnich:[9] las deidades Itzpapalotl ("Mariposa de obsidiana"), Cihuacóatl ("Mujer Serpiente"), la madre de Quetzalcóatl Chimalman y Coatlicue ("La del faldellín de serpientes"), así como las formas secundarias de estas deidades, deben ser señaladas como entidades especiales de los chichimecas, desde los toltecas hasta los aztecas. Puesto que estos pueblos provenientes del Norte encontraron en México a la diosa Tlazoltéotl, ya de antiguo venerada,[10] y a sus va-

[9] Anneliese Mönnich, *Die Gestalt der Erdgöttin in den Religionen Mesoamerikas,* Berlín, 1969. Para procesos semejantes en la región andina, *cf.* Ana María Mariscotti de Görlitz, *Pachamama Santa Tierra,* Marburgo, 1975 (Indiana Beiheft 8, Berlín, 1978); Lucia Kill, *Pachamama, Die Erdgöttin in der andinen Religion,* Bonn, 1969; Josefa Luisa Santander, "Sacrificio y ofrendas en el culto a la Pachamama. Análisis de una ceremonia en Mina Pirquitas (Jujuy)", en *FolkAm,* X (1962), núm. 10, pp. 31-67; *cf.* también Erich Neumann, *Die große Mutter,* Friburgo, 2ª ed., 1974, pp. 174-200.

[10] Tlazoltéotl (diosa de la inmundicia), que perdona los pecados mediante la confesión, es la madre del dios del maíz. Se le considera como diosa del nacimiento, de la medicina, de la adivinación, etc. Lleva también los nombres de Toci ("Nuestra abuela"), Teteoinnan (Madre de los dioses); tlalliiyollo (Señora de la Tierra), Tlaelquani ("La que come suciedad"). Como Ixcuinan

riantes, si éstas tenían rasgos comunes los enlazaban, y si no los tenían, dotaban a las deidades con iguales atributos. De esta forma se explican los paralelismos entre estas deidades, que se perciben claramente, por ejemplo, en la Cihuacóatl[11] y la Coatlicue[12] de los aztecas. Un factor muy importante en la investigación de la veneración cristiano-antigua mexicana a la Virgen María en general y a la Virgen de Guadalupe en particular es el hecho de que los pueblos históricos de Mesoamérica veneraron a una diosa emparentada con la mencionada Tlazoltéotl. Ésta ostentaba, naturalmente, diversos nombres entre los distintos pueblos. No obstante la diversidad de sus aspectos, es posible reconocer que se trata de figuras que tienen un prototipo común, relacionadas con el agua, la tierra, la fecundidad, el nacimiento, el baño de vapor *(temazcal),* la medicina, la adivinación, y otros aspectos. Esta diosa con carácter dual, en la cual se contraponen las variantes anteriores con las posteriores, muestran rasgos muy semejantes entre variados pueblos. Por ejemplo, la diosa

("Señora del algodón") —una alusión a su origen huasteco—, aparece con muy diferentes representaciones. Sobre esto, véase Seler, *Gesammelte Abhandlungen,* I, 434-436; IV, 61; Mönnich, *Die Gestalt,* 174-194, 254-255; Cecilio A. Robelo, *Diccionario de mitología náhuatl,* 2 vols., México, 1980.

[11] Cihuacóatl ("Mujer serpiente"), diosa y madre del género humano en la religión de los nahuas. En el valle de México, se le considera como la forma original de la diosa de la tierra, en cuya personalidad resalta muy intensamente lo guerrero, como paralelismo entre las mujeres que dan a luz y los guerreros que combaten y hacen prisioneros. Se le conoce bajo la advocación de Tonan ("Nuestra madre"), Quilaztli ("La que se preocupa por el crecimiento de las leguminosas"), Cuauhcíhuatl ("Mujer águila"), Yoacíhuatl ("Guerrera"), Cohuacíhuatl ("Mujer serpiente"), Tzitzimicíhuatl ("Mujer fantasma"); es idéntica a Ilamatecuhtli ("Señora vieja"), conocida también con el nombre de Cozcamiauh ("Collar de espigas"); como Ilancueye ("La que tiene naguas de vieja"), es madre fundadora de varios grupos étnicos. Sobre esto, *cf.* Seler, *Gesammelte Abhandlungen,* II, 1051-1053; Ferdinand Anders, *Wort-und Sachregister zu Eduard Seler, Gesammelte Abhandlungen zur Amerikanischen Sprach-und Altertumskunde,* Graz, 1987, p. 80; Robelo, *Diccionario,* I, 61-65, 84-91, 131, 140, 218-219; II, 449-451, 834; Mönnich, *Die Gestalt,* 61-62, 122-123, 129-130, 411; León-Portilla, *Filosofía,* 186-187.

[12] Coatlicue ("La del faldellin de serpientes") es la madre virginal de Huitzilopochtli ("Colibrí zurdo"), la divinidad tribal, solar y guerrera de los aztecas. También es la madre de las Centzonhuitznahua, "Cuatrocientas estrellas del sur", los astros del cielo del sur y de su hermana mayor Coyolxauhqui ("La del rostro pintado de cascabeles"). Dado que en los mitos de los aztecas Coatlicue concibió sin mancha a Huitzilpochtli, mediante un ovillo de plumas finas, ambas figuras son identificadas con la Virgen María y con Jesucristo, respectivamente, por los defensores de la idea de la evangelización precolombina. Múltiples referencias a este tema se encuentran en Robelo, *Diccionario,* I, 106-210, y otros. En lo referente al papel principal de dicha divinidad en la cosmovisión de los aztecas, *cf.* Justino Fernández, *Coatlicue,* México, 1954, 1959 (2ª ed.).

Ixchel y su forma posterior, Ixchebelyax, de los mayas de la llanura, corresponden a las variantes aztecas Tlazoltéotl y Xochiquetzal ("Flor preciosa"). Como los aztecas a Tlazoltéotl, así los purépechas llaman a su diosa Cuerauáperi ("Madre de los dioses"), a la cual se añade la variante Xarátanga, que por su relación con el juego de pelota recuerda a Xochiquetzal. En otros pueblos se pueden encontrar otras variantes y paralelismos de dichas diosas, *v.g.* las diosas "Nueve Caña" entre los zapotecas y la "Gran Diosa Madre" llamada Makamé entre los pueblos otomíes. De manera que, por lo que concierne a la veneración de la Virgen María, o bien de la Virgen de Guadalupe en el México colonial y en el actual, la hipótesis presentada por A. Mönnich sobre el desarrollo y la difusión histórica de las diosas de la tierra en Mesoamérica podría ser un punto de partida para una investigación de la religiosidad popular y de los sincretismos:

> Con el perfeccionamiento de las altas culturas en Mesoamérica desapareció, o por lo menos retrocedió, el conjunto de mitos (del nacimiento milagroso de los héroes culturales). Aquí en Mesoamérica se originó el concepto de una deidad emparentada con la posterior Tlazoltéotl, que se había difundido en el norte de América como la madre del maíz y de la tierra. Esta diosa fue fusionada, regionalmente, con la madre de los héroes de la cultura, y quizá en forma alterada, fue concebida o interpretada como la madre del dios del maíz en Mesoamérica. A raíz de las constantes invasiones de los pueblos chichimecas del Norte, la figura norteña de la madre virginal de los dioses gemelos, junto con el respectivo conjunto de mitos, fue asimilada al contexto dominante de sacrificios de México, y nuevamente difundida en Mesoamérica.[13]

Las deidades citadas fueron veneradas en muchos lugares sagrados. Tepeyacac y Chiautempan (Tlax.), que estaban dedicados a las diosas de la tierra, como también Tianguismanalco (Pue.), donde era

[13] Mönnich, *Die Gestalt,* 341. Sobre los fundamentos de la veneración a Jesucristo por los antiguos mexicanos desde el tiempo de la Colonia, *cf.* Nebel, *Altmexikanische Religion,* 281-305; del mismo, "Christological Aspects of the Ancient Mexican-Christian Popular Piety in Modern Mexico", en *Verbum SVD,* 27 (1986), pp. 43-52.

venerado Tezcatlipoca; éstos pertenecen a los santuarios y lugares de peregrinación más destacados de los tiempos de los aztecas.[14] Después de la Conquista los misioneros españoles asimilaron hábilmente la semejanza de los númina de estos santuarios con las representaciones de la fe cristiana —como la madre o bien la abuela de Jesucristo, y como Juan Bautista—. Guiados por la intención de hacer olvidar los cultos e ideas religiosas de los antiguos mexicanos, lograron, sin embargo, muchas veces lo contrario. El santuario de Chiautempan, que se encuentra en la ladera del monte Matlalcueye en Tlaxcala, dedicado a la vieja diosa Toci, fue convertido más tarde, por los españoles, en una iglesia dedicada a santa Ana. A este lugar, que en tiempo de la Colonia recibió el nombre de Santa Ana de Chiautempan, peregrinaban los indios desde lugares muy remotos, sobre todo iban precisamente de las regiones del país donde la madre de María era todavía desconocida.

El importante centro de peregrinaciones en Tepeyacac, "sobre la colina del Tepeyac", atraía desde lejos a indios de todas las edades, muy especialmente para la fiesta de Tonantzin ("Nuestra querida madre") —Serna menciona a la diosa Ilamatecuhtli ("La Señora anciana") también con el nombre de Cozcamiauh ("Collar de espigas")—.

Los indios recorrían más de 300 leguas (1 legua = 5.5727 km) y peregrinaban aun desde Guatemala hasta el Tepeyac, al encuentro de Tonantzin Cihuacóatl ("Nuestra querida madre, Mujer Serpiente").[15] Este Tepeyacac ("en el resalto del monte", "en la cima del monte" o "nariz del monte", compuesto de la palabra *tepetl,* "monte", y *yacatli,* "nariz") es la denominación de un lugar que en los jeroglíficos mexicanos antiguos está representado por un monte con una nariz añadida. Lleva este nombre el resalto o la cima de un cerro de un grupo de montes que colinda al norte con el valle de México, donde antes se encontraba un templo a la referida Cihuacóatl. A esta divinidad se le llamaba Tonán ("Nuestra madre") o Tonantzin ("Nuestra venerada madre");[16] una denominación que en el Méxi-

[14] Sahagún, *Historia general* (1905-1907), lib. XI, Apéndice; Robelo, *Diccionario,* II, 552-558.

[15] Fray Bernardino de Sahagún, *Historia general de las cosas de Nueva España,* México, Porrúa, 1956, 1982, lib. I, cap. VI, pp. 32-33.

[16] Seler, *Gesammelte Abhandlungen,* II, 478.

co antiguo fue aplicada en general a las diosas de la tierra y a sus muchas variantes, que eran tenidas como procreadoras de los dioses y del género humano. Por ejemplo, se le llamaba Tonán a Tlazoltéotl,[17] ante quien los adúlteros iban a confesarse para librarse de su culpa y escapar del castigo establecido. Ella parece coincidir con Teteoinnan ("Madre de los dioses"), o bien con Toci ("Nuestra abuela"), la diosa de la fiesta del maíz maduro Ochpaniztli ("Barrido del camino").[18] También se le llamaba Tonán a Quilatzli,[19] la vieja diosa de la tierra de los mexicanos en contraposición con Xochiquetzal, la joven diosa de la tierra, la diosa de las flores y del amor, la deidad principal del pueblo de los tlalhuica ("gentes de la tierra") en los fértiles valles de Quauhnáhuac (la actual ciudad de Cuernavaca).[20] Tonantzin era también el tratamiento para la diosa del maíz (Chicomecóatl, "Siete Serpientes"), que también se llamaba Cintéotl ("Dios del Maíz"),[21] que era una forma de la diosa de la tierra, a la que se le dedicaba la tercera y cuarta fiesta del año Tozoztontli y Hueitozoztli en el tiempo de la siembra y cuya representación humana se sacrificaba en la fiesta de Ochpaniztli.[22] Se podrían citar muchos otros ejemplos pero, con nuestra breve incursión en la religión tolteca-azteca, sólo queremos dejar bien establecido que la mayoría de las "deidades" que están representadas y son descritas en los códices y crónicas en sus aspectos masculino y femenino fungen como manifestaciones o representaciones, o sólo como atributos, de la suprema deidad dual Ometecuhtli-Omecíhuatl ("Señor de la Dualidad-Señora de la Dualidad"). Así, por ejemplo, el dios del fuego y del sol tiene el tratamiento de "In tonan, in tota, in tlaltecuhtli, tonatiuh": "Nuestra madre, nuestro padre, el señor de la tierra, el sol".

La religiosidad de los antiguos mexicanos y su influencia espiritual, que hemos presentado selectivamente en sus rasgos funda-

[17] Seler, II, 1059.

[18] Seler, I, 165-168.

[19] Seler, II, 1048-1058.

[20] Seler, I, 550; II, 145; III, 488.

[21] Seler, II, 1079-1082.

[22] Sobre las fiestas anuales aztecas, *cf.* Sahagún, *Historia general,* lib. II, caps. I-XXXVIII y Apéndices I-VI (ed. 1956, 1982 [2ª ed], pp. 71-184); Nebel, *Altmexikanische Religion,* 47-73.

mentales en el ámbito de la cultura náhuatl, no sucumbieron con la conquista y colonización del Nuevo Mundo por los europeos. Desempeñaron, y aún lo hacen, un papel importante en el desarrollo del cristianismo en México, y con ello también en la historia, la espiritualidad y la propagación del guadalupanismo.

2. La misión y la Iglesia en Nueva España

a) Rasgos fundamentales del desarrollo

A la historia de la evangelización y colonización de México corresponde, en parte, la responsabilidad de la independencia religiosa de la veneración de los mexicanos a Guadalupe dentro de la Hispania. No hay que olvidar que después de la Conquista (Hernán Cortés, 1519), comenzó muy temprano la evangelización misional del nuevo territorio (1523-1524), convirtiéndolo así en autoridad representativa en el nuevo continente con una fuerte vinculación colonial a la "Madre Patria". La preponderancia política, económica, cultural y religiosa de México-Tenochtitlan, capital azteca, fue trasladada inmediatamente después de la Conquista (1521) a la nueva capital de los españoles en el Nuevo Mundo, que ya en 1534 fue elevada a sede del Virreinato de Nueva España. El paso paulatino de la antigua capital a la nueva metrópoli en el mismo lugar es corresponsable de que la herencia náhuatl, en especial la tolteca-azteca, no se haya perdido, sino que influyó en medida considerable en la cultura y en la religión. El encuentro de dos círculos culturales importantes, pero muy distintos, dio origen a formas diferentes de coexistencia y a la fusión de los pueblos y culturas de la vieja España y de la "nueva".[23] Al mismo tiempo, el cambio que se efectúa en esta tierra hace crecer algo nuevo, que no sólo señala las fuerzas de proveniencia española que influyen desde fuera,[24] sino que tam-

[23] Ernesto de la Torre Villar, "El encuentro de la cultura occidental con las Amerindias", en *HispChr* (1988), pp. 545-566; Delfina López Sarrelangue, "Mestizaje y catolicismo en la Nueva España", en *HM,* 23 (1973) núm. 1, pp. 1-42.

[24] Marcelin Defourneaux, *Spanien im Goldenen Zeitalter. Kultur und Gesellschaft einer Welt-*

bién hace conscientes los valores propios y los poderes creativos del México antiguo, que en parte siguen influyendo.[25]

La conquista de la Nueva España (1519-1770) debe juzgarse a la luz del siglo XVI y en el contexto de la historia española y europea de la Edad Media y del comienzo de los tiempos modernos. El dominio español estuvo determinado tanto por intereses políticos, militares y económicos, por ideas medievales del *Orbis christianus,* como por motivos religiosos y seudorreligiosos; éstos recibieron distintos matices según quienes los acentuaban: los conquistadores, los conquistados, los reyes españoles o la Iglesia católica.[26]

Con la conquista y la colonización comenzó un vasto desarrollo colonial;[27] dicho proceso trajo consigo cambios fundamentales en el campo religioso-cultural, económico y político-social para la población del antiguo imperio azteca, mismos que han sido de trascendental importancia en la discusión sobre el origen y el desarrollo del culto a Nuestra Señora de Guadalupe.

La potencia colonial logró en muy poco tiempo que al extenderse una organización estatal se constituyera un sistema político-administrativo con la Corona, los conquistadores y colonizadores y la Iglesia como fuerzas motoras.[28] Al crear este sistema administrativo e

macht, Stuttgart, 1986; George M. Foster, *Cultura y conquista: la herencia española de América,* Xalapa, Ver., 1985; Manuel Ballesteros Gaibrois, "El trasplante cultural de Europa a América", en *RJav,* 44 (1955), pp. 71-79.

[25] Nebel, *Altmexikanische Religion,* 143-150, 213-338.

[26] Georges Baudot y Tzvetan Todorov, *Récits Azteques de la Conquete,* París, 1983; Tzvetan Todorov, *Die Eroberung Amerikas. Das Problem des Anderen,* Frankfurt, 1985; Eberhard Schmitt (comp.), *Dokumente zur Geschichte der europäischen Expansion,* 7 vols. (Munich, 1984 ss.): vol. 1: *Die mittelalterlichen Ursprünge der eruopäischen Expansion,* 1986; vol. 2: *Die großen Entdeckungen,* 1984; vol. 3: *Der Aufbau der Kolonialreiche,* 1987; vol. 4: *Wirtschaft und Handel der Kolonialreiche,* 1988; vol. 5: *Das Leben in den Kolonien,* 1994; M. Kossok y W.Markov, "La Indias non *[sic]* eran Colonias? Hintergründe einer Kolonialapologetik", en Walter Markov (comp.), *Studien zur Kolonialegeschichte und Geschichte der nationalen und kolonialen Befreiungsbewegung;* vols. 6-7: *Lateinamerika zwischen Emanzipation und Imperialismus 1810-1960,* Berlín, 1961, pp. 1-34; W. L. Bernecker y R. T. Buve *et al.* (comps.), *Handbuch der Geschichte Lateinamerikas in 3 Bänden,* Stuttgart, 1992 ss.

[27] E. de la Torre Villar y R. Navarro de Anda, *Historia de México,* I-II, México, 1987; Schmitt, *Dokumente,* vols. 3-5; Horst Pietschmann, "Die Conquista Amerikas: ein historischer Abriß", en Karl Kohut (comp.), *Der eroberte Kontinent,* Frankfurt del Main, 1991, pp. 13-30; Horst Gründer, *Welteroberung und Christentum,* Gütersloh 1992, pp. 72-111.

[28] Horst Pietschmann, *Staat und staatliche Entwicklung am Beginn der spanischen Kolonisation Amerikas,* Münster, 1980; *cf.* también del mismo, *Die staatliche Organisation des kolonialen*

introducir simultáneamente una estructura socioeconómica española en un contexto cultural extraño,[29] la potencia colonial impuso lo hispano-cristiano para modificar dicho contexto y de este modo justificar su dominio. No obstante fue surgiendo, por diferentes motivos, tanto entre los sectores autóctonos de la población como entre los criollos —españoles nacidos en el Nuevo Mundo—, una resistencia y un rechazo contra la potencia colonial que vino a manifestarse en la creciente disposición a conservar lo auténtico de la gran herencia del México antiguo, como si de una protesta pasiva se tratara.

Si bien en un principio se señaló el objetivo de los conquistadores —tal vez por Cortés—[30] como una empresa tanto en favor del aumento del poderío colonial de la Corona como del Reino de Cristo en la tierra, con todo, los primeros cronistas del siglo XVI —tanto eclesiásticos como profanos— resaltaron los aspectos explotadores de la Conquista de los de la organización político-económica y de los de la penetración espiritual de los naturales por el cristianismo.[31]

El problema de la cristianización e hispanización de los pueblos autóctonos, esto es, su inclusión en el círculo cultural occidental, obligó a los europeos a justificar su expansión.[32] ¿Qué derecho te-

Iberoamerika, Stuttgart, 1980; del mismo, "Die Kirche in Hispanoamerika", en Willi Henkel, *Die Konzilien in Lateinamerika,* Parte I: *Mexiko 1555-1897,* Paderborn, Munich, 1984, pp. 1-48; Wolfgang Reinhard, "Mission und Kirche", en Schmitt, *Dokumente,* vol. 3, pp. 439-452. La colección en un volumen de V. Vázquez de Prada e Ignacio Olabarri (comps.), *Balance de la historiografía sobre Iberoamérica (1945-1988). Actas de las IV Conversaciones Internacionales de Historia (Pamplona, 10-12 marzo 1988),* Pamplona, 1989, proporciona un buen resumen de la historia de Iberoamérica y de la bibliografía científica; véase también Robert Streit, *Bibliotheca Missionum,* vols. I y III: *Amerikanische Missionsliteratur,* Aachen, 1924 y 1927, Roma, Friburgo, Viena, 1969 (3ª ed.); Josef Metzler (comp.), *America Pontificia Primi Saeculi Evangelizationis 1493-1592,* 2 vols., Ciudad del Vaticano, 1991.

29 Charles Gibson, *Los aztecas bajo el dominio español (1519-1810),* México, 1967; Schmitt, *Dokumente,* vols. 3-5.

30 Muy concluyentes son, por ejemplo, las exhortaciones de Hernán Cortés a sus soldados en la ciudad de Tlaxcala en el año 1520, o también las órdenes militares del mismo a Francisco Cortés, el jefe de una expedición a la costa de Colima. J. García Icazbalceta (ed.), *Colección de documentos para la historia de México,* 2 vols., México, 1971, I, pp. 446 y 465; Silvio Zavala, "Hernán Cortés ante la justificación de su conquista", en *RHA,* 92 (1981), pp. 49-69.

31 Carlos González Peña, *Historia de la literatura mexicana,* México, 1928, 1969 (10ª ed.); Díez-Echarri, *Historia,* 325-333.

32 Venancio D. Carro, *La teología y los teólogos-juristas españoles ante la conquista de América,* 2 vols., Madrid, 1944; Mauricio Beuchot, *La teología de los dominicos novohispanos de México, en el siglo XVI,* México, 1992.

nía España de someter nuevos territorios a su dominio? ¿Era la guerra de la conquista de Las Indias y de sus habitantes una guerra justa? Las cuestiones de este tipo y sus conflictivas respuestas fundamentaban todas las empresas coloniales de España en Las Indias.

En la tradición cristiana occidental se reconocía como justo el que un soberano cristiano reconquistara aquellos territorios que había perdido al ser vencido por los infieles, porque la pretensión de éstos sobre aquéllos se tenía por ilegítima. Sin embargo, a los habitantes originales del Nuevo Mundo no se les podía señalar como "infieles", denominación dada a los moros, sino más bien les correspondía el título de "paganos". Como tales, ellos tenían un derecho natural a la posesión de su tierra. ¿Era, pues, legítimo combatirlos?, y ¿estaba justificada la soberanía de un monarca cristiano sobre sus territorios? En un principio, la existencia de hombres en el nuevo continente, hasta entonces desconocido, no cabía en la concepción del mundo occidental, y desencadenó violentas controversias sobre la índole de estos hombres y la manera de tratarlos.[33] Si se les tenía por infieles, poseían ilegítimamente sus tierras. Si se le veía como paganos, eran poseedores legítimos de sus tierras, y los españoles los arrojaban de su territorio sin ningún derecho. Si se les asignaba la categoría de bárbaros, como probablemente lo hubiera hecho Aristóteles, serían esclavos por naturaleza, y su sometimiento no sólo sería justo, sino necesario. Pero si se les igualaba a los cristianos y se les otorgaban iguales derechos e iguales deberes, entonces el dominio colonial tendría que considerarse como contrario al derecho. En las primeras décadas de la Conquista se discutieron vehementemente estas ideas, pero después poco a poco prevaleció la opinión de que la expansión de los europeos en el Nuevo Mundo estaba justificada. Sin embargo, mientras más se "legalizaba" la posición de los habitantes del Nuevo Mundo en la sociedad colonial, y se afianzaba con una vasta legislación —en la cual la teoría y la práctica discrepaban grandemente— más fueron perdiendo importancia estas cuestiones en el transcurso de la historia de la Colonia.

[33] Josef Höffner, *Christentum und Menschenwürde. Das Anliegen der spanischen Kolonialethik im goldenen Zeitalter,* Trier, 1947, 1972 (3ª ed.).

La fundación de la Iglesia en México, la evangelización de su población autóctona, así como la extensión y constitución de la Iglesia bajo el patronato del Estado[34] estuvieron, desde un principio, estrechamente ligadas al proceso de conquista y colonización de los pueblos.[35] Junto con la conquista militar, comenzó al mismo tiempo, mediante la predicación cristiana, la llamada "conquista espiritual" del territorio antes dominado por los aztecas.[36] Ésta significó un proceso histórico complejo, lleno de contradicciones en sí mismo, en cuanto que por una parte era en cierto modo una legislación religiosa de las conquistas militares y, por otra parte, era ciertamente un medio de protección de los grupos de población autóctona contra los abusos de los conquistadores y colonizadores.[37]

La "conquista espiritual" en el siglo XVI se puede dividir en dos fases principales. La primera de estas fases comenzó en el año 1523, con la llegada de los primeros misioneros franciscanos provenientes de Gante (Johann van der Auwera, Johann Deckers y Peter van der Moere, llamado Pedro de Gante), y duró hasta la mitad del siglo. La segunda fase comprendió los años posteriores a 1555, cuando se reunió el Primer Concilio Mexicano y comenzó a crearse una sociedad que había de prevalecer durante el tiempo de la Colonia. Característica principal de la primera fase es la libertad e independencia con que los misioneros podían dedicarse a su trabajo en las primeras décadas. Se utilizaron diversos métodos de predicación y se crearon muchas instituciones nuevas, como respuesta concreta a los más variados problemas que se presentaban al anunciar el Evangelio a los indios. El trabajo de los misioneros se concentró en la educación

[34] León Lopetegui y Félix Zubillaga, *Historia de la Iglesia en la América española. México, América Central, Antillas,* Madrid, 1965; Enrique Dussel, (coord.), *Historia general de la Iglesia en América,* vol. V: *México,* México, 1984.

[35] Richard Konetzke, "Christentum und Conquista im spanischen Amerika", en *Sae,* 23 (1972), pp. 59-73.

[36] Robert Ricard, *La "Conquête spirituelle" du Mexique,* París, 1933 [hay edición en el FCE]; Miguel León-Portilla, *Los franciscanos vistos por el hombre náhuatl. Testimonios indígenas del siglo XVI,* México, 1985; Christian Duverger, *La conversion des Indiens de Nouvelle Espagne,* París, 1987 [hay edición en el FCE].

[37] Lewis Hanke, *La lucha por la justicia en la conquista de América,* Buenos Aires, 1949; del mismo, *Colonisation et Conscience chrétienne au XVIe Siècle,* París, 1957; M. Beuchot, *La teología,* 5-98.

e instrucción de los indios. Las corrientes escatológicas, la mística, las tendencias a volver al sentido de las estrictas reglas de las órdenes mendicantes, el pensamiento de Joaquín de Fiore y finalmente el malestar por el cristianismo secularizado de la época del Renacimiento fueron motivos para que el clero regular, especialmente los franciscanos, concibieran ideas utópicas y pensaran que en América habían encontrado un campo de experimentos sociales de inspiración cristiana, y que en ultramar podrían formar un modelo ideal de comunidad cristiana primitiva. Se creía que el cristianismo podría recuperar su pureza original entre los indios del Nuevo Mundo.[38] Principalmente los hechos y escritos de los llamados "Doce Apóstoles" dan testimonio de esta forma de pensar. Los Doce, provenientes de la provincia franciscana de San Gabriel de Extremadura, bajo la dirección de fray Martín de Valencia, comenzaron en el año de 1524 la cristianización metódica de la población indígena de México.

En la segunda fase, cuyo inicio podemos situar a mediados del siglo, cambiaron las condiciones favorables para la evangelización misional. Sistemáticamente fueron reducidas poco a poco la libertad de acción de los primeros misioneros y el derecho a fundar instituciones. La Corona española adquirió cada vez más poder de decisión, con lo cual se fue limitando cada vez más la libertad de acción de los misioneros, que fueron puestos bajo la autoridad de los obispos. En el periodo siguiente las disputas violentas acerca de la competencia de las órdenes, el clero secular y las autoridades civiles repercutieron muy negativamente en la misión y evangelización. Muchas instituciones desaparecieron, pues ya no tenían apoyo oficial, como por ejemplo el famoso colegio de caciques de Santa Cruz de Santiago Tlatelolco, en el cual eruditos tan brillantes como Fo-

[38] Johannes Beckmann, "Utopien als missionarische Stosskraft", en Jakob Baumgartner (comp.), *Vermittlung zwischenkirchlicher Gemeinschaft. 50 Jahre Missionsgesellschaft Bethlehem Immensee,* Immensee (Suiza), 1971, pp. 361-407; Luis Weckmann, "Las esperanzas milenaristas de los franciscanos de la Nueva España", en *HM,* 32, núm. 1 (1982), 89-105; Edwin E. Jr. Sylvest, *Motifs of Franciscan Mission Theory in Sixteenth Century New Spain Province of the Holy Gospel,* Washington, 1975; Georges Baudot, *Utopie et Histoire au Mexique, Les Premiers chroniqueurs de la civilisation mexicaine (1520-1569),* Toulouse, 1976; Silvio Zavala, "The American Utopia of the Sixteenth Century", en *HLQ,* X (1947), núm. 4, pp. 337-347.

cher, Olmos y Sahagún proporcionaban a los hijos de los aztecas nobles una formación humanista clásica en las lenguas griega y latina, y al mismo tiempo realizaban un diálogo entre la cultura mexicana y la cristiana. En contra de la opinión original de que un indio era capaz de alcanzar la dignidad sacerdotal, se impuso el parecer de que un indio no presentaba los requisitos espirituales y morales para dedicarse a estudios superiores. Así, al introducirse el criterio racista en la legislación eclesiástica, fueron excluidos del sacramento del orden los indígenas y también los mestizos. Las disposiciones de los primeros concilios americanos de Lima (1552) y de la ciudad de México (1555),[39] que establecían que no podía recibir el sacramento del orden sacerdotal ningún descendiente de indios, mestizos o mulatos, fueron punto final de esta discusión de graves consecuencias, contra la cual fray Jacobo Daciano, O.F.M., luchó en vano.[40] Esta intransigencia con el indígena, que le cerró el camino al sacerdocio,

ojo

> no fue simplemente el resultado de una discusión teológica. Se trata más bien de una negación consciente, por parte de la sociedad colonial, a la inculturación completa del indígena. Dicha negación estuvo determinada por intereses tanto económicos como de poder y también por prejuicios religiosos y raciales que fueron llevados de España.[41]

Como consecuencia, se originó en México una Iglesia más bien europea, que difícilmente logró hacerse autóctona y "mexicana". Esto fue, entre otras, una de las causas que vino a proporcionar el des-

[39] Henkel, *Die Konzilien,* 62-77; Johann Specker, *Die Missionsmethode in Spanisch-Amerika im* XVI. *Jahrhundert,* Schöneck-Beckenried (Suiza), 1953, pp. 35-26, 43-46.

[40] J. N. Rasmussen, *Bruder Jakob der Däne, O.F.M., Als Verteidiger der religiösen Gleichberechtigung der Indianer in Mexiko im* XVI. *Jahrhundert,* Wiesbaden, 1974; edición castellana: *fray Jacobo Daciano,* Zamora, Mich., 1992.

[41] Manfred Tietz, "Der Indio als Christ und Priester: Zu den Grenzen der Akkulturation", en W. Bader y J. Riesz (comps.), *Literatur und Kolonialismus,* I, Frankfurt del Main, Berna, 1983, pp. 93-116, más específicamente 95; Alejandro Lipschütz, *El problema racial en la conquista de América,* México, 1963, 1975 (3ª ed.); Hans Joachim König, "Verständnislosigkeit und Verstehen, Sicherheit und Zweifel: das Indiobild spanischer Chronisten im 16. Jahrhundert", en Urs Bitterli y Eberhard Schmitt (comps.), *Die Kenntnis beider "Indien" im frühneuzeitlichen Europa,* Munich, 1991, pp. 37-62.

arrollo de un cristianismo mezclado con cultos y creencias prehispánicas, y que impidió la formación de un laicado responsable y maduro. Otra medida tendiente a lograr la hispanización sistemática de los pueblos autóctonos fue la política lingüística de implantación y difusión de la lengua castellana.

Desde luego que este cambio de política en la segunda fase de la conquista espiritual hay que verlo también en relación con lo que acontecía en Europa, donde España, bajo el régimen de Felipe II, se convertía en defensora del cristianismo amenazado por la división de la Iglesia provocada por Lutero. Pero al mismo tiempo el cambio se debe explicar por el desarrollo mismo de la conquista en Nueva España, pues ya a mediados del siglo se habían constituido las estructuras más importantes del dominio colonial. La conversión de los indígenas y su hispanización se convirtió cada vez más en tarea del Estado, que a su vez era dependiente de la Corona. La organización espiritual, al igual que la social, incurrió en la polarización de dos mundos: el español y el mexicano autóctono. De esta manera, la conquista espiritual debe ser considerada como una parte esencial del proceso de colonización del siglo XVI, ya que en muchos aspectos tuvo consecuencias mayores que la conquista militar.[42] Mientras los conquistadores militares conservaron, con algunos cambios, ciertas estructuras sociales y características autóctonas, como el *calpulli,* el sistema de tributos, y determinadas formas colectivas de prestaciones de servicio, por su parte, la mayoría de los conquistadores espirituales —primero los misioneros y más tarde el clero secular fortalecido— hicieron todo lo posible por sustituir las ideas religiosas no cristianas por las cristianas, modificándolas o reestructurándolas para, de este modo, transformar los fundamentos espirituales de las culturas indígenas. Propósito que lograron sólo en parte, como lo demuestra la historia de las religiones.

La confrontación con los problemas resultantes de la conversión en masa de los indígenas sirvió de base para la creación de nuevas instituciones y para la utilización de técnicas y métodos hasta entonces desconocidos en Europa, mismos que se dedujeron de la ob-

[42] José María Kobayashi, *La educación como conquista,* México, 1974, 1985 (2ª ed.).

Los conquistadores espirituales

servación y del análisis de los usos y costumbres de los antiguos mexicanos. Así, por ejemplo, los métodos de enseñanza y de evangelización utilizaron la capacidad de captación audiovisual del individuo. El uso de la escritura pictográfica y de la pintura, tal como eran practicadas entre los aztecas, fueron elementos eficaces para la conversión. Especialmente, los grabados en la *Rhetorica Christiana*, de fray Diego Valadés, dan una magnífica idea de los procedimientos de evangelización en los atrios.[43] La necesidad de evangelizar a grandes multitudes de hombres hizo que surgieran también elementos originales en la arquitectura religiosa (capillas abiertas, posas, atrios), en la pintura y en la escultura (cruces Tequitqui, pilas bautismales),[44] así como en la música,[45] en el teatro y en el teatro religioso.[46] Se desarrollaron también relaciones muy variadas entre los métodos pedagógicos de los antiguos mexicanos y los desarrollados por los misioneros en el siglo XVI. Los llamados *Huehuetlatolli* —consejos para obtener sabiduría y felicidad en la tierra— transmiten de manera impresionante el alto ideal educativo de los aztecas, que consiste en "dar sabiduría a los rostros" y "levantar corazones", la Ixtlamachiliztli y la Yolmelahualiztli nahuas. La educación tenía como meta formar espiritual, moral y físicamente al hombre joven orientando sus capacidades y fuerzas a la formación de una personalidad consciente de sus responsabilidades y de carácter firme.[47]

[43] E. J. Palomera, *Fray Diego Valadés O.F.M. Evangelizador humanista de la Nueva España*, I: *Su obra*, México, 1962. Diego Valadés (1533-¿1582?) nació en Tlaxcala como hijo de un conquistador y de una indígena. Ingresó a la orden franciscana hacia 1550, se dedicó especialmente a la evangelización de los chichimecas. Dominaba las lenguas náhuatl, purépecha y otomí. En 1569 fue guardián en el convento de Tepejí del Río (Hgo.), donde también desarrollaba su labor el conocido jurista Focher, O.F.M. En 1572 visitó España con Mendieta, O.F.M. Nombrado procurador de su orden en 1575, vivió después en Roma. En 1579 dio a la luz en Perugia su *Rhetorica Christiana* en lengua latina, el primer libro de un mexicano impreso en Europa.

[44] Manuel Toussaint, *Arte colonial en México*, México, 1948; el mismo, *Pintura colonial en México*, México, 1965.

[45] Julio Estrada (comp.), *La música en México*, I: *Historia*, 5 vols., México, 1986.

[46] José Rojas Garcidueñas, *El teatro de Nueva España en el siglo XVI*, México, 1935, 1973 (2ª ed.); Bärbel Brinkmann, *Quellenkritische Untersuchungen zum mexicanischen Missionsschauspiel (1533-1732)*, Hamburgo, 1969.

[47] Miguel León-Portilla, *Toltecáyotl. Aspectos de la cultura náhuatl*, México, 1980; R. Nebel, "Kindererziehung in Altmexiko", en Rainer Beck (comp.), *1492. Die Welt zur Zeit des Kolumbus*, Munich, 1992, pp. 118-125; Alfredo López Austin, *Educación mexica*, México, 1985.

Las escuelas de la nobleza náhuatl y de las clases populares, *calmecac* y *tepochcalli,* donde se adquiría una formación intelectual, o bien una formación en oficios prácticos, tuvieron su contrapartida en los albores de la época colonial en los grandes colegios de Santa Cruz de Santiago Tlaltelolco y San José de los Naturales, en el convento de San Francisco, así como en muchos conventos y escuelas de los barrios coloniales. Los conventos de las distintas comunidades religiosas se convirtieron en semilleros de la fe cristiana, en bases de instrucción escolar y escuelas de artesanos, en centros receptores de corrientes artísticas opuestas, en centros de ciencia e investigación (lingüística, etnología, etnografía y geografía, zoología, etc.). En el arte y en la cultura se unieron las influencias europeas y árabe, características de la España del siglo XVI, con la herencia cultural autóctona de México. La arquitectura revela especiales influjos del románico, del gótico, del estilo mudéjar, del Renacimiento y del estilo plateresco, enriquecido con el gusto y las tradiciones mexicanas antiguas.[48] Muchos libros religiosos fueron traducidos a lenguas autóctonas (náhuatl, otomí, totonaca, purépecha, zapoteca, mixteca, maya y otras), multiplicados gracias a la técnica de impresión y distribuidos entre los indígenas por los misioneros.

Al igual que la conquista militar, también la espiritual muestra diferencias importantes en las diversas regiones, según la época de la llegada de las órdenes misioneras a la comarca. Los franciscanos, los primeros en llegar, se establecieron desde 1523 principalmente en el centro del país y en Michoacán. Más tarde extendieron su círculo de acción a Nueva Galicia (Jalisco, Zacatecas, Aguascalientes, Coahuila, Durango, San Luis Potosí, Nayarit) y en dirección a la Huasteca y al Pánuco. Los dominicos, que habían llegado a México en 1526, desarrollaron sus actividades en la tierra montañosa de México, Puebla y Morelos, pero trabajaron metódica e intensivamente en la región mixteca y zapoteca teniendo como centro la ciudad de Oaxaca. Los agustinos evangelizaron desde 1533 sobre todo en las zonas aún no ocupadas por los franciscanos y dominicos, al sur de la

[48] La iglesia de Santa María Tonantzintla, Pue., cerca de Cholula, es un ejemplo único de la combinación de arquitectura europea y tradición indígena mexicana. Alfonso Simón Pelegri, "Santa María Tonantzintla", en *Mundo Hispánico,* 25 (1972), núm. 294, pp. 18-21; Toussaint, *Arte colonial.*

ciudad de México, en el estado de Morelos y al suroeste de Puebla, en dirección a la parte este del estado de Guerrero, al norte entre la población otomí de Hidalgo, de donde avanzaron hacia la región huasteca de Veracruz-Potosí y hacia Michoacán.[49] La omnipresente actividad misionera de las tres órdenes mendicantes dejó su marca en el país y en su población. De acuerdo con la carta de los provinciales Francisco de Toral, O.F.M., Domingo de Santa María, O.P., y Alonso de la Veracruz, O.S.A., al rey de España, en 1559 ya había 380 religiosos y 80 conventos de la orden de san Francisco, 210 religiosos y 40 conventos de la orden de santo Domingo y 112 religiosos y 40 conventos de la orden de san Agustín.[50] La Compañía de Jesús, fundada en 1534, estuvo representada desde 1572 en la ciudad de México, desde donde comenzó su importante obra evangelizadora (siglos XVII-XVIII) en el norte de Nueva España entre los nómadas tepehuanos y tarahumaras en los actuales estados de Sonora, Sinaloa, Chihuahua y Baja California.[51] Todavía en el siglo XVI se establecieron en Michoacán, Oaxaca, Puebla, Veracruz y Guadalajara, a principios del siglo XVII en Zacatecas, Durango, Yucatán y San Luis Potosí, entre otros. Al igual que las órdenes mendicantes, los jesuitas se preocuparon también por la formación escolar de los hijos de los criollos, mestizos e indios. Al año de su llegada abrieron ya el primer colegio de San Pedro y San Pablo en la capital; a éste le siguieron otros, con breves intervalos: San Miguel, San Bernardo y San Gregorio. En los colegios de los jesuitas, entre ellos San Javier de Tepozotlán (Méx.), uno de los más importantes, los alumnos aprendían a leer, a escribir, teología, latín y retórica[52] y tenían abierto el camino para el estudio en la Universidad (cédula real: 1551, actividad docente: 1553) en la capital.[53] Los alumnos de dichos co-

[49] Juan de Grijalva, *Crónica de la Orden de N.P.S. Agustín en las Provincias de Nueva España. En quatro edades desde el año 1533 hasta el de 1592,* México, 1624.

[50] *Cartas de Indias I,* Ed. Ministerio de Fomento, Madrid, 1974, pp. 141-142. La carta está firmada en Tlaxcala el 1° de mayo de 1559 por los provinciales de la orden.

[51] Andrés Pérez de Rivas, *Crónica y historia religiosa de la Provincia de la Compañía de Jesús de México en Nueva España,* tomo I, México, 1896.

[52] Ignacio Osorio Romero, *Colegios y profesores jesuitas que enseñaron latín en Nueva España (1572-1767),* México, 1979.

[53] Richard Konetzke, "Spanische Universitätsgründungen in Amerika und ihre Motive", en *JBLA,* vol. 5 (1968), pp. 111-159.

legios desarrollaron pronto la conciencia de una nueva identidad, distinta de la de los españoles de la Península. De este sentimiento nacería con el tiempo la idea de una "nacionalidad mexicana", como lo refleja la *Historia antigua de México,* del erudito Francisco Javier Clavijero, S.J. (1731-1787). A esta formación de conciencia nacional contribuiría en gran medida la devoción a nuestra Señora de Guadalupe propagada por los jesuitas sobre todo desde mediados del siglo XVII, lo que abordaremos en detalle más adelante.

Los jesuitas se hicieron cargo también de una mejor formación del clero secular, cuya importancia e influencia había aumentado considerablemente desde finales del siglo XVI. Dicho clero secular creó una extensa organización eclesiástica y pasó a ocupar el papel dominante en la cristianización o bien en la estructuración de la vida eclesiástica entre la población de Nueva España (españoles, criollos, mestizos, indios, negros, zambos y mulatos).

Otras muchas órdenes de varones y de mujeres ejercieron su actividad en los siglos XVI y XVII. Los primeros asentamientos de los mercedarios, que en tiempos anteriores habían acompañado a los conquistadores, tuvieron lugar a finales del siglo XVI en la ciudad de México, en Puebla y en otras regiones del país. Se dedicaron sobre todo a la formación de catequistas. Desde 1585 comenzaron los carmelitas, especialmente en las regiones centrales hasta la costa del Pacífico, su labor misionera, hasta ahora poco investigada, y en el siglo siguiente llegaron en su afán explorador y misional hasta las costas y tierra firme de California. Los dieguinos, benedictinos, dominicos, carmelitas, concepcionistas, clarisas, etc., se destacaron en el aspecto social por sus servicios en hospitales, asilos de pobres y de ancianos, contribuyendo con ello a la construcción de una sociedad humanamente digna en Nueva España.

La conquista espiritual dejó sus huellas en los más diversos ámbitos de la vida de los pueblos indígenas. Esto a su vez repercutió en la sociedad colonial entera, cuya vida eclesiástica ofrecía un cuadro polifacético. La gran cantidad de iglesias, capillas y santuarios, así como la diversidad de grupos y comunidades religiosas resplandecían en múltiples fiestas, tanto en las suntuosas ciudades coloniales como en los pueblos abandonados. Una liturgia exuberante y muchas formas de expresión popular de tradiciones autóctonas configuraban en forma muy variada los días de celebraciones y de fiestas del año civil.[54] Los santuarios como focos especiales de religiosidad popular constituían un contrapunto, creado por el pueblo, a las poderosas catedrales con su liturgia oficial y su concentración de clero. La piedad medieval de la religiosidad popular ibérica, enriquecida por corrientes medievales europeas, por el Renacimiento, por el Barroco y más tarde por la Ilustración, fue base religiosa de la religiosidad popular que la Nueva España colonial recibió y transformó. Juntas contribuyeron a crear una esfera cultural específicamente "mexicana", en un territorio donde ya había muchos pueblos y culturas autóctonas con fuerte personalidad propia.[55] Aquí merece especial atención la circunstancia de que el Concilio de Trento (1545-1563) estableció el culto católico en un doble aspecto: por un lado, triunfó el formalismo rígido de la religión oficial con la formulación exacta de sus dogmas (el catecismo romano, el misal, el derecho canónico, el reordenamiento de la estructura administrativa); por otro lado, se otorgó gran libertad a la piedad popular en sus diversas formas de expresión. Al continuar las formas medievales de devoción nació el Barroco, con nuevos modos de expresión, más místicos y más sentimentales. El Barroco sentó las bases para la formación de un nuevo espíritu, que dramatizó y apreció mucho la creación, al creador y la redención; su influencia alcanzó también a la piedad mariana. Cuando más tarde en el siglo XVIII, se había de debilitar la fuerza de esta corriente en las capas superiores de la sociedad; en las clases inferiores prosiguió con enorme fuerza. Al mismo tiempo, una "ambigüedad trinitaria" hizo posible la integración del cristianismo y la religiosidad indígena. De un cristianismo vago y de esa religiosidad surgieron, entre otras manifestaciones, múltiples formas de

[54] La liturgia estaba en el centro de los esfuerzos apostólicos. Respecto a la fusión en el campo de la liturgia de las costumbres del México antiguo y del cristianismo, remito al lector a la obra fundamental de Jakob Baumgartner, *Mission und Liturgie in Mexiko,* 2 vols., Schöneck-Beckenried (Suiza), 1971.

[55] Sobre procesos similares en las Filipinas, que fueron colonizadas desde México y que pertenecían a Nueva España, véase Rafael Bernal, *México en Filipinas. Estudio de una transculturación,* México, 1965.

sincretismos.[56] Así, en ocasiones los cultos y mitos femeninos autóctonos referidos a la maternidad y a la fecundidad fueron aplicados a María, y de esta manera transformados y magnificados. Al estudiar la historia de la evangelización se pueden distinguir dos caminos distintos para explicar estos sincretismos: por un lado encontramos los esfuerzos de los misioneros franciscanos que, bajo el influjo del milenarismo de Joaquín de Fiore, intentaban crear lo más rápidamente posible un ambiente cristiano, y para lograrlo querían cristianizar las culturas precolombinas, o bien impregnar de espíritu cristiano las tradiciones antiguas. Por otro lado, los jesuitas de los siglos XVII y XVIII "tradujeron al cristianismo" los mitos indígenas, para así "mexicanizar" la fe católica.

b) La veneración mariana

La intensidad de la devoción mariana en Nueva España[57] es una herencia de la religiosidad ibérica influida de muy diversas maneras por las tradiciones autóctonas en las diferentes regiones. Ya los primeros conquistadores y colonizadores trajeron consigo imágenes de Nuestra Señora en forma de medallas, estandartes, banderas, imágenes y figuras de santos, y a casi todos los lugares descubiertos o fundados les pusieron el nombre de Dios, Jesucristo, María o de los misterios de la fe cristiana, e hicieron lo mismo con casi todos los mares, golfos, puertos, montes, tierras y reinos a donde llegaban. A innumerables lugares e iglesias se les dio el nombre de María: Encarnación, Concepción, Madre de Dios, Asunción,[58] Rosario, Mercedes, Maravillas,

[56] Pedro Morandé, *Synkretismus und offizielles Christentum in Lateinamerika,* Munich, 1982; Nebel, *Altmexikanische Religion,* 227-335.

[57] Antonio María de Padua, *La Madre de Dios en México. Leyendas y tradiciones religiosas e historia anecdótica de las principales imágenes milagrosas de la Santísima Virgen María y de Nuestro Señor Jesucristo veneradas en los templos católicos de México,* 2 tomos, Edit. J. Ballescá, México, 1888; Isabel Flores de Lemus, "Santa María de España en América", en *EspMi,* 14 (1957), pp. 243-275, 305-322; 15 (1958), pp. 60-83.

[58] Manuel R. Pazos, "La Asunción de Nuestra Señora en las misiones franciscanas de Méjico", en *AlbAm,* XIII (1953), núm. 51, pp. 329-352; Ramón Pardo Pulido, *La Villa de Tingüindín de Argandar en el estado de Michoacán. La Virgen Santísima de la Asunción como su reina, madre y patrona,* Guadalajara, Jal., 1983.

Socorro, Remedios, Dolores, Carmen, Pilar, Guadalupe, etc. Según C. Bayle,[59] todas las advocaciones de la Virgen María de la Península Ibérica encontraron difusión en la geografía de Las Indias. Vargas Ugarte cita una lista, elaborada por J. Cantú Corro, de 1756 lugares que en México llevan el nombre de María.[60] Pertenecen a las advocaciones más frecuentes: Guadalupe (256), Santa María (221), Concepción y Purísima (219), Soledad (154), Refugio (136), Dolores (109), etc. Además, muchos pueblos y colonias llevan el nombre de Natividad, Candelaria, Luz, Remedios, para citar sólo unos cuantos. Ciertamente, el ideal misional era una Iglesia cristocéntrica, y este ideal encontró un gran apoyo en la veneración a María como Madre del Redentor.[61] Ya los primeros franciscanos desde 1523, y los ya mencionados Doce Apóstoles, que bajo la dirección de fray Martín de Valencia habían emprendido en el país su trabajo de evangelización y formación, extraordinariamente efectivo, fomentaron el culto a María, principalmente el de la Inmaculada Concepción, en la educación e instrucción (artes, doctrinas, colegios, etc.). En el siglo XVIII se difundió entre ellos la veneración de Nuestra Señora del Refugio: llegó de Italia y fue escogida por los padres como protectora del difícil trabajo misional que se realizaba entre las pueblos nómadas en el norte de la Nueva España. La imagen de Nuestra Señora de la Salud, en Pátzcuaro, evoca el recuerdo de la gran obra social de Vasco de Quiroga. En los talleres de Michoacán fueron confeccionadas con pasta de caña de azúcar muchas imágenes de Jesucristo y de la Virgen, que los misioneros llevaban consigo en sus viajes por las tierras de Jalisco, Zacatecas y otras regiones, por ser muy ligeras. De allí viene también la imagen que fray Antonio de Segovia llevó a la tierra de los chichimecas y que se convirtió

[59] Constantino Bayle, *Santa María en Indias,* Madrid, 1928, pp. 184-185; Aline Ussel C., *Esculturas de la Virgen María en Nueva España (1519-1821),* México, 1975.

[60] Rubén Vargas Ugarte, *Historia del culto de María en Iberoamérica y de sus imágenes y santuarios más celebrados,* 2 tomos, Madrid, 1956, I, pp. 82-83. Es de suponerse que en la actualidad existen más lugares y parajes que llevan el nombre de Santa María..., etcétera.

[61] Juan Esquera Bifet, "María en el 'Kerigma", o primera evangelización misionera", en *Marianum,* XLII (1980), pp. 470-488. Asimismo hay que considerar que la religiosidad popular mariana con sus múltiples imágenes legendarias a veces ha superpuesto "este ideal" hasta su desfiguración.

en punto de atracción de la religiosidad popular en San Juan de los Lagos. Las imágenes sagradas de Nuestra Señora de Talpa y Nuestra Señora de Zapopan tienen una historia semejante.[62]

Juan Villafuerte, un soldado de Hernán Cortés, trajo otra imagen; la escondió en una plantación de magueyes, donde al poco tiempo había de surgir el famoso santuario de Nuestra Señora de los Remedios.[63] Bajo la misma advocación tuvo lugar en el año de 1543 la fundación de la ciudad de Valladolid en Yucatán, que tuvo como patrona a la dicha Nuestra Señora de los Remedios. El convento de San Juan de Dios en Campeche (Camp.) lleva ese mismo nombre. Nuestra Señora de la Defensa, que se veneró en la catedral de Puebla de los Ángeles, tuvo el carácter de conquistadora: Pedro Porte Casante la llevaba en sus expediciones de conquista en Chile.

Las órdenes misioneras fomentaron diversos aspectos de la piedad mariana: los franciscanos, la Inmaculada Concepción; los dominicos, la Virgen del Rosario;[64] los mercedarios, la Virgen de la Merced; los betlemitas, la Virgen de Belén; y los jesuitas, Nuestra Señora de Loreto y la llamada Virgen de San Lucas. Muchas otras advocaciones de la Virgen María encontraron difusión en Nueva España desde el siglo XVI. Las más conocidas, cuya veneración hizo que se originaran grandes santuarios, fueron: Nuestra Señora de Guadalupe en México, D. F., de Zapopan, Jal., de Ocotlán, Tlax., de la Raíz en Jacona, Mich., de Guanajuato, Gto., de la Bufa, Zac., de Acahuato en Tancítaro, Mich., de los Afligidos en Juquila, Oax., de Izamal en Mérida, Yuc., del Rayo en Guadalajara, Jal., de Tamazula, Jal., de los Dolores en Acatzingo, Pue., del Socorro en el convento de San Agustín en Morelia, Mich., del Roble en Monterrey, N. L., y otras más.[65]

[62] Luis Sandoval Godoy, *Reina de Jalisco. Historia y costumbrismo en torno a la imagen de Nuestra Señora de Zapopan,* Guadalajara, Jal., 1984; Juan López, "Las Tres Marías", en *Artes de México,* 15 (1968), núm. 113, pp. 56-72.

[63] Ignacio Pérez Carrillo, *Lo máximo en lo mínimo. La portentosa imagen de Nuestra Señora de los Remedios, conquistadora y patrona de la imperial ciudad de México,* México, 1808 (ed. facs., 1979). Véase también Bonifacio Porres Alonso, "Advocación y culto de la Virgen del Remedio en España", en *HispSacr,* XXIII (1970), pp. 1-79.

[64] Manuel García Miralles, "Fuentes mariológicas españolas dominicanas (1550-1750)", en *EM,* 23, vol. 25 (1964), pp. 223-238.

[65] Ernesto de la Torre Villar, "La Virgen de Guadalupe en el desarrollo espiritual e intelectual de México", en José Ignacio Echegaray y otros (comps.), *Album conmemorativo del 450 aniver-*

Sólo en la ciudad de México se deben de haber venerado en la época colonial por lo menos 44 imágenes milagrosas de la Virgen María.[66] Se cuenta entre las más antiguas e interesantes la de Nuestra Señora de los Ángeles del barrio de Guerrero, una pintura al óleo del año 1580: impulsada por el agua de una inundación hacia ese barrio que entonces se llamaba Coatlán, el cacique tolteca Izayoque le erigió un *Santocalli* de adobe, que en 1595 fue convertido en capilla. La pintura, seriamente deteriorada, se renovó de una manera milagrosa; se tiene como una de las primeras imágenes de María que brindó protección a los indios, y además presenta varias curiosas coincidencias con la imagen de Guadalupe del Tepeyac:[67] según la tradición, ambas se aparecieron a un indio, y ambas están pintadas en telas muy corrientes, la una en un ayate, y la otra en una tela lija, sobrepuesta a un tosco adobe.

En algunas iglesias monásticas y conventuales eran veneradas otras imágenes milagrosas: la de Nuestra Señora del Rosario en Santo Domingo, que "dotó a muchos huérfanos"; al igual que otra Virgen que a fines del siglo XVI fue entregada milagrosamente por el Niño que llevaba en brazos el obispo Juan Ramírez de Guatemala († 1609); en el hospital de San Lázaro, la de Nuestra Señora de la Bala, que habría interceptado el disparo dirigido a una esposa infiel; la de Nuestra Señora del Valle en el convento de la Consolación de San Cosme, que entre otras cosas elevó milagrosamente hasta el borde el agua de un pozo profundo en el que se encontraba una niña ahogada, y a quien inclusive resucitó; la Virgen de Santa Clara, que

sario de las apariciones de Nuestra Señora de Guadalupe, México, 1981, pp. 225-269; del mismo, *En torno al guadalupanismo,* México, 1985, pp. 65-73.

[66] Sobre las imágenes milagrosas de la ciudad y del arzobispado de México, consúltese Weckmann, *La herencia,* I, 345-348; Francisco de Florencia, *Zodiaco mariano, en que el Sol de Justicia Christo con la salud en las alas visita como signos, y casas proprias para beneficio de los hombres los templos, y lugares dedicados a los cultos de su SS. Madre por medio de las más célebres, y milagrosas imágenes de la misma Señora, que se veneran en esta América Septentrional, y Reynos de la Nueva España...* (Imp. del Real y más antiguo Colegio de San Ildefonso), México, 1755; Gonzalo Obregón, "Los baluartes de México", en *Artes de México,* 15 (1968), núm. 113, pp. 24-39; Mariano Fernández de Echevarría y Veitia, *Baluartes de México. Descripción Histórica de las cuatro milagrosas imágenes de Nuestra Señora, que se veneran en la muy noble, leal é imperial ciudad de México, capital de la Nueva España...* (Imp. A. Valdés), Méjico, 1820.

[67] Guillermo Schulenburg Prado, "Breve reseña histórica de los hechos del Tepeyac", en *Artes de México,* 15 (México, 1968), núm. 113, pp. 5-23.

una vez salió a detener una inundación y regresó "mojada y llena de lodo"; la Virgen de la Merced, "de olor extremadamente agradable", que en 1595 fue traída de Guatemala y realizó "mil cosas milagrosas"; una de las más importantes fue, según dice el padre Florencia, "el sostenimiento de ese convento con limosnas"; la de Nuestra Señora de la Piedad, en la iglesia del mismo nombre, construida en 1535, que fue enviada de Roma terminada solo a la mitad. Su primer milagro consistió en aparecer "perfecta y acabada" cuando se abrió en México la caja donde era transportada. Se le atribuyen otros milagros, como la salvación de unos náufragos y el haber apaciguado a un toro furioso que amenazaba a algunos devotos; la de Nuestra Señora de la Asunción, una pintura venerada en la iglesia de Santa María la Redonda, que "fue terminada por mano de ángeles", y que hacía llover en su barrio.

Los milagros atribuidos a la Virgen del Carmen se realizarían por medio de su escapulario milagroso no sólo en Nueva España sino hasta en las Filipinas. En ese tiempo, según un testimonio del año 1633, casi no había indio, negro o mulato que no lo llevara encima. Dávila Padilla describe los milagros de la Virgen del Rosario, entre ellos la resurrección de un niño en el año 1541 en Tepetlaóztoc (México).[68]

Además de estas 11 imágenes milagrosas de la Virgen María, Florencia menciona otras 33. Tres de ellas se encontraban en la catedral de México: La Asunción, La Concepción y Nuestra Señora de las Lágrimas, la patrona de los plateros. Otras 11 se conservaban en las iglesias conventuales y en los hospitales: en el Hospital del Amor de Dios, la Virgen de las Angustias, que "curaba muchas enfermedades"; en Jesús Nazareno, Nuestra Señora de las Maravillas; en Santa Catalina de Siena, una virgen sin advocación específica que "hizo cesar la inundación de 1629"; en San Juan de la Penitencia, Nuestra Señora de los Dolores, patrona de los pintores; en San Jerónimo, una Guadalupana; en la Casa de las Concepcionistas, una milagrosísima Virgen de la Concepción; en la casa del noviciado de

[68] Fray Agustín Dávila Padilla, O.P., *Historia de la fundación y discurso de la provincia de Santiago de México de la orden de predicadores (ca.* 1596), México, 1955 (3ª ed.), p. 614.

San Francisco, Nuestra Señora de la Macana; en el colegio agustino de San Pablo, Nuestra Señora del Tránsito; en San Agustín, Nuestra Señora de la Paz; en el convento de los agustinos, Santa María de la Gracia; en Regina Coeli, una virgen que curaba a los ciegos.[69] Los jesuitas poseían otras 19 imágenes "milagrosas" de María: entre ellas cuatro copias de la imagen de Santa María Maggiore (Roma), que según la tradición había sido pintada por san Lucas. La imagen que se conservaba en el Colegio Máximo desde 1589 tenía la virtud de aconsejar a los jóvenes varones que ingresaran en la Compañía de Jesús. De otras siete imágenes, adquirieron una fama peculiar la Virgen de la Profesa y Nuestra Señora de la Concepción del ingenio de Xalmolonga. Esta última era considerada la protectora de los negros, la cual "visitaba en la cocina a una esclava". Asimismo, eran milagrosas las imágenes de la Virgen de los Dolores, Nuestra Señora de la Antigua, la Virgen de la Purísima Concepción, Nuestra Señora de la Luz y tres de la Virgen de Loreto.[70]

También en las zonas aledañas a la capital, y creciendo en todas las regiones del país —según iba avanzando la colonización y evangelización—, se extendió la fama de las imágenes milagrosas de la Virgen María: la Virgen del Cardonal en Izmiquilpan (Hgo.); dos Vírgenes de Zoquizoquiapán (Hgo.), "rivales" en los milagros y en la veneración que inspiraban a los indios; el santuario de Nuestra Señora del Monte en Jomultepec; la Virgen del Rosario de Tonatico (Méx.), que resucitaba muertos y curaba ciegos y mudos; la Virgen de Tepozotlán (Méx.), que conversaba con los novicios jesuitas; la Virgen de Tepepan (Méx., D.F.), una copia de la imagen de la Virgen de los Remedios mandada hacer por Pedro de Gante, por cuya intervención "se extinguió la falsa adoración de algunos ídolos"; una Virgen guadalupana en Temascalcingo. La Virgen de Tecaxic (Méx.), pintada en un lienzo basto, cuya iglesia se eleva sobre un templo prehispánico, era conocida desde el siglo XVI por sus muchos milagros en el ambiente de los vaqueros, lo mismo que entre los carreteros y arrieros y personas amenazadas de morir ahogadas.

[69] Florencia, *Zodiaco mariano,* 93-95; 112-125.
[70] Florencia, *ibidem,* 98-112.

Vetancurt, y Villaseñor y Sánchez alaban los hechos milagrosos de Nuestra Señora de la Purificación de Tulantongo (Méx.), y el poder curativo del pocito de su iglesia. La Virgen de la Concepción de la capilla de la Tercera Orden de San Francisco en Cuernavaca (Mor.) que, como tantas otras, habría sido traída por los ángeles. Este autor y otros mencionan también la imagen milagrosa de Jamiltepec en las cercanías de Cuautla (Mor.), que sería encontrada por una india en el hueco de un árbol alrededor de los años 1620-1630. Más tarde esta imagen de la Virgen era vendida por uno de los habitantes del pueblo en Veracruz, pero ella regresó después a su altar original. Allí, durante un fuerte temblor en el año 1712, movió una mano tratando de apoyarse en la pared, postura que conserva hasta la fecha. En la periferia de la provincia eclesiástica de México gozan de gran veneración otras imágenes milagrosas: la Virgen de la Concepción de Celaya (Gto.); la Virgen de los Remedios de Querétaro (Qro.), que entre otras cosas otorgó fecundidad a una mujer noble; la Virgen de la Concepción en León (Gto.), y otras más.

Además, los estados de Puebla y Veracruz son ricos en imágenes milagrosas de la Virgen María.[71] En el convento franciscano de la Angelópolis se custodiaba cuidadosamente La Conquistadora, que en otros tiempos había sido regalada por Hernán Cortés al notable tlaxcalteca Gonzalo Axotécatl C. y que al trasladarse la sede episcopal a Puebla, fue llevada también a esa ciudad. El pueblo la invocaba mucho para milagros especiales. Se dice que resucitaba niños muertos y hacía llover. Por su parte, la catedral de Puebla se gloriaba de las estatuas de Nuestra Señora del Refugio, que entre otros prodigios arrojaba al demonio del cuerpo de las posesas, y de la de Nuestra Señora de la Defensa, protectora de diversos colonizadores y conquistadores, que además defendió a un eremita del demonio, que le quiso morder la mano cuando éste estaba escribiendo los hechos milagrosos obrados por ella.

Vetancurt narra que fray Diego de Santa María († 1642) lloraba frente a la imagen de la Virgen de la Concepción, en San Francisco,

[71] Sobre las imágenes en las provincias mencionadas, consúltense Florencia, *Zodiaco mariano,* 153-227; Weckmann, *La herencia,* 348-350.

hilos de verdaderas perlas en actos de contrición. La Incorporada era una imagen de la Virgen del Carmen que se conservaba en un convento de monjas poblanas. Se dice que su nombre proviene de que, al intentar una monja cambiarle su advocación, ella expresó su disgusto apareciéndose y, por así decirlo, tratando de incorporarse a su propia estatua. Otra imagen prodigiosa es la del convento de dominicas, llamada Nuestra Señora de la Manga; allí la Virgen se reprodujo milagrosamente en la manga del hábito de una religiosa, cuando ésta se enjugaba con ella las lágrimas que derramaba al meditar en los dolores de María en la Pasión.

Pertenecen también a las imágenes poblanas célebres la Virgen del Pópulo y la Virgen de Loreto, veneradas en la iglesia del Espíritu Santo; la Virgen de la Soledad, en la iglesia de Santo Domingo y en el convento de las carmelitas descalzas, como también la Virgen del Rosario en el convento dominico. Sobre la gran pirámide de Cholula (Pue.) todavía hoy se venera la estatua milagrosa de Nuestra Señora de los Remedios, en el santuario del mismo nombre, construido en el siglo XVIII. En Acatzingo (Pue.) hay una estatua de la Virgen, cuyo rostro desde 1609 "se humedecía sobrenaturalmente" siempre en determinadas épocas. Nuestra Señora del Chico en Jalapa (Ver.) gozó de mucha fama por sus milagros. En Papantla (Ver.) realizó milagros la Virgen de la Concepción, que llegó flotando en el mar en un cajón que llevaba la inscripción: "Para Papantla". Igualmente fue encontrada en una caja a orillas del río Coatzacoalcos la Virgen de la Concepción de Alvarado. Por el mismo río fue arrastrada en 1546 Nuestra Señora de la Soledad de Cosamaloapan (Ver.), cuya curiosa historia es narrada por Villaseñor y Sánchez:[72] 12 años antes de la Conquista, un arco iris anunció "la cesación del diluvio de la idolatría". Cuando llegaron las huestes de Cortés, el arco iris desapareció y en una de sus bases apareció la imagen. Finalmente, en la región de Veracruz se dice que otra Virgen de la Concepción hizo el beneficio de liberar varias veces la tierra de una plaga de langostas.

[72] Joseph Antonio de Villaseñor y Sánchez, *Theatro Americano: Descripción... de la Nueva España y sus jurisdicciones.*, Int. de F. González Cossío, ed. facs. de la de 1746, México, 1952, II, XXVIII-XXX.

También en Michoacán, la tierra de los purépechas, donde el trabajo de los misioneros franciscanos cayó en terreno especialmente fértil, los habitantes gozaban de muchos hechos milagrosos de la Virgen María:[73] Nuestra Señora de la Salud en Pátzcuaro (Mich.), que entablaba conversaciones con sus devotos y cuyo culto llegó hasta Aguascalientes (Ags.); en Tiripitío (Mich.) la Santísima Virgen, un lienzo traído por los agustinos en 1537; en el monasterio de Santa Catalina de Valladolid (Mich.), una virgen, sobre cuyos milagros escribió una relación Pedro Sarmiento, S.J.; en Jacona (Mich.) Nuestra Señora de la Raíz, que fue modelada por mano divina de una raíz de mandrágora y hallada en las aguas del lago de Chapala; en Zitácuaro (Mich.) la Santísima Virgen, cuyos hechos milagrosos son descritos ampliamente por La Rea, O.F.M., en su *Crónica franciscana de Michoacán.*[74]

En la diócesis de Guadalajara y en las regiones del norte de Nueva España había, además de la Virgen de Zapopan (Jal.) y de la Virgen de San Juan de los Lagos (Jal.),[75] muchas otras imágenes consideradas milagrosas: la Virgen de Zenticpac (Jal.), en el convento franciscano fundado en 1569, una pintura entronizada por fray Antonio de Medina, salvaba de los efectos de picaduras ponzoñosas y cuando la tocaban los murciélagos, plaga del lugar, caían muertos como fulminados. También eran famosas las vírgenes de San Juan Mezquititlán y Huajícori (Nay.), las estatuas milagrosas de la Virgen de la Concepción en Amatitlán (Jal.) y en Ixtlán (Nay.), de la Virgen del Rosario en Tezoatlán y Tecolotlán, como también Nuestra Señora de los Dolores en San Pedro (Jal.), situado al oriente de Guadalajara; igualmente Nuestra Señora del Refugio en Guadalupe (Zac.), Santa María de las Charcas (S. L. P.) y Santa Virgen de Canatlán (Dgo.), que se trasladó por sí misma al sagrario de la catedral de Durango, cuando los tepehuanes prendieron fuego al convento de los franciscanos en Canatlán, donde antes se veneraba.

[73] Florencia, *Zodiaco mariano,* 259-287; Weckmann, *La herencia,* 350.

[74] Fray Alonso de la Rea, *Crónica de la Orden de N.S. Padre San Francisco,* reimp. de la ed. de la Vda. de B. Calderón, México, 1643, pp. 228-239.

[75] Julio Sánchez García, "La Virgen de San Juan de los Lagos en México", en *ASFM,* 8 (1954), pp. 57-79.

Nuestra Señora del Zape en Guanaceví (Dgo.), que a principios del siglo XVII convirtió a los tepehuanes que se habían sublevado. La Santa Virgen del Roble se apareció hacia 1650 en Monterrey (N. L.) a una india pobre y le pidió la erección de un templo, donde hasta la fecha es venerada.

En la vieja Antequera (Oax.) y en las regiones sureñas del Virreinato (Chiapas, Guatemala, Nicaragua),[76] se le rendía tributo a la milagrosa Virgen de la Soledad, que fue llevada de Guatemala a lomo de mula y se conservaba en Oaxaca (Oax.), porque ella misma se resistió a continuar el camino y se detuvo ante las puertas del convento de las agustinas; en Oaxaca (Oax.) Nuestra Señora del Rosario en Santo Domingo, Santa María la Mayor en el Colegio jesuita, Nuestra Señora del Carmen en el Carmen, y Nuestra Señora de Guadalupe en el santuario de Guadalupe; en Tlapaltepec (Oax.), en la tierra de los chontales, Nuestra Señora del Rosario; en Jayacatlán (Oax.), el santuario de Nuestra Señora de la Piedad, "milagrosa en grandes prodigios"; en el obispado de Chiapas eran famosas sobre todo las imágenes de la Virgen del Rosario, por ejemplo en Josozoltenango (Chis.) en Tlacnazintepec (Chis.) y dos en Ciudad Real (Chis.), una de las cuales podía desencadenar aguaceros.

También en la península de Yucatán se veneraban muchas imágenes milagrosas:[77] según Sánchez de Aguilar, a fines del siglo XVI y principios del XVII, dos vírgenes en la catedral y en Santa Ana de Mérida (Yuc.) comenzaban a sudar cuando creían ser menospreciadas por "aquestos indios idólatras". Cogolludo enumera ocho imágenes milagrosas, de las cuales fue especialmente apreciada la de Nuestra Señora de la Laguna en Campeche (Camp.), que en 1649 se había aparecido o fue hallada en un árbol quemado por los indios Luis y Lorenzo, originarios de Xampolol; entre sus milagros se encontraba la curación de abscesos, tumores y fiebres cuartanas. En Valladolid (Yuc.) se veneraba una estatua de tamaño natural de una Purísima

[76] Florencia, *Zodiaco mariano,* 228-258; Weckmann, *La herencia,* 350.

[77] Florencia, *ibidem,* 1-30; Weckmann, *ibidem,* 350-351; Bernardo de Lizana, *Historia de Yucatán. Devocionario de Ntra. Sra. de Izamal y conquista espiritual, impresa en 1633,* México, 1893; Enrique Duranto, "Izamal, santuario mariano del Sureste", en *Artes de México,* 15 (1968), núm. 113, pp. 85-91.

Concepción milagrosa, traída de España por los conquistadores. En el pueblo cercano de Calotmul (Yuc.) había también otra imagen del mismo nombre, que amparaba a los barcos en peligro de naufragio. Entre Mérida (Yuc.) y Campeche (Camp.), el santuario de la Virgen de la Natividad de Bécal (Camp.) gozaba de igual popularidad que las vírgenes de Tizimín (Yuc.) y de Maní (Yuc.); esta última supuestamente resucitaba niños. También veneraron a las vírgenes de Zetuna y de Tavi, halladas en sendos cenotes; se dice que el aceite de la lámpara de la Virgen de Tavi sanaba a tullidos. Finalmente, numerosos exvotos daban fe de otros milagros de la Virgen de la Candelaria en el convento de Vaymas, cerca de Valladolid (Yucatán).

c) La religión antigua mexicana y el cristianismo

Como ya hemos indicado, debido tanto a los métodos y objetivos misionales divergentes,[78] como también a las condiciones básicas divergentes,[79] se originaron en la Nueva España diversas culturas y religiones mixtas cristiano-mexicanas antiguas, que aún hoy se pueden encontrar en México. Por consiguiente, el encuentro del cristianismo con las culturas y religiones mexicanas antiguas es un proceso que no solamente sobrevive a la Conquista, sino que ha influido hasta el presente en el desarrollo de la vida religiosa de las distintas clases sociales y etnias de la población de México.[80]

Como acabamos de documentar, en el tiempo de la conquista y de la colonización, la veneración a María se extendió en Nueva Es-

[78] Ricard, *Conquête Spirituelle,* 95-102, 285-310; Pedro Borges, *Métodos misionales en la cristianización de América. Siglo XVI,* Madrid, 1960; Beckmann, *Utopien,* 373-407; L. Gómez Canedo, *Evangelización y conquista. Experiencia franciscana en Hispanoamérica,* México, 1977; Hans-Jürgen Prien, *La historia del cristianismo en América Latina,* Salamanca (España), 1985; M. Sievernich, A. Camps y otros (comps.), *Conquista und Evangelisation. 500 Jahre Orden in Lateinamerika,* Mainz, 1992.

[79] Pietschmann, *Staat und staatliche Entwicklung,* 1-5, 39-52; Henkel, *Die Konzilien,* 1-139; Johannes Meier (comp.), *Zur Geschichte des Christentums in Lateinamerika,* Munich, Zurich, 1988; Foster, *Cultura,* 17-95, 389-402.

[80] Nebel, *Altmexikanische Religion,* 317-338; Juan Schobinger, "México entre Cristo y Quetzalcóatl", en *El Nacional, Revista Mexicana de Cultura,* nueva época, t. II, núm. 3 (México, 11 de febrero de, 1989), pp. 1-3.

paña y echó profundas raíces en la sociedad colonial. Sin embargo, mientras los conquistadores, colonizadores y misioneros introdujeron el culto a María prevalentemente para agradecer un auxilio milagroso, los conquistados encontraron en la veneración a María ante todo una compensación. No pocas imagenes veneradas en México, como en otros países del Nuevo Mundo,[81] tienen su origen en experiencias piadosas de los indios. A la vez también era significativo que los conquistados se pudieran identificar con algunas imágenes de María por razón de los rasgos de su cara o del color de su piel, y que los lugares donde eran veneradas o de donde eran oriundas las imágenes, estaban estrechamente vinculados con la piedad mexicana antigua (Virgen de Guadalupe, México, D.F.; Virgen de Ocotlán, Tlax.; Virgen de Izamal, Yuc., y otras). La mayoría de los investigadores deja abierta a la discusión la cuestión acerca de la historicidad de los sucesos que ocasionaron este culto a María. Sin embargo, para Prien

> pudo ser decisivo que las masas indias, ante un cristianismo cuyo mensaje liberador se había convertido en su antípoda a causa de una iglesia aliada de los poderes coloniales, hayan encontrado en la veneración "supersticiosa" de tales vírgenes indias un camino para la conservación de su dignidad humana y, con ello, cierta liberación. Además, han llevado a cabo una cierta adaptación de la fe cristiana, que la iglesia les denegaba.[82]

Aunque la afirmación —así generalizada— de que la Iglesia había estado "aliada" con los poderes coloniales y que había "denegado" a

[81] La imagen más famosa en el altiplano andino, Nuestra Señora de Copacabana, se remonta hasta la aparición de María al Inca Tito Yupanqui al comienzo del año octogésimo del siglo XVI: Horacio Aníbal Ugarteche, *Copacabana y sus tradiciones religiosas. Vínculo espiritual de unión de Bolivia con el Brasil,* La Paz, 1967; consúltese también João A. Pinto Ferreira, "Nossa Senhora de Copacabana. Elemento Contribuinte para a Humanização Religiosa da Região Duriense", en *REtn,* XIII, t. I (1969), núm. 25, pp. 137-164. La Virgen de los Milagros de Caacupé, patrona del Paraguay, tendría su origen en el hallazgo de la estatua de madera en el lago de Ypacaraí ("agua bendita") en el año 1603 llevado a cabo por el guaraní cristiano José. Lizárraga *(Descripción breve,* cap. LXXXVII, pp. 68-70), Prien *(Historia,* 296-299) y Vargas Ugarte *(Historia del culto)* ofrecen muchos ejemplos.

[82] Prien, *Historia,* 297. Consúltese Antonio González Dorado, *De María conquistadora a María liberadora,* Santander (España), 1988.

los indios la adaptación de la fe cristiana no sea del todo exacta, al menos en Nueva España, Prien tiene razón al señalar el efecto "liberador" y orientador que la veneración mariana proporcionó a los indígenas en su nuevo contexto cultural, económico y social. En este contexto muchas imágenes de María —como las de muchos otros santos— pintadas o talladas, se convirtieron formalmente en deidades locales, continuando las tradiciones mexicanas antiguas. En el marco de esta religiosidad, caracterizada por un concepto vago y obscuro de Dios, los santos, Dios, Jesús y María eran considerados en un mismo plano siendo clasificados primeramente conforme a su poder. Esta visión corresponde a una concepción mundial de la devoción a lo milagroso, que asimiló elementos de la piedad azteca y de la piedad medieval. Lo que muestra muy a las claras que la fe en la Providencia Divina y en los milagros, tal como se difundieron en Nueva España, es desde el punto de vista cultural una prolongación, en suelo americano, de la Edad Media ibérica. Sin embargo, en el tiempo de la Colonia poco se escribió acerca de las formas de esta religiosidad, que se desarrolló sobre todo en las clases sociales bajas de los indios y mestizos. Junto con algunas alusiones, referidas en las grandes obras de los cronistas e historiadores conocidos (Bernardino de Sahagún, Toribio de Benavente, J. de Mendieta, Diego Durán y otros), mencionaremos aquí sobre todo los datos de la obra de Ruiz de Alarcón,[83] ampliada en 1656 por Serna,[84] sobre la religiosidad popular de los matlatzincas en el valle de Toluca. Otra obra que merece atención es la *Breve relación...* de Pedro Ponce,[85] con la misma temática que las obras de Ruiz y de Serna.

Sin pretender abarcar, ya que sería prácticamente imposible, todo el conjunto de sincretismos diversos antiguos mexicano-cristianos y de religiones mixtas, resultado del choque cultural, cuyos orígenes y desarrollo en Nueva España, así como lo que de ellos sobrevive en

[83] Hernando Ruiz de Alarcón, "Tratado de las supersticiones y costumbres gentílicas que oy viuen entre los indios naturales desta Nueva España", en *AMN*, 6 (1892), pp. 123-223.

[84] Jacinto de la Serna, "Manual de ministros de indios para el conocimiento de sus idolatrías, y extirpación de ellas", en *AMN*, 6 (1892), pp. 261-480.

[85] Pedro Ponce de León, "Breve relación de los dioses y ritos de la gentilidad", en *AMN*, 6 (1892), pp. 3-11.

el México actual, que hemos examinado en otra parte,[86] citaremos aquí sólo un ejemplo significativo del ya mencionado valle de Toluca (Méx.). De este valle procede un texto escrito en náhuatl en el año de 1587, traducido al castellano a principios del siglo XVII por Gaspar de Prebes y trasmitido por Serna en 1656.[87] Este texto comenta una representación del "águila y el jaguar", una pareja de animales extraordinariamente significativa en tiempo de los aztecas; dicha representación está elaborada a la manera del águila doble de los Habsburgo y provista de una serie de signos cristianos, entre ellos un signo de la eucaristía y una bandera, como la que lleva Juan el Bautista:

> Aquí se contiene y refiere lo que debe hazer, y creer el verdadero Christiano, para que obedesca, y entienda las palabras de Jesu Christo, y la intercessión de la Virgen su bendita Madre; que son los que llaman Tigre, y Aguilas plebeyos, y la gente inferior, y común, y los debilitados pobres tullidos, y los que se ocupan en el campo, y en los montes; para que merescamos interceda por nosotros la Bienaventurada Virgen, y Madre de Dios, que está en los cielos a su bendito Hijo Jesu Christo, para que nos admita a su sancta gloria, los que siempre nos acordamos de las horas de Nuestra Señora, que son las oraciones, psalmos, y Antiphonas, y todo lo que se contiene en las horas.[88]

El texto deja claro que las clases bajas de la población de dicha región dieron el nombre de "jaguar y águila" a Jesucristo y a su Madre María. Estos dos animales, tan llenos de símbolos en las religio-

[86] Nebel, *Altmexikanische Religion,* 111-305; del mismo, "El rostro mexicano de Cristo", en Franz Damen y Esteban Judd Zanon (comps.), *Cristo crucificado en los pueblos de América Latina,* Cuzco-Sicuani-Quito, 1992, pp. 59-82.

[87] Serna, *Manual,* 289-292.

[88] Serna, *Manual,* 291; el texto en náhuatl (incorrecto) dice: "Nican motenchuan inelli Xpino iquipovaz inquicaquiz initlatlautiliz itox. °yni tlazonatzin in Santa Maria ynitlatlauhtilloca yiehuanti in motenehuan inquallhtli ynocellotl ymacehualti ima tlapal incuitlapilli inhuillatzitzin ymotollinia ymacehualti intracatlanemi huelquinopilhuizque intechtzinco intomahuiz tlazonantzin ylnilhuicac to huey toticuiyo cihuapilli, y Santa Maria totepatlatocatzin, y nieto pampa quimotlatlalla uh tilliz ynitlacoconetzin in Jus Xpo. ynectech momaquilliz ynitlatocacpatzinco ynto yn Dios ynaque ymochipa quilnamiticmi ini horas yntonatzin ynin tlatlautiloca y nilnamicoca ynitenc hualoca oioyoa? Psalmos atia ynizquitlamantli y cuilliuhtoc" (p. 292).

nes y mitos de México antiguo, se convirtieron en elementos de enlace entre la fe cristiana y la religión azteca.[89]

Los indígenas, parcialmente "cristianizados" e "hispanizados", habían tratado, a su manera, de darle continuidad a su cosmovisión autóctona transplantándola a su nueva fe. Y así fue que los misioneros, en su afán de llevar a los indígenas al conocimiento del verdadero Dios, se esforzaron en vincular la historia mexicana con la europea, de tal manera que en la transformación y en la nueva interpretación se mantuviera en lo posible la identidad indígena. De este modo, se proponían evitar una ruptura cultural y conservar una mínima constancia del acervo cultural indígena.[90] Este esfuerzo por la continuidad condujo, en el transcurso de la historia de las religiones en México, a ciertas transformaciones: tanto en lo que respecta a las culturas y religiones de los indígenas,[91] como en lo concerniente a los españoles o a los criollos y a la religión y piedad cristianas.[92] La historia de México hace evidente que este proceso de transformación y continuidad es un proceso dinámico y permanente que favoreció, tanto en la religión cristiana como en la múltiple religiosidad popular de la población del país, la inclusión de nuevas ideas y significados. En ningún otro suceso se muestra tan evidentemente la dinámica de este proceso como en el origen del acontecimiento guadalupano y en su recepción y aceptación por parte de los indios y mestizos y por parte de los españoles y criollos.

[89] Una investigación del cambio que se verificó en el ámbito pictográfico, ideográfico, fonográfico e iconográfico podría ser una contribución valiosa que ayudaría al análisis y descripción del complejo fenómeno resultado de la mezcla de las culturas cristiana y mexicana antigua. Véase el estudio de B. Scharlau y M. Münzel, *Qellqay*, Frankfurt del Main, Nueva York, 1986.

[90] Wolfgang Rüger, (*Theorie der religiösen Mischung in Zentral-Mexiko im ersten Jahrhundert nach der Eroberung*, Hohenschäftlarn, 1986) interpreta sucesos durante la evangelización valiéndose de teorías desarrolladas sobre "la mezcla", "modelo del mundo", "modelo de la vida", y presenta resultados del contacto cultural y del cambio cultural "dirigido".

[91] Wigberto Jiménez Moreno, "The Indians of America and Christianity", en *Americas*, XIV (1958), núm. 4, pp. 411-431.

[92] Wigberto Jiménez Moreno, "Filosofía de la vida y transculturación religiosa. La religión mexica y el cristianismo", en *Actas y memorias del XXXV CIA*, México, 1964, pp. 543-550; Weckmann, *La herencia*, t. I, pp. 199-394.

3. La Guadalupana del Tepeyac

a) Panorama histórico: el nombre, la imagen

Según refiere fray Bernardino de Sahagún, O.F.M., después de la conquista de México-Tenochtitlan por Cortés en el año 1521, comenzó la veneración a Nuestra Señora de Guadalupe en el mismo lugar donde antes se encontraba un importante santuario de la diosa Tonantzin Cihuacóatl ("Nuestra venerada Madre Mujer Serpiente").[93] El gran marco en el que se desarrollarían las diversas formas de veneración a la Virgen de Guadalupe estaba constituido por la múltiple religiosidad popular hispánica y la autóctona, y de esta última, muy especialmente por la religiosidad popular tolteco-azteca y también por la veneración a María prescrita por la Iglesia. Aquí se gestarían cada una de las formas de veneración con sus trasfondos nacionales, históricos, topográficos, étnicos y mitológicos.[94] De entre todos, el renombrado suceso guadalupano, el llamado acontecimiento guadalupano,[95] sería el timón que daría curso al desarrollo cultural, religioso, político y social de México, influyendo decisivamente, desde entonces y hasta el presente, en la Iglesia y en la religión del país:[96]

[93] Fray Bernardino de Sahagún, *Historia general de las cosas de Nueva España,* México, Porrúa, 1956, 1982 (5ª ed.), lib. 11, Apéndice 7, pp. 704-705.

[94] Fernando Álvarez Prieto, *La Virgen del Tepeyac, historia, leyendas y tradiciones referentes a la maravillosa aparición de la Virgen de Nuestra Señora de Guadalupe de México,* 3 tomos, Barcelona-México, 1883-1884; Rafael Aguayo Spencer, *La Virgen de Guadalupe en la historia de México,* 1971; Bernardo Bergöend, *La nacionalidad mexicana y la Virgen de Guadalupe,* México, 1931, 1968 (2ª ed.); Lafaye, *Quetzalcóatl,* 293-407; Alma R. Reed, "The Virgin of Guadalupe: Historical Background", en *MOR,* 1 (1962), núm. 3, pp. 170-180; Luis Rodríguez, *La Virgen Morena del Tepeyac,* México, 2ª ed., 1977.

[95] Antonio Pompa y Pompa, *El gran acontecimiento guadalupano,* México, 1967.

[96] Mariano Cuevas, *Historia de la Iglesia en México,* 5 tomos, México, 1964; CNG (ed.), *Congreso Nacional Guadalupano. Discursos, conclusiones, poesías,* México, 1931; Antonio Pompa y Pompa, *Álbum del IV Centenario Guadalupano,* México, 1938; del mismo, *Un radical problema guadalupano,* México, 1976; Schulenburg Prado, *450° Aniversario;* D. Demarest y C. Taylor (comps.), *The Dark Virgin: The Book of Our Lady of Guadalupe,* Nueva York-Freeport; Maine, 1956; Xavier Escalada, *Santa María Tequatlasupe,* México, 1968; del mismo, *María de Guadalupe,* México, 1982; Francisco J. Perea, *Cuatrocientos cincuenta años a la sombra del Tepeyac,* México, 1981; Claudio Perfetti, *Guadalupe. La tilma della Morenita,* Milán, 1987.

— La aparición, cuatro veces (9-12.12.1531), de la Madre de Dios en la colina del Tepeyac, que está al norte de la antigua capital azteca y ahora pertenece a la ciudad de México, D. F.[97]

— El mensaje, dirigido al vidente nahua Juan Diego (¿1474-1548?),[98] bautizado en la iglesia franciscana de Santiago de Tlaltelolco en 1524, y transmitido por éste al obispo Juan de Zumárraga, O.F.M.,[99] con la petición de la Virgen María de erigir un santuario consagrado a ella en el lugar de la aparición.

— La "señal" del milagro de las flores en el Tepeyac.

— La aparición a Juan Bernardino, el tío enfermo del vidente, y su curación.

— El "milagro", que se realiza frente al obispo Zumárraga: la impresión de la sagrada imagen de Nuestra Señora de Guadalupe en la tilma de Juan Diego.[100]

La tradición oral y escrita del acontecimiento guadalupano tiene su base en fuentes españolas y nahuas,[101] cuya veracidad histórica es en parte muy discutida,[102] lo que ha conducido a persistentes

[97] [Lasso de la Vega, Luis], *Historia de las apariciones de nuestra Señora de Guadalupe,* escrita en náhuatl por Antonio Valeriano, adicionado por Alva Ixtlixochitl, publicada por el Bachiller Luis Lazo de la Vega y traducida al castellano por el licenciado Primo Feliciano Velázquez, México, 1962; del mismo, *Las apariciones de la Virgen de Guadalupe,* edición facsimilar: Antonio Valeriano. Versión castellana: licenciado Primo Feliciano Velázquez, en *EI,* VIII (1981), núm. 2, pp. 177-216; Agustín de la Rosa, *Dissertatio Historico-Theologica de Apparitione B.M.V. de Guadalupe* (Typ N. Parga) Guadalaxarae, 1887; Robert Ricard, "Les Apparitions de Notre Dame de Guadalupe", en *RHMiss,* 8 (1931), pp. 247-262; Esteban P. Ibarra de la Selva, *La quinta aparición guadalupana. Recopilación histórica* (BSMG), México, 1962.

[98] Agustín Montoya Quiralte, *Cuauhtlactoatzin o Juan Diego y Catarina Tekakwitha,* Los Ángeles, Cal., 1940.

[99] Ángel María Garibay K., "Fray Juan de Zumárraga y Juan Diego", en *Ábside,* XIII (1949), núm. 2, pp. 161-183.

[100] Alfonso Junco, *El milagro de las rosas,* Méjico, 1945, 1969 (3ª ed.); Amado G. Pardavé, *Las flores del Tepeyac,* Florencia, Italia, 1930; José Bravo Ugarte, "Cuestiones históricas guadalupanas". El lugar de la cuarta aparición: ¿La Capilla de las Rosas o la sacristía de la parroquia archipresbiteral?", en *Ábside,* X (1946), pp. 399-415.

[101] Noguez Ramírez, *The Apparition,* 7-149; Torre Villar, *Testimonios,* 7-412; José Bravo Ugarte, "Cuestiones históricas guadalupanas", México, 1946, 1966 (2ª ed.); Velázquez, *La aparición,* 60-226; O'Gorman, *Destierro,* 1-61; Lorenzo Boturini Benaducci, *Documentos guadalupanos antiguos* (fotocopias de ms. originales, ed. por H. Rogel, B.S.C.), México, 1982.

[102] La sátira, la ironía, el sarcasmo y la parodia son las más frecuentes armas de una poesía y caricatura antiguadalupanas, usadas en nuestros días sobre todo por Gabriel del Río, *La Guadalupana es española. Documentos casi desconocidos que prueban el engaño de que ha sido víctima durante siglos el pobre pueblo mexicano,* México, 1975; Rius [=Eduardo del Río], *El mito guadalupano,*

controversias,[103] especialmente desde el siglo XIX entre los llamados aparicionistas[104] y antiaparicionistas.[105] El *Nican Mopohua (Aquí se narra)* se tiene como la fuente fundamental de la historia del acontecimiento guadalupano y de los orígenes del guadalupanismo. Este documento fue escrito probablemente en el siglo XVI y publicado por primera vez en 1649, sin especificación de las fuentes, por Luis Lasso de la Vega (principios del siglo XVII-después de 1660).[106] Este documento narra en lengua náhuatl las apariciones con el mensaje

México, 1981. Sobre la controversia en general, véase la exposición de Octavio Campos, "¿Fe, paganismo, aparición hechiza? Virgen y Juan Diego: Identidad", en *Solidaria,* 5 (1983), pp. 35-38. En torno a la comercialización y al abuso intelectual con sus aberraciones resultantes, así como la profanación de la fe guadalupana faltan investigaciones profundas. En el campo de esta problemática de gran alcance cabe destacar los estudios de M. Zires, "Reina de México, patrona de los chicanos y emperatriz de las Américas", en J. Martín Barbero (coord), *En torno a la identidad latinoamericana,* México, 1992, 59-78; de la misma, "Nuevas estrategias político-religiosas. Cuando Heidi, Walt Disney y Marilyn Monroe hablan por la Virgen de Guadalupe", en *Versión* (1992), núm. 2, 57-90.

103 Alcalá A., *El milagro,* 5-10; Jesús María Rodríguez, *El disfraz de los antiguadalupanos,* México, 1981.

104 Fortino Hipólito Vera, *Tesoro guadalupano. Noticia de los libros, documentos, inscripciones & c. que tratan, mencionan ó aluden a la aparición y devoción de Nuestra Señora de Guadalupe,* 2 tomos (Imp. del Colegio Católico), Amecameca, Edo. de Méx., 1887-1889; del mismo, *Contestación histórico-crítica en defensa de la maravillosa aparición de la Santísima Virgen de Guadalupe. Al anónimo intitulado "Exquisitio Histórica" y a otro anónimo también que se dice "Libro de Sensación"* (Imp. Escuela de Artes), Querétaro, Qro., 1892; [Esteban Antícoli], *Defensa de la aparición de la Virgen María en el Tepeyac.* Escrita por un sacerdote de la Compañía de Jesús, contra un libro impreso en México el año de 1891, Puebla, 1893; del mismo, *Historia de la aparición de la Santísima Virgen María de Guadalupe en México desde el Año de MDXXXI al de MDCCCXCV,* por un sacerdote de la Compañía de Jesús, 2 tomos, México, 1897; Anastasio Nicoselli, *Relación histórica de la admirable aparición... de Ntra. Sra. de Guadalupe,* México, 1871; Agustín de la Rosa, *Defensa de la aparición de Ntra. Sra. de Guadalupe y refutación de la carta en que impugna un historiógrafo de México* (Imp. Luis G. González), Guadalajara, Jal., 1896, pp. 94-95.

105 Juan Bautista Muñoz, "Memoria sobre las apariciones y el culto de Nuestra Señora de Guadalupe de México, leída en la Real Academia de la Historia, Madrid, 18 de Abril de 1794", en *RAH,* 5 (1817), núm. 3, pp. 205-224; Manuel Gómez Marín, "Defensa guadalupana escrita por el P. Dr. y Mtro. D. Manuel Gómez Marín, presbítero del Oratorio de S. Felipe Neri de Méjico, contra la disertación de D. Juan Bautista Muñoz" (Imp. D. Alejandro Valdés), Méjico, 1819, en *DocG,* (1-G-7), t. II, doc. 28 (BLB/BSMG), [México], s.l.n.a.; José Guridi Alcocer, *Apología de la aparición de Nuestra Señora de Guadalupe de Méjico, en respuesta a la disertación que la impugna* (Of. A. Valdés), Méjico, 1820; anónimo, "La Virgen de Guadalupe no se le apareció al pobre Juan Diego ni a nadie. Rotundas afirmaciones de un esclarecido católico mexicano" *(Propaganda Anticlerical,* folleto núm. 1), México, 1943; Jesús García Gutiérrez, *Juicio crítico de la carta de D. Joaquín García Icazbalceta y fuentes históricas de la misma,* México, 1931; *Apuntamientos para una bibliografía crítica de historiadores guadalupanos,* México, 1940.

106 Luis Lasso de la Vega, *Nican Mopohua,* traducción del náhuatl al castellano por el presbítero Mario Rojas Sánchez, de la diócesis de Huejutla (Imp. Ideal), México, 1978; del mismo, *His-*

de Nuestra Señora de Guadalupe. Su repercusión en la historia de la teología y en la vida intelectual de México ha sido enorme, llegando a conferir valiosos impulsos a la llamada Pastoral Guadalupana e incluso, en los últimos tiempos, está dejando sentir su influencia en la política social (Nicaragua, México, sur de Estados Unidos). Pertenecen también a los documentos más importantes las "Informaciones", recogidas por el Arzobispado de México en 1666, en un proceso histórico en el cual fueron escuchados 20 "testigos" (sacerdotes e indios) acerca de la credibilidad del acontecimiento guadalupano. Estos documentos, completados por las "Informaciones" de 1723, condujeron paso a paso al reconocimiento de la credibilidad de las apariciones por parte de las autoridades eclesiásticas en México y en Roma.[107]

La primera capilla ("ermita de los indios") fue erigida[108] en 1532 (?), por el primer obispo de México, fray Juan de Zumárraga (1468-(1533)-1548).[109] Su sucesor, fray Alonso de Montúfar, O.P. (1498-(1551)-1573) construyó una segunda en 1556 (?). A una tercera capilla del año de 1566, le siguió, bajo la autoridad del arzobispo Juan Pérez de la Serna, un primer santuario hacia 1622. Parece que alrededor de 1649 Lasso de la Vega erigió una suntuosa iglesia. En 1695 el arzobispo Francisco de Aguiar y Seixas (arzobispo desde 1682, †1698) colocó la primera piedra de la actual basílica antigua. La sagrada imagen se trasladó solemnemente el 1° de mayo de 1709, habiendo sido consagrada el 27 de abril de 1709. En 1893 y en 1930 se hicieron ampliaciones en la basílica. En 1904 el santuario fue elevado a Basílica Menor.[110] La planificación de un nuevo

toria de las apariciones de Nuestra Señora de Guadalupe..., México, 1962; del mismo, "Las apariciones de la Virgen de Guadalupe...", en *EI*, VIII, núm. 2 (1981), pp. 177-216.

107 Hipólito Vera Fortino, *Informaciones sobre la milagrosa aparición de la Santísima Virgen de Guadalupe, recibidas en 1666 y 1723...*, Amecameca, Edo. de Méx., 1889 (reim. 1946); Torre Villar, *Testimonios*, 1338-1377; Alberto Valenzuela Rodarte, "El padre Florencia y las informaciones guadalupanas", en *Ábside*, 31 (1967), pp. 3-28; Fidel de Jesús Chauvet, "Historia del culto guadalupano", en Echeagaray, *Álbum Conmemorativo*, 58-66.

108 Fidel de Jesús Chauvet, *De Tenochtitlán al Tepeyac. Entronización de Nuestra Señora de Guadalupe*, México, 1984.

109 Joaquín García Icazbalceta, *Fray Juan de Zumárraga*, Buenos Aires, 1952.

110 G. Casasola y P. Casasola, *Monografía de la Basílica de Santa María de Guadalupe* (Archivo Casasola), México, 1953.

santuario comenzó en 1964. La nueva basílica fue proyectada por cuatro arquitectos (Pedro Ramírez Vázquez, José Luis Benlliure, Alejandro Schönhoefer y fray Gabriel Chávez de la Mora) y dedicada solemnemente el 12 de octubre de 1976.[111] La antigua tuvo que ser clausurada debido al hundimiento y al vencimiento de la construcción.

El nombre. Por lo que se refiere a la etimología de *Guadalupe,* es una palabra híbrida árabe-latina, lo cual no es raro en la toponimia española. *Guadalupe* se originó, con cierta seguridad, de *wadi'l-lubb,* que significa "corral de lobos" o "río de lobos".[112] No obstante, cuando comenzó la reflexión teológica sobre el acontecimiento guadalupano a mediados del siglo XVII, no faltaron esfuerzos dedicados a "mexicanizar" dicha palabra, como se llevó a cabo con numerosas palabras y conceptos, es decir, se ordenaron o trataron de ordenar dentro del contexto histórico y teológico mexicano. Así, pues, la palabra *Guadalupe* sería una palabra náhuatl, deformada por los españoles, con la que la Virgen se habría dado a conocer a Juan Diego en el Tepeyac. Los españoles habrían deformado esta palabra por desconocimiento asimilándola al nombre con el que estaban familiarizados, del santuario de su país natal en Extremadura. De los diversos intentos por derivar la palabra *Guadalupe* del náhuatl y ponerla en el contexto náhuatl, queremos mencionar dos conocidas versiones, muy diferentes, que se crearon en el siglo XVII y aún se siguen propagando al asimilar la articulación de *Guadalupe* con el término náhuatl homófono *Cuauhtlapcupeuh* o *Tlecuauhtlapcupeuh* —lo que significaría lo mismo—. Con él se construiría una palabra cuya traducción fiel sería: "La que surge de la región de la luz como el águila de fuego"; se completaría conforme al sentido y en con-

[111] Javier Martín Artajo, "La nueva Basílica de Guadalupe", en *Ábside,* 41 (1977), pp. 138-142; sobre la crítica de la nueva Basílica, véase [sacerdotes de Cuernavaca], "Reflexiones sobre la nueva Basílica de Guadalupe", en *Correo del Sur,* XVI (22 de junio de 1975), núm. 728, p. 5.

[112] En este aspecto cabe observar la transcripción según la norma de los arabistas. *Wadi-'l-lubb. Lubb* viene del latín *lupus,* en español "lobo", "lope" etc. El árabe *Wadi* significa "valle", "valle del río", "cauce de un río", o también "río", por ejemplo, en Guadalquivir, de *Wadi-'l-kabir,* "río grande". Por lo demás, hay otro "Guadalope" con la misma etimología en la provincia española de Teruel. A este respecto, véanse Miguel Asín Palacios, *Contribución a la toponimia árabe de España,* Madrid, 1944; Bergöend, *La nacionalidad,* 67-69; Lafaye, *Quetzalcóatl,* 303; véase también la nota 37 del cap. I.

cordancia con las muchas implicaciones lingüísticas y culturales así: "La que viene volando de la región de la luz y de la música y entona un canto, como el águila de fuego".[113] En oposición a esto, una segunda versión, que aquí queremos mencionar, atribuye el origen de la palabra *Guadalupe* a la expresión *Coatlaxopeuh*: "Yo aplasté con el pie a la serpiente", derivada de *cóatl*, "serpiente", y *peua*, "vencer".[114] Digamos en resumen que no hay ningún indicio de que se haya tenido conciencia de tales etimologías o de otras en el siglo XVI. Por lo tanto deben considerarse como especulaciones de tiempos posteriores, basadas en diversas concepciones teológicas y en la fantasía o en las etimologías populares. Finalmente, no se debe olvidar que hasta ahora no se ha encontrado ningún documento del siglo XVI en el cual pueda constatarse la fonética original en náhuatl de la palabra que supuestamente los españoles asimilaron a *Guadalupe*.

La procedencia de la imagen milagrosa —una imagen muy semejante a la representación de la Inmaculada: con la luna bajo los pies y rodeada de rayos de sol— no ha podido ser esclarecida plenamente ni en lo referente a su origen ni en lo concerniente al material con el que está realizada, aunque muchas veces se han hecho investigaciones.[115] En 1756, Miguel Cabrera (1695-1768), el pintor más conocido de Nueva España, llevó a cabo, por encargo de la Iglesia, un primer examen fundamental. El resultado fue publicado

[113] Las partes integrantes del compuesto *tle-cuauh-tlapcup-ehua* tienen el siguiente significado: *Tletl:* fuego, evoca el recuerdo del lugar donde Dios habita y actúa; *cuauhtli:* águila símbolo del sol y de la divinidad; *tlapcupa (tlapcopa, tlauhcupa, tlauhcopa):* del Oriente, región de la luz y de la música (=revelación de Dios); *ehua* (pretérito: *euh):* surgir, volar entonar un canto. Resumido en ISEE, *Libro Anual. Año 1981-1982,* 84.

[114] Esta versión, que ya era apreciada en siglos anteriores, se encuentra por ejemplo en Wilhelm M. Havers, *Unsere Liebe Frau von Mexiko Maria de Guadalupe* (Adveniat, Zeugnisse/Berichte/Kommentare, H.7), Essen, 1988, 17, quien la toma del conocido guadalupano Lauro López Beltrán. La aplicación de esta concepción teológica tradicional está, en mi opinión, fuera de lugar. Demuestra un desconocimiento, o bien un menosprecio de la Toltecáyotl, de la gran herencia cultural mexicana que culmina en la teología y la filosofía de Quetzalcóatl ("Serpiente Emplumada", también interpretado como "Gemelo Precioso"). Parece indispensable integrar esta gran herencia en el cristianismo mexicano; con mucha razón se ha venido indicando constantemente esta necesidad, también por parte de la Iglesia, desde la Conferencia de Puebla (1979).

[115] Así, por ejemplo, el pintor de frescos Jorge González Camarena, quien se ocupó de la restauración de los frescos del convento franciscano de Huejotzingo, Pue., construido hacia 1550, cree haber encontrado un parecido extraordinario entre una Inmaculada Concepción pintada en el convento y la imagen de Guadalupe. Como este convento fue construido y pintado antes de

en el libro *Maravilla americana:*[116] la imagen sagrada, de 143 cm de alto por 55 cm de ancho, está de tal manera impresa en una superficie tosca y tejida a mano, de pitas de agave y sin aplicación de capa de fondo, que un cuadro así no pudo haber sido realizado de manera natural. En cuanto a los colores, se trata de una mezcla de colores pintados al óleo, al temple y al agua.

No podemos aquí adentrarnos en una descripción detallada de la imagen ni de su agitada y emocionante historia[117] ni de su difusión[118] ni en su abundante bibliografía.[119] Lo que sí queremos es subrayar como hecho notable que la veneración a esta imagen ha inspirado un culto de tan grandes alcances como es el culto a la Virgen de Gua-

que se hablara de la "imagen milagrosa" de Guadalupe, González C. saca la conclusión de que el mural es más antiguo y sirvió de sugerencia para la imagen de Guadalupe. Tomado de Antonio Rodríguez, *Der Mensch in Flammen: Wandmalerei in Mexiko von den Anfängen bis zur Gegenwart,* Dresden, 1967, p. 60.

116 Miguel Cabrera, *Maravilla americana...* (Imp. del Colegio de San Idelfonso), México, 1756; este libro es presentado por Torre Villar, *Testimonios,* 494-528, quien proporciona además una breve información sobre la vida y obra de Cabrera.

117 Hans Haufe, *Funktion und Wandel christlicher Themen in der mexikanischen Malerei des 20. Jahrhunderts,* Berlín, 1978; Joaquín González Moreno, *Iconografía guadalupana. Clasificación cronológica y estudio artístico de las más notables reproducciones de la Virgen de Guadalupe de Méjico conservadas en las provincias españolas,* 2 tomos, México, 1959-1973; Joaquín González Moreno, *Iconografía guadalupana en Andalucía,* Jerez de la Frontera, 1991; Luis Islas García, *Las pinturas guadalupanas de Fernando Leal en el Tepeyac,* México, 1950; Jesús García Gutiérrez, "Apuntes para una iconografía guadalupana. La Virgen Santa María de Guadalupe en el catecismo", en *MAMH,* 14 (1955), núm. 1, pp. 18-21; Higinio Vázquez Santa Ana, *Epigrafía, iconografía y literatura popular de Juan Diego,* México, 1940, 1961 (2ª ed.).

118 Referencias bibliográficas selectas: Francisco Orozco y Jiménez, *El culto guadalupano en Londres,* documentos coleccionados y ordenados por el licenciado J. Ignacio Dávila Garibi..., Guadalajara, Jal., 1923; Lorenzo Julio Fitzsimon, *La devoción a la Santísima Virgen de Guadalupe en los Estados Unidos de América,* México, 1945; José Calderón Salazar, *En Guatemala, la otra guadalupana,* en *Excélsior* (7 de noviembre de 1976), pp. 4-9; Carmen González Echegaray, *La patrona de México en las montañas de Santander,* México, 1973; Abel Tirado López, *Nuestra Guadalupana en Santa Fe,* Argentina, México, 1964; Aureliano Tapia Méndez, *Santa María de Guadalupe en el Nuevo Reino de León,* Monterrey, N.L., 1973; Arturo Vidal Perri, "Los orígenes de Nuestra Señora de Guadalupe en el Uruguay", en *Libro Anual,* X del Instituto Teológico del Uruguay Monseñor Mariano Soler, Montevideo, 1983, pp. 103-247; fray José Antonio Alcocer, *Bosquejo de la historia del Colegio de Nuestra Señora de Guadalupe y sus Misiones. Año de 1788,* introducción, bibliografía, anotaciones e ilustraciones del R. P. Fr. Rafael Cervantes, O.F.M., México, 1958; Rafael Montejano y Aguiñaga, *Santa María de Guadalupe en San Luis Potosí. Su culto, su santuario, su calzada y sus santuarios,* México, 1982.

119 Desde hace aproximadamente 20 años se han incrementado considerablemente sensacionales resultados de la investigación de la sagrada imagen que, en mi opinión, están desprovistos de exactitud y competencia científica, así, por ejemplo, J. J. Benítez, *El misterio de la Virgen de Guadalupe. Sensacionales descubrimientos en los ojos de la Virgen mexicana,* Barcelona, 1982; José

dalupe en México, y por lo tanto es totalmente irrelevante la cuestión de si la imagen fue creada por mano humana o es de origen divino; según Florencia, la imagen habría sido pintada por el arcángel Gabriel o el arcángel Miguel;[120] o por la misma madre de Dios, como lo afirmó en la catedral Eguiara y Eguren el 12 de diciembre de 1756; o por el "pincel divino" del "Supremo Artífice", según la declaración, el mismo día y año, de Mariano Antonio de la Vega en la Colegiata.[121] La discusión que al respecto se viene llevando a cabo desde hace siglos no se ha dado por terminada. Ya entre los impugnadores de la "aparición" sobrenatural de la imagen se contaba el discutido provincial Francisco Bustamante, O.F.M., quien en su famoso sermón pronunciado el 8 de septiembre de 1556 pidió que se dieran 100 o 200 azotes a quien afirmara que podía hacer milagros una imagen pintada por un indio, ya que sólo Marcos Cípac y nadie más había pintado la imagen.[122]

En todo caso, los frailes vislumbraron desde los albores de la misión el valor pedagógico de la pintura y la usaron como medio eficaz en su empeño misionero. La aplicaron a la religión para desarrollar, entre los nuevos cristianos, una religiosidad creativa y al mismo tiempo la usaron como instrumento en el aprendizaje y comprensión de símbolos. La fascinación que la pintura ejercía entre los indígenas abrió a los religiosos posibilidades metodológicas efectivas en la teoría y en la práctica misionales, al reconocer "que para los indios el mejor medio es la pintura".[123]

Aste Tonsmann, *Los ojos de la Virgen de Guadalupe. Un estudio por computadora electrónica,* México, 1981; Ph. S. Callahan y J. Brant Smith, *La tilma de Juan Diego, ¿técnica o milagro? Estudio analítico al infrarrojo de la imagen de Nuestra Señora de Guadalupe,* traducción y notas: Faustino Cervantes J., México, 1981; Carlos Salinas, *Juan Diego en los ojos de la Santísima Virgen de Guadalupe,* México, 1974; C. Salinas y M. de la Mora, *Descubrimiento de un busto humano en los ojos de la Virgen de Guadalupe,* México, 1976; Paulo Seabra, "Autorretrato de Nuestra Señora", en *O Cruzeiro,* 4 (1960), núm. 24, pp. 14-18.

120 Francisco de Florencia, *La estrella de el Norte de México...,* México, 1688, ff. 32b-34b.

121 Datos según Maza, *El guadalupanismo,* 166-167; San Joseph *(Historia,* cap. XXI, p. 144) ve en la imagen sagrada mexicana una "perfecta copia" de una estatua de María que está expuesta en el coro del santuario español de Guadalupe, frente a la imagen sagrada extremeña.

122 Torre Villar, *Testimonios,* 36-141, más especialmente pp. 43 y otras.

123 *Códice franciscano, siglo XVI* (Nueva Colección de Documentos para la Historia de México), México, 1941, 59; en torno a este tema véanse las exposiciones detalladas del primer historiador de la Iglesia de México: Gerónimo de Mendieta, *Historia eclesiástica indiana,* estudio preliminar y edición de Francisco Solano y Pérez-Lila, Madrid, 1973, II, lib. 4, cap. XII, pp. 34-36.

Desde el siglo XVIII se le ha venido prestando cada vez más atención en la Iglesia universal al acontecimiento guadalupano.[124] Nuestra Señora de Guadalupe fue proclamada patrona de la ciudad de México el 27 de abril de 1737, durante una epidemia catastrófica. En 1746 y 1747 se le declaraba patrona de toda la América septentrional, es decir, Nueva España. El papa Benedicto XIV (1675-[1749]-1758) confirmó a María de Guadalupe como patrona de México por medio del Breve "Non est equidem", distinguiendo su fiesta litúrgica señalada el 12 de diciembre con una misa y un oficio propios.[125] Gran acogida y difusión encontró en México su reivindicación, hecha conforme al salmo 147, 20: "Non fecit taliter omni nationi..." (no hizo cosa igual a ningún pueblo).[126] El 12 de octubre de 1895 tuvo lugar la solemne coronación de la sagrada imagen[127] con autorización pontificia, y en 1900 León XIII (1810-[1878]-1903) extendió a todos los países latinoamericanos el oficio y el formulario de la misa. El 24 de agosto de 1910 tuvo lugar, por parte del papa Pío X (1835-[1903]-1914), la proclamación de la Guadalupana como patrona de toda la América Latina, que fue repetida solemnemente el 12 de diciembre de 1933 por Pío XI (1857-[1922]-1939). El mismo que el 16 de julio de 1935 la declaraba patrona de las Filipinas. Pío XII (1876-[1939]-1958) dirigió el 12 de octubre

[124] Para el conjunto integral "Guadalupe" desde el punto de vista de la Iglesia (historia del culto, fuentes históricas, arte, historia de la espiritualidad y otras más), consúltese Echeagaray, *Álbum conmemorativo,* 17-270; Schulenburg Prado, *450° Aniversario,* 271-522; ISEE, *Libro Anual: 1981-1982,* 1-407; compendios en León Lopetegui y Félix Zubillaga, *Historia de la Iglesia: México,* 245-354; Valerio Maccagnan, "Guadalupe", en Stefano di Fiores y S. Meo (dirs.), *Nuovo Dizionario di Mariologia,* Milán, 1986, pp. 655-669. Muchos de los pormenores y "hechos" señalados en las obras citadas son en parte muy discutidos y necesitan todavía —hasta donde es posible— de investigación científica.

[125] Esteban Antícoli, *La Virgen del Tepeyac. Patrona principal de la nación mexicana,* Guadalajara, 1884.

[126] Francisco Xavier Lazcano, "Sermón panegyrico al inclyto patronato de María Señora Nuestra en su milagrosisima Imagen de Guadalupe... En el día martes 12 de diciembre de 1758..." (Imp. Biblioteca Mexicana), México, 1759, en *DocG,* (1-G-8), t. V, doc. 3 (BLB/BSMG), [México] s.l.n.a.

[127] [Nicolás León], *Álbum de la coronación de la Sma. Virgen de Guadalupe,* (Imp. "El Tiempo" de V. Agüeros), México, 1895; Pablo G. Macías, *Judas está vivo, estudio histórico social y jurídico escrito con motivo de las fiestas del Cincuentenario de la Coronación de la Virgen de Guadalupe* (edición del autor), México, 1946; Francisco Nieto, "Sermón", en *Memorandum de la solemnidad con que celebró en Morelia la concesión del Nuevo Oficio Eclesiástico en honor de María Sma. de Guadalupe,* Morelia, Mich., 1895.

de 1945 un radiomensaje a la Iglesia de México en el 50 aniversario de la coronación de la imagen. En 1961 el papa Juan XXIII (1881-[1958]-1963) tomó parte en la coronación de una imagen de Nuestra Señora de Guadalupe en Roma, con ocasión del Año Mariano en México. Paulo VI (1897-[1963]-1978) dirigió el 12 de octubre de 1970 un mensaje por televisión a los fieles que se hallaban en la Basílica de Guadalupe, en el 75 aniversario de la solemne coronación de la imagen. Muy especialmente las visitas del papa Juan Pablo II en enero de 1979, con motivo la Tercera Conferencia General del Episcopado Latinoamericano, celebrada en Puebla de los Ángeles, y por segunda vez (del 6 al 13 de mayo de 1990), así como sus discursos guadalupanos y la beatificación del vidente Juan Diego el 6 de mayo de 1990 en la insigne y nacional Basílica de Nuestra Señora de Guadalupe,[128] han acentuado en la Iglesia católica la extraordinaria importancia de la Virgen María "mexicana" en la evangelización del continente americano.[129] Guadalupe se tiene hoy día como el santuario mariano más grande y más importante de la cristiandad. Se cuentan anualmente hasta 20 millones de peregrinos, en cerca de 2 500 peregrinaciones.

En vista de la posición sobresaliente que la Virgen Guadalupana ocupa en la Iglesia católica, es necesario, después de haber intentado un resumen del conjunto de lo que es Guadalupe en México, entrar a continuación en la temática sobre el origen y la tradición histórica del acontecimiento guadalupano. Tomando en consideración las muchas cuestiones que todavía no se han esclarecido y que

[128] Ioannes Paulus PP. II, "Exaltavit humiles" (Lc. 1,52)... Datum Mexipoli, sub anulo Piscatoris, die VI mensis Maii, anno MCMXC, Pontificatus Nostri duodecimo (Sigillum: Augustinus Card. Casaroli, Publicis Eccl. negotiis), Mexico, 1990 (BLB/BSMG). José Luis G. Guerrero, El siervo de Dios, Juan Diego Cuauhtlatoatzin (el águila que habla) (ms.), México, septiembre de 1987 (inéd.). El autor reúne en este manuscrito copiosos datos para la "biografía" del vidente, que supuestamente corrobaran su historicidad. Toda la gama de "factores" y "argumentos" abordados, con objeto de la beatificación, se pueden diferenciar claramente entre sí, de acuerdo con las ideas y pensamientos que encierran, aunque en la presentación están entremezclados y aparecen como un conjunto. En este trabajo provocan un efecto edificante y ejemplificador, sobre todo las leyendas y tradiciones, así como el acervo religioso cristiano.

[129] Robert S. Benjamin, "La Reina de América", en *O Cruzeiro,* 2 (1958), núm. 22, pp. 7-13; Virgilio P. Elizondo, *La Morenita. Evangelizer of the Americas,* San Antonio, Tex., 1980; véanse los D.P. y los discursos de Juan Pablo II durante sus viajes pastorales a México en, 1979 y 1990, así como las muchas contribuciones sobre el tema en la revista *Tepeyac,* ed. por CEG.

siguen subsistiendo no sólo en este campo, trataremos de presentar, partiendo del trasfondo intercultural de la veneración mariana, una selección fundamental de datos de orientación y de documentos que históricamente están fuera de toda discusión.

b) El origen y el estado (situación) de los documentos

A la llegada de los europeos había en México-Tenochtitlan y en la jurisdicción de su imperio una marcada fe popular en figuras de vírgenes y madres, cuyas imágenes eran veneradas con culto en los calendarios ceremoniales aztecas y en la religiosidad popular. Tomando esto en consideración se plantea la pregunta de si todo esto, especialmente la enraizada creencia en las vírgenes y en las madres, tuvo influencia en la cristianización de la región y en la creación de la peregrinación, y en caso afirmativo, qué fue lo que influyó. El culto a la Virgen María representada en imágenes talladas en madera o pintadas, ¿fue propagada en esta tierra supuestamente pagana intencionalmente, tratando de contrarrestar las divinidades nahuas e incluso de remplazarlas? Hemos señalado antes que en muchas regiones de México se veneran hasta el presente ídolos antiguos mexicanos detrás de las figuras de los santos. También está demostrado que en muchas partes la imagen cristiana de la "Madre de Dios" sustituyó o eliminó espiritual o corporalmente a una imagen precristiana que de antiguo existía. Los misioneros contribuyeron, en cierto sentido, a este cambio, al prestar una especial atención, de acuerdo con su metodología misionera, a las divinidades femeninas del calendario ceremonial y del culto agrícola indígena para después dirigir la atención de los nuevos conversos a la Virgen de Nazaret. Generalmente los centros de devoción nacieron en los puntos donde antes había santuarios y lugares de culto prehispánicos: el "lugar sagrado" de la población autóctona adquirió un sentido cristiano, como sucedió antes de manera semejante también en Europa y Asia Menor.[130]

[130] En la historia de las misiones de otras comunidades culturales comprobamos un desarrollo semejante, *v.g.* en los cultos anatólicos de las épocas no cristianas, donde el cristianismo bizanti-

Como es bien sabido, en los tiempos prehispánicos, el santuario, ya varias veces mencionado, de Tonantzin Cihuacóatl ("Nuestra querida madre Señora Serpiente"), diosa y madre del género humano en la religión de los nahuas, era muy importante para el pueblo azteca que la veneraba sobre todo en el Tepeyac,[131] cerca de la capital. A esta divinidad se le puede considerar como el modelo nativo de la diosa de la tierra en el valle de México. En concordancia con la actitud místico-militarista de los aztecas, en su esencia, esta diosa resalta fuertemente el espíritu guerrero en el paralelismo entre la mujer que da a luz y los guerreros que luchan y capturan prisioneros. Bernardino de Sahagún refiere que esta diosa se aparecía llevando una cuna a cuestas, como quien trae a su hijo en ella, y poníase en el "tianguiz" entre las otras mujeres, y de pronto desaparecía abandonando la cuna. Cuando las otras mujeres advertían que aquella cuna estaba olvidada, miraban lo que estaba en ella y hallaban un pedernal como un hierro de lanzón.[132] Inspirado por la tradición del Antiguo Testamento, dice de ella Sahagún:

> Esta diosa se llama Cihuacóatl, que quiere decir mujer de la culebra; y también la llamaban Tonántzin, que quiere decir nuestra madre. En estas dos cosas parece que esta diosa es nuestra madre Eva, la qual fue engañada de la culebra, y que ellos tenían noticia del negocio que pasó entre nuestra madre Eva y la culebra.[133]

no fomentó la devoción a María, es decir, la "Theotokos", que como tal fue definida en el Concilio de Éfeso (431). Éste es el principio fundamental mariológico de donde se ha desarrollado la doctrina y la devoción marianas.

[131] Véanse las notas 10, 11 y 12 de este mismo capítulo.

[132] Sahagún, *Historia general,* 1982, t. I, lib. I, cap. VI, pp. 32-33; Diego Durán *(Historia de las Indias de Nueva España e Islas de la Tierra Firme,* la prepara y da a luz Ángel Ma. Garibay K., tomos I-II, México, 1967, tomo I: *Libro de los ritos y ceremonias en las fiestas de los dioses y celebración de ellas,* redactada el año 1570, cap. XIII, pp. 125-133) expone con detalle el culto a Cihuacóatl y explica las "apariciones" de la diosa mencionadas por Sahagún. Según Eduard Seler *(Gesammelte Abhandlungen,* II, 305-317) se encuentran con frecuencia en el valle de México figuras de arcilla que reproducen a Cihuacóatl, una mujer ricamente vestida, con un niño en el brazo o sobre el regazo.

[133] Sahagún, *Historia general,* 1982, t. I,. lib. I, cap. VI, p. 33; a este respecto véase también la parte pictográfica del manuscrito de Sahagún, el *Codex Florentinus,* tomos I-III, edición facsimilar ordenada por el gobierno mexicano, s.l., 1979, tomos I, lb. 1, f. 2b: "La primera, destas diosas, se llamaua Cioacoatl [...] que quiere dezir: muger de la culebra: y también la llamauan, to-

En la mitología náhuatl esta diosa también era llamada Tititl y Quilaztli, que siempre daba a luz gemelos; se aparecía como señora vestida elegantemente y emitía gritos y llantos al viento. Este último aspecto se encuentra en la esencia y en la actuación de la llamada "Llorona", y es notorio que hasta el presente suele "aparecerse" entre algunos grupos étnicos de México.[134] Al igual que Ilamatecuhtli ("antigua princesa" o "princesa anciana"), y al igual que las Cihuateteo ("dioses convertidos en mujeres"), Cihuacóatl estaba vestida principalmente de blanco.

> [...] aparecía muchas veces, según dicen, como una señora compuesta con unos atavíos como se usan en palacio [...]. Los atavíos con que esta mujer aparecía eran blancos, y los cabellos los tocaba de manera que tenía como unos cornezuelos cruzados sobre la frente [...].[135]

En el mismo lugar donde dicha diosa tenía su santuario en el Tepeyac y era venerada bajo los más diversos nombres y aspectos, comenzó sólo 10 años después de la Conquista, según la tradición cristiana, la veneración a la Virgen María que allí en el Tepeyac se había "aparecido" en 1531 como "la Virgen de Guadalupe". Es sabido que los conquistadores, colonizadores y misioneros españoles desde el principio difundieron en muchos países del Nuevo Mundo la veneración a la Virgen María; si eran de Extremadura, como por ejemplo Hernán Cortés de Medellín o como los primeros 12 misioneros franciscanos de la provincia de San Gabriel, difundían con preferencia la veneración a "su" Virgen de Guadalupe de Extremadura, que a lo largo de la expansión española se había de convertir en signo de la hispanidad. No es, pues, de extrañar que documentos de la época más temprana de la Conquista ya contengan

nantzin, que quiere dezir: nra madre. En estas dos cosas parece, que esta diosa, es nuestra madre eua: La qual fue engañada de la culebra: y que ellos tenian noticia, del negocio, que passo: entre nuestra madre, eua, y la culebra".

[134] Ejemplos en torno a este tema presentan Hugo G. Nutini y Barry L. Isaac, *Los pueblos de habla náhuatl de la región de Tlaxcala y Puebla,* México, 1974, pp. 47, 58, 66, 116, 158, 245 y muchos otros.

[135] Sahagún, *Historia general,* t. I, lib. I, cap. VI, pp. 32-33; *Codex Florentinus,* t. I, cap. 6, pp. 26-33; véase también Seler, II, 1053.

referencias a un culto a Guadalupe que habría comenzado inmediatamente después de la Conquista, en el Tepeyac, cerca de la capital.[136]

El testimonio más antiguo del culto a Guadalupe en México es el testamento de Bartolomé López, redactado con ayuda del notario Juan de la Torre en 1537. Bartolomé López fue uno de los primeros conquistadores. Hacia el fin de su vida residía en Colima, muy lejos de la capital. Su testamento contiene, entre otras, dos cláusulas en las cuales dispone que en la casa (o cerca) de Nuestra Señora de Guadalupe, se celebren 100 misas por la salvación de su alma, y que éstas se pagarán de sus bienes:

> Item: mando a Nuestra Señora de Guadalupe, por mi ánima, cien Misas, e que se pague de mis bienes.
>
> Item: mando que se digan en la casa de nuestra Señora de Guadalupe cien Misas e se paguen de mis bienes.[137]

García Gutiérrez es de la opinión de que estas dos declaraciones de la voluntad de Bartolomé López se deben considerar como referencias a dos santuarios de Guadalupe, a saber, la primera a Guadalupe de Extremadura y la segunda a Guadalupe del Tepeyac.[138] Aunque esta opinión difícilmente puede ser comprobada, debido a la escasez de datos, podemos establecer que dicho testamento —suponiendo

[136] En este aspecto cabe recoger los estudios complementarios de Horacio Sentíes Rodríguez de la tradición guadalupana, hasta ahora poco investigada, en las cercanías del santuario de la Villa de Guadalupe, en los lugares que se encuentran al norte de la capital: Santa Isabel Tola, San Juan Ixhuatepec, Santiago Atzacoalco, Zacatenco y Ticomán, Cuautepec, la Magdalena de las Salinas, la Tepeyac Insurgentes y Martín Carrera, San Bartolo Atepehuacan, Santiaguito Atepetlac, en *Metrópoli,* 26 de julio de 1986, p. 10; 31 de julio, p. 6; 1º de agosto, p. 6; 7 de agosto, p. 6; 8 de agosto, p. 6; 14 de agosto, p. 6; 15 de agosto, p. 6; 20 de agosto, p. 8; 21 de agosto, p. 8; 29 de agosto, p. 8; 30 de agosto, p. 10; 4 de septiembre, p. 6; 5 de septiembre, p. 6; 12 de septiembre, p. 6; 13 de septiembre, p. 8; véase el libro fundamental del mismo autor, *La Villa de Guadalupe. Historia, estampas y leyendas,* México, 1991.

[137] Citado según García Gutiérrez, *Primer siglo guadalupano. Documentación indígena y española (1531-1648),* Méjico, 1931, 1945 (2ª ed.), p. 69; también Primo Feliciano Velázquez, *La aparición de Santa María de Guadalupe,* México, 1931 (repr. facs., 1981), pp. 13-14; José Ma. Rodríguez Castellanos, "Documentos históricos: dos conquistadores de México radicados en Colima imploran en su lecho de muerte la protección de Nuestra Señora de Guadalupe", en *DC* (1912), núm. 4, pp. 169-170; núm. 5, pp. 201-203; núm. 6, pp. 282-285; núm. 7, pp. 337-338.

[138] García Gutiérrez, *Primer Siglo,* 69.

que no ha sido falsificado— contiene la referencia concreta más antigua conocida hasta ahora del culto a Guadalupe en el Tepeyac.[139]

Bernal Díaz del Castillo (1495-¿1583?), oriundo de Medina del Campo (Valladolid), venido ya en 1514 a América con la expedición de Pedrarias de Ávila, comandante en el ejército de Hernán Cortés en la conquista de México, pone de relieve con elogios los milagros de Nuestra Señora de Guadalupe en su famosa *Historia verdadera de la conquista de la Nueva España,* escrita en Guatemala hacia 1568 y publicada por primera vez en Madrid en 1632:

> Han de considerar [los curiosos lectores] la santa iglesia de Nuestra Señora de Guadalupe en Tepeaquilla, donde se encontraba ordinariamente el cuartel del ejército de Gonzalo Sandoval, cuando conquistamos México; y han de considerar los santos milagros que ha realizado y que realiza cada día, por lo cual debemos mostrar gloria y agradecimiento a Dios y a su bendita Madre, Nuestra Señora [...].[140]

Juan de Torquemada, O.F.M. (1557-1642), relata en sus *Veintiún Libros Rituales i Monarquía Indiana* (1615; reimp. 1723) que entre los múltiples lugares de culto de los indios habían sobresalido principalmente tres santuarios:[141] el de Toci ("Nuestra Abuela"), en la sierra de Tlaxcala; el de Telpuchtli ("Varón Joven"), en Tianguismanalco, al cual peregrinaban los hombres incluso desde Guatema-

[139] Francisco Javier Noguez Ramírez, *The Apparition and the early Cult of the Virgin of Guadalupe in Tepeyac, Mexico City. A Study of Native and Spanish Sources written in the sixteenth and seventeenth Centuries,* Ann Arbor, Mich., 1987, p. 96: "If the two quotes are not later additions to the original, the document is the oldest known reference to the Marian cult in Tepeyac".

[140] Bernal Díaz del Castillo, *Historia verdadera de la conquista de la Nueva España.* Introducción y notas de J. Ramírez Cabañas, México (8ª ed.), Porrúa, 1955, 1970, cap. CCX, p. 583.

[141] Fray Juan de Torquemada, *Monarquía indiana,* 3 tomos (Edit. Juan Álvarez del Marmol), Seuilla, 1615, t. II, lib. 10, cap. VII, pp. 260-263: "De como se conuirtieron las fiestas de la ley antigua en las desta que gozamos agora de gracia"; p. 262: "En esta Nueva España tenian estos Indios gentiles tres lugares, en los quales honrauã a tres Dioses diuersos, y les celebrauan fiestas [...] Y en otro q̃ está vna legua desta ciudad de Mexico a la parte del norte haziã fiesta a otra Diosa llamada Tonã, que quiere dezir nuestra madre; cuya deuocion de Dioses preualecia quando nuestros frayles vinieron a esta tierra, y a cuyas festividades concurrian [...] grandissimos gẽtios de muchas leguas a la redonda en especial al de Tianquizmanalco, q̃ venian a el en romeria de Guatemala, q son trezientas leguas, y de partes mas lexos a ofrecer dones y presentes". Véanse también los datos detallados de Sahagún, *Historia general,* t. III, lib. XI, cap. XII, Apéndice, núms. 1-12, pp. 704-706.

la, lejana 300 leguas, y el de Tonan ("Nuestra Madre"), o sea Tonatzin, en el Tepeyac; que este último era el más importante; que los franciscanos habían querido sustituir estas tres deidades aztecas por tres santos cristianos, y conforme a ello entronizaron a Santa Ana (madre de María y "abuela de Dios"), a san Juan Bautista y a la Virgen de Guadalupe. En relación con la última hace la siguiente observación:

> Pues queriendo remediar este gran daño nuestros primeros religiosos, que fueron los que primero que otros entraron a vẽdimiar esta viña inculta [...] determinaron de poner yglesia [...] en Tonantzin junto a Mexico, a la Virgen sacratissima, que es nuestra Señora y Madre: y en estos tres lugares se celebran estas tres festiuidades: a las quales concurren las gentes, en especial al de san Juan, y ay muy grãdes ofrendas.[142]

Es digno de ser notado en este comentario, entre otras cosas, el hecho de que el historiador Torquemada, al redactar su obra a finales del siglo XVI, no hace mención con ninguna palabra de las apariciones de la Virgen de Guadalupe, ni tampoco reseña que la decisión de los misioneros de erigir una iglesia se deba atribuir a una disposición de la Virgen, como lo transmite la narración de las apariciones, *Nican Mopohua,* a la cual volveremos más detenidamente a su debido tiempo. Llama la atención además que, según Torquemada, en el siglo XVI al parecer más peregrinos visitaban el santuario de Juan el Bautista en Tianquismanalco que el de la Virgen de Guadalupe. Esto podría ser una prueba de que el culto a Guadalupe en el siglo XVI todavía no adquiría el alcance que le adjudican muchas veces los guadalupanos.[143] Al mismo tiempo este culto guadalupano parece haber revivido en el Tepeyac la veneración a la antigua divinidad de la tierra, la diosa madre, contribuyendo a lo que Bernardino de Sahagún observaba como un resurgimiento universal de los usos y costumbres religiosos indígenas a mediados del siglo XVI.[144]

142 Torquemada, *Monarquía indiana,* t. II, lib. 10, cap. VII, pp. 262-263.

143 Fidel de Jesús Chauvet, *El culto guadalupano del Tepeyac. Sus orígenes y sus críticos en el siglo XVI,* México, 1978.

144 Sahagún, *Historia general,* 1982, t. III, lib. 10, "relación" entre los caps. 27 y 28, pp. 578-585.

Según la famosa narración del *Nican Mopohua,* publicada en 1649 por Lasso de la Vega, la Virgen se apareció cuatro veces, del 9 al 12 de diciembre de 1531, a un indio de nombre Juan Diego. Aunque redactada en náhuatl, la narración revela sin embargo una fuerte influencia europea. En relación con su autor y con el tiempo en que fue escrita, hay hasta ahora hipótesis, pero no pruebas. El culto al que dio origen empezó a desarrollarse desde mediados del siglo y está documentado en múltiples testimonios escritos, tanto españoles como indígenas. Después de una o tal vez más ermitas, fue erigida una iglesia en 1555 o 1556, cuando la imagen de la Virgen y su fama de curaciones milagrosas había llegado a ser notable. Su identificación con la antigua deidad azteca Tonantzin Cihuacóatl ("Nuestra querida Madre la Señora Serpiente") fue reconocida por Sahagún,[145] que en 1576 denunció el culto que empezaba a arraigarse en torno a ella y estableció que el santuario del Tepeyac al norte de la capital de Nueva España ejercía una gran fuerza de atracción en los indígenas, que peregrinaban a él desde una distancia de hasta "más de veinte leguas". Este historiador y etnólogo, tal vez el más famoso del México antiguo, que había llegado a la Nueva España en 1529 a la edad de 30 años y que murió aquí mismo en 1590, afirmó lo siguiente:

> Cerca de los montes hay tres o cuatro lugares donde solían (los naturales) hacer muy solemnes sacrificios, y que venían a ellos de muy lejanas tierras. El uno de estos es aquí en México, donde está un montecillo que se llama Tepeácac, y los españoles llaman Tepeaquilla, y ahora se llama Nuestra Señora de Guadalupe; en este lugar tenían un templo dedicado a la madre de los dioses que llamaban Tonantzin, que quiere decir Nuestra Madre; allí hacían muchos sacrificios a honra de esta diosa, y venían a ellos de muy lejanas tierras, y de más de veinte leguas, de todas las comarcas de México, y traían muchas ofrendas; venían hombres y mujeres, y mozos y mozas a estas fiestas; era grande el concurso de gente en estos días, y todos decían vamos a la fiesta de Tonantzin; y ahora que está allí edificada la iglesia de Nuestra Señora de Guadalupe también la llaman Tonantzin, tomada ocasión de los pre-

[145] *Ibidem,* t. I, lib. I, cap. VI, núms. 1-7, pp. 32-33.

dicadores que a Nuestra Señora de la Madre de Dios la llaman Tonantzin. De dónde haya nacido esta fundación de esta Tonantzin no se sabe de cierto, pero esto sabemos de cierto que el vocablo significa de su primera imposición a aquella Tonantzin antigua, y es cosa que se debía de remediar porque el propio nombre de la Madre de Dios Señora Nuestra no es Tonantzin sino Dios y Nantzin; parece esta invención satánica, para paliar la idolatría debajo la equivocación de este nombre Tonantzin, y vienen ahora a visitar esta Tonantzin de muy lejos, de tan lejos como de antes, la cual devoción también es sospechosa, porque en todas partes hay muchas iglesias de Nuestra Señora y no van a ellas, y vienen desde lejanas tierras a esta Tonantzin, como antiguamente.[146]

Este texto de la *Historia general* hace patente la posición crítica que Sahagún tomó frente al culto a Guadalupe. Se puede plantear la siguiente pregunta: ¿Hubiera podido escribir así el erudito franciscano si hubiera tenido conocimiento del suceso de las apariciones de María en el Tepeyac?

Una anotación en los *Anales de Juan Bautista,* redactados en náhuatl, un manuscrito terminado no antes de 1582, asigna de manera singular el año 1555 para las "apariciones" de la Virgen de Guadalupe: "Ynipan xihuitl mill e quîs 55 âs yquac monextitzî in Sancta maria de quatalupe yn ompa tepeyacac".[147] La traducción es: "En el año 1555, cuando Santa María de Guadalupe se mostró allí en el Tepeyac". Esta anotación del indio Bautista podría referirse a la erección de la iglesia en el Tepeyac y ser una prueba de que se creía en el suceso de una aparición, o referir simplemente que en una procesión se había llevado una imagen de la Virgen.[148]

Asimismo, el historiador indígena Chimalpahin[149] recuerda que

[146] *Ibid,* t. III, lib. 1, Apéndice, núm. 7, pp. 704-705.

[147] Citado según el original guardado en la caja fuerte de la BSMG. El autor posee copias de los citados *Anales…,* así como de otros documentos sobre Guadalupe de dicha caja fuerte. En correcto náhuatl la frase dice así: "In ipan xihuitl 1555 años, icuac monextitzino in Santa Maria de Guadalupe in ompa Tepeyacac". Véase también Primo Feliciano Velázquez, *La aparición,* 65-66; Mariano Cuevas, *Álbum histórico guadalupano del IV Centenario,* México, 1930, pp. 49-51

[148] En torno a la semántica de la palabra *neci* ("aparecer"), *cf.* Ángel María Garibay K., "Temas guadalupanos", en *Ábside,* 9 (1945), núm. 1, pp. 35-64; núm. 2, pp. 155-169; núm. 3, pp. 243-259; núm. 4, pp. 381-420. Rémi Simeón, *Diccionario de la lengua náhuatl o mexicana,* México, 1977, 1981, pp. 310-311, *s.v. neci.*

[149] Chimalpahin Cuauhtlehuanitzin Domingo Francisco de San Antón Muñón (1579-1660),

la mitad del siglo, a saber, "en el año 1556 Nuestra querida Madre Santa María de Guadalupe se apareció en el Tepeyac" ("Xihuitl 1556 [...] Auh ça no ypan in yhcuac monextitzino yn totlaçonantzin Sancta Maria Guadalope yn Tepeyacac").[150]

Las fechas de la "aparición" de la Virgen de Guadalupe citadas por Juan Bautista y Chimalpahin, 1555 y 1556, respectivamente, contradicen al *Nican Mopohua* transmitido por Lasso de la Vega, en el cual el milagro tiene lugar en 1531. Aun cuando dicho *Nican Mopohua* sólo difícilmente se puede considerar como testimonio histórico, sí es muy probable, con base en los documentos del siglo XVI, que en los años treinta de este siglo —o tal vez desde antes— se hubiera construido en ese lugar peculiar del Tepeyac una capilla en honor a la Virgen María, que desde el principio o muy pronto, después de su erección, haya sido consagrada a Nuestra Señora de Guadalupe. No obstante, de acuerdo con las fuentes, este santuario de Guadalupe empezó a ser centro de un poderoso movimiento sólo a partir de la segunda mitad del siglo, logrando más tarde, en los siglos XVII y XVIII, una gran influencia.

El 6 de septiembre de 1556 el arzobispo fray Alonso de Montúfar, O.P.,[151] pronunció un sermón en honor de la Virgen de Guadalupe en el santuario del Tepeyac. Los misioneros de la capital, en especial los franciscanos, consideraron este sermón como una especie de aprobación oficial del culto que se practicaba en aquella igle-

de Amecameca (Méx.), descendía de los antiguos reyes de Chalco. Escribió varios libros históricos en náhuatl y vivió la mayor parte de su vida en la capital al servicio de la iglesia de San Antonio Abad.

[150] Günter Zimmermann, *Die Relationen Chimalpahin's zur Geschichte Mexiko's*, Parte 1: *Die Zeit bis zur Conquista 1521*, Hamburgo, 1963; Parte 2: *Das Jahrhundert nach der Conquista*, Hamburgo, 1965, p. 16, líneas 30-37.

[151] Alberto María Carreño, "Don fray Alonso de Montúfar, segundo arzobispo de México, y la devoción a Nuestra Señora de Guadalupe", en *Ábside*, 11 (1947), pp. 357-382; del mismo, "Don fray Alonso de Montúfar, Second Archbishop of Mexico, and the Devotion to our Lady of Guadalupe", en *Americas*, II (1945-1946), pp. 280-295. Alonso de Montúfar, O.P. (1498-1574), de Loja (Granada), catedrático de filosofía y teología, prior de Granada, fue arzobispo de México (1551-1573), donde convocó dos concilios provinciales (1555-1565), el segundo con el fin de aplicar las decisiones del Concilio de Trento (1545-1563). Promovió la fundación y construcción de la Real y Pontificia Universidad de México (1553), de la cual fue primer canciller. En los años 1555-1556(?) mandó edificar una iglesia a Nuestra Señora de Guadalupe, cuyo culto alcanzó gran auge durante el periodo de su gobierno. Referencias bibliográficas en Torre Villar y Navarro de Anda, *Testimonios*, 36-141; Chauvet, *El culto*, 209-251; Velázquez, *La aparición*, 19-43.

sia, que a mediados del siglo había adquirido mucha popularidad entre los colonos españoles de la capital. Los franciscanos protestaron contra este hecho creyendo ver una grave equivocación en el proceder de la más alta autoridad eclesiástica. Dicha equivocación estribaba, según ellos, en que no se quería reconocer que en el Tepeyac ocultamente se seguían practicando ritos paganos. Por esta razón la veneración a María Tonantzin como Virgen de Guadalupe era muy discutida por una gran parte de los misioneros. Las grandes órdenes que participaban en la evangelización o bien la ignoraban, en el momento que aquí nos interesa, o bien la rechazaban,[152] como lo hemos visto en la actitud asumida por Bernardino de Sahagún ante dicho culto. El punto culminante de esta disputa fue un sermón pronunciado por el provincial franciscano Francisco de Bustamante,[153] el 8 de septiembre de 1556 en la famosa capilla de San José de los Naturales del gran convento franciscano en la capital, en el cual, en presencia del virrey y de la Audiencia, atacó violentamente a la autoridad episcopal y puso en claro la posición de los franciscanos frente al culto a María en el Tepeyac. Al mismo tiempo expresó su decidida oposición contra los afanes de aquellos miembros del clero secular que fomentaban un culto que no tenía fundamento.

Las quejas de Bustamante son conocidas en sus pormenores en parte porque el arzobispo organizó averiguaciones contra el discutido provincial, en las que varios testigos fueron interrogados y se recabaron informaciones cuyo resultado fue guardado en el archivo secreto del Arzobispado y sólo hasta 1888 fue publicado.[154] El contenido de estas averiguaciones no sólo refleja los primitivos conflictos y los agotadores altercados entre los miembros de las diversas

[152] Ricard, *La Conquête*, 226-233.

[153] Referencias bibliográficas en Chauvet, *El culto*, 119-126, 209-251; Torre Villar y Navarro de Anda, *Testimonios*, 36-141. Fray Francisco de Bustamante, O.F.M. (1485-1562), de Toledo, vino a Nueva España en 1542 y aquí enseñó retórica, filosofía y teología en el Colegio de Santa Cruz de Tlaltelolco, fue prior de Tecamachalco (Pue.), y provincial y comisario general de su orden. Era tenido como el mejor predicador de su tiempo en México.

[154] Información que el arzobispo de México, don fray Alonso de Montúfar, mandó practicar con motivo de un sermón que en la fiesta de la Natividad de Nuestra Señora (8 de septiembre de 1556) predicó en la capilla de San José de los Naturales del convento de San Francisco de México, el provincial fray Francisco de Bustamante acerca de la devoción y culto de Nuestra Señora de Guadalupe, en Torre Villar y Navarro de Anda, *Testimonios*, 38-141.

órdenes, por una parte, y entre el clero secular y el clero regular, por la otra, sino que también nos provee de interesantes datos sobre el culto a Guadalupe, que ya entonces gozaba de gran aprecio entre la gente del pueblo, dado que los fieles creyentes veneraban en la iglesia de Guadalupe su imagen milagrosa.

Ahora bien, ¿cuáles fueron los argumentos que alegó Bustamante en su sermón, que fueron transmitidos por los testigos interrogados? El grupo de misioneros que tenía la misma opinión que Bustamante en 1556, y entre los cuales se pueden contar también Sahagún y Motolonía, argumentaban que en la veneración a María Tonantzin se contenía muy poca fe propiamente cristiana, que María Tonantzin seguía siendo en primera línea la Coatlicue Tonantzin de la época precristiana. Además, Bustamante rechazó decididamente la veneración de imágenes pintadas o talladas. Dicha veneración, decía, debía concentrarse en lo esencial y no estar ligada a lo externo; que los indios debían ser instruidos en la fe cristiana de tal manera que ante todo veneraran a Dios; que la Virgen María no era Dios; que las limosnas y donativos que ingresaban y se juntaban en el santuario debían ser repartidos entre los pobres y los hospitales; que también era un error dejar que los indios creyeran que la imagen de Guadalupe estaba dotada de una virtud extraordinaria, por la cual hacía milagros; que los indios se confundirían y perderían su fe cristiana si en relación con la supuesta actividad milagrosa llegaban a experiencias contrarias; que era necesario castigar a los propagadores de milagros falsos; además, que la imagen venerada en el Tepeyac había sido pintada "por un indio de nombre Marcos", y esa imagen no hacía milagros; que un culto sin control tendría serias consecuencias, "porque eso significaría que se volvería a destruir lo que ya se había logrado"; que, además, el culto en el Tepeyac "no había tenido grandes principios y se había levantado sin fundamento".

La referencia al artista indígena que supuestamente había pintado la imagen guadalupana es una de las más importantes aseveraciones de Bustamante. En años posteriores se reconoció en el indio Marcos al indio Marcos Cípac de Aquino, uno de los más famosos pintores indígenas de la escuela que fray Pedro de Gante había fundado desde los primeros años de la evangelización en San José de los Naturales. Las actividades artísticas de este pintor alcanzaron su punto culminante entre los años 1555 y 1568.[155]

Es especialmente significativo que los resultados de estas averiguaciones contra Bustamante no hagan ninguna alusión a las apariciones de María ni al vidente Juan Diego; tampoco sobre el traslado de la sagrada imagen de la ciudad de México al Tepeyac. Ninguna mención tampoco del Hueytlamanhuizoltica,[156] el relato de las apariciones, o de otros documentos indígenas, que según la opinión de los aparicionistas testifican las apariciones de María en el año 1531. La afirmación de Bustamante de que el culto en el Tepeyac había nacido sin fundamento y sin un origen extraordinario es interpretada por dichos aparicionistas como carencia informativa. Según su opinión, el desconocimiento personal de Bustamante de las apariciones de la Virgen María en el año 1531 no es prueba de que no hayan sucedido.

A partir del siglo XVII, las apariciones de la Virgen María de Guadalupe en el año 1531, el llamado milagro de las flores y la "aparición" de la imagen sagrada en la tilma de Juan Diego se presentan en los "documentos" y "testimonios" como un suceso público de resonancia nacional, coincidiendo en que "toda la ciudad se puso en movimiento" cuando el obispo Zumárraga mandó trasladar la imagen a la iglesia principal, y en Cuauhtitlán, la tierra de Juan Diego, el gozoso suceso fue proclamado públicamente en la plaza "con bombo y platillos". Sin embargo, es indudable el hecho de que, de múltiples documentos, relatos, códices, etc., indígenas, hispánicos y novohispánicos del siglo XVI, ni uno solo contiene el relato de las apariciones, ni aborda las apariciones o siquiera hace alguna alu-

155 Toussaint, *Pintura colonial,* 23-25. Velázquez (*La aparición,* 51-59) trata de rebatir la afirmación de Bustamante de que Marcos fuera el pintor de la imagen de la Virgen de Guadalupe. La comunicación pictográfica desempeñaba, en la cultura náhuatl, un papel primordial. Es por esta razón que las reflexiones didácticas de los misioneros sobre símbolos e imágenes fueron decisivas para que la pictografía, el evangelio "pictográfico", se convirtiera, desde el principio, en instrumento primordial para la obra de evangelización, proporcionando una base muy apropiada para el análisis, planificación, realización y reflexión de la instrucción religiosa de los indígenas. Consúltese para esto el *Códice franciscano,* 59.

156 "El gran acontecimiento". Lasso de la Vega, *Historia de las apariciones de Nuestra Señora de Guadalupe...*, México, 1962; del mismo, "Las apariciones de la Virgen de Guadalupe", en *EI,* VIII, núm. 2 (1981), pp. 177-216.

sión indirecta a ellas. Y esto es todavía más inexplicable tomando en consideración que Zumárraga, O.F.M., emprendió un viaje a su patria, España, al principio del año 1532, esto es, muy poco tiempo después de las "apariciones".

Zumárraga, "testigo ocular" del "milagro de las flores", no solamente no relata el suceso, sino que se vuelve con palabras claras en contra de la creencia en los milagros en general, como se puede colegir de un catecismo publicado 16 años después de 1531:

> Ya no quiere el redemptor del mundo que se hagan milagros, porque no son menester; pues esta nueva sancta fe tan fundada por tantos millares de milagros como tenemos en el testamento viejo y nuevo. Lo que pide y quiere es: vidas milagrosas; Xprianos humildes, pacientes y caritativos; porque la vida perfecta de vn christiano vn continuado milagro es en la tierra [...].[157]

Pero además atrae poderosamente la atención que Toribio de Benavente, Motolinía (? -1569), Andrés de Olmos (? -1571), Bernardino de Sahagún (¿1499?-1590) y Gerónimo de Mendieta (¿1534?-1604), considerados como los cuatro cronistas franciscanos más importantes del siglo XVI, no hayan escrito ni una sola palabra sobre las apariciones guadalupanas. Testigo difícilmente rebatible es Sahagún que, como ya sabemos, comenta la vinculación del culto guadalupano con la veneración a Cihuacóatl Tonantzin.[158] Pero ¿hubiera podido escribir así el erudito franciscano si hubiera tenido noticias acerca del suceso conmovedor de las apariciones de María en el Tepeyac? Tampoco Mendieta, el primer historiador eclesiástico de México, en su *Historia eclesiástica indiana,* menciona en ninguna ocasión el milagro del Tepeyac, y en cambio relata otros "milagros" menos

[157] Juan de Zumárraga, *Regla cristiana breve* (México, 1547), edición, introducción y notas de José Almoina, México, 1951, pp. 58-63. J. Almoina, el editor de la mencionada *Regla cristiana,* en la p. L de la misma sostiene la opinión de que estas palabras del obispo no son compatibles con las actividades que el mismo obispo realizó para fomentar la veneración de la guadalupana después de las apariciones de la Virgen de Guadalupe: "Este pasaje no se compadece ni concuerda con la supuesta actitud favorable de Zumárraga ante la milagrosa aparición de la Virgen de Guadalupe a Juan Diego en diciembre de 1531".

[158] Véanse las notas 93, 130-134, 144 y 146 de este mismo capítulo.

significativos o dignos de consideración, en el libro 4, cap. XXVI, incluso una aparición de María a una india distinguida en Xuchipila.[159]

Rebasaría el marco de nuestro trabajo el querer detallar las muchas tentativas que los aparicionistas guadalupanos proponen para explicar este "silencio".[160] Sin embargo, mencionaremos aquí un intento de explicación, digno de consideración pero no totalmente convincente, según el cual los franciscanos callaron porque, estando en conflicto con el clero secular, como portadores de una nueva Iglesia con otros conceptos de evangelización, se oponían al diezmo por parte de los indios y al culto promovido por los diocesanos, y porque además no prestaban ningún apoyo a la "idolatría".[161]

Es notorio que durante casi 100 años solamente una ermita, es decir, una iglesia modesta, decoró el Tepeyac, el lugar de la aparición. En contraste con ésta, lucía suntuoso el santuario de la Virgen de los Remedios, que ya desde 1576 era venerada en un magnífico templo, como era normal en México, ciudad de construcciones importantes y suntuosos palacios. Sin duda hay que conceder que los españoles tal vez no tuvieron ningún interés en divulgar un suceso que podía ser de gran ventaja y utilidad para el sector indígena de la sociedad colonial.

Sin embargo sigue siendo inexplicable el hecho de que ninguno de los sinceros y abnegados defensores de los indios, trabajadores incansables en favor de la causa, haya referido algo sobre la predilección de la Virgen del Tepeyac por la raza autóctona y de su deseo expreso de construir una sociedad en la que la dignidad humana y

[159] Gerónimo de Mendieta, *Historia,* tomo II, pp. 65-68.

[160] Torre Villar, *Testimonios,* 578-1377; Cuevas, *Congreso Nacional,* 5-102; Hipólito Vera, *Tesoro guadalupano...,* 2 tomos (Imp. del Colegio Católico), Amecameca, Edo. de Méx., 1887-1889; Agustín de la Rosa, *Defensa de la aparición de Ntra. Señora de Guadalupe...* (Imp. Luis G. González), Guadalajara, 1986; Esteban Antícoli, *Defensa de la aparición de la Virgen María en el Tepeyac...,* Puebla, 1893; Manuel Gómez Marín, "Defensa guadalupana...", Méjico, 1819, en *DocG* (1-G-7), t. II, doc. 28 (BLB/BSMG), [México] s.l.n.a.; José Guridi Alcocer, *Apología de la aparición Nuestra Señora de Guadalupe...* (Of. A. Valdés), Méjico, 1820; Chauvet, *El culto,* 63-93; D. J. Julián Tornel y Mendivil, *La aparición de Nuestra Señora de Guadalupe de México, comprobada con documentos históricos y defendida de las impugnaciones que se le han hecho,* 2 tomos (Imp. José María Naredo), Orizaba, Ver., 1849.

[161] Joel Romero Salinas, *Precisiones históricas de las tradiciones guadalupana y juandieguina,* México, 1986, pp. 76-85.

la justicia fueran componentes imprescindibles. Pedro de Gante, Juan de Zumárraga, Toribio de Benavente, Vasco de Quiroga, Bartolomé de las Casas y muchos otros —sacerdotes, religiosos, obispos— lucharon por los derechos y por la dignidad humana de los indios a lo largo de su vida y aprovecharon cuanta oportunidad se les presentó para abogar por ellos y, no obstante, ninguno de sus muchos escritos legados a la posteridad habla en modo alguno de Guadalupe.

Lo mismo vale para los temas y decretos de los sínodos eclesiásticos y de los concilios provinciales de México,[162] que desde el principio se preocuparon por una evangelización eficaz y por una mayor uniformidad en la liturgia y en la administración de los sacramentos y formularon las correspondientes normas para los servicios y obligaciones de los obispos, sacerdotes, catequistas y laicos. Tampoco las "Juntas" mexicanas de 1524-1546 ni los grandes concilios provinciales efectuados en la capital en 1555, 1565 y 1585, cuyos documentos contienen una gran cantidad de informaciones referentes al trasfondo cultural religioso, social y económico de la Nueva España, citan en ningún momento el acontecimiento guadalupano. Con todo, en el Primer Concilio Provincial de Antequera (Oaxaca 1892-1893) se habla de un santuario de Nuestra Señora de Guadalupe, y en el Quinto Concilio Provincial Mexicano de 1896 se mencionan las apariciones de la Virgen de Guadalupe.[163] Empero, llama la atención que ningún documento refiere celebración al-

[162] Henkel, *Die Konzilien,* 49-139; Specker, *Misssionsmethode,* 30-56.

[163] Henkel, *Die Konzilien,* 192, 195, 207, 214-215. [Después de exhortar a admitir y respetar "aquella portentosa aparición, aunque no sea un misterio o dogma de fe" (núm. 438), dicho Concilio prohíbe absolutamente *(omnino)* hablar, escribir o enseñar algo en contra del milagro o apariciones, con el fin de que nadie sea reprendido por la Sede Apostólica como imprudente, temerario o impío: "Ne quis umquam in hac Provincia vel imprudentiae, vel temeritatis, vel audaciae, vel scandali atque impietatis causa ab Apostolica Sede redarguatur, vel summopere reprehendatur eius agendi loquendique modus contra miraculum seu apparitiones Beatissimae Virginis Mariae de Guadalupe, omnino prohibemus, ne quid in contrarium loqui, scribere vel docere ullus preasumat...": *Quinto Concilio Provincial Mexicano...* (Imp. de "El Catecismo"), México, 1869, núm. 440, pp. 125-126. Sería interesante plantearse la cuestión canónica de si esta prohibición, después de que la Provincia Eclesiástica de México se ha modificado notablemente, de todo lo que se ha investigado en el siglo XX, y teniendo en cuenta el espíritu del Concilio Vaticano II (1962-1965) —en especial la Const. "Gaudium et Spes", n. 62—, y a pesar de que no se opone a los dos Códigos de Derecho Canónico ya promulgados (1917, can. 6 y, 1983, can. 6, *cf.*

guna, cualquiera que haya sido, que hubiera tenido lugar en 1631 para conmemorar el primer centenario de las apariciones. Posiblemente el año 1631, en el que las aciagas inundaciones habían alcanzado su máximo nivel, hubiera podido servir para fijar la fecha de las apariciones de María en el año 1531.[164]

Resumiendo, podemos decir que desde la Conquista existe en México una tradición guadalupana con raíces tanto españolas como autóctonas. Cualquiera que sea la postura que se tome en relación con la historicidad de las apariciones de la Madre de Dios, una cosa puede quedar firmemente establecida, a saber: que con la tradición del llamado acontecimiento guadalupano se inició una historia efectiva de este "suceso", que desde mediados del siglo XVII habría de abarcar en forma extraordinaria casi todos los ámbitos de la sociedad y de la cultura del país.

c) Los efectos en la historia

Según Jiménez Moreno,[165] el culto a la virgen de Guadalupe, que se funda en las apariciones de la Virgen en el Tepeyac y en los milagros narrados en el periodo siguiente, no comenzó en diciembre de 1531 bajo el obispo Zumárraga, sino en el mismo mes del año 1555 bajo el arzobispo Montúfar. Las primeras fuentes indígenas acerca de las apariciones las registran en el año 13 Caña, que según el sistema del calendario azteca corresponde al año 1531; pero según otro sistema, proveniente de Tlatelolco (donde según la tradición el vidente Juan Diego fue instruido en la fe cristiana), corresponde al año 1555 de la cronología cristiana.

Venerada originalmente en primer lugar por los indios, pronto cautivó Nuestra Señora de Guadalupe también a los mestizos. Ya

can. 218), está todavía en vigencia; y si esta prohibición incluye también la de seguir investigando en el futuro, con una actitud imparcial, desapasionada y objetiva para dar a conocer los resultados, cualesquiera que fueren. [T.]

164 Mauro Rodríguez *(Guadalupe: ¿historia o símbolo?*, México, 1980) explica esta y muchas otras hipótesis y argumentos que según su opinión hablan en contra de las apariciones de la Virgen de Guadalupe en el año 1531.

165 Wigberto Jiménez Moreno, "La crisis del siglo XVII y la conciencia nacional en Nueva España", en *RI*, XL (1990), núms. 159-162, pp. 415-423, especialmente 421.

en la segunda mitad del siglo XVI comenzaron los criollos a preferir esta Virgen a la del mismo nombre de Extremadura, cuyo culto, como es sabido, habían introducido los conquistadores y colonizadores en continuidad con su historia de España, pero que, al igual que la imagen, había sido transformado por el acontecimiento guadalupano y había sido interpretado de muy diversas maneras por los distintos sectores étnicos de la población y por las distintas clases de la sociedad. Así, la interpretación de, por ejemplo Rodolfo Usigli, que al tratar la narración de la aparición de Guadalupe en su *Corona de luz,* indica, a manera de ejemplo, los objetivos políticos que los españoles habrían perseguido al crear el "mito de Guadalupe"; para hacerlo, da luz al problema desde el punto de vista español y reconstruye el proceso mental de los españoles, que supuestamente transformó a la Cihuacóatl Tonantzin en la Virgen María cristiana.[166]

Mientras la fe y la religiosidad del pueblo hacían florecer constantemente la veneración a la Virgen de Guadalupe en el siglo XVI, en el XVII el culto guadalupano alcanzó un intenso impulso emocional. En la búsqueda de opciones para construir la historia de México, Nuestra Señora de Guadalupe se brindó en cierto modo como un símbolo, como un "símbolo maestro"[167] que parecía abarcar las más grandes esperanzas y anhelos de toda la sociedad de una nación. Durante este siglo XVII se dan a conocer y se difunden —exceptuando la original— las primeras representaciones pintadas de Guadalupe. Se componen en su honor las primeras poesías y cantos; los primeros sermones[168] pregonan las implicaciones trascendentales de la "aparición sobrenatural" en México y entre los mexicanos. Durante estos siglos Nueva España deja de ser "nueva" y "España". Las nuevas experiencias exigían un idioma nuevo, y otra

[166] Rodolfo Usigli, *Corona de luz,* México, 1965.

[167] Eric R. Wolf, "The Virgin of Guadalupe: A Mexican National Symbol", en *JAF,* 71 (1958), pp. 34-39.

[168] Anónimo, "Primer sermón predicado en el Nov. de Guadalupe, día 10 de abril de 1640", en Héctor Rogel (comp.), *Sermones guadalupanos* (fotocopias de ms.) (BSC), México, 1983, pp. 1-14; anónimo, "Sermón de Nuestra Señora de Guadalupe Predicado en el Año de 1660" (copia manuscrita), impreso en [ileg] 1661, en *DocG* (1-G-6) t. 1, (BLB/BSMG), [México] s.l.n.a.; José Vidal de Figueroa, "Copia de un sermón de Nuestra Señora de Guadalupe predicado en el año de 1660. Teórica de la prodigiosa imagen de la Virgen Santa María de Guadalupe de México. En un

vez fue en el culto guadalupano donde los distintos grupos de la sociedad mexicana encontraron las formas culturales con que podían expresar los intereses y anhelos que les satisfacían.

La historia de la gran influencia del símbolo guadalupano sólo puede ser abarcada en nuestro trabajo en algunos rasgos fundamentales importantes, desde el punto de vista de continuidad y transformación. Pero para entender esta historia no se puede renunciar del todo a un conocimiento de los aspectos funcionales de Guadalupe, de sus raíces enterradas en las relaciones sociales importantes de la sociedad mexicana y la influencia ejercida sobre éstas.[169] Por eso las esbozaremos conforme al estudio de E. Wolf, arriba mencionado,[170] en algunas líneas fundamentales, aun cuando sean discutibles. Según dicho estudio, un punto esencial del símbolo de Guadalupe se basa en lazos y sentimientos de parentesco, generados dentro de las familias mexicanas por las relaciones y los sentimientos. De estas familias mexicanas tomaremos aquí solamente dos tipos importantes: un primer tipo de familia, la familia indígena, corresponde —según Wolf— a la vida preponderantemente cerrada y estática de la aldea indígena. En esta familia el marido es, en teoría, el que domina, pero en la práctica el trabajo y la autoridad están repartidos en forma igual entre los cónyuges. No es típica la utilización y la explotación de un sexo por parte del otro; los rendimientos sexuales no elevan el estado de una persona ante los ojos de la otra; son raros los castigos físicos y el tratamiento autoritario de los hijos. Este modelo de familia indígena puede verse en consonancia con la actitud hacia Guadalupe, como John Bushnell pretende haber demostrado en San Juan Atzingo en el valle de Toluca.[171]

discurso theológico que predicó el Dr. D. José Vidal de Figueroa Colegial de Nra. Sra. de Todos Santos, cura beneficiado de la iglesia parroquial de Texopilco, feligresía de indios de la Metropolitana de la Nueva España. El día 12 de diciembre en la fiesta anual de la milagrosa aparición..." [ileg.], Impreso en México..., año de 1661 (copia ms.), en *DocG,* t.1 (BLB/BSMG), México, s.l.n.a.

169 William B. Taylor, "The Virgin of Guadalupe in New Spain: an Inquiry into the Social History of Marian Devotion", en *AmEth,* XX (1987), pp. 9-33.

170 Wolf, *The Virgin of Guadalupe,* 34-39.

171 "Mamacita linda" y "Pulque-la leche de la Virgen": en torno al valor de la Virgen de Guadalupe como figura-madre y como madre substituta para los habitantes de una comunidad ocuilteca en México Central, véase John Bushnell, "La Virgen de Guadalupe as Surrogate Mother in San Juan Atzingo", en *AA,* 60 (1958) pp. 262-265.

Por el contrario, el segundo tipo de familia, que se puede designar como familia mexicana, se protege con una vida en comunidades, mucho más abierta, móvil y dirigida, la cual está enfocada eficazmente hacia la vida de la nación, una vida en la cual las intensas relaciones entre individuos y grupos constituyen una gran fuerza motriz. En esta familia la autoridad del padre, tanto en la teoría como en la práctica, está fuera de toda discusión. Cada uno de los sexos, masculino y femenino, son medidos con dos escalas de valores diferentes. La sexualidad masculina frecuentemente está cargada con el deseo de ejercer dominio; los hijos son corregidos con mano dura; no son raros los castigos físicos. Este segundo modelo de familia corresponde a una identificación simbólica de "virgen y madre" dentro de un contexto en el que el varón adulto, al ejercer el dominio correspondiente a su sexo, se vuelve en contra de las mujeres e hijos sumisos y serviles aun hasta el día de hoy. En dicho contexto el símbolo guadalupano está cargado de un deseo incontenible de resistencia en contra del padre, y la imagen guadalupana se convierte en la encarnación de la esperanza de un desenlace victorioso del conflicto entre los sexos.

Este conflicto conduce a una ulterior ampliación del simbolismo: la rebelión afortunada y llena de éxito contra el que ejerce el poder equivale a la promesa de vida; la derrota equivale a la promesa de muerte. En consecuencia aquí tiene lugar una ulterior identificación de la Virgen con la vida, y de la muerte con Cristo crucificado, que tanto en la tradición religiosa española como en la mexicana es venerado preponderantemente como el Cristo sufriente, golpeado, atormentado, vencido y muerto, y como tal es representado en el arte.

En las comparaciones simbólicas mencionadas, ciertamente criticables, nos encontramos con la raíz tanto de la confirmación apasionada de la fe en la Virgen, como también de la fascinación de la muerte, que caracteriza al cristianismo barroco en general y al catolicismo mexicano en particular. Guadalupe encarna la vida, la esperanza, el bienestar; Cristo crucificado, la desesperación y la muerte.[172]

[172] Nebel, *Altmexikanische Religion,* 281-305; del mismo, *Christological aspects,* 46-48; del mismo, "El rostro mexicano de Cristo", en Franz Damen y Esteban Judd Zanon (comps.), *Cristo crucificado en los pueblos de América Latina,* Cuzco-Quito, 1992, pp. 59-82.

La madre sobrenatural y la natural son colocadas simbólicamente a un mismo nivel, en tanto que encarnan esperanzas y deseos terrenales y supraterrenales. Estas esperanzas se dirigen en primer lugar a asegurar el pan cotidiano y a conservar una seguridad y satisfacción emocional, y en segundo lugar a combatir con éxito el complejo de Edipo.

Las relaciones familiares son sólo un elemento en la formación del símbolo guadalupano. Su análisis ilustra claramente los atributos femeninos y maternales del símbolo de la virginidad, todavía muy difundido. Junto a su veneración como madre sobrenatural, la Virgen de Guadalupe también constituye una fuerza creadora de vida para los mexicanos en cuanto encarna sus deseos políticos y religiosos.

Para los grupos étnicos, en especial para los nahuas y sus descendientes en las regiones centrales del país, Guadalupe como símbolo es más que la encarnación de la vida y la esperanza: les mantiene viva la confianza en la redención. No debemos olvidar que para ellos la conquista española no sólo significó una derrota militar, sino más todavía, la derrota de sus antiguos dioses y la ruina de su antiguo ritual. De esta manera, la aparición de la Virgen a un representante de la raza indígena, Juan Diego, significaba el retorno a la Tonantzin, otorgándoles no sólo la continuidad de su raza, sino sobre todo la continuidad de su fe en sus dioses propios. Por otro lado, la tradición de la aparición sirvió también como un testimonio simbólico para establecer que los indígenas eran tan capaces y dignos como los españoles de recibir la enseñanza de la fe cristiana y de ser redimidos. Este hecho importante se tiene que analizar a la luz del antecedente de las enconadas discusiones teológicas y políticas que dividieron en dos bandos a los representantes de la Iglesia y del Estado: por un lado aquellos que tenían a los habitantes del Nuevo Mundo como seres irracionales, por lo tanto incapaces de ser convertidos al cristianismo, y por ende como sujetos de explotación política y económica; y por otro, los que representaban la opinión de que los indios eran verdaderos seres humanos y en consecuencia capaces de conversión, de ahí que debían ser tratados de acuerdo con los requisitos de la fe cristiana y tenían que ser conducidos por caminos legítimos conforme a las leyes de un gobierno civil que funcionara ordenadamente.[173] Es por eso que el acontecimiento guadalupano pone en claro que las demandas de los indios al pedir una protección legal, un gobierno ordenado y una ciudadanía eran válidas jurídicamente; al igual que sus deseos de redención sobrenatural y la necesidad de ser liberados o protegidos de una opresión sin orden ni concierto.

Ahora bien, si el acontecimiento guadalupano garantizaba a los descendientes de la población indígena de México un lugar legítimo dentro del sistema social de Nueva España, no sería menos trascendental y efectivo entre los mestizos novohispanos, aquel nuevo grupo, hijos del contacto entre europeos e indígenas, de padre español y madre india, en su mayoría hijos ilegítimos. Rechazados por la cultura paterna a la que querían pertenecer y alejados del mundo indígena al que menospreciaban, eran los desheredados de ambas culturas.[174]

Para este grupo no hubo un lugar propio dentro del orden social durante mucho tiempo. Por estar excluidos del derecho pleno a la ciudadanía y de la protección legal, hasta el derecho a su mera existencia era cuestionable. Mientras que la posición de los españoles y de los indios estaba regulada por la ley, los mestizos ocupaban los espacios intermedios viviendo, por lo tanto, marginados del orden social de la Colonia. Sólo en los siglos XVII y XVIII llegaría a tener influencia y bienestar esta gran clase de los nuevos mexicanos, si bien todavía en gran parte sin reconocimiento y sin prestigio, dado el orden social y político que prevalecía.[175] Para ellos el acontecimiento guadalupano significaría no solamente la garantía de un lugar seguro en el cielo, sino también la garantía de un lugar seguro en la sociedad colonial aquí y ahora. El deseo de encontrar un paraíso en el que hubiera la certeza de contar con los medios de sub-

[173] Silvio Zavala, *La filosofía política en la conquista de América*, México, 1972; Höffner, *Christentum und Menschenwürde*, 55-82, 189-242.

[174] C. E. Marshall, "The birth of the mestizo in New Spain", en *HAHR*, 19 (1939), pp. 161-184; Donald Kurtz, "The Virgin of Guadalupe and the politics of becoming human", en *JAR*, 38 (1982), pp. 194-210.

[175] Richard Konetzke, *Colección de documentos para la historia de formación social de Hispanoamérica 1493-1810*, 3 vols., Madrid, 1953-1962; Pietschmann, *Die staatliche Organisation*, 56-109.

sistencia y con el calor emocional, una vida en la que no hubiera postración, enfermedad o muerte, provocaba en el terreno político el deseo de un paraíso mexicano, en el que los hijos "ilegítimos" pudieran tomar posesión de su tierra y expulsar de ella a los grandes señores feudales españoles que cumplían muy poco con la responsabilidad de su paternidad.

Los escritos y sermones de los sacerdotes del siglo XVII, especialmente de los jesuitas, habrían de ser de una importancia decisiva para el desarrollo esbozado aquí brevemente. En ellos Guadalupe se convierte en precursora de un nuevo orden. Con la difusión del *Nican Mopohua,* es decir, de aquella famosa narración de las apariciones, por Lasso de la Vega en 1649 —la cual es atribuida en la tradición eclesiástica a Antonio Valeriano, uno de los más conocidos discípulos de fray Bernardino de Sahagún en el Colegio de Santa Cruz de Tlatelolco—,[176] aparecieron hasta 1690 varias versiones de los que fueron llamados por Francisco de la Maza "los cuatro Evangelistas de Guadalupe".[177] El primer evangelista fue el bachiller Miguel Sánchez (¿1606?-1677), que publicó en 1648 la primera narración completa de la aparición, con el título de *Imagen de la Virgen María Madre de Dios de Gvadalupe...,* una narración emotiva, tierna, provista de hermosas metáforas, que realmente debió de haber cautivado los corazones de los indios, mestizos y criollos, que sentían encontrar en la Virgen a "su madre".[178] En este libro, la conquista de la Nueva España por los españoles se justifica sólo en razón de haber hecho posible a la Virgen María manifestarse en su tierra escogida y fundar en México un nuevo paraíso. Así como Israel había sido escogido para recibir a Jesucristo, así México fue elegido para acoger a María de Guadalupe. En ella ve Sánchez a la mujer del Apocalipsis de san Juan (12,1), "revestida del sol, con la luna bajo

[176] Respecto al *Nican Mopohua,* véase la Segunda Parte y el Apéndice de la presente obra.

[177] Francisco de la Maza, "Los evangelistas de Guadalupe y el nacionalismo mexicano", en *CuadAm,* 8 (1949), núm. 6, pp. 163-188; del mismo, *El guadalupanismo,* 54-97.

[178] Miguel Sánchez, *Imagen de la Virgen María Madre de Dios de Gvadalupe, milagrosamente aparecida en la Civdad de México. Celebrada en su historia, con la profecía del capítulo doze del Apocalipsis* (Imp. Viuda de Bernardo Calderón), México, 1648 (reimp. Cuernavaca, Mor., 1952). Véase la biografía, referencias bibliográficas y la copia de la obra en Torre Villar, *Testimonios,* 152-281.

sus pies y una corona de doce estrellas", destinada a cumplir la profecía del Deuteronomio (8, 7-10) y conducir a los mexicanos a la tierra prometida. Así el México colonial (= Nueva España) se convierte en el desierto del Sinaí, y el México independiente será la tierra "de leche y miel".

A Lasso de la Vega (¿1600-1660?), sacerdote encargado del santuario de Guadalupe, se le considera editor del segundo "Evangelio". Publicó un manuscrito en náhuatl sobre la historia de Guadalupe, del cual posiblemente hubo varias copias; en 1649 fue impreso en México bajo el título de *Huei Tlamahuizoltica... (El gran acontecimiento...).* Contiene la ya varias veces mencionada narración de las apariciones, *Nican Mopohua (Aquí se narra...),* que para la Iglesia de México se convirtió en el Evangelio guadalupano auténtico.[179]

A Luis Bezerra Tanco (1603-1672) se le considera el tercer evangelista. Hombre de gran cultura, teólogo, lingüista y erudito en las ciencias naturales, sacerdote y cura beneficiario de varias parroquias del Arzobispado de México, su obra *Origen milagroso...* (1666) fue publicada como póstuma en 1675 por su amigo Antonio de Gama bajo el título de *Felicidad de México...*[180] A falta de documentos auténticos que pudieran avalar la aparición de la Virgen en el Tepeyac, Bezerra Tanco se sintió en la obligación de escribir lo que sabía de la tradición, lo que en su juventud había leído en los documentos de los indígenas mexicanos y que conocía de memoria.[181] Sin citarlas expresamente, incluye también las obras de Sánchez (1648)

[179] En torno a este aspecto, véanse la segunda y tercera partes del presente trabajo. La biografía, referencias bibliográficas y la copia de la narración en lengua castellana se encuentran en Torre Villar, *Testimonios,* 282-308.

[180] La biografía, referencias bibliográficas y la copia de la segunda versión de narración figuran en Torre Villar, *Testimonios,* 309-333.

[181] Luis Bezerra Tanco, *Origen milagroso del Santvario de Nuestra Señora de Gvadalvpe: Extramuros de la Ciudad de México. Fundamentos Verídicos con que se prueba ser infalible la tradición, que ay en esta Ciudad, à cerca de la Aparición de la Virgen María Señora Nuestra, y de su milagrosa Imagen...* México, Viuda de Bernardo Calderón, 1666, pp. 1-3 (Prólogo); *cf.* también las nuevas ediciones, corregidas y aumentadas, y publicadas como póstumas de Antonio de Gama, bajo el título *Lvis Bezerra Tanco: Felicidad de México en el principio, y milagroso origen, que tuvo el Santuario de la Virgen María N. Señora de Gvadalvpe... para esta segunda impresión, que ha procurado el Doctor D. Antonio de Gama...* Mexico, Viuda de Bernardo Calderón, 1675, y Sevilla, Thomas Lopez de Haro, 1658. Solamente en el siglo XVII aparecieron 14 ediciones en México y dos en España, que, cada una de distinta manera, no concuerdan con la obra original en muchos detalles.

y de Lasso (1649), para los que no puede disimular un cierto menosprecio:

> [...] Y aunque es así, que otros ingenios muy aventajados han expresado con más vivos colores esta tradición, no han sido tan exactos en el escrutinio de esta historia, que no se les haya quedado algo, por falta de noticias [...] con (lo) que el progreso de lo historial quedó diminuto.[182]

Vemos claramente que la intención del autor se dirige a convertir la tradición en historia. Él quiere revelar "lo verídico", "lo infalible", y así alcanzar la fundamentación científica de la tradición guadalupana, "en decoro de la Patria, cuyas glorias debemos conservar sus hijos". Esta gloria de los hijos de México consiste en "escribir con sencillez", "no exornar mi escrito con autoridades de letras divinas y profanas", sino "hallar la verdad desnuda".[183] Esta observación va dirigida directamente contra Sánchez. Bezerra Tanco no quiere quedarse en lo anecdótico ni en lo teológico, sino, como científico, sustituir los "vivos colores" por "verdades reales". Esta solicitud se muestra, por ejemplo, en el encomiable esfuerzo (que en las épocas posteriores y hasta el presente habría de encontrar muchos imitadores) de atribuir a la palabra hispano-árabe *Gvadalupe* un origen nahua, mostrando cómo el nombre azteca *Tecuatlanopeuh,* "la que tuvo su origen en la cima del monte; o *Tequantlaxopeuh,* "la que ahuyentó a los que nos devoraban", dado a la Virgen de Guadalupe originalmente, había sido deformado por los españoles.[184]

Según la intención de Bezerra Tanco, un análisis científico de los detalles o pormenores permitiría demostrar los componentes básicos, las piedras de construcción elementales de la realidad de las apariciones guadalupanas sin ninguna contradicción y de manera

[182] Bezerra Tanco, *Felicidad* (1675), Prólogo.

[183] *Ibid.*

[184] Bezerra Tanco, *Felicidad* (1675), Quinta aparición. Aquí cabe notar el comentario totalmente distinto de la obra original *Origen milagroso...*, México, 1666, p. 7: "El motivo que tuvo la Virgen, para que su imagen se llamase de GVADALUPE no lo dixo: y assi no se sabe; hasta que Dios sea servido, de declarar este misterio...", en el cual Bezerra, en oposición a la edición que se realizó como póstuma (1675), todavía no sabe dar una explicación para el nombre de Guadalupe y deja la aclaración de este "misterio" a la voluntad de Dios.

inequívoca. En este sentido el autor, con referencia al relato de las apariciones de su primera obra y original (1666), que en las siguientes ediciones fue modificada en muchos detalles por los editores, asegura lo siguiente: "Ésta es toda la tradición, sencilla y sin ornato de palabras; y es en tanto grado cierta esta relación, que qualquiera circunstancia que se le añada, si no fuere absolutamente falsa, será por lo menos apochryfa".[185]

Francisco de Florencia, S.J. (¿1620?-1695), profesor de filosofía y teología en los colegios jesuitas en México, procurador en Roma y en Madrid, es el autor del cuarto Evangelio, con su libro *La estrella de el Norte de México...* (1688).[186] Florencia es un exponente importante de la teología criolla de México en el siglo XVII, que trata de desarrollar nuevas concepciones y perspectivas para hacer frente eficazmente a los vastos problemas de la Colonia. En su obra le interesa, en primer lugar, poner al servicio de la devoción guadalupana su arte lingüístico, su formación humanística y teológica, para darle efectividad en lo catequético y en lo pastoral. Esta intención se puede ver tanto en la argumentación teológica como en lo escrito para excitar la devoción del lector: por una parte su explicación teológica servía para que se entendiera el sentido y se conciliaran los conocimientos de las verdades fundamentales del acontecimiento guadalupano; por otra parte, la retórica, la poesía y la descripción de la imagen eran tanto un homenaje de culto a la Virgen de Guadalupe como una contribución para estimular la devoción de sus lectores. Florencia se dirige a los doctos en la fe, presentando los contenidos de la teología dogmática y moral de la Iglesia, de su enseñanza bíblica, de la historia de la Iglesia cristiana y de sus relaciones con el acontecimiento guadalupano y del significado de éste para la Iglesia y la teología en México. Pero también se dirige al pueblo menos instruido en las cuestiones teológicas, para que se sienta fortalecido en su devoción y piedad, así como en su *sensus fidei,* en su sentimiento religioso natural.

[185] Bezerra Tanco, *Origen milagroso,* p. 7.

[186] Francisco de Florencia, *La estrella de el Norte de México, aparecida al rayar el día de la luz evangélica en este Nuevo-Mundo...* (Imp. Doña María de Benavides, Viuda de Juan de Rivera), México, 1688 (Madrid, 1785; Guadalajara, Jal., 1895). La biografía, referencias bibliográficas y el texto de la obra están en Torre Villar, *Testimonios,* 359-399.

El libro comienza con una dedicatoria del bachiller Gerónimo de Valladolid, en la cual éste indica con imágenes, símbolos y alegorías que con la aparición de la Virgen María en México, la Iglesia de América tiene que seguir su propio camino: allá en la isla de Patmos vio una vez un Juan, obispo de Asia, la imagen de la Inmaculada Concepción de una manera milagrosa, pero fue en un desierto. Por el contrario, su efigie milagrosa también apareció aquí en México ante los ojos de otro Juan, el obispo de América, y esta vez en la ciudad más poblada de su "Reino":

> Aquella se copiaba para prodigiosa señal, "Signum Magnum" de nacimiento y progresos de la primitiva Iglesia de Europa: ésta para señal portentosa de los exordios y aumentos de la primitiva Iglesia de nuestra América: aquella se apareció en el Cielo, ésta en la tierra: aquella al primer Apostol de la Assia; y ésta al Apostol primero de nuestra América![187]

En el prólogo se dirige Florencia al lector y le aclara que él se siente obligado a completar la historia de Guadalupe que se nos ha transmitido, "por amor a la Santa Imagen" y "por amor a la patria México". Un motivo más para tomar de nuevo la pluma fue un sermón que fue pronunciado el 13 de diciembre de 1683 en la capilla de San Felipe Neri en la Corte de Madrid, con ocasión de una celebración en honor a la Virgen de Guadalupe, que había sido organizada por doña María Luisa de Toledo, hija del marqués de Manzera. Irritado por la glorificación excesiva hecha a México, el predicador se ve precisado a afirmar que la imagen sagrada de Guadalupe es oriunda de España. Ciertamente, dijo, México dio el manto para el milagro, pero España las rosas (*cf. Nican Mopohua,* vv. 180-183). Esto lo rechaza indignado el criollo Florencia y no permite ningún intento de España de inmiscuirse en el milagro mexicano: en pri-

[187] Florencia, *La estrella de el Norte de México...,* México, 1688, "Dedicatoria al Ilustrissimo y Reverendissimo Señor Doct. D. Francisco de Aguiar Seixas y Ulloa Arçobispo de Mexico, del Consejo de su Magestad, y Primado de la Nueva-España" (s. p.). El anhelo de una "Iglesia original de nuestra América" se remonta hasta los comienzos de la evangelización de Nueva España. *Cf.* Johannes Beckmann, "Die Erziehung der Christen zum kirchlichen Denken in der jungen Kirche Mexikos (16. Jh.)", en *Novella Ecclesiae Germina* (Nimwegen-Utrecht, 1962), pp. 45-60.

mer lugar las rosas crecieron en suelo mexicano, en segundo lugar la imagen de Guadalupe se pintó con distintas flores.

> Quien habla con franqueza no quita a México la gloria de ser suya, como aparecida dentro de sus Casas Arçobispales; como pintada en una manta suya con los colores que dieron las rosas de su país, que son suyas.[188]

Y con cierto dejo de advertencia rechaza el criollo la pretensión desmedida de España:

> Pero como este derecho de apropiación no quita sus milagrosas imágenes a Castilla para las Indias, no debe quitar Castilla a México la suya para Madrid... negando a México lo que el Cielo tan liberal le dió.[189]

El libro propiamente dicho, una historia extensa del acontecimiento guadalupano, comienza con una digresión sobre la leyenda de la fundación de la capital México, es decir, del lugar de la aparición de la Virgen María. Guiados por su dios Huitzilopochtli, dice, los mexicanos antaño fundaron en la laguna de Texcoco su ciudad capital Metztli o Metzico, que en su idioma significa "donde se apareció la luna". Esta palabra se haría verdadera durante la conversión de México. En medio de la noche oscura de la idolatría, surgió la luz de la fe en este Nuevo Mundo de América, gracias a la aparición de María, la luna mística. En el origen y en el nombre de México ya hay una alusión al México cristiano futuro, que se hizo cristiano esencialmente por la aparición de la "luna mística" en la laguna.[190]

Consiguientemente, para Florencia la cristianización de México está fundada en la acción de Dios y no en la acción histórica de la conquista y evangelización por parte de España. De ahí que la historia de México adquiere su validez y su legitimación a la luz de la historia salvífica de Dios con los hombres. Florencia es el primero que aplica a México el pasaje de la Escritura, falsamente atribuido, hasta el presente, por muchos autores a Benedicto XIV: "Non fecit

[188] Florencia, *La estrella,* "Prólogo al lector" (s. p.).
[189] *Ibid.*
[190] Florencia, *La estrella,* cap. I, 1-3.

taliter omni nationi",[191] una divisa que habría de convertirse en idea directriz de los guadalupanos y en verdad fundamental del acontecimiento guadalupano: la Virgen María no otorgó un privilegio semejante a ningún otro pueblo.

Florencia hace suyo otro punto importante: el "silencio" de los cronistas e historiadores españoles. Al igual que los aparicionistas del presente, sólo puede alegar pocos argumentos convincentes para este silencio, y concluye su demostración con esta frase lapidaria: "La constante tradición de una verdad [...] que no tiene más pruebas que la de su infalible constancia [...] no necesita de más sufragio que el de sí misma".[192] Desde esta perspectiva, hay que ver también su evaluación de las llamadas "Informaciones" de 1666, a las que reconoce un valor histórico definitivo,[193] que apenas si podrían tener. En estas "Informaciones" encontró Florencia, entre otras cosas, los elementos para formar una piadosa biografía de Juan Diego. En dicha biografía presenta una vida tan ejemplarmente cristiana del vidente, que seguramente estimularía al lector a seguir el buen ejemplo.[194] El agua del Pocito, el elemento mágico imprescindible en el contexto de los sucesos milagrosos, también es objeto de una historia exacta, como las primeras señales de favor de la Virgen, que son presentadas para obtener el fervor y la "entrega apasionada" de los lectores. Asimismo, describe con tal ternura la sagrada imagen que cautiva el alma y corazón del que la contempla.[195] Según Florencia, la imagen sin par y los numerosos milagros y muestras de favor que la Virgen María ha manifestado y continuamente manifiesta a México,[196] lo mismo que la gran devoción de todos los hombres, españoles, indios y criollos,[197] comprueban de manera impresionante la predestinación y grandeza de México, que es único en el mundo en virtud de la aparición de la Virgen de Guadalupe.[198]

[191] *Ibid,* cap. X, 34.
[192] *Ibidem,* cap. XII, 43.
[193] *Ibid,* cap. XIII, 45-89.
[194] *Ibid,* cap. XVIII, 106-114.
[195] *Ibid,* cap. X, 26-35.
[196] *Ibid,* cap. XIX, 114-162
[197] *Ibid,* cap. XXX, 173-183.
[198] *Ibid,* cap. X, 32-33.

El llamado "silencio" de los historiadores y cronistas de los primeros 117 años transcurridos desde la fecha tradicional de la aparición (1531) cambió de golpe con las obras de los cuatro evangelistas guadalupanos, que acabamos de presentar aquí brevemente. Ya los títulos de los libros dan a entender la concepción e intención de sus autores: el primero, *Imagen* es una alusión a la imaginación poética y teológica fecunda de Miguel Sánchez, una primera presentación de la Virgen de Guadalupe. En cambio, el libro de Lasso de la Vega da la nota enfática al gran acontecimiento. El tercero ya lleva el título de *Felicidad de México:* una fundamentación científica de la "felicidad" de México hecha por Bezerra Tanco. El cuarto se llama muy prometedoramente *Estrella de el Norte de México,* es decir, Nueva España finalmente había encontrado a la Madre, que le brindaba protección y al mismo tiempo —convertida en "estrella polar", en estrella guía y en caudillo celestial de México— le daba orientación al país dominando la ciudad y el mundo. Fue Florencia quien adaptó el lema que no sólo hizo a México una nación más entre las escogidas, sino La Nación escogida: "non fecit taliter omni nationi".

Con estos cuatro evangelistas se originó un verdadero entusiasmo popular que confirió dignidad, valor y grandeza a lo "mexicano". Una gran cantidad de documentos y monumentos de los más variados tipos, los cuales no podemos tratar aquí —iconografía, poesía, vidas ejemplares, bibliografía sobre predicación,[199] trabajos científicos, etc.— se ocupan del acontecimiento guadalupano o lo toman como base.

[199] José Cantú Corro, *Sermones guadalupanos (Esquemas),* Huajuapam de León, 1940. Casi no han sido estudiados hasta ahora los sermones guadalupanos, los cuales debieron tener una marcada influencia en el nacimiento y formación de una conciencia nacional mexicana. Citemos algunos ejemplos: Juan Pablo Zetina Infante, "Sermón I. Panegyrico académico forense de la aparición de Nuestra Señora de Guadalupe la Mexicana, patrona jurada de la nobilissima ciudad de la Puebla de los Angeles. Predicado en la Octava de la Concepción, día 12 de diciembre de 1739 en la Santa Iglesia Cathedral de dicha ciudad, en presencia de ambos cabildos eclesiástico, y secular", en *DocG* (1-G-6), t.1, doc.13 (BLB/BSMG) [¿México, o Puebla, 1740?] s.l.n.a.; Juan Joseph de Eguiara y Eguren, "Parecer del Dr. D. Juan Joseph de Eguiara y Eguren, Obispo que fue electo de la Santa Iglesia de Yucatán... (México y Marzo 12 de 1757 años), [México] s.l.n.a.", en *DocG* (1-G-8), t. V, doc. 11 (BLB/BSMG), s.l.n.a.; Fr. Agustín de Bengoechea, "La Gloria de María en sus Gracias para con los Americanos. Oración panegyrica de Nuestra Señora de Guada-

Después de su proclamación como patrona de México en 1737 y de América septentrional (1746), salió a la luz pública una gran obra sobre la Virgen de Guadalupe con el título de *Escudo de armas de México...*, pues, efectivamente, la Virgen era considerada como escudo de armas o blasón.[200] En víspera de la Independencia de México, fray Servando Teresa de Mier (1765-1827) completó todavía más el acontecimiento guadalupano afirmando que México se había convertido al cristianismo mucho tiempo antes de la conquista española al traer el apostol Tomás al Nuevo Mundo la imagen de Guadalupe-Tonantzin como señal de su misión, de la misma manera que Santiago en otro tiempo había convertido a España con la imagen de la Virgen del Pilar; por esta razón la conquista española había sido históricamente innecesaria y se debía borrar de los anales de la historia.[201] Finalmente, la imagen de la Virgen fue el primer estandarte de la insurrección y de las luchas por la indepen-

lupe, que el día 15 de mayo de 1768, y último del Novenario, que en el Templo de la Real, è Insigne Colegiata de la misma Señora hicieron los Cavalleros hazendados implorando de su intercesión el beneficio de las aguas para sus campos. Dixo el R.P. Fr. Augustin de Bengoechea de la Regular Observancia de N.P.S. Francisco, Lector de Vísperas de Sagrada Theología en el Colegio del S. Dr. S. Buenaventura de Tlaltelolco de la Ciudad de México. Dánla a la Luz Publica los mismos Señores Labradores, a quienes se dedica (Imp. Don Phelipe de Zuñiga y Ontiveros), México, 1768", en *DocG* (1-G-8), t. V, doc. 13 (BLB/BSMG) [México], s.l.n.a.; Joseph Ma. Lasso de la Vega, "Oración panegírica, que en la festividad de Nuestra Señora de Guadalupe, celebrada el día doce de diciembre del año de 1793 en la Iglesia Parroquial de la Nueva Veracruz, dixo su parroco el Dr. D. Joseph María Lasso de la Vega... Puebla de los Angeles (Real Seminario Palafoxiano) 1794", en *DocG* (1-G-10), t. VIII, doc. 5 (BLB/BSMG) [México], s.l.n.a.

[200] Cayetano de Cabrera y Quintero, "Escudo De Armas De México: Celestial Protección De Esta Nobilissima Ciudad, De La Nueva-España y De Casi Todo El Nuevo Mundo, María Santissima, En Su Portentosa Imagen Del Mexicano Guadalupe, Milagrosamente Aparecida En El Palacio Arzobispal El Año de 1531. Y Jurado Su Principal Patrona El Passado De 1737. En la angustia que ocasionó la Pestilencia, que cebada con mayor rigor en los Indios, mitigó sus ardores al abrigo de tanta sombra: Describiala De Orden, Y Especial Nombramiento Del Ilustrissimo y Excelentissimo Señor Dr. D. Juan Antonio De Vizarron, Y Eguiarreta, Del Consejo de S. Mag. Arzobispo De Esta Metropolitana, Virrey, Gobernador, y Capitán General de esta Nueva-España, D. Cayetano De Cabrera, Y Quintero, Presbytero de este Arzobispado: A expensas, y solicitud de esta Nobilissima Ciudad, Quien Lo Dedica A La Augusta Magestad De Nuestro Rey, y Señor, El Señor Don Fernando Sexto, Rey de las Españas, y Emperador de las Indias. Con Licencia De Los Superiores: Impreso en Mexico por la Viuda de D. Joseph Bernardo de Hogal, Impressora del Real, y Apostólico Tribunal de la Santa Cruzada, en todo este Reyno, Año de 1746; del mismo, Colección de Obras y Opúsculos Pertenecientes a la Milagrosa Aparición [...] de Nuestra Señora de Guadalupe [...]", Imp. de L. de San Martín, Madrid, 1785.

[201] José Servando Teresa de Mier Noriega y Guerra, *Obras completas* I-III, *El heterodoxo guadalupano,* estudio preliminar y selección de textos de Edmundo O'Gorman, México, 1981.

dencia de México, en manos de Miguel Hidalgo y Costilla (1753-1811) y de José María Morelos y Pavón (1765-1815).[202]

Y es así que, en el transcurso del movimiento de emancipación de la tutela cultural, ideológica y religiosa que España ejercía sobre México, la Virgen de Guadalupe se convierte en el faro del sentimiento nacionalista en la búsqueda y encuentro de la conciencia nacional. Al mismo tiempo es el punto de partida en la búsqueda de una autenticidad mexicana, tal y como se cristaliza en la "mexicanidad".[203] Al poner de relieve rasgos característicos del mexicano afirmándolo en su "mexicanidad" y al concentrarse en un camino específico de desarrollo basado en la aceptación de la aparición de la Virgen María en el Tepeyac, se hacen esfuerzos por contrarrestar las influencias culturales y religiosas extrañas y por buscar y afianzar una identidad mexicana propia.

La búsqueda de identidad de criollos y mestizos y el esfuerzo simultáneo de los indígenas por reivindicar su identidad caracterizan cada vez más el proceso histórico de desarrollo de México. Las lenguas, los elementos culturales y la cosmovisión, tanto de los antiguos mexicanos, que habían perdurado, como de los europeos, que habían sido implantados, formaban el marco que daba a cada mexicano (indio, europeo, africano, mestizo, mulato, zambo, etc.) la posibilidad de orientación en la búsqueda y elección de una identidad de acuerdo con su contexto.

En esta búsqueda de identidad la Virgen de Guadalupe, como lazo de unión entre las distintas culturas y clases sociales, desempeñó un eminentísimo papel como símbolo de identidad y de cultura. En este proceso de integración de los pueblos y culturas en una

[202] Jesús García Gutiérrez, "La Virgen insurgente y la Virgen gachupina", en *Ábside,* IV (1940), pp. 42-48; del mismo, "El culto a Santa María de Guadalupe durante la guerra de Independencia", en *Ábside,* IX, núm. 1 (1945), pp. 65-80; del mismo, "El culto de la Virgen Santísima de Guadalupe durante la guerra de Independencia", en *MAMH,* 4, núm.1 (1945), pp. 38-50; Ernesto de la Torre Villar, *Los "Guadalupes" y la Independencia,* con una selección de documentos inéditos, México, 1966; Agustín Churruca Peláez, "O Pensamento de Morelos nas Lutas pelas Independencia do México", en del mismo *(et al.), Historia da Teologia na América Latina,* São Paulo, 1981, pp. 75-106; del mismo, "Fuentes del pensamiento de Morelos", en *Christus,* Año LII, núms. 603-604 (1987), pp. 6-18; Vera Kutéischikova, "México: La novela y la nación", en *ALECS,* 10 (1981), pp. 192-232.

[203] René Capistrán Garza, *La virgen que forjó una patria,* México, 1939.

"nación mexicana", que duró casi 300 años de la historia de Nueva España, la devoción guadalupana fue un punto central de cristalización espiritual de los diversos grupos étnicos que durante esa época formaban la población de la Nueva España. Mucho tiempo antes de adquirir conciencia de la configuración de un "pueblo mexicano", los mexicanos ya tenían conciencia de ser "hijos de Guadalupe", ya que esta señal de identidad era "crédito, seguridad y abono de todos los nacidos en este mundo". ¿Puede llamarse "conciencia nacional" a una conciencia mística de ser un pueblo escogido gracias al "signo" milagroso del Tepeyac? Lo que parece seguro es que el triunfo de la figura radiante de Guadalupe sobre todos los santos protectores locales y étnicos (Virgen de los Remedios, Virgen de Zapopan, Virgen de Ocotlán, Santiago, Cristo de Chalma, etc.) hizo posible la simbiosis de las diversas razas y pueblos que integraban lo que todavía estaba por constituirse como un todo, la "Nación Mexicana".

Casi todos los caudillos y figuras destacadas de Nueva España inspiraban su creatividad en un sentimiento patriótico unido a una devoción guadalupana apasionada que ha sido legada a la posteridad por Carlos de Sigüenza y Góngora (1645-1700)[204] y sor Juana Inés de la Cruz (1651-1695)[205] hasta Juan José de Eguiara y Eguren (1696-1763)[206] Francisco Javier Clavijero, S.J. (1731-1787),[207] y José Joaquín Fernández de Lizardi (1776-1827).[208] Todos ellos eran eruditos, poetas y apologetas, autores de obras escritas para la glorificación de la imagen del Tepeyac. En ellas se ve reflejada la conciencia colectiva del pueblo mexicano que ante todo se articuló más desde el punto de vista religioso que del político.[209] El máximo

[204] Ángel María Garibay K. y otros (eds.), *Diccionario Porrúa de historia, biografía y geografía de México,* 2 vols., México, 1964; 1976, 4ª ed., t. II, pp. 1989-1990.

[205] Garibay, *Diccionario Porrúa,* t. I, 555-556; Alfonso Méndez Plancarte, ed., *Obras completas de Sor Juana Inés de la Cruz,* 4 tomos, México, 1951-1957 (reimp., 1976).

[206] Garibay, *Diccionario Porrúa,* t. I, 691.

[207] Garibay, *Diccionario Porrúa,* t. I, 446. Francisco Javier Clavijero, *Breve ragguaglio della prodigiosa e rinomata immagine della Madonna di Guadalupe del Messico* (original en italiano, con traducción al español del Sr. Pbro. Dr. Antonio Brambila, Cesena, 1782; ed. facs. 1970).

[208] Garibay, *Diccionario Porrúa,* t. I, 757-758.

[209] David A. Brading, *Los orígenes del nacionalismo mexicano,* México, 1973; Gloria Grajales, *Nacionalismo incipiente en los historiadores coloniales,* México, 1961.

obstáculo de la división social sólo podía ser superado durante la época colonial en un plano trascendente. En esta época comenzó a germinar la semilla de "conciencia nacional" mexicana, hasta que finalmente a principios del siglo XIX produjo los frutos de la independencia política.[210]

La simple idea de un ciudadano moderno, de ser miembro de un cuerpo social, tal vez era menos importante que el antiguo sentimiento religioso de ser miembro de una superhermandad de los "hijos de Guadalupe", símbolo de una nación impregnada de sentimiento patriótico en un país escogido por la misma Virgen. Y esto significaba que México es único: "¡Como México, no hay dos!"[211]

Dentro de esta perspectiva, la gran guerra de Independencia de México marcó la realización definitiva de la promesa del Apocalipsis, que los guadalupanos de los siglos XVII y XVIII habían aplicado al acontecimiento guadalupano. El estandarte de la Virgen condujo a los insurgentes que interpretaban su causa como un mandato de la Guadalupana.[212] De este modo, el símbolo adquirió un nuevo

[210] José Joaquín Terrazas, *La bandera guadalupano-patriótica* (Imp. del Sagrado Corazón de Jesús), México, 1888; anónimo, *La nacionalidad mexicana y la Virgen de Guadalupe* (Imp. P. Sanz), México, 1931; José Ruiz Medrano, "Patria santa", en *Ábside*, IX (1945), núm. 4, pp. 367-379; Miguel Concha Malo, "La Virgen de Guadalupe y el nacionalismo mexicano desde las clases populares", en H. Martínez y R. Dri (y otros), *Hacia el nuevo milenio (estudios sobre mesianismo, identidad nacional y socialismo)*, vol. I, México, 1986, pp. 107-123; Héctor José Tanzi, "El pensamiento europeo y su influencia en la emancipación americana", en *RHA* (1981), núm. 92, pp. 99-126; Francisco Sosa, *El Episcopado Mexicano*, con una breve noticia biográfica y un apéndice por Alberto María Carreño, 2 tomos, México, 1877, 1962 (3ª ed.); Fernando Pérez Memén, *El episcopado y la independencia de México (1810-1836)*, México, 1977.

[211] Jacques Lafaye, "Conciencia nacional y conciencia étnica en la Nueva España: un problema semántico", en J. W. Wilkie, M. C. Meyer y E. de MonzónWilkie (comps.), *Contemporary Mexico*, documentos del IV International Congress of Mexico History, Berkeley, 1976, pp. 38-46.

[212] Luis González y González, "El optimismo nacionalista como factor en la independencia de México", en *EHA* (1948), p. 194; Eduardo Ramos, *La Virgen de Guadalupe. Memorias de un criollo, 1809-1810* (Edit. Dublán y Compañía), México, 1880, pp. 197-198: "Las huestes de Hidalgo, considerablemente aumentadas por las gentes de los pueblos y haciendas donde tocaban, detuvieronse en Atotonilco. Al entrar en el santuario, el cura descubrió en la sacristía un cuadro de la Virgen de Guadalupe, y haciéndole suspender en el asta de una lanza y mostrándole a su entusiasmado ejército, gritó: ¡Viva la Religión! ¡Muera el mal Gobierno! La muchedumbre, ébria de satisfacción, simplificó el grito, diciendo: —¡Viva la Virgen de Guadalupe y mueran los gachupines! Como lo había deseado María, la rebelión quedaba puesta al amparo de la Virgen de Guadalupe". Entre otros, muchos predicadores conocidos de esa época se opusieron a los movimientos de independencia y a que la Virgen de Guadalupe fuera enarbolada en favor de los fines de los insurgentes. De entre la gran cantidad de sermones guadalupanos, poco considerados has-

contenido, la promesa de vida ofrecida por la Madre Celestial se transformó en la promesa de un México independiente, libre de la dominación ejercida por los amos españoles, remplazada por la Nación Elegida cuya elección había quedado manifestada en la aparición de la Virgen en el Tepeyac. La tierra de la madre sobrenatural era tomada en posesión, finalmente, por sus herederos legítimos. Y así se cerraba el círculo simbólico: madre, alimento, esperanza, salud, vida; redención sobrenatural y redención de la opresión; pueblo elegido e independencia nacional; todo encontraba su expresión en una figura, única y singular: la Virgen de Guadalupe. De esta manera, ella se convirtió en un símbolo que entrelazaba familia, política y religión, pasado colonial e independencia presente, lo indígena, lo español y lo mexicano, Europa y América. Ella, la Virgen, llegaba a ser, finalmente, un método de la dialéctica mexicana, una representación colectiva de la sociedad mexicana. En esta dialéctica

ta ahora, indicamos algunos de los más discutidos: anónimo, "Sermón Panegírico de N.a.S.a. de Guadalupe, Predicado en la Tercera Orden de San Agustin, á 12 de diciembre de 808 [=1808] (ms.)", en *DcoG* (1-G-7) t. II, doc. 1 (BLB/BSMG) [México], s.l.n.a.; José de Lezama, "Exhortación de Paz que, descubierta la infame Revolución de tierra dentro, predicó el Lic. Don José de Lezama, Rector del Real Colegio Carolino de Puebla de los Ángeles, en Fiesta de María Santísima de Guadalupe, que celebró el Convento de Señoras Religiosas de Santa Inés del Monte Policiano, para implorar su patrocinio, dedicándola un nuevo Altar el 12 de enero de, 1811 (D. Mariano de Zúñiga y Ontiveros), México, 1811", en *DocG* (1-G-7), t. II, doc. 16 (BLB/BSMG) [México], s.l.n.a.; Antonio Camacho, "Sermón que el día último del solemne octavario, que de orden del Illmo. Sr. Dr. D. Manuel Abad y Queipo, obispo electo de Michoacán, se celebró en esta Santa Iglesia Catedral de Valladolid, para desagraviar á la Santísima Virgen María, de los ultrages que en su advocación de Guadalupe se le han hecho en esta última época con motivo de la insurrección en esta América Septentrional, predicó el licenciado D. Antonio Camacho, cura propio y Juez Eclesiástico del Valle de Santiago del mismo Obispado, el 1° de mayo de 1811, (Imp. D. Mariano José de Zúñiga y Ontiveros), México, 1811", en *DocG* (1-G-7), t. II, doc., 18 (BLB/BSMG) [México], s.l.n.a.; Antonio Bergosa y Jordán, "Antigua y loable costumbre... (carta pastoral de) el Dr. D. Antonio Bergosa y Jordán... Obispo de Antequera de Oaxaca, electo Arzobispo de Mexico, Caballero de la Real y Distinguida Orden Española de Carlos III, del Consejo de S.M. &c. Al venerable Señor Dean y Cabildo de la Santa Iglesia Metropolitana de México, á nuestro amado clero, y á todos los fieles de dicha nuestra Diócesis... , Antequera de Oaxaca, á 24 de noviembre de, 1811, s.l.n.a.", en *DocG* (1-G-7), t. II, doc. 20 BLB/BSMG) [México] s.l.n.a.; José Mariano Ruiz de Alarcón, "Sermón de Nuestra Señora de Guadalupe. Elogio panegírico que dijo Don José Mariano Ruiz de Alarcón, canónigo de la Santa Iglesia Real Insigne Colegiata de Nuestra Señora de Guadalupe de México, el 19 de diciembre, octava de la aparición, año de 1815 en la misma Colegiata, manifiesto el divinísimo sacramentado y asistencia capitular. La consagra con adición de las notas historiales á María Santísima de Guadalupe en protestación de su reconocimiento (Imp. D. Juan Bautista de Arizpe), México, 1819", en *DocG* (1-G-7), t. II, doc. 24 (BLB/BSMG), [México] s.l.n.a.

mexicana estriba la profunda trascendencia del guadalupanismo, el cual, después de un comienzo tímido en el siglo XVI, alcanzó un desarrollo extraordinario de los siglos XVII al XIX[213] y, transformado, se ha conservado en el siglo XX y hasta el presente de México.[214] En el contexto político, social y sobre todo religioso, le corresponde una importancia nueva que señalaremos en los capítulos siguientes, partiendo del documento central de la narración: el *Nican Mopohua.*

213 Elías Trabulse, *Ciencia y religión en el siglo XVII,* México, 1974; Manuel Olimón Nolasco, "Dos aspectos de la cultura mexicana en el siglo XVIII: el guadalupanismo. La idea de la historia", en *EfMex,* 3 (1985), núm. 8, pp. 21-80; Joaquín Antonio Peñalosa, *Flor y canto de poesía guadalupana. Siglo XIX,* México, 1985; Nicolás León, *Bibliografía mexicana del siglo XVIII,* 2 tomos, México, 1903/1905.

214 Harvey L. Johnson, "The Virgin of Guadalupe in Mexican Culture", en L.C. Brown, F. Cooper (comps.), *Religion in Latin American Life and Literature,* Waco, Tex., 1980, pp. 190-203; Carlos Monsiváis, "La cultura mexicana en el siglo XX", en J. W. Wilkie, M. C. Meyer y E. de Monzón Wilkie (comps.), *Contemporary Mexico,* documentos del IV International Congress of Mexico History, Berkeley, 1976, pp. 624-670; Jorge Adame Goddard, *El pensamiento político y social de los católicos mexicanos, 1867-1914,* México, 1981; James W. Wilkie, "The Meaning of the Cristero Religious War against the Mexican Revolution", en *JChSt,* 8 (1966), pp. 214-233; Jim Tuck, *The Holy War in Los Altos. A Regional Analysis of Mexico's Cristero Rebellion,* Tucson, Ariz., 1982; Peer C. Stanchina, *Das Verhältnis von Staat und Kirche in Mexiko,* Munich, 1978; Fidel González-Fernández, "La 'traditio' guadalupana como clave de lectura de la historia de la evangelización en Latinoamérica", en *Ecclesiae Memoria. Miscellanea in Onore del R.P. Josef Metzler O.M.I.,* al cuidado de Willi Henkel, O.M.I., Roma, Friburgo, Viena, 1991, pp. 407-429.

SEGUNDA PARTE

EL ACONTECIMIENTO GUADALUPANO EN SU ESTRUCTURA LITERARIA

III. EL "NICAN MOPOHUA": "AQUÍ SE NARRA"

1. Preliminares

"La Virgen de Guadalupe se apareció en México." Esta afirmación, que data de los comienzos de la tradición que narra dicha aparición en nuestro país, puede considerarse, por así decirlo, como un credo que ya la antigua comunidad cristiana colonial de Nueva España profesaba acerca de un determinado acontecimiento, a saber: que en México una acción de Dios se hizo realidad por mediación de la Virgen María. Este acontecimiento, transmitido en diferentes versiones literarias, sustancialmente se sintetiza en lo siguiente:

El indio náhuatl Juan Diego, en su camino hacia la iglesia de Tlatelolco, pasa por la colina del Tepeyac. Allí se le aparece la Virgen María y le pide que exprese al obispo fray Juan de Zumárraga, O.F.M., su deseo de que en ese sitio le sea edificada una iglesia. Juan Diego relata a Zumárraga esta aparición y el encargo de la Virgen, pero éste de momento no le da crédito. Después de una segunda aparición de la Virgen a Juan Diego, en la que ella reitera su petición, Juan Diego tampoco tiene éxito al referirla al obispo. Al ir de camino otra vez para llevar auxilio espiritual a su tío Bernardino que se encontraba gravemente enfermo, la Virgen se le aparece por tercera vez, en esta ocasión ella le ordena que corte flores en la cima de la colina y las junte en su tilma. A pesar de que es la estación fría en el valle de México, Juan Diego encuentra las flores y se las lleva a la Virgen. Ella las bendice y le encarga a Juan Diego que, sin abrir su tilma en el camino, se las lleve al obispo. Superadas las dificultades con los servidores del obispo, logra llegar ante éste y al extender su capa delante de él se hace visible en la tela de la tilma, en prueba de las apariciones, la imagen de la Virgen de Guadalupe, nombre con el que ella misma se había calificado. Al regresar Juan Diego a su casa encuentra a su tío sano, y éste le cuenta que también a él se le apareció la Virgen y lo curó.

Según la tradición, la reproducción de la Virgen María que apareció en la tilma de Juan Diego es la sagrada imagen que hasta el día de hoy se venera en la "Insigne y Nacional Basílica de Santa María de Guadalupe" en la ciudad de México.

Este acontecimiento guadalupano pone en relieve, de entre los difusos sucesos de los albores de la época colonial, un hecho de excepcional importancia que destaca el papel desempeñado por María, por Juan Diego, por Juan de Zumárraga y por su servidumbre. La transformación de la acción realizada por el suceso guadalupano muestra un punto de capital importancia, pero tal importancia permanece abierta y ejemplar en el sentido de que no permite generalizar a una norma directiva de acción común. Se puede decir que el acontecimiento guadalupano, de un microsuceso en el Tepeyac, creció y se transformó en un macrosuceso. Fue transformado en literatura por los "testigos", y la teología y la filosofía de la historia de aquella época lo comentaron y lo reinterpretaron.

Dentro de las diversas narraciones de la tradición guadalupana, la que sobresale en primer término es la llamada *Nican Mopohua,* porque es la que une una creencia a un acontecimiento histórico. Aquí la Virgen de Guadalupe es sujeto activo de una acción en la que, teológicamente hablando, se hace realidad la acción de Dios en favor de los hombres en México. Se puede decir que dicha narración, al mismo tiempo que completa el Evangelio proclamado por los misioneros en el siglo XVI, da una idea clara del mismo en el contexto náhuatl y contribuye así a la transformación práctica de la vida en la fe.

Nuestro propósito a continuación es presentar a la atención de la teología contemporánea dicho documento, llamado *Nican Mopohua (Aquí se narra)* por sus dos primeras palabras haciéndolo accesible a un público más extenso de habla alemana* mediante una traducción y un comentario a los problemas lingüísticos de contenido y de crítica textual, que en su mayor parte no han sido resueltos. Desde luego que el ocuparse del *Nican Mopohua* implica tam-

* Recuerde el lector que esta edición es versión en español de la obra en alemán, en la que se traduce el texto náhuatl. [E.]

bién conocimientos que nos llevan a cuestionamientos filosóficos, más exactamente a cuestiones que se refieren a la vinculación entre ciencia, lengua y subjetividad, que en el presente trabajo sólo podemos tratar secundariamente y al margen.

La cuestión acerca de qué es lo que se puede considerar como histórico en este acontecimiento sigue siendo discutida con vehemencia. Muy controvertida es también la problemática de si el *kerigma* guadalupano de la comunidad cristiana de Nueva España complementa lo históricamente verificable o si es un nuevo planteamiento específicamente colonial. Es evidente que mientras no exista una clara separación entre lo sucedido objetivamente y su significación subjetiva no se podrá abstraer el *kerigma* guadalupano, es decir, aquello que la comunidad cristiana del siglo XVI —y también la comunidad que refiere el acontecimiento guadalupano como algo histórico— quiso expresar al reflexionar sobre él. De ahí que en nuestro estudio es decisivo en primer lugar el "hecho" del acontecimiento guadalupano transmitido en el *Nican Mopohua,* si bien conviene tener en cuenta que la historia del suceso del Tepeyac no es "observable", y sólo puede ser reconocida en la relación de lo sucedido, de la comprensión de lo sucedido y de la interpretación de su repercusión en la historia.

El documento más antiguo del que se dispone de la aparición de María en el Tepeyac, en diciembre de 1531, escrito en lengua náhuatl y aplicado a las circunstancias y situaciones mexicanas, que ahora presentamos en una traducción [al alemán] completa y lo más exacta posible, fue publicado por Lasso de la Vega en 1649 como obra propia,[1] pero ni entonces ni ahora fue aceptada como suya. Más bien la paternidad literaria se le atribuyó al indio náhuatl Antonio Valeriano (¿1520?-1605), aunque sin poder aportar para esto pruebas convincentes.[2] Con el fin de obtener una mayor claridad, adop-

[1] Lasso de la Vega, *Hvei Tlamahviçoltica;* del mismo, *Historia;* del mismo, *Nican Mopohua;* del mismo, *Las apariciones; cf.* también Mateo de la Cruz, *Relación de la milagrosa aparición de la santa imagen de la Virgen de Guadalupe en México...,* Puebla de los Ángeles, 1660; 3ª ed., México, 1781.

[2] Tal como lo hizo Manuel Robledo Gutiérrez en el Prólogo a la edición del *Nican Mopohua* de Mario Rojas Sánchez, *Nican Mopohua. Dn. Antonio Valeriano,* traducción del náhuatl al castellano por el presbítero Mario Rojas Sánchez, de la diócesis de Huejutla (Imp. Ideal), México, 1978, pp. 3-10; Chauvet, *El culto;* Echeagaray, *Álbum conmemorativo;* Schulenburg Prado, *450°*

tamos en la versión alemana de este documento náhuatl la división en versículos del *Nican Mopohua* (218 vv), hecha posteriormente por Enrique Torroella, S.J.[3] El texto náhuatl puede verse en el apéndice del presente trabajo, en la redacción moderna de Rojas Sánchez.[4] Para compararlo con él se ha incluido el texto "original" publicado por primera vez por Lasso de la Vega en 1649.

2. La narración de las apariciones

Nota del traductor. En esta segunda sección del presente capítulo, el autor nos ofrece en su obra original, como lo había prometido, una traducción directa del texto original náhuatl del *Nican Mopohua* al alemán, hecha por él mismo, con la siguiente anotación preliminar modesta:

> Dado que es imposible acercarse al mismo tiempo en una traducción a las múltiples dimensiones del texto náhuatl, la versión al alemán sólo puede dar una idea aproximada de las cualidades de fondo y de forma del original. Dicha traducción es más bien un camino hacia la obra, un recurso, una creación artificial que nos habrá de acercar al mundo de los conceptos tanto toltecas y aztecas como cristianos y españoles de la Nueva España colonial, sin tener jamás el propósito o la pretensión de repetir la obra o de sustituirla. Sin embargo nos esforzamos por salir un poco de la lengua alemana y entrar en la náhuatl, para hacer que las formas y expresiones de la obra traducida se trasluzcan en nuestra versión. Al utilizar las posibilidades de nuestro propio lenguaje, la siguiente traducción literal del *Nican Mopohua* quisiera también reivindicar un cierto atractivo literario.

Y, en efecto, logra una verdadera obra literaria con su traducción, fusionando la sensibilidad alemana y la náhuatl.

Aniversario; Lopetégui-Zubillaga, *Historia,* México, y muchos otros más; *cf.* Torre Villar, *Testimonios.*

[3] Como indica Robledo Gutiérrez, en Rojas Sánchez, *Nican Mopohua,* 8.

[4] Rojas Sánchez, *Nican Mopohua.* La mencionada edición bilingüe (náhuatl-español), que se difundió en México con licencia eclesiástica, fue dedicada al papa Paulo VI, así como a los cardenales, arzobispos y obispos reunidos en Puebla de los Ángeles en 1979, con ocasión de la III Conferencia del Episcopado Latinoamericano. El Prólogo hecho por Robledo Gutiérrez como Introducción al *Nican Mopohua* necesita, en nuestra opinión, de un retoque que tome en consideración los actuales resultados de la investigación.

De acuerdo con el autor, presentamos a continuación las dos traducciones en español más conocidas en México: la clásica, del licenciado Primo Feliciano Velázquez (1926 y 1931) y la del presbítero Mario Rojas Sánchez (1978).

Nican Mopohua

PRIMO FELICIANO VELÁZQUEZ 1926 (1931)	MARIO ROJAS SÁNCHEZ 1978
En orden y concierto se refiere aquí de qué manera se apareció poco ha maravillosamente la siempre Virgen Santa María, Madre de Dios, nuestra Reina, en el Tepeyácac, que se nombra Guadalupe.	Aquí se cuenta, se ordena, cómo hace poco, milagrosamente se apareció la perfecta Virgen Santa María Madre de Dios, nuestra reina, allá en el Tepeyac, de renombre Guadalupe.
Primero se dejó ver de un pobre indio llamado Juan Diego; y después se apareció su preciosa imagen delante del nuevo obispo don fray Juan de Zumárraga. También se cuentan todos los milagros que ha hecho.	Primero se hizo ver de un indito, su nombre Juan Diego; y después se apareció su Preciosa Imagen delante del reciente Obispo Don Fray Juan de Zumárraga [...]
1 Diez años después de tomada la ciudad de México, se suspendió la guerra y hubo paz en los pueblos,	*1* Diez años después de conquistada la ciudad de México, cuando ya estaban depuestas las flechas, los escudos, cuando por todas partes había paz en los pueblos,
2 así como empezó a brotar la fe, el conocimiento del verdadero Dios, por quien se vive.	*2* así como brotó, ya verdece, ya abre su corola la fe, el conocimiento de Aquel por quien se vive: el verdadero Dios.

3 A la sazón, en el año de mil quinientos treinta y uno, a pocos días del mes de diciembre, sucedió que había un pobre indio,	*3* En aquella sazón, el año 1531, a los pocos días del mes de diciembre, sucedió que había un indito, un pobre hombre del pueblo,
4 de nombre Juan Diego, según se dice, natural de Cuauhtitlan.	*4* su nombre era Juan Diego, según se dice, vecino de Cuauhtitlan,
5 Tocante a las cosas espirituales, aún todo pertenecía a Tlatilolco.	*5* y en las cosas de Dios, en todo pertenecía a Tlatilolco.
6 Era sábado, muy de madrugada, y venía en pos del culto divino y de sus mandados.	*6* Era sábado muy de madrugada, venía en pos de Dios y de sus mandatos.
7 Al llegar junto al cerrillo llamado Tepeyácac, amanecía;	*7* Y al llegar cerca del cerrito llamado Tepeyac ya amanecía.
8 y oyó cantar arriba del cerrillo: semejaba canto de varios pájaros preciosos; callaban a ratos las voces de los cantores; y parecía que el monte les respondía. Su canto, muy suave y deleitoso, sobrepujaba al del coyoltótotl y del tzinizcan y de otros pájaros lindos que cantan.	*8* Oyó cantar sobre el cerrito, como el canto de muchos pájaros finos; al cesar sus voces, como que les respondía el cerro, sobremanera suaves, deleitosos, sus cantos sobrepujaban al de coyoltototl y del tzinitzcan y al de otros pájaros finos.
9 Se paró Juan Diego a ver y dijo para sí: "¿por ventura soy digno de lo que oigo? ¿quizás sueño? ¿me levanto de dormir?	*9* Se detuvo a ver Juan Diego. Se dijo: ¿Por ventura soy digno, soy merecedor de lo que oigo? ¿Quizá nomás lo estoy soñando? ¿Quizá solamente lo veo como entre sueños?

10	*10*
¿dónde estoy? ¿acaso en el paraíso terrenal, que dejaron dicho los viejos, nuestros mayores? ¿acaso ya en el cielo?"	¿Dónde estoy? ¿Dónde me veo? ¿Acaso allá donde dejaron dicho los antiguos nuestros antepasados, nuestros abuelos: en la tierra de las flores, en la tierra del maíz, de nuestra carne, de nuestro sustento; acaso en la tierra celestial?
11	*11*
Estaba viendo hacia el oriente, arriba del cerrillo, de donde procedía el precioso canto celestial;	Hacia allá estaba viendo, arriba del cerrillo, del lado de donde sale el sol, de donde procedía el precioso canto celestial.
12	*12*
y así que cesó repentinamente y se hizo el silencio, oyó que le llamaban de arriba del cerrillo y le decían: "Juanito, Juan Dieguito".	Y cuando cesó de pronto el canto, cuando dejó de oirse, entonces oyó que lo llamaban, de arriba del cerrillo, le decían: "Juanito, Juan Dieguito".
13	*13*
Luego se atrevió a ir adonde le llamaban: no se sobresaltó un punto; al contrario, muy contento, fue subiendo el cerrillo, a ver de dónde le llamaban.	Luego se atrevió a ir a donde lo llamaban; ninguna turbación pasaba en su corazón ni ninguna cosa lo alteraba, antes bien se sentía alegre y contento por todo extremo; fué a subir al cerrillo para ir a ver de dónde le llamaban.
14	*14*
Cuando llegó a la cumbre, vió a una señora que estaba allí de pie,	Y cuando llegó a la cumbre del cerrillo, cuando lo vió una Doncella que allí estaba de pie,
15	*15*
y que le dijo que se acercara.	lo llamó para que fuera cerca de Ella.

16 Llegado a su presencia, se maravilló mucho de su sobrehumana grandeza:	*16* Y cuando llegó frente a Ella mucho admiró en qué manera sobre toda ponderación aventajaba su perfecta grandeza:
17 su vestidura era radiante como el sol;	*17* su vestido relucía como el sol, como que reverberaba,
18 el risco en que posaba su planta, flechado por los resplandores,	*18* y la piedra, el risco en el que estaba de pie, como que lanzaba rayos;
19 semejaba una ajorca de piedras preciosas;	*19* el resplandor de Ella como preciosas piedras, como ajorca (todo lo más bello) parecía
20 y relumbraba la tierra como el arco iris.	*20* la tierra como que relumbraba con los resplandores del arco iris en la niebla.
21 Los mezquites, nopales y otras diferentes hierbecillas que allí se suelen dar, parecían esmeraldas; su follaje, finas turquesas; y sus ramas y espinas brillaban como el oro.	*21* Y los mezquites y nopales y las demás hierbecillas que allí se suelen dar, parecían como esmeraldas. Como turquesa aparecía su follaje. Y su tronco, sus espinas, sus aguates, relucían como el oro.
22 Se inclinó delante de ella y oyó su palabra, muy blanda y cortés, cual de quien atrae y estima mucho.	*22* En su presencia se postró. Escuchó su aliento, su palabra, que era extremadamente glorificadora, sumamente afable, como de quien lo atraía y estimaba mucho.

23

Ella le dijo: "Juanito, el más pequeño de mis hijos, ¿adónde vas?"

23

Le dijo: "Escucha, hijo mío el menor, Juanito. ¿A dónde te diriges?"

24

El respondió: "Señora y Niña mía, tengo que llegar a tu casa de México Tlatilolco, a seguir las cosas divinas, que nos dan y enseñan nuestros sacerdotes, delegados de Nuestro Señor".

24

Y él le contestó: "Mi Señora, Reina, Muchachita mía, allá llegaré, a tu casita de México Tlatilolco, a seguir las cosas de Dios que nos dan, que nos enseñan quienes son las imágenes de Nuestro Señor: nuestros Sacerdotes".

25

Ella luego le habló y le descubrió su santa voluntad:

25

En seguida, con esto dialoga con él, le descubre su preciosa voluntad;

26

le dijo: "Sabe y ten entendido, tú, el más pequeño de mis hijos, que yo soy la siempre Virgen Santa María, Madre del verdadero Dios por quien se vive; del Creador cabe quien está todo; Señor del cielo y de la tierra. Deseo vivamente que se me erija aquí un templo,

26

le dice: "Sábelo, ten por cierto, hijo mío el más pequeño, que yo soy la perfecta siempre Virgen Santa María, Madre del verdaderísimo Dios por quien se vive, el creador de las personas, el dueño de la cercanía y de la inmediación, del cielo, el dueño de la tierra. Mucho quiero, mucho deseo que aquí me levanten mi casita sagrada

27

para en él mostrar

27

en donde lo mostraré, lo ensalzaré el ponerlo de manifiesto:

28

y dar todo mi amor, compasión, auxilio y defensa,

28

lo daré a las gentes en todo mi amor personal, en mi mirada compasiva, en mi auxilio, en mi salvación:

29
pues yo soy vuestra piadosa madre,

29
Porque yo en verdad soy vuestra madre compasiva,

30
a ti, a todos vosotros juntos los moradores de esta tierra

30
tuya y de todos los hombres que en esta tierra estais en uno,

31
y a los demás amadores míos que me invoquen y en mí confíen;

31
y de las demás variadas estirpes de hombres, mis amadores, los que a mí clamen, los que me busquen, los que confíen en mí,

32
oir allí sus lamentos, y remediar todas sus miserias, penas y dolores.

32
porque allí les escucharé su llanto, su tristeza, para remediar, para curar todas sus diferentes penas, sus miserias, sus dolores.

33
Y para realizar lo que mi clemencia pretende, ve al palacio del obispo de México y le dirás cómo yo te envío a manifestarle lo que mucho deseo, que aquí en el llano me edifique un templo: le contarás puntualmente cuanto has visto y admirado, y lo que has oído.

33
Y para realizar lo que pretende mi compasiva mirada misericordiosa, anda al palacio del obispo de México, y le dirás como yo te envío, para que le descubras como mucho deseo que aquí me provea de una casa, me erija en el llano mi templo; todo le contarás, cuanto has visto y admirado, y lo que has oído.

34
Ten por seguro que lo agradeceré bien y lo pagaré,

34
y ten por seguro que mucho lo agradeceré y lo pagaré,

35
porque te haré feliz

35
que por ello te enriqueceré, te glorificaré;

36
y merecerás mucho que yo recompense el trabajo y fatiga con que vas a procurar lo que te encomiendo.

36
y mucho de allí merecerás con que yo retribuya tu cansancio, tu servicio con que vas a solicitar el asunto al que te envío.

37
Mira que ya has oído mi mandato, hijo mío el más pequeño; anda y pon todo tu esfuerzo".

37
Ya has oído, hijo mío el menor, mi aliento mi palabra; anda, haz lo que esté de tu parte".

38
Al punto se inclinó delante de ella y le dijo: "Señora mía, ya voy a cumplir tu mandato; por ahora me despido de ti, yo tu humilde siervo".

38
E inmediatamente en su presencia se postró; le dijo: "Señora mía, Niña, ya voy a realizar tu venerable aliento, tu venerable palabra; por ahora de Ti me aparto, yo, tu pobre indito".

39
Luego bajó para ir a hacer su mandato; y salió a la calzada que viene en línea recta a México.

39
Luego vino a bajar para poner en obra su encomienda: vino a encontrar la calzada, viene derecho a México.

40
Habiendo entrado en la ciudad, sin dilación se fué en derechura al palacio del obispo, que era el prelado que muy poco antes había venido y se llamaba don fray Juan de Zumárraga, religioso de San Francisco.

40
Cuando vino a llegar al interior de la ciudad, luego fue derecho al palacio del Obispo, que muy recientemente había llegado, Gobernante Sacerdote; su nombre era D. Fray Juan de Zumárraga, Sacerdote de San Francisco.

41
Apenas llegó, trató de verle; rogó a sus criados que fueran a anunciarle;

41
Y en cuanto llegó, luego hace el intento de verlo, les ruega a sus servidores, a sus ayudantes, que vayan a decírselo;

42 y pasado un buen rato, vinieron a llamarle, que había mandado el señor obispo que entrara.	*42* después de pasado largo rato vinieron a llamarlo, cuando mandó el Señor Obispo que entrara.
43 Luego que entró, se inclinó y se arrodilló delante de él. En seguida le dio el recado de la Señora del cielo; y también le dijo cuanto admiró, vió y oyó.	*43* Y en cuanto entró, luego ante él se arrodilló, se postró, luego ya le descubre, le cuenta el precioso aliento, la preciosa palabra de la Reina del Cielo, su mensaje, y también le dice todo lo que admiró, lo que vió, lo que oyó.
44 Después de oír toda su plática y su recado, pareció no darle crédito.	*44* Y habiendo escuchado toda su narración, su mensaje, como que no mucho lo tuvo por cierto,
45 Y le respondió: "Otra vez vendrás, hijo mío, y te oiré más despacio; lo veré muy desde el principio y pensaré en la voluntad y deseo con que has venido".	*45* le respondió, le dijo: "Hijo mío, otra vez vendrás, aun con calma te oiré, bien aun desde el principio miraré, consideraré la razón por la que has venido, tu voluntad, tu deseo".
46 El salió y se vino triste, porque de ninguna manera se realizó su mensaje.	*46* Salió; venía triste porque no se realizó de inmediato su encargo.
47 En el mismo día se volvió; se vino derecho a la cumbre del cerrillo,	*47* Luego se volvió, al terminar el día, luego de allá se vino derecho a la cumbre del cerrillo,

48
y acertó con la Señora del cielo, que le estaba aguardando, allí mismo donde la vió la vez primera.

48
y tuvo la dicha de encontrar a la Reina del Cielo: allí cabalmente donde la primera vez se le apareció, lo estaba esperando.

49
Al verla, se postró delante de ella y le dijo:

49
Y en cuanto la vió, ante Ella se postró, se arrojó por tierra, le dijo:

50
"Señora, la más pequeña de mis hijas, Niña mía, fuí donde me enviaste a cumplir tu mandato. Aunque con dificultad entré adonde es el asiento del prelado; le vi y expuse tu mandato, así como me ordenaste;

50
"Patroncita, Señora, Reina, Hija mía la más pequeña, mi Muchachita, ya fui a donde me mandaste a cumplir tu amable aliento, tu amable palabra; aunque difícilmente entré a donde es el lugar del Gobernante Sacerdote, lo vi, ante él expuse tu aliento, tu palabra, como me lo mandaste.

51
me recibió benignamente y me oyó con atención; pero en cuanto me respondió, pareció que no lo tuvo por cierto;

51
Me recibió amablemente y lo escuchó perfectamente, pero, por lo que me respondió, como que no lo entendió, no lo tiene por cierto.

52
me dijo: 'Otra vez vendrás; te oiré más despacio; veré muy desde el principio el deseo y voluntad con que has venido'.

52
Me dijo: 'Otra vez vendrás; aun con calma te escucharé, bien aun desde el principio veré por lo que has venido, tu deseo, tu voluntad'.

53
Comprendí perfectamente en la manera como me respondió, que piensa que es quizás invención mía que tú quieres que aquí te hagan un templo y que acaso no es de orden tuya;

53
Bien en ello miré, según me respondió, que piensa que tu casa que quieres que te hagan aquí, tal vez yo nada más lo invento, o que tal vez no es de tus labios;

54
por lo cual te ruego encarecidamente, Señora y Niña mía, que a alguno de los principales, conocido, respetado y estimado, le encargues que lleve tu mensaje, para que le crean;

54
mucho te suplico, Señora mía, Reina, Muchachita mía, que a alguno de los nobles, estimados, que sea conocido, respetado, honrado, le encargues que conduzca, que lleve tu amable aliento, tu amable palabra para que le crean.

55
Porque en verdad yo soy un hombre del campo, soy mecapal, soy parihuela, soy cola, soy ala; yo mismo necesito ser conducido, llevado a cuestas, no es lugar de mi andar ni de mi detenerme allá a donde me envías, Virgencita mía, Hija mía menor, Señora, Niña;

55
porque yo soy un hombrecillo, soy un cordel, soy una escalerilla de tablas, soy cola, soy hoja, soy gente menuda, y tú, Niña mía, la más pequeña de mis hijas, Señora, me envías a un lugar por donde no ando y donde no me paro.

56
por favor dispénsame: afligiré con pena tu rostro, tu corazón; iré a caer en tu enojo, en tu disgusto, Señora Dueña mía".

56
Perdóname que te cause gran pesadumbre y caiga en tu enojo, Señora y Dueña mía".

57
Le respondió la Perfecta Virgen, digna de honra y veneración:

57
Le respondió la Santísima Virgen:

58
"Escucha, el más pequeño de mis hijos, ten por cierto que no son escasos mis servidores, mis mensajeros, a quienes encargue que lleven mi aliento, mi palabra, para que efectuen mi voluntad;

58
"Oye, hijo mío el más pequeño, ten entendido que valen mucho mis servidores y mensajeros, a quienes puedo encargar que lleven mi mensaje y hagan mi voluntad;

59
pero es de todo punto preciso que tú mismo solicites y ayudes y que con tu mediación se cumpla mi voluntad.

59
pero es muy necesario que tú, personalmente, vayas, ruegues, que por tu intercesión se realice, se lleve a efecto mi querer, mi voluntad.

60
Mucho te ruego, hijo mío el más pequeño, y con rigor te mando, que otra vez vayas mañana a ver al obispo.

60
Y mucho te ruego, hijo mío el menor, y con rigor te mando, que otra vez vayas mañana a ver al obispo.

61
Dale parte en mi nombre y hazle saber por entero mi voluntad: que tiene que poner por obra el templo que le pido.

61
Y de mi parte hazle saber, hazle oír mi querer, mi voluntad, para que realice, haga mi templo que le pido.

62
Y otra vez dile que yo en persona, la siempre Virgen Santa María, Madre de Dios te envío".

62
Y bien, de nuevo dile de qué modo yo, personalmente, la siempre Virgen Santa María, yo, que soy la Madre de Dios, te mando".

63
Respondió Juan Diego: "Señora y Niña mía, no te cause yo aflicción; de muy buena gana iré a cumplir tu mandato; de ninguna manera dejaré de hacerlo ni tengo por penoso el camino.

63
Juan Diego, por su parte, le respondió, le dijo: "Señora mía, Reina, Muchachita mía, que no angustie yo con pena tu rostro, tu corazón; con todo gusto iré a poner por obra tu aliento, tu palabra; de ninguna manera lo dejaré de hacer, ni estimo por molesto el camino.

64
Iré a hacer tu voluntad; pero acaso no seré oído con agrado; o si fuere oído, quizás no se me creerá.

64
Iré a poner en obra tu voluntad, pero tal vez no seré oído, y si fuere oído quizás no seré creído.

65 Mañana en la tarde, cuando se ponga el sol, vendré a dar razón de tu mensaje con lo que responda el prelado.	*65* Mañana en la tarde, cuando se meta el sol, vendré a devolver a tu palabra, a tu aliento, lo que me responda el Gobernante Sacerdote.
66 Ya de ti me despido, Hija mía la más pequeña, mi Niña y Señora. Descansa entre tanto".	*66* Ya me despido de Ti respetuosamente, Hija mía la más pequeña, Jovencita, Señora, Niña mía, descansa otro poquito".
67 Luego se fué él a descansar en su casa.	*67* Y luego se fué él a su casa a descansar.
68 Al día siguiente, domingo, muy de madrugada, salió de su casa y se vino derecho a Tlatilolco, a instruirse de las cosas divinas y estar presente en la cuenta, para ver en seguida al prelado.	*68* Al día siguiente, Domingo, bien todavía en la nochecilla, todo aún estaba oscuro, de allá salió, de su casa, se vino derecho a Tlatilolco, vino a saber lo que pertenece a Dios y a ser contado en lista; luego para a ver al Señor Obispo.
69 Casi a las diez, se despachó, todo, porque se oyó misa y se hizo la cuenta y se dispersó el gentío.	*69* Y a eso de las diez fue cuando ya estuvo preparado: se había oído Misa y se había nombrado lista y se había dispersado la multitud.
70 Al punto se fué Juan Diego al palacio del obispo.	*70* Y Juan Diego luego fue al palacio del Señor Obispo.
71 Apenas llegó, hizo todo empeño por verle: otra vez con mucha dificultad le vió;	*71* Y en cuanto llegó hizo toda la lucha por verlo, y con mucho trabajo otra vez lo vió;

arrodillarse es una forma de adoración; sólo a Dios se debe adorar.

72 se arrodilló a sus pies; se entristeció y lloró al exponerle el mandato de la Señora del cielo;	72 a sus pies se hincó, lloró, se puso triste al hablarle, al descubrirle la palabra, el aliento de la Reina del Cielo,
73 que ojalá que creyera su mensaje, y la voluntad de la Inmaculada, de erigirle su templo donde manifestó que lo quería.	73 que ojalá fuera creída la embajada, la voluntad de la Perfecta Virgen, de hacerle, de erigirle su casita sagrada, en donde había dicho, en donde la quería.
74 El señor obispo, para cerciorarse, le preguntó muchas cosas, dónde la vió y cómo era; y él refirió todo perfectamente al señor obispo.	74 Y el gobernante Obispo muchísimas cosas le preguntó, le investigó, para poder cerciorarse, dónde la había visto, cómo era Ella, todo absolutamente se lo contó al Señor Obispo.
75 Mas aunque explicó con precisión la figura de ella y cuanto había visto y admirado, en todo se descubría ser ella la siempre Virgen, Santísima Madre del Salvador Nuestro Señor Jesucristo;	75 Y aunque todo absolutamente se lo declaró, y en cada cosa vió, admiró que aparecía con toda claridad que Ella era la Perfecta Virgen, la Amable, Maravillosa Madre de Nuestro Salvador Nuestro Señor Jesucristo,
76 sin embargo, no le dió crédito	76 sin embargo, no luego se realizó.
77 y dijo que no solamente por su plática y solicitud se había de hacer lo que pedía;	77 Dijo que no sólo por su palabra, su petición se haría, se realizaría lo que él pedía

78 que, además, era necesaria alguna señal, para que se le pudiera creer que le enviaba la misma señora del cielo.	*78* que era muy necesaria alguna otra señal para poder ser creído cómo a él lo enviaba la Reina del Cielo en persona.
79 Así que lo oyó, dijo Juan Diego al obispo:	*79* Tan pronto como lo oyó Juan Diego, le dijo al Obispo:
80 "Señor, mira cuál ha de ser la señal que pides; que luego iré a pedirsela a la Señora del cielo que me envió acá".	*80* "Señor Gobernante, considera cuál será la señal que pides, porque luego iré a pedírsela a la Reina del Cielo que me envió".
81 Viendo el obispo que ratificaba todo sin dudar ni retractar nada, le despidió.	*81* Y habiendo visto el Obispo que ratificaba, que en nada vacilaba ni dudaba, luego lo despacha.
82 Mandó inmediatamente a unas gentes de su casa, en quienes podía confiar, que le vinieran siguiendo y vigilando mucho adónde iba y a quién veía y hablaba.	*82* Y en cuanto se viene, luego les manda a algunos de los de su casa en los que tenía absoluta confianza, que lo vinieran siguiendo, que bien lo observaran a dónde iba, a quién veía, con quién hablaba.
83 Así se hizo, Juan Diego se vino derecho y caminó por la calzada;	*83* Y así se hizo. Y Juan Diego luego se vino derecho. Siguió la calzada.
84 los que venían tras él, donde pasa la barranca, cerca del puente del Tepeyácac, le perdieron; y aunque más buscaron por todas partes, en ninguna lo vieron.	*84* Y los que seguían, donde sale la barranca cerca del Tepeyac, en el puente de madera lo vinieron a perder. Y aunque por todas partes buscaron, ya por ninguna lo vieron.

85 Así es que regresaron, no solamente porque se fastidiaron, sino también porque les estorbó su intento y les dió enojo.	*85* Y así se volvieron. No sólo porque con ello se fastidiaron grandemente, sino también porque les impidió su intento, los hizo enojar.
86 Eso fueron a informar al señor obispo, y lo concertaron para que no le creyera: le dijeron que no más le engañaba; que no más forjaba lo que venía a decir, o que únicamente soñaba lo que decía y pedía;	*86* Así le fueron a contar al Señor Obispo, le metieron en la cabeza que no le creyera, le dijeron cómo nomás le contaba mentiras, que nada más inventaba lo que venía a decirle, o que sólo soñaba o imaginaba lo que le decía, lo que le pedía.
87 y en suma propusieron que si otra vez volvía, le habían de coger y castigar con dureza, para que nunca más mintiera y engañara.	*87* Y bien así lo determinaron que si otra vez venía, regresaba, allí lo agarrarían, y fuertemente lo castigarían, para que ya no volviera a decir mentiras ni a alborotar a la gente.
88 Entre tanto, Juan Diego estaba con la Santísima Virgen, diciéndole la respuesta que traía del señor obispo;	*88* Entre tanto, Juan Diego estaba con la Santísima Virgen, diciéndole la respuesta que traía del Señor Obispo;
89 la que oída por la Señora, le dijo:	*89* la que, oída por la Señora, le dijo:
90 "Bien está, hijito mío, volverás aquí mañana para que lleves al obispo la señal que te ha pedido;	*90* "Bien está, hijito mío, volveras aquí mañana para que lleves al obispo la señal que te ha pedido;
91 con eso te creerá y acerca de esto ya no dudará ni de ti sospechará;	*91* Con eso te creerá y acerca de esto ya no dudará ni de ti sospechará;

92 y sábete, hijito mío, que yo te pagaré tu cuidado y el trabajo y cansancio que por mí has impendido;	*92* y sábete, hijito mío, que yo te pagaré tu cuidado y el trabajo y cansancio que por mí has impendido;
93 ea, vete ahora, que mañana aquí te aguardo".	*93* ea, vete ahora; que mañana aquí te aguardo".
94 Al día siguiente, lunes, cuando tenía que llevar Juan Diego alguna señal para ser creído, ya no volvió.	*94* Y al día siguiente, lunes, cuando debía llevar Juan Diego alguna señal para ser creído, ya no volvió.
95 Porque cuando llegó a su casa, a un tío que tenía, llamado Juan Bernardino, le había dado la enfermedad, y estaba muy grave.	*95* Porque cuando fue a llegar a su casa, a un su tío, de nombre Juan Bernardino, se le había asentado la enfermedad, estaba muy grave.
96 Primero fué a llamar a un médico y le auxilió; pero ya no era tiempo, ya estaba muy grave.	*96* Aun fue a llamarle al médico, aun hizo por él, pero ya no era tiempo, ya estaba muy grave.
97 Por la noche, le rogó su tío que de madrugada saliera y viniera a Tlatilolco a llamar un sacerdote, que fuera a confesarle y disponerle,	*97* Y cuando anocheció, le rogó su tío que cuando aún fuere de madrugada, cuando aún estuviere oscuro, saliera hacia acá, viniera a llamar a Tlatilolco algún Sacerdote para que fuera a confesarlo, para que fuera a prepararlo,
98 porque estaba muy cierto de que era tiempo de morir y que ya no se levantaría ni sanaría.	*98* porque estaba seguro de que ya era el tiempo, ya el lugar de morir, porque ya no se levantaría, ya no se curaría.

99
El martes, muy de madrugada, se vino Juan Diego de su casa a Tlatilolco a llamar al sacerdote.

100
Y cuando venía llegando al camino que sale junto a la ladera del cerrillo del Tepeyácac, hacia el poniente, por donde tenía costumbre de pasar, dijo:

101
"Si me voy derecho, no sea que me vaya a ver la Señora, y en todo caso me detenga para que lleve la señal al prelado, según me ordenó;

102
que primero nuestra aflicción nos deje y primero llame yo de prisa al sacerdote; el pobre de mi tío lo está ciertamente aguardando".

103
Luego dio vuelta al cerro; subió por entre él y pasó al otro lado, hacia el oriente, para llegar pronto a México y que no le detuviera la Señora del cielo.

104
Pensó que por donde dió la vuelta no podía verle la que está mirando bien a todas partes.

99
Y el martes, siendo todavía mucho muy de noche, de allá vino a salir, de su casa, Juan Diego, a llamar el sacerdote a Tlatilolco.

100
Y cuando ya acertó a llegar al lado del cerrito terminación de la sierra, al pie, donde sale el camino, de la parte en que el sol se mete, en donde antes él saliera, dijo:

101
"Si me voy derecho por el camino, no vaya a ser que me vea esta Señora y seguro, como antes, me detendrá para que le lleve la señal al gobernante eclesiástico como me lo mandó;

102
que primero nos deje nuestra tribulación; que antes yo llame de prisa al Sacerdote religioso mi tío no hace más que aguardarlo".

103
En seguida le dio la vuelta al cerro, subió por en medio y de ahí, atravesando, hacia la parte oriental fue a salir, para rápido ir a llegar a México, para que no lo detuviera la Reina del Cielo.

104
Piensa que por donde dió la vuelta no lo podrá ver la que perfectamente a todas partes está mirando.

105
La vió bajar de la cumbre del cerrillo y que estuvo mirando hacia donde antes él la veía.

105
La vió cómo vino a bajar de sobre el cerro, y que de allí lo había estado mirando, de donde antes lo veía.

106
Salió a su encuentro a un lado del cerro y le dijo:

106
Le vino a salir al encuentro a un lado del cerro, le vino a atajar los pasos; le dijo:

107
"¿Qué hay, hijo mío el más pequeño? ¿adónde vás?"

107
"¿Qué pasa, el más pequeño de mis hijos? ¿A dónde vas, a dónde te diriges?"

108
¿Se apenó él un poco, o tuvo vergüenza, o se asustó?

108
Y él ¿tal vez un poco se apenó, o quizá se avergonzó? ¿o tal vez de ello se espantó, se puso temeroso?

109
Se inclinó delante de ella; y le saludó, diciendo:

109
En su presencia se postró, la saludó, le dijo:

110
"Niña mía, la más pequeña de mis hijas, Señora, ojalá estés contenta. ¿Cómo has amanecido? ¿estás bien de salud, Señora y Niña mía?

110
"Mi Jovencita, Hija mía la más pequeña, Niña mía, ojalá que estés contenta; ¿cómo amaneciste? ¿Acaso sientes bien tu amado cuerpecito, Señora mía, Niña mía?

111
Voy a causarte aflicción: sabe, Niña mía, que está muy malo un pobre siervo tuyo, mi tío;

111
Con pena angustiaré tu rostro, tu corazón: te hago saber, Muchachita mía, que está muy grave un servidor tuyo, tío mío.

112
le ha dado la peste, y está por morir.

112
Una gran enfermedad se le ha asentado, seguro que pronto va a morir de ella.

113
Ahora voy presuroso a tu casa de México a llamar uno de los sacerdotes amados de Nuestro Señor, que vaya a confesarle y disponerle;

113
Y ahora iré de prisa a tu casita de México, a llamar a alguno de los amados de Nuestro Señor, de nuestros Sacerdotes, para que vaya a confesarlo y a prepararlo,

114
porque desde que nacimos, vinimos a aguardar el trabajo de nuestra muerte.

114
porque en realidad para ello nacimos, los que vinimos a esperar el trabajo de nuestra muerte.

115
Pero sí voy a hacerlo, volveré luego otra vez aquí, para ir a llevar tu mensaje. Señora y Niña mía,

115
Mas, sí voy a llevarlo a efecto, luego aquí otra vez volveré para ir a llevar tu aliento, tu palabra, Señora, Jovencita mía.

116
perdóname; ténme por ahora paciencia; no te engaño, Hija mía la más pequeña; mañana vendré a toda prisa".

116
Te ruego me perdones, tenme todavía un poco de paciencia, porque con ello no te engaño, Hija mía la menor, Niña mía, mañana sin falta vendré a toda prisa".

117
Después de oír la plática de Juan Diego, respondió la piadosísima Virgen:

117
En cuanto oyó las razones de Juan Diego, le respondió la Piadosa Perfecta Virgen:

118
"Oye y ten entendido, hijo mío el más pequeño, que es nada lo que te asusta y aflige; no se turbe tu corazón; no temas esa enfermedad ni otra alguna enfermedad y angustia.

118
"Escucha, ponlo en tu corazón, hijo mío el menor, que no es nada lo que te espantó, lo que te afligió; que no se perturbe tu rostro, tu corazón; no temas esta enfermedad, ni ninguna otra enfermedad, ni cosa punzante, aflictiva.

119
¿No estoy yo aquí, que soy tu Madre? ¿no estás bajo mi sombra? ¿no soy yo tu salud? ¿no estás por ventura en mi regazo? ¿qué más has menester?

119
¿No estoy aquí yo, que soy tu madre? ¿No estás bajo mi sombra y resguardo? ¿No soy yo la fuente de tu alegría? ¿No estás en el hueco de mi manto, en el cruce de mis brazos? ¿Tienes necesidad de alguna otra cosa?

120
No te apene ni te inquiete otra cosa; no te aflija la enfermedad de tu tío, que no morirá ahora de ella: está seguro de que ya sanó".

120
Que ninguna otra cosa te aflija, te perturbe; que no te apriete con pena la enfermdad de tu tío, porque de ella no morirá por ahora, ten por cierto que ya está bueno".

121
(Y entonces sanó su tío, según después se supo.)

121
(Y luego en aquel mismo momento sanó su tío, como después se supo.)

122
Cuando Juan Diego oyó estas palabras de la Señora del cielo, se consoló mucho; quedó contento.

122
Y Juan Diego, cuando oyó la amable palabra, el amable aliento de la Reina del Cielo, muchísimo con ello se consoló, bien con ello se apaciguó su corazón,

123
Le rogó que cuanto antes le despachara a ver al señor obispo, a llevarle alguna señal y prueba, a fin de que le creyera.

123
y le suplicó que inmediatamente lo mandara a ver al gobernante Obispo, a llevarle algo de señal, de comprobación, para que creyera.

124
La señora del cielo le ordenó luego que subiera a la cumbre del cerrillo, donde antes la veía.

124
Y la Reina celestial luego le mandó que subiera a la cumbre del cerrillo, en donde antes la veía;

125
Le dijo: "Sube, hijo mío, el más pequeño, a la cumbre del cerrillo; allí donde me viste y te dí órdenes

125
le dijo: "Sube, hijo mío el menor, a la cumbre del cerrillo, a donde me viste y te di órdenes;

126
hallarás que hay diferentes flores; córtalas, júntalas, recógelas; en seguida baja y tráelas a mi presencia".

126
allí verás que hay variadas flores: córtalas, reúnelas, ponlas todas juntas; luego baja aquí; tráelas aquí, a mi presencia".

127
Al punto subió Juan Diego el cerrillo;

127
Y Juan Diego luego subió al cerrillo,

128
y cuando llegó a la cumbre, se asombró mucho de que hubieran brotado tantas variadas exquisitas rosas de Castilla, antes del tiempo en que se dan

128
y cuando llegó a la cumbre, mucho admiró cuantas había, florecidas, abiertas sus corolas, flores las más variadas, bellas y hermosas, cuando todavía no era su tiempo:

129
porque a la sazón se encrudecía el hielo:

129
porque deveras que en aquella sazón arreciaba el hielo;

130
estaban muy fragantes y llenas del rocío de la noche, que semejaba perlas preciosas.

130
estaban difundiendo un olor suavísimo; como perlas preciosas, como llenas de rocío nocturno.

131
Luego empezó a cortarlas; las juntó todas y las echó en su regazo.

131
Luego comenzó a cortarlas, todas las juntó, las puso en el hueco de su tilma.

132
La cumbre del cerrillo no era lugar en que se dieran ningunas flores, porque tenía muchos riscos, abrojos, espinas, nopales y mezquites;

132
Por cierto que en la cumbre del cerrito no era lugar en que se dieran ningunas flores, sólo abundan los riscos, abrojos, espinas; nopales, mezquites,

133
y si se solían dar hierbecillas, entonces era el mes de diciembre, en que todo lo come y echa a perder el hielo.

133
y si acaso algunas hierbecillas se solían dar, entonces era el mes de Diciembre, en que todo lo come, lo destruye el hielo.

134
Bajó inmediatamente y trajo a la Señora del cielo las diferentes rosas que fué a cortar;

134
Y en seguida vino a bajar, vino a traerle a la Niña Celestial las diferentes flores que había ido a cortar

135
la que, así como las vió, las cogió con su mano

135
y cuando las vió, con sus venerables manos las tomó;

136
y otra vez se las echó en el regazo, diciéndole:

136
luego otra vez se las vino a poner todas juntas en el hueco de su ayate, le dijo:

137 "Hijo mío el más pequeño, esta diversidad de rosas es la prueba y señal que llevarás al obispo.	*137* "Mi hijito menor, estas diversas flores son la prueba, la señal que llevarás al obispo;
138 Le dirás en mi nombre que vea en ella mi voluntad y que él tiene que cumplirla.	*138* de mi parte le dirás que vea en ellas mi deseo, y que por ello realice mi querer, mi voluntad.
139 Tú eres mi embajador, muy digno de confianza.	*139* Y tú..., tú que eres mi mensajero..., en ti absolutamente se deposita la confianza;
140 Rigurosamente te ordeno que sólo delante del obispo despliegues tu manta y descubras lo que llevas.	*140* y mucho te mando con rigor que nada más a solas, en la presencia del obispo extiendas tu ayate, y le enseñes lo que llevas.
141 Contarás bien todo; dirás que te mandé subir a la cumbre del cerrillo, que fueras a cortar flores; y todo lo que viste y admiraste,	*141* Y le contarás todo puntualmente, le dirás que te mandé que subieras a la cumbre del cerrito a cortar flores, y cada cosa que viste y admiraste
142 para que puedas inducir al prelado a que dé su ayuda, con objeto de que se haga y erija el templo que he pedido".	*142* para que puedas convencer al gobernante sacerdote, para que luego ponga lo que está de su parte para que se haga, se levante mi templo que le he pedido".
143 Después que la Señora del cielo se lo ordenó, se puso en camino por la calzada que viene derecho a México: ya contento	*143* Y en cuanto le dió su mandato la Celestial Reina, vino a tomar la calzada, viene derecho a México, ya viene contento.

144
y seguro de salir bien,

144
Ya así viene sosegado su corazón porque vendrá a salir bien, lo llevará perfectamente.

145
trayendo con mucho cuidado lo que portaba en su regazo, no fuera que algo se le soltara de la manos

145
Mucho viene cuidando lo que está en el hueco de su vestidura, no vaya a ser que algo tire;

146
y gozándose en la fragancia de las variadas hermosas flores.

146
viene disfrutando del aroma de las diversas preciosas flores.

147
Al llegar al palacio del obispo, salieron a su encuentro el mayordomo y otros criados del prelado.

147
Cuando vino a llegar al palacio del Obispo, lo fueron a encontrar el portero y los demás servidores del Sacerdote gobernante,

148
Les rogó que le dijeran que deseaba verle; pero ninguno de ellos quiso, haciendo como que no le oían, sea porque era muy temprano,

148
y les suplicó que le dijeran cómo deseaba verlo, pero ninguno quiso; fingían que no le entendían o tal vez porque aún estaba muy oscuro,

149
sea porque ya le conocían, que sólo los molestaba, porque les era importuno;

149
o tal vez porque ya lo conocían que nomás los molestaba, los importunaba,

150
y, además, ya les habían informado sus compañeros, que le perdieron de vista, cuando habían ido en su seguimiento.

150
y ya les habían contado sus compañeros, los que lo fueron a perder de vista cuando lo fueron siguiendo.

151
Largo rato estuvo esperando.

151
Durante muchísimo rato estuvo esperando la razón.

152

Ya que vieron que hacía mucho que estaba allí, de pie, cabizbajo, sin hacer nada, por si acaso era llamado; y que al parecer traía algo que portaba en su regazo, se acercaron a él para ver lo que traía y satisfacerse.

152

Y cuando vieron que por muchísimo rato estuvo allí, de pie, cabizbajo, sin hacer nada, por si era llamado, y como que algo traía, lo llevaba en el hueco de su tilma; luego pues, se le acercaron para ver qué traía y desengañarse.

153

Viendo Juan Diego que no les podía ocultar lo que traía, y que por eso le habían de molestar, empujar o aporrear, descubrió un poco, que eran flores;

153

Y cuando vió Juan Diego que de ningún modo podía ocultarles lo que llevaba y que por eso lo molestarían, lo empujarían o tal vez lo aporrearían, un poquito les vino a mostrar que eran flores.

154

y al ver que todas eran diferentes rosas de Castilla, y que no era entonces el tiempo en que se daban, se asombraron muchísimo de ello, lo mismo de que estuvieran muy frescas, y tan abiertas, tan fragantes y tan preciosas.

154

Y cuando vieron que todas eran finas, variadas flores y que no era tiempo entonces de que se dieran, las admiraron mucho, lo frescas que estaban, lo abiertas que tenían sus corolas, lo bien que olían, lo bien que parecían.

155

Quisieron coger y sacarle algunas;

155

Y quisieron coger y sacar unas cuantas;

156

pero no tuvieron suerte las tres veces que se atrevieron a tomarlas: no tuvieron suerte,

156

tres veces sucedió que se atrevieron a cogerlas, pero de ningún modo pudieron hacerlo,

157

porque cuando iban a cogerlas, ya no veían verdaderas flores sino que les parecían pintadas o labradas o cosidas en la manta.

157

porque cuando hacían el intento ya no podían ver las flores, sino que, a modo de pintadas, o bordadas, o cosidas en la tilma las veían.

158
Fueron luego a decir al señor obispo lo que habían visto

158
Inmediatamente fueron a decirle al Gobernante Obispo lo que habían visto;

59
y que pretendía verle el indito que tantas veces había venido; el cual hacía mucho que por eso aguardaba, queriendo verle.

159
y cómo deseaba verlo el indito que otras veces había venido, y que ya hacía muchísimo rato que estaba allí aguardando el permiso, porque quería verlo.

160
Cayó, al oirlo, el señor obispo en la cuenta de que aquello era la prueba, para que se certificara y cumpliera lo que solicitaba el indito.

160
Y el Gobernante Obispo, en cuanto lo oyó, dió en la cuenta de que aquello era la prueba para convencerlo, para poner en obra lo que solicitaba el hombrecito.

161
En seguida mandó que entrara a verle.

161
Enseguida dió orden de que pasara a verlo.

162
Luego que entró, se humilló delante de él, así como antes lo hiciera.

162
Y habiendo entrado, en su presencia se postró, como ya antes lo había hecho.

163
Y contó de nuevo todo lo que había visto y admirado, y también su mensaje.

163
Y de nuevo le contó lo que había visto, admirado, y su mensaje.

164
Dijo: "Señor, hice lo que me ordenaste,

164
Le dijo: "Señor mío, Gobernante, ya hice, ya llevé a cabo según me mandaste;

165
que fuera a decir a mi Ama, la Señora del cielo, Santa María, preciosa Madre de Dios, que pides una señal para poder creerme que le has de hacer el templo donde ella te pide que lo erijas;

166
y además le dije que yo te había dado mi palabra de traerte alguna señal y prueba, que me encargaste, de su voluntad.

167
Condescendió a tu recado y acogió benignamente lo que pides, alguna señal y prueba para que se cumpla su voluntad.

168
Hoy muy temprano me mandó que otra vez viniera a verte;

169
le pedí la señal para que me creyeras, según me había dicho que me la daría; y al punto lo cumplió:

170
me despachó a la cumbre del cerrillo, donde antes yo la viera, a que fuese a cortar varias rosas de Castilla.

165
así fui a decirle a la Señora mi Ama, la Niña Celestial, Santa María, la Amada Madre de Dios, que pedías una prueba para poder creerme, para que le hicieras su casita sagrada, en donde te la pedía que la levantaras;

166
y también le dije que te había dado mi palabra de venir a traerte alguna señal, alguna prueba de su voluntad, como me lo encargaste.

167
Y escuchó bien tu aliento, tu palabra, y recibió con agrado tu petición de la señal, de la prueba, para que se haga, se verifique su amada voluntad.

168
Y ahora, cuando era todavía de noche, me mandó para que otra vez viniera a verte;

169
y le pedí la prueba para ser creído, según había dicho que me la daría, e inmediatamente lo cumplió.

170
Y me mandó a la cumbre del cerrito en donde antes yo la había visto, para que allí cortara diversas rosas de Castilla.

171
Después que fuí a cortarlas, las traje abajo;

171
Y cuando las fui a cortar, se las fuí a llevar allá abajo;

172
las cogió con su mano

172
y con sus santas manos las tomó,

173
y de nuevo las echó en mi regazo

173
de nuevo en el hueco de mi ayate las vino a colocar,

174
para que te las trajera y a ti en persona te las diera.

174
para que te las viniera a traer, para que a ti personalmente te las diera.

175
Aunque yo sabía bien que la cumbre del cerrillo no es lugar en que se den flores, porque sólo hay muchos riscos, abrojos, espinas, nopales y mezquites, no por eso dudé:

175
Aunque bien sabía yo que no es lugar donde se den flores la cumbre del cerrito, porque sólo hay abundancia de riscos, abrojos, huizaches, nopales, mezquites, no por ello dudé, no por ello vacilé.

176
cuando fuí llegando a la cumbre del cerrillo, miré que estaba en el paraíso.

176
Cuando fui a llegar a la cumbre del cerrito miré que ya era el paraíso.

177
Allí estaban ya perfectas todas las diversas flores preciosas, de lo más fino que hay, llenas de rocío, esplendorosas, de modo que luego las fui a cortar.

177
donde había juntas todas las varias y exquisitas rosas de Castilla, brillantes de rocío, que luego fuí a cortar.

178
Ella me dijo por qué te las había de entregar; y así lo hago, para que en ellas veas la señal que pides y cumplas su voluntad;

178
Y me dijo que de su parte te las diera, y que ya así yo probaría; que vieras la señal que le pedías para realizar su amada voluntad,

179
y también para que aparezca la verdad de mi palabra y de mi mensaje.

179
y para que aparezca que es verdad mi palabra, mi mensaje.

180
Helas aquí: recíbelas".

180
Aquí las tienes; hazme favor de recibirlas".

181
Desenvolvió luego su blanca manta, pues tenía en su regazo las flores;

181
Y luego extendió su blanca tilma, en cuyo hueco había colocado las flores.

182
y así que se esparcieron por el suelo todas las diferentes rosas de Castilla,

182
Y así como cayeron al suelo todas las variadas flores preciosas,

183
se dibujó en ella y apareció de repente la preciosa imagen de la siempre Virgen Santa María, Madre de Dios, de la manera en que está

183
luego allí se convirtió en señal, se apareció de repente la Amada Imagen de la Perfecta Virgen Santa María, Madre de Dios, en la forma y figura en que ahora está,

184
y se guarda hoy en su templo del Tepeyácac, que se nombra Guadalupe.

184
en donde ahora es conservada en su amada casita, en su sagrada casita en el Tepeyac, que se llama Guadalupe.

185
Luego que la vió el señor obispo, él y todos los que allí estaban, se arrodillaron: mucho la admiraron;

185
Y en cuanto la vió el Obispo Gobernante y todos los que allí estaban, se arrodillaron, mucho la admiraron,

186
se levantaron a verla; se entristecieron y acongojaron, mostrando que la contemplaron con el corazón y el pensamiento.

186
se pusieron de pie para verla, se entristecieron, se afligieron, suspenso el corazón, el pensamiento...

187
El señor obispo con lágrimas de tristeza oró y le pidió perdón de no haber puesto en obra su voluntad y su mandato.

187
Y el Obispo Gobernante con llanto, con tristeza, le rogó le pidió perdón por no luego haber realizado su voluntad, su venerable aliento, su venerable palabra.

188
Cuando se puso en pie, desató el cuello de Juan Diego, del que estaba atada, la manta

188
Y cuando se puso de pie, desató del cuello de donde estaba atada, la vestidura, la tilma de Juan Diego

189
en que se dibujó y apareció la Señora del cielo.

189
en la que se apareció, en donde se convirtió en señal la Reina Celestial.

190
Luego la llevó y fué a ponerla en su oratorio.

190
Y luego la llevó; allá la fue a colocar a su oratorio.

191
Un día más permaneció Juan Diego en la casa del obispo, que aún le detuvo.

191
Y todavía allí pasó un dia Juan Diego en la Casa del Obispo, aún lo detuvo.

192
Al día siguiente, le dijo: "¡Ea! a mostrar dónde es voluntad de la Señora del cielo que le erijan su templo".

192
Y al día siguiente le dijo: "Anda vamos a que muestres dónde es la voluntad de la Reina del Cielo que le erijan su templo".

193
Inmediatamente se convidó a todos para hacerlo.

193
De inmediato se convidó gente para hacerlo, levantarlo.

194
No bien Juan Diego señaló dónde había mandado la Señora del cielo que se levantara su templo, pidió licencia de irse;

194
Y Juan Diego, en cuanto mostró en dónde había mandado la Señora del Cielo que se erigiera su casita sagrada, luego pidió permiso:

195
quería ahora ir a su casa a ver a su tío Juan Bernardino; el cual estaba muy grave, cuando le dejó y vino a Tlatilolco a llamar un sacerdote, que fuera a confesarle y disponerle, y le dijo la Señora del cielo que ya había sanado.

196
Pero no le dejaron ir solo, sino que le acompañaron a su casa.

197
Al llegar, vieron a su tío que estaba muy contento y que nada le dolía.

198
Se asombró mucho de que llegara acompañado y muy honrado su sobrino,

199
a quien preguntó la causa de que así lo hicieran y que le honraran mucho.

200
Le respondió su sobrino que, cuando partió a llamar al sacerdote que le confesara y dispusiera, se le apareció en el Tepeyácac la Señora del cielo;

201-202
la que, diciéndole que no se afligiera, que ya su tío estaba bueno, con que mucho se consoló, le despachó a México, a ver al señor obispo, para que le edificara una casa en el Tepeyácac.

195
quería ir a su casa para ir a ver a su tío Juan Bernardino, que estaba muy grave cuando lo dejó para ir a llamar a un Sacerdote a Tlatilolco para que lo confesara y lo dispusiera, de quien le había dicho la Reina del Cielo que ya había sanado.

196
Pero no lo dejaron ir solo, sino que lo acompañaron a su casa.

197
Y al llegar vieron a su tío que ya estaba sano, absolutamente nada le dolía.

198
Y él, por su parte, mucho admiró la forma en que su sobrino era acompañado y muy honrado;

199
le preguntó a su sobrino por qué así sucedía, el que mucho le honraran.

200
Y él le dijo cómo cuando lo dejó para ir a llamarle un Sacerdote para que lo confesara, lo dispusiera, allá en el Tepeyac se le apareció la Señora del Cielo;

201
y lo mandó a México a ver al Gobernante Obispo, para que allí le hiciera una casa en el Tepeyac.

	202 Y le dijo que no se afligiera, que ya su tío estaba contento, y con ello mucho se consoló.
203 Manifestó su tío ser cierto que entonces le sanó	*203* Le dijo su tío que era cierto, que en aquel preciso momento lo sanó,
204 y que la vió del mismo modo en que se aparecía a su sobrino;	*204* y la vió exactamente en la misma forma en que se le había aparecido a su sobrino,
205 sabiendo por ella que le había enviado a México a ver al obispo.	*205* y le dijo cómo a él también lo había enviado a México a ver al Obispo;
206 También entonces le dijo la Señora que, cuando él fuera a ver al obispo, le revelara lo que vió	*206* y que también, cuando fuera a verlo, que todo absolutamente le descubriera, le platicara lo que había visto
207 y de qué manera milagrosa le había ella sanado;	*207* y la manera maravillosa en que lo había sanado,
208 y que bien la nombraría, así como bien había de nombrarse su bendita imagen, la siempre Virgen Santa María de Guadalupe.	*208* y que bien así la llamaría, bien así se nombraría: La Perfecta Virgen Santa María de Guadalupe, su Amada Imagen.
209 Trajeron a Juan Bernardino a presencia del señor obispo; a que viniera a informarle y atestiguar delante de él.	*209* Y luego trajeron a Juan Bernardino a la presencia del Gobernante Obispo, lo trajeron a hablar con él, a dar testimonio.

210 A entrambos, a él y a su sobrino, los hospedó el obispo en su casa algunos días,	*210* Y junto con su sobrino Juan Diego, los hospedó en su casa el Obispo unos cuantos días,
211 hasta que se erigió el templo de la Reina en el Tepeyácac, donde la vió Juan Diego.	*211* en tanto que se levantó la casita sagrada de la Niña Reina allá en el Tepeyac, donde se hizo ver de Juan Diego.
212 El señor obispo transladó a la Iglesia Mayor la santa imagen de la amada Señora del cielo:	*212* Y el Señor Obispo trasladó a la Iglesia Mayor la amada Imagen de la Amada Niña Celestial.
213 la sacó del oratorio de su palacio, donde estaba, para que toda la gente la viera y admirara su bendita imagen.	*213* La vino a sacar de su palacio, de su oratorio en donde estaba, para que todos la vieran, la admiraran, su amada Imagen.
214-215 La ciudad entera se conmovió: venía a ver y admirar su devota imagen,	*214* Y absolutamente toda esta ciudad, sin faltar nadie, se estremeció cuando vino a ver, a admirar su preciosa Imagen.
	215 Venían a reconocer su carácter divino.
216 y a hacerle oración.	*216* Venían a presentarle sus plegarias.
217 Mucho le maravillaba que se hubiese aparecido por milagro divino;	*217* Mucho admiraron en qué milagrosa manera se había aparecido,
218 porque ninguna persona de este mundo pintó su preciosa imagen.	*218* puesto que absolutamente ningún hombre de la tierra pintó su amada Imagen.

3. El estado y las tareas de la investigación

El *Nican Mopohua* es una "narración intercultural" (español-tolteca/azteca), cuyo origen, continuidad y transformación entre diferentes culturas dificulta mucho la comprensión del texto, en virtud de la lejanía del tiempo, del lenguaje y de la cultura de entonces. No obstante, hasta el presente casi no existen trabajos fundados que se ocupen de la tradición literaria, tan central y poderosamente eficaz, del acontecimiento guadalupano, que la examinen a la luz de métodos científicos y permitan cerciorarse de la significación del texto y comprobar los resultados intersubjetivos.

Faltan trabajos en los que se investigue de acuerdo con el método histórico-crítico, que orienten para descifrar la significación del texto, sobre todo desde el aspecto diacrónico, es decir, desde el aspecto del nacimiento del texto y de la reconstrucción de la historia de su formación. Esto supone la reconstrucción del texto náhuatl primitivo del *Nican Mopohua* (crítica textual), la comprobación de sus fuentes escritas (crítica literaria), las tradiciones orales o preliterarias del texto (crítica e historia de la tradición), así como un examen de la colección y de los retoques del material del *Nican Mopohua* (crítica e historia de la redacción). Además, faltan trabajos especiales de otras áreas, por ejemplo del área de la lingüística moderna (lingüística textual, el modo de ver la estructura del texto, la semántica, la pragmática), que aborden el texto del *Nican Mopohua* en el aspecto sincrónico, es decir, en aquella configuración que tenía, *v.g.* en el momento de su publicación en 1649 por Lasso de la Vega.

En los últimos tiempos los siguientes autores han hecho sugerencias orientadoras para un estudio teológico, histórico, lingüístico y sociológico de dicho documento: Ángel María Garibay K.,[5] Primo Feliciano Velázquez,[6] Alfonso Junco,[7] Jacques Lafaye,[8] Guillermo

[5] Ángel Ma. Garibay, "Temas guadalupanos", en *Ábside,* 9 (1945), núm. 1, pp. 35-64; núm. 2, 155-169; núm. 3, pp. 243-259; núm. 4, pp. 381-420.

[6] Velázquez, *Aparición,* 116-183.

[7] Junco, *Radical problema,* 9-55.

[8] Lafaye, *Quetzalcóatl,* 332-373.

Ortiz de Montellano,[9] Clodomiro L. Siller A.,[10] Fidel de Jesús Chauvet,[11] Ernest J. Burrus,[12] Edmundo O'Gorman[13] y Francisco J. Noguez Ramírez.[14]

Para esclarecer e interpretar el texto del *Nican Mopohua,* nuestra tarea comprende, entre otros, tres grandes campos: uno histórico, uno filológico y —no en último lugar— uno teológico. Estos campos de investigación se entrecruzan de muchas maneras; en todos ellos se presentan vehementes discusiones, y hasta la fecha carecemos de investigaciones en relación con el *Nican Mopohua* cuyos resultados sean concluyentes o de validez general.

Por ejemplo, desde el punto de vista filológico se presenta la tarea de analizar las peculiaridades literarias: ¿Cómo nació el *Nican Mopohua?* ¿Qué estructuras y dependencias provenientes de otras fuentes españolas o nahuas existen? ¿A qué normas narrativas está sujeto? ¿Qué tradiciones hay en el trasfondo? Estas cuestiones dificultan el camino de la investigación del acontecimiento guadalupano. Aquí no se debe olvidar que hay una diferencia casi infranqueable entre la literatura guadalupana y la historia del acontecimiento del Tepeyac. "La tradición permite que se le reviva, el pasado no; existen 'sucesos' literarios, pero no históricos; porque reproducción es algo distinto de reconstrucción, aun cuando ambas actividades suponen recepción".[15] Además, se trata del problema de cómo se formó el *Nican Mopohua;* la coordinación de otros testimonios literarios también conlleva dificultades que hasta ahora no se han podido allanar:

[9] Guillermo Ortiz de Montellano compuso en 50 capítulos (continuaciones) de la revista *Tepeyac,* ed. por el CEG desde 1976, un "Análisis lingüístico del *Nican Mopohua";* capítulo 50, en *Tep,* VIII (1982), núms. 166-167, pp. 2-3; véase también el insuficiente "Análisis lingüístico" del mismo autor, *Nican Mopohouha [sic],* México, 1989.

[10] Clodomiro L. Siller A., "La evangelización guadalupana", en: *EI,* I (1984), pp. 1-149; traducción alemana de L. Kock, *Hier wird der Reihe nach erzählt. Das Ereignis von Guadalupe. Urtext und Kommentar,* Annweiler (Prólogo, 1988).

[11] Chauvet, *El culto,* 157-167, 172-197.

[12] Ernest J. Burrus, "La continuidad y congruencia de los documentos de la historia guadalupana", en Schulenburg Prado, *450° Aniversario,* 315-339.

[13] O'Gorman, *Destierro,* 41-61.

[14] Noguez Ramírez, *The Apparition,* 7-19, 228-251, 289-300.

[15] Arno Borst, "Das historische 'Ereignis'", en Reinhart Kossellek y Wolf-Dieter Stempel (eds.), *Geschichte- Ereignis und Erzählung,* Munich, 1973, pp. 536-540, especialmente p. 540.

¿Existen diversas tradiciones peculiares? ¿Qué importancia tienen las tradiciones orales?

Hasta donde nos sea posible, sugeriremos respuestas a estas y a otras cuestiones, relativas a la paternidad literaria, a la fecha y localización del mencionado texto, es decir, señalaremos el estado actual de la investigación. Con todo, la traducción que presentamos del *Nican Mopohua* y el comentario, reducido a unos cuantos aspectos, no pretenden ofrecer una explicación o exégesis "sistemática" y completa de la narración de las apariciones. En todo caso podrían contribuir a esa tarea. Por lo pronto queremos estimular a una nueva reflexión sobre hipótesis fundamentales en la interpretación del *Nican Mopohua* que, casi sin cuestionamientos, "canónicamente" se han dado por probadas; y procuraremos dar impulsos para continuar las investigaciones históricas, filológicas y teológicas.

IV. JUICIOS Y PROBLEMÁTICAS EN EL ASPECTO LITERARIO

1. La cuestión sobre el origen y el autor

El "Nican Mopohua" *(Aquí se narra),* que se llama así por las dos primeras palabras de la introducción de la edición de 1649, es el pasaje narrativo más importante y sobre el que más se ha disertado acerca de las apariciones de la Virgen María en la colina del Tepeyac, situada en el norte de la ciudad de México. Ninguna otra fuente —ni en náhuatl ni en español— se puede comparar con él en la prolijidad o en los detalles de la narración. En él no sólo se menciona a la Virgen María, Juan Diego, Juan Bernardino y al obispo Zumárraga, sino que se transmite una descripción de la imagen de la Virgen de Guadalupe que se venera en la basílica, que es el santuario de peregrinación más famoso de América.

Parece estar fuera de duda que solamente "copias" de este *Nican Mopohua* han sobrevivido a los tiempos y, de ellas, algunas han sido registradas hasta muy posteriormente. El bachiller Lasso de la Vega, que en 1649 desempeñaba el oficio de capellán o bien de cura vicario de la iglesia del Tepeyac, debió tener acceso al original o a una copia de este documento, que, según la opinión de la mayoría de los investigadores, al publicar en 1649 su *Hueitlamahuicoltica (De manera maravillosa),* sin duda la hizo presente y la puso al alcance de todos.[1]

Un segundo pasaje narrativo, añadido a las apariciones del Tepeyac comienza con las palabras *Nican Motecpana* ("Aquí se refieren ordenadamente").

Este pasaje narra muchos milagros antiguos con que la Virgen de Guadalupe favoreció tanto a los españoles como a los indios en la

[1] Luys Lasso de la Vega, *Hvei Tlamahviçoltica Omonexiti In Ilhvicac Tlatóca Çihvapilli Santa María Totlaçonantzin Gvadalvpe In Nican Hvei Altepe-Nahvac Mexico Itocayòcan Tepeyacac* (Imp. Juan Ruyz), México, 1649 (primera edición del *Nican Mopohua).*

nueva Colonia. Contiene además datos biográficos de Juan Diego y de Juan Bernardino, y menciona interesantes informaciones sobre el culto mariano en los albores de la época colonial.[2]

Lasso de la Vega se autodesigna como el autor del mencionado *Hueitlamahuicoltica,* y pretende haber escrito por inspiración divina sus dos partes, el *Nican Mopohua* y el *Nican Motecpana.*[3]

Esto ha sido vehementemente impugnado por estudiosos de renombre desde el siglo XVII; ellos sostienen que Lasso de la Vega tuvo en su poder, o por lo menos consultó, el original o una copia del manuscrito redactado en náhuatl, ya que el relato de las apariciones y de los milagros de la Virgen de Guadalupe revelan una visión del mundo de los mexicanos antiguos que Lasso de la Vega no habría podido imitar. Comparten esta opinión personalidades tan conocidas como Bezerra Tanco, Carlos de Sigüenza y Góngora, Lorenzo Boturini, José Ignacio Bartolache,[4] Ángel María Garibay y casi todos los "guadalupanos" del presente. Pero si Lasso de la Vega sólo fue el editor del *Nican Mopohua,* ¿quién fue su autor?

Luis Bezerra Tanco fue el primero que dio una respuesta a esta pregunta: en el proceso inquisitivo de 1666, él declaró que Gaspar de Praves, un viejo sacerdote de San Mateo Texcaliacac —buen conocedor del náhuatl y tío del mismo Bezerra Tanco— le había comunicado que el autor de la narración de las apariciones era un tal Juan Valeriano, "indio muy noble de la prosapia real de los Monarcas que fueron de esta ciudad", y estudiante sobresaliente del Colegio Imperial de Santa Cruz de Tlatelolco.[5]

A pesar de que el primer nombre está citado incorrectamente, es indudable que Praves se refería a Antonio Valeriano (¿1520?-1605), un alumno versado sobre todo en filosofía y en latín, y colaborador

[2] Lasso de la Vega, *Hvei,* 9[b]-15[b].

[3] *Hvei,* en la Introducción "Ilhvicac Tlatóca..."; traducción de Primo Feliciano Velázquez, en Luys Lasso de la Vega, *Hvei Tlamahviçoltica...* Libro en lengua mexicana, que el Br. Luis Lasso de la Vega hizo imprimir en México, el año 1649, ahora traducido y anotado por el licenciado Don Primo Feliciano Velázquez (edit. Carreño e Hijo), México, 1926, pp. 21-23.

[4] José Ignacio Bartolache, *Manifiesto satisfactorio. Opúsculo guadalupano...* (Imp. F. de Zúñiga y Ontiveros), México, 1790.

[5] Fortino Hipólito Vera, *Informaciones sobre la milagrosa aparición de la Santísima Virgen de Guadalupe, recibidas en 1666 y 1723.* Publícalas el presbítero Br. F. H. Vera (Imp. Católica), Amecameca, Edo. de Méx., 1889, pp. 154-155.

de fray Bernardino de Sahagún, que fue gobernador de los indios de la ciudad de México durante más de 30 años, a pesar de que era macehual y extranjero, ya que no nació en Tenochtitlan, sino en Atzcapotzalco.

Bezerra Tanco menciona como autor a este Valeriano en su famosa obra *Origen milagroso del santuario de Nuestra Señora de Guadalupe,* publicada en 1666.[6]

En la discusión sobre el problema del autor del *Nican Mopohua,* Carlos de Sigüenza y Góngora (1645-1700) llegó a ser muy importante. En el capítulo décimo de su libro *Piedad Heroyca de don Fernando Cortés* —haciendo una digresión de su tema principal— cree necesario corregir al jesuita Francisco de Florencia en relación con dicho problema sobre el autor del *Nican Mopohua,* que menciona en su popular libro *La Estrella de el Norte:*[7] el autor no fue fray Jerónimo de Mendieta, sino el indio Antonio Valeriano.

> Si fuera este lugar de quexas, las diera muy grandes de semejante impostura. No sólo no es del P. Mendieta esta Relación, pero ni puede serlo, pues se leen en ella algunos sucesos y casos milagrosos, que acontecieron años después de la muerte de dicho Religioso; sino es que se quiere dezir, que post mortem prophetaverunt ossa eius. Digo, y juro, que esta Relación que hallé entre los papeles de D. Fernando de Alva, que tengo todos, y que es la misma que afirma el Licenciado Luis Bezerra en su libro (pag. 30 de la impresión de Sevilla) haver visto en su poder. El original en Mexicano está de letra de Don Antonio Valeriano Indio, que es su verdadero autor, y al fin añadidos algunos

[6] Luis Bezerra Tanco, *Origen milagroso,* p. 148; consúltense también las nuevas ediciones corregidas y aumentadas, publicadas como póstumas por Antonio de Gama bajo el título: *Bezerra Tanco, Felicidad de México,* México, 1675 (Sevilla, 1685; México, 1979).

[7] Francisco de Florencia, *La estrella de el norte de México,* aparecida al rayar el día de la luz evangélica en este Nuevo-Mundo, en la cumbre de el cerro del Tepeyac orilla del mar Tezcucano, à vn Natural recién convertido; pintada tres días después milagrosamente en su tilma, ò capa de lienço, delante del Obispo, y de su familia en su Casa Obispal: Para luz en la Fé à los Indios; para rumbo cierto à los Españoles en la virtud; para serenidad de las tempestuosas inundaciones de la Laguna. En la Historia de la Milagrosa Imagen de N. Señora de Guadalupe de México, que se apareciò en la manta de Juan Diego. Compvsola el P. Francisco de Florencia, de la Compañía de Jesús… (Imp. Doña María de Benevides, Viuda de Juan de Ribera), México, 1688, cap. 13, p. 77; otras ediciones de esta obra tan importante para la historia del Guadalupanismo: Madrid 1785 y Guadalajara, Jal., 1895.

> milagros de letra de Don Fernando, también en Mexicano. Lo que presté al R.P. Francisco de Florencia, fve vna traducción parafrastica, que de vno y otro hizo Don Fernando, y también está de su letra.[8]

El gran prestigio y la integridad de la persona de Sigüenza condujeron a que este juramento y su afirmación, tal como está transmitida en este breve pasaje del texto,[9] fueran tenidos como determinantes y decisivos en el debate acerca de la cuestión del autor. Los guadalupanos hasta ahora no han podido aportar otras "pruebas".

La búsqueda (hasta ahora sin éxito) del original del *Nican Mopohua* fue, desde el siglo XVII, una preocupación principal de muchos científicos y guadalupanos. Por consiguiente podemos partir del supuesto de que dicho original tal vez jamás será encontrado. Ahora bien, ¿cómo se puede juzgar la afirmación de Sigüenza acerca de dicho documento?

De acuerdo con sus declaraciones, este erudito mexicano encontró el escrito, supuestamente redactado por Valeriano, entre las obras del historiador Alva Ixtlilxóchitl, descendiente de los reyes de Texcoco; que Sigüenza había recibido de Juan de Alva Cortés, gobernador de San Juan Teotihuacan, hijo y heredero universal de Ixtlilxóchitl. A la muerte de Alva Cortés, dado que no había ningún heredero legítimo, todos sus libros y manuscritos pasaron a poder de Sigüenza. Por eso es admisible que el *Nican Mopohua* pudiera haber sido parte integrante del testamento de Alva Cortés. Es sabido que antes Bezerra Tanco ya había hecho notar que el documento guadalupano se encontraba en manos de Ixtlilxóchitl. Esto lo hace saber Sigüenza, y funda su afirmación en un pasaje del texto de la *Felicidad de México* que apareció en Sevilla en 1685.

Ya en 1648 fue publicada en la ciudad de México la obra de

[8] Carlos de Sigüenza y Góngora, *Piedad Heroyca de don Fernando Cortés,* Madrid, 1960, p. 65.

[9] Al margen derecho del manuscrito de Sigüenza fueron añadidas más tarde al texto original las palabras "su verdadero" [autor]; véase Mariano Cuevas, *Álbum Histórico,* 68; *cf.* también Cuevas, *op. cit.,* la "Página hológrafa de Sigüenza y su juramento". El conocido historiador y "guadalupano" M. Cuevas alega en sus obras no pocas "pruebas" en relación con las apariciones guadalupanas y la cuestión sobre el autor del *Nican Mopohua,* que no son verificables; en el mencionado *Álbum histórico,* p. 67, designa al "verdadero autor" Valeriano como "evangelista de la aparición".

Miguel Sánchez, *Imagen de la Virgen María.*[10] Este libro contiene la primera historia conocida que narra las apariciones de la Virgen María acaecidas a Juan Diego. Sólo un año después (1649) fue impreso también en la ciudad de México, por Juan Ruyz, el *Hueitlamahuiçoltica,* de Lasso de la Vega.

Se sabe que Lasso de la Vega publicó el mencionado texto del *Nican Mopohua* —sin traducción española— en la primera parte de su obra. Pero ni Miguel Sánchez ni Lasso de la Vega indican las fuentes que utilizaron, lo cual hubiera podido dar luz, ya desde mediados del siglo XVII, a la cuestión del autor y al paradero del original. No obstante, E. J. Burrus, S.J., asevera que Lasso de la Vega, al escribir su obra, se sirvió de la redacción original de la narración de las apariciones. Basa esta afirmación en un comentario escrito por el italiano "guadalupano" Boturini.[11] Sin embargo, a nuestro modo de ver, en su comentario Boturini solamente sugiere que se tome en consideración como una simple posibilidad, sin agregar ningún argumento sólido en su favor.[12]

Sobre el mismo tema se manifestó el conocido guadalupano López Beltrán,[13] autor de múltiples obras guadalupanas, quien sostuvo la opinión de que el mismo Juan de Alva le había prestado a Lasso

[10] Miguel Sánchez, *Imagen de la Virgen María Madre de Dios de Gvadalupe...* (Imp. Viuda de Bernardo Calderón), México, 1648 (reimp., Cuernavaca, Mor., 1952).

[11] Lorenzo Boturini Benaducci, *Idea de una nueva historia general de la América septentrional. Fundada sobre material copioso de figuras, symbolos, caractères, y geroglíficos, cantares y manuscritos de autores indios, ultimamente descubiertos. Dedicala al Rey Ntro. Señor en su Real, y Supremo Consejo de las Indias el Cavallero Lorenzo Boturini Benaduci, Señor de la Torre, y de Hono* (Imp. Juan de Zúñiga) Madrid, 1746; del mismo, *Diez cuadernos de apuntes...* (fotocopias del ms. original), comp. por H. Rogel, BSC, México, 1983; sobre el renombrado "guadalupano" Boturini B. (1702-¿1755?), véase Aureliano Tapia Méndez, *El Caballero de la Reina: Don Lorenzo Boturini Benaduci, Caballero del Sacro Romano Imperio...precursor de la coronación pontificia de Santa María de Guadalupe,* Monterrey, N. L., 1971.

[12] Ernest J. Burrus, "La copia más antigua del 'Nican Mopohua'", en *Histórica,* col. I, núm. 2, México (CEG), s.a. [1987], pp. 5-27, especialmente 16-17.

[13] Lauro López Beltrán, *Obras guadalupanas,* t. I: *Homenaje lírico guadalupano,* México, 1984; t. II: *El autor del relato original guadalupano,* México, 1981 (2ª ed.); t. III: *La protohistoria guadalupana,* México, 1966, 1981 (2ª ed.); t. IV: *Patronatos guadalupanos,* México, 1982; *Treinta y dos milagros guadalupanos históricamente comprobados,* México, 1972; "La Guadalupana, Reina de los Mares", en *Juan Diego,* 20 (1959); con sus actividades y escritos guadalupanos, López Beltrán ha fomentado una especie de "religión guadalupana". Sobre esto véase Jesús María Rodríguez, *Don Lauro López Beltrán: Cruzado mundial guadalupano,* México, 1986.

de la Vega el mencionado manuscrito en náhuatl.[14] Esta afirmación carece de todo fundamento.

Partiendo de la hipótesis de que el original del *Nican Mopohua* pasó a la biblioteca de Sigüenza a la muerte del hijo de Ixtlilxóchitl, se han hecho muchos intentos para descubrir tal documento sin que hasta ahora se hayan logrado resultados positivos.

A la muerte de Sigüenza (22 de agosto de 1700), por disposición del mismo, pasó su valiosa colección de libros y manuscritos al inventario de la biblioteca del Colegio de San Pedro y San Pablo de los jesuitas en la ciudad de México. Ya desde entonces no se encontraba dicho documento en náhuatl entre los libros de Sigüenza, como Burrus cree poder demostrar en un minucioso estudio.[15] Tal vez ya nunca se podrá contestar si alguna vez Sigüenza lo tuvo en su poder. De cualquier manera, después de 1770 nadie más pretende haber poseído, o por lo menos haber visto, el documento.

Mariano Cuevas, S.J., añadió un nuevo aspecto al debate sobre el paradero del documento, cuando en 1921 publicó su *Historia de la Iglesia en México:* según él, durante la invasión norteamericana en 1847 el general Scott se apoderó de los papeles de la biblioteca del mencionado Colegio de los jesuitas, y fueron a parar a un archivo del Ministerio de Estado en Washington, donde dice haberlos visto el ministro mexicano Luis de la Rosa, de acuerdo con una carta al ministro de Relaciones Exteriores:

> Ya hemos dicho en otro lugar, y precisa repetirlo, que esos papeles [de la librería del Colegio Máximo de San Pedro y San Pablo] pasaron a la Universidad de México en virtud de la expulsión de los jesuitas y latrocinio de sus bienes perpetrados por Carlos III. De allí con los mismos derechos los sacó el general Scott en 1847 y fueron a formar parte del Archivo o de un depósito del Ministerio de Estado en Washington donde los vió nuestro ministro en esa nación, Don Luis de la Rosa según lo dice en carta oficial reservada al Gobierno Mexicano y que ha pasado últimamente a la Secretaría de Relaciones Exteriores.

[14] Lauro López Beltrán, *La protohistoria* (1966), 70.

[15] Burrus, "La copia…", pp. 12-14; del mismo, *A major Guadalupan question resolved: Did general Scott seize the Valeriano account of the Guadalupan apparitions?* (CARA Studies), Washington, D. C., 1979, p. 22.

La signatura que tenía cuando vimos esa carta en el Archivo General de la Nación era 'Asuntos diversos', caja 6-1846-1851; carta N° 19. Hizo reclamaciones nuestro gobierno. El americano prometió devolver esos documentos protestando contra la acción de Scott y en efecto... no ha devuelto nada.[16]

Los datos detallados de Cuevas han sido examinados varias veces en la época posterior, sin llegar a ningún resultado: ni el original del *Nican Mopohua* ni la carta de Rosas han podido encontrarse. Además, Burrus impugna las "investigaciones" de Cuevas, según las cuales fue robada la colección de Sigüenza durante la invasión norteamericana, alegando que en 1847 ya no existía esa colección como separada e intacta.[17]

En los últimos tiempos, el nahuatlato Ángel M. Garibay añadió una variante más a la discusión: partiendo de los diferentes estilos del texto, basándose en sus amplios conocimientos de la literatura mexicana, esbozó la hipótesis de que Valeriano, junto con otros autores —en un equipo literario dirigido por fray Bernardino de Sahagún— recopiló y elaboró el *Nican Mopohua* entre 1560 y 1570 en el Colegio de Tlatelolco.[18] Según su opinión, la narración de las apariciones pudo haber sido redactada en ese tiempo, puesto que entonces un grupo de nahuas se dedicaba a la escritura del Libro XII (sobre la conquista de los mexicas) del *Codex Florentinus*[19] y de los *Colloquios y doctrina christiana,* como se llamó a los diálogos entre algunos indígenas prominentes y los franciscanos españoles.[20] La tesis de Garibay señala, en nuestra opinión, una interesante pers-

[16] Cuevas, *Álbum histórico*, 146.

[17] Ernest J. Burrus, "¿Dónde está la colección de Sigüenza y Góngora?", en CEG (ed.), *IV Encuentro Nacional guadalupano*, México, 1980, pp. 45-66.

[18] Ángel María Garibay K., *Historia de la literatura náhuatl*, 2 tomos, México, 1953-1954, 1971, II, pp. 256-266.

[19] La "Conquista de México", escrita por B. de Sahagún hacia 1585 en náhuatl y en parte en lengua castellana que se encuentra en el Libro 12 del *Codex florentinus*. es un documento único de "cultura mexicana clásica", que en lenguaje muy gráfico reproduce impresiones y recuerdos de quienes pertenecieron al pueblo azteca y vivieron en carne propia la conquista. *Codex florentinus*, tomos I-III, edición en facsímil, patrocinada por el gobierno mexicano, s.l., 1979.

[20] Walter Lehmann, *Sterbende Götter und christliche Heilsbotschaft... "Coloquios y doctrina christiana" des Fray Bernardino de Sahagún aus dem Jahre 1564. Spanischer und mexikanischer Text mit deutscher Übersetzung von W. Lehmann. Aus dem Nachlaß herausgegeben von Gerdt*

pectiva que podría ayudar a esclarecer la cuestión de la paternidad literaria, pero hasta ahora no se ha sometido a ningún estudio científico. Si aceptáramos esa tesis, tendríamos que tomar en consideración la participación directa o indirecta de fray Bernardino de Sahagún en la formación del texto. Bien sabemos que Sahagún reprobaba la integración al cristianismo de antiguos elementos religiosos mexicanos, pues temía que se formara un incontrolable sincretismo de lo cristiano y lo mexicano antiguo. Recordemos, a este respecto, aquel pasaje famoso sobre el culto a la Tonantzin en el Tepeyac, que se lee en el apéndice del Libro XI de la *Historia general de las cosas de la Nueva España* y también el comentario al *Calendario mexicano.* Tomando esto en consideración, es casi imposible que Sahagún hubiera permitido a sus estudiantes en Tlatelolco la elaboración de un documento en el que se dejan entrever fuertes reminiscencias mexicanas antiguas, como es el caso del *Nican Mopohua.* Garibay aborda este problema, hasta ahora no resuelto, de manera poco convincente, al escribir que Sahagún por una ignorancia afectiva no se enteró de estos hechos, y ni los reprueba ni los aprueba:

> Sahagún no ignora; afecta ignorar, por razones que en este momento no me importan, lo que hay de los orígenes guadalupanos. Es una ignorancia afectiva sencillamente. Por lo cual, aunque sepa lo que hacen sus indios, calla sobre su obra, como quisiera callar sobre el tema de ella. Y como no puede callar, llevado por su insistencia en la sustitución cultural, puesto en el brete, ni ataca ni concede, sencillamente ignora los hechos. Es decir, que llegada la hora de dar el voto, no lo da ni positivo ni negativo: sencillamente se abstiene. Misteriosa como es su conducta, explica totalmente sus silencios.[21]

La tesis de Garibay ha encontrado un rechazo decidido en O'Gorman, quien además hace notar que Garibay hasta ahora no ha encontrado seguidores que hayan dado continuidad a esta discutida

Kutscher, Stuttgart, 1949; Miguel León-Portilla, *Coloquios y doctrina cristiana.* edición facsimilar, introducción, paleografía, versión del náhuatl y notas de M. León-Portilla, México, 1986; Nebel, *Altmexikanische Religion,* 151-167.

[21] Garibay, *Historia,* II, 265.

temática.[22] Sin menoscabo de esta crítica, nos parece posible admitir que investigaciones futuras y el descubrimiento de nuevas fuentes podrían arrojar nuevas luces sobre el contexto completo de la historia de la transformación espiritual de México iniciada en el siglo XVI.

Son inusitados, como ejercicio metódico, los esfuerzos de casi todos los guadalupanos por demostrar la paternidad literaria de Antonio Valeriano —basados especialmente en el juramento antes mencionado de Sigüenza y Góngora—: se apoyan casi exclusivamente en suposiciones no demostradas, en afirmaciones y en la adopción *a priori* de "resultados de investigaciones" que no son científicamente seguros. Hasta ahora no existe un solo trabajo histórico-crítico del *Nican Mopohua.* La suposición defendida una y otra vez de que el indio Valeriano —solo o en grupo— fue el único que pudo haber redactado en náhuatl esta obra, debido a su excelente formación en el Colegio de Santa Cruz de Tlatelolco, también está desprovista de todo carácter científico,[23] al igual que la afirmación de que Lasso de la Vega copió el original (perdido) o una copia del supuesto texto de Valeriano sin citar la fuente, como era tan usual en su tiempo. Por otro lado, la tesis de que el *Nican Mopohua* es una historia ficticia de Lasso, como alegan sobre todo los oponentes del guadalupanismo, es absurda. En cambio, cuando Bierhorst escribe: "Although composed in Náhuatl, the account is clearly the invention of a European mind and may even have been put together by Lasso de la Vega himself",[24] señala, a nuestro parecer, una dirección correcta cuyas dimensiones podrían ser esclarecidas en el marco de una investigación tanto lingüística como de la historia de la tradición y de la redacción del *Nican Mopohua* y de otros documentos guadalupa-

[22] O'Gorman, *Destierro,* 151-159.

[23] Estas y otras interpretaciones científicamente insostenibles han sido acogidas últimamente, sin ser sometidas a crítica, en algunas publicaciones en idioma alemán que informan sobre el acontecimiento guadalupano, o bien lo relatan en forma edificante: Havers, *Unsere Liebe Frau;* Siller, *Hier wird der Reihe nach erzählt;* Francis Johnson, *So hat er keinem Volk getan. Das Wunder von Guadalupe,* Stein am Rhein (Suiza), 1986; Hermann Multhaupt y Elisabeth Prégardier (comps.), *Geborgen in meinen gekreuzten Armen. Die Botschaft von Guadalupe,* Paderborn-Annweier, 1988.

[24] John Bierhorst (comp.), *Cantares mexicanos. Songs of the Aztecs,* traducido del náhuatl, con introducción y comentarios, Stanford, Calif., 1985, p. 61.

nos. Hasta entonces, se debería evitar el hacer juicios definitivos. Con todo, la opinión de que dicho documento es "la invención de una mente europea" revela una manera fragmentaria de pensar que no tiene en cuenta una visión global de la unidad y apenas si se puede sostener, como lo demostrarán las reflexiones que haremos a continuación. Más bien se puede tomar como punto de partida que el texto del *Nican Mopohua* históricamente se desarrolló en la dialéctica de la sociedad y la cultura tanto hispano-occidental como mexicana primitiva, hasta que uno o varios redactores le pudieron dar la presente forma artística y poética. El problema de si Lasso de la Vega emprendió o no el trabajo de redacción de esta obra queda reservado a una investigación científica.

En 1926 el licenciado Primo Feliciano Velázquez hizo una traducción al castellano, que en los círculos eclesiásticos obtuvo un reconocimiento especial, y fue publicada primeramente por la Academia Mexicana de Santa María de Guadalupe, junto con el facsímil de la obra, conforme a la redacción presentada en el libro de Alfonso Junco, *Un radical problema guadalupano,* México, 1926, 1953 (2ª ed.), 1971 (3ª ed.). Entre los devotos encontró mayor difusión una traducción comentada del *Nican Mopohua* hecha por M. Rojas Sánchez: *Nican Mopohua. Dn. Antonio Valeriano,* traducción del náhuatl al castellano por el presbítero Mario Rojas Sánchez, de la diócesis de Huejutla, México, Imprenta "Ideal", 1978 (opúsculo).[25] Se conocieron además, entre otras, las traducciones castellanas de Boturini (¿1740?), de Carlos de Tapia y Centeno (siglo XVIII), Joseph Julián Ramírez (siglo XVIII) y Ángel María Garibay (antes de 1971), que junto con las de los ya mencionados autores, Feliciano Velázquez y Rojas Sánchez, fueron puestas al alcance de un público

[25] El comentario carece de una base que lo consolide científicamente. Todavía no se ha escrito una historia fidedigna y una compilación de las copias y traducciones del *Nican Mopohua.* Véanse los datos contradictorios en Primo Feliciano Velázquez, *La aparición de Santa María de Guadalupe,* México, 1931, 1981 (2ª ed.), pp. 116-141; M. Rojas Sánchez, *Nican,* pp. 6-7 (la nota 10ª no corresponde a la verdad, como se lo aseguró M. León-Portilla al autor de este trabajo en septiembre de 1987); los datos más fidedignos hasta ahora parecen ser los de E. J. Burrus, "La continuidad y congruencia de los documentos de la historia guadalupana", en Guillermo Schulenburg Prado (ed.), *450° Aniversario 1531-1981.* Congreso Mariológico, México, 1983, pp. 315-339.

más extenso en 1984 en el vol. X de las publicaciones del Instituto Superior de Estudios Eclesiásticos.[26]

2. El lenguaje y el texto

Después de la conquista de México-Tenochtitlan (mencionada también en el *Nican Mopohua,* v. 1), el desarrollo colonial de Nueva España trajo consigo modificaciones fundamentales también en la situación social y lingüística de los habitantes del antiguo Imperio azteca. Estas modificaciones consistieron, en primer término, en la introducción de una estructura socioeconómica española en un contexto cultural totalmente extraño, y en el esfuerzo de las autoridades coloniales por modificar este contexto cultural y transformarlo en hispanocristiano, para así poder legitimar su dominio. Ciertamente, en un principio, tales modificaciones produjeron una desorientación de los indios pero, a la larga, también los condujeron a una mayor disposición para, rechazando lo extraño, preservar lo "auténtico", aun cuando también era resultado de un colonialismo lingüístico. Esta disposición, que pudiéramos considerar como reacción a la imposición extranjera, se manifestó en el deseo de conservar el náhuatl, así como muchas otras lenguas indígenas, para usarlo y difundirlo como símbolo de identidad cultural y religiosa autóctona. Estos factores, que debían servir a la creación de unas relaciones lingüísticas, culturales y religiosas en la Nueva España, propiciaron el que la sociedad novohispana se constituyera en una "comunidad" fragmentada según distintivos sociales, raciales y económicos: una clase inferior autóctona, multilingüe y en su mayor parte no hispanohablante; y otra clase superior monolingüe hispanohablante, al principio española, pero más tarde también mestiza y criolla.

Desde el comienzo de la colonización, correspondió a los misioneros la misión especial de superar las barreras culturales y sociales entre el mundo autóctono y el mundo hispánico. Muchos de ellos

[26] ISEE (ed.), *Libro Anual: Año 1981-1982: Conmemoración guadalupana,* México, 1984, pp. 3-136; Referencias bibliográficas con respecto a otras traducciones, *op. cit.,* 528-531. Sobre la genealogía del *Nican Mopohua* véase Salvador Reinoso, "Fray Bernardino de Sahagún y Antonio

se dedicaron con gran empeño al estudio, descripción y codificación de las lenguas autóctonas. Redactaron innumerables grámaticas y diccionarios en múltiples lenguas para evangelizar a los pueblos de Nueva España, puesto que no podían prescindir de la influencia positiva de una evangelización en las lenguas autóctonas. Así, no es de admirar que en los años 1578, 1580 y 1582, el rey Felipe II, recordando el proceso de romanización en Europa y teniendo presente el Concilio de Tours, que impuso la "rústica romana lingua" como oficial para la predicación (813), haya dispuesto que el Evangelio había de enseñarse en el lenguaje de los indios.[27]

Consecuentemente, en las principales universidades del Nuevo Mundo, consideradas extensiones de las universidades europeas, en México y Lima, se crearon cátedras para la enseñanza de las lenguas indígenas, con el fin de preparar a los misioneros para su tarea.[28] Es dentro de este marco de evangelización y de valoración de lo autóctono —al mismo tiempo que continuaba el proceso de hispanización, que no analizaremos aquí— donde debe verse el *Nican Mopohua;* no por casualidad se le relaciona con la primera "universidad" de América, el colegio para nobles indígenas, entre los que se quiere identificar el autor o autores del texto náhuatl escrito en refinado estilo náhuatl.[29]

El *Nican Mopohua* es una narración intercultural en cuyo contenido y forma se entrelazan aspectos del mundo cristiano-europeo y del tolteca-azteca, escrito en náhuatl, la lengua autóctona más importante de la Nueva España colonial.[30] El contenido cristiano es

Valeriano", en CEG (ed.), *II Encuentro Nacional Guadalupano,* México, 1979, pp. 41-53; Ernest J. Burrus, "La copia más antigua del 'Nican Mopohua'", en *Histórica,* col. I, núm. 2, México (CEG), s.a. [fasc. 2], pp. 5-27; Noguez, *Apparition,* pp. 249-251; Velázquez, *Aparición;* Alfonso Junco, *Un radical problema guadalupano,* México, 1926, 1971 (3ª ed.).

27 *Recopilación de las Leyes de los Reynos de las Indias,* imp. por Julián Paredes, tomos I-IV, Madrid, 1681, 1973 (reimp. en facs.), Ley 30, tít. 6, lib. I, fol. 26; *cf.* también las Leyes 4 y 5, tít. 13, lib. I, fol. 55 (leyes de los años 1619, 1634 y 1636); Ley 5, tít. 15, lib. I, fol. 76 (ley del año 1603).

28 *Recopilación,* Leyes 51 (de los años 1580 y 1583), 55 (del año 1591), 56 (del año 1580), tit. 22, lib. I, ff. 117-119.

29 Fernando Ocaranza, *El imperial Colegio de Indios de la Santa Cruz de Santiago Tlatelolco,* México, 1934; Ricard, *La Conquête,* 260-281; Kobayashi, *La educación,* 207-284; Chauvet, *El culto,* 157-165, 188-190.

30 Siméon, *Diccionario;* Jakob Schoembs, *Aztekische Schriftsprache,* Heidelberg 1949; Thelma

transmitido en el sistema de comunicación del náhuatl, cuya estructura constituye un conjunto íntegro y armonioso. Fonética, morfología, sintaxis, etc., poseen, en el marco de la estructura lingüística a la que sirven, un significado específico desarrollado según las condiciones particulares del sistema de la lengua, muy diferente al del español. Esto significa que el contenido cristiano de la narración es "traducido" a un sistema léxico y semántico diverso que se expresa en metáforas y símbolos distintos. Así, dicho contenido se adentra en imágenes conceptuales desconocidas, en concepciones dispares, en otra filosofía.[31] La forma y el contenido se compenetran entre sí: lo cristiano se hace "mexicano", lo mexicano se vuelve "cristiano". Con esta transformación surgen —desde el punto de vista cristiano— tanto perspectivas como peligros; perspectivas, porque aquí se puede realizar una transculturación de lo cristiano; peligros, porque puede derivar en una serie de sincretismos cristiano-mexicanos.[32]

La lengua y el simbolismo del *Nican Mopohua* han sido analizados hasta ahora sólo apreciativamente;[33] por tanto, se requieren estudios científicos y confiables de la gramática y de la sintaxis del náhuatl en que está escrito, en los que se trabaje con los métodos de la lingüística contrastiva y otros conceptos lingüísticos. Además, se echan de menos investigaciones sobre los vocablos teológicos más importantes de esta narración con fundamentos lingüísticos, haciendo uso de los métodos de crítica de la tradición y de crítica de las formas.

D. Sullivan, *Compendio de la gramática náhuatl,* México, 1976; Evangelina Arana de Swadesh (coord.), *Las lenguas de México,* 2 tomos, México, 1975; Francisco J. Santamaría, *Diccionario de mejicanismos,* Méjico, 1959.

[31] León-Portilla, *Filosofía,* XV-XXIII, pp. 1-56; Nebel, *Concepciones teológicas,* pp. 41-61; Scharlau-Münzel, *Qellqay,* pp. 7-154; Rüger, *Theorie,* pp. 1-181; Kerkhoff, *Orientierung,* pp. 185-223; Christian Duverger, *La Conversion des Indiens de Nouvelle-Espagne,* París, 1987. Véase también Joaquín Galarza, *Estudios de escritura indígena tradicional (azteca-náhuatl),* México, 1980.

[32] H. Ruiz de Alarcón, *Tratado,* pp. 123-223; Nebel, *Altmexikanische Religion,* pp. 309-345; Rüger, *Theorie,* 122-166; CELAM (ed.), *Iglesia y religiosidad popular en América Latina,* Bogotá, 1977. Con respecto a la reprobación de un sincretismo cristiano, se recomienda la lectura de Leonardo Boff, *Kirche, Charisma und Macht,* Düsseldorf, 1985, pp. 164-194.

[33] Velázquez, *Aparición,* pp. 116-183; Junco, *Radical problema,* pp. 59-158; Siller A., *La evangelización,* pp. 16-140; Jesús Galera Lamadrid, *Nican Mopohua. Breve análisis literario e histórico,* México, 1992; véanse también las notas 5 a 14 en las pp. 204-205.

En esta línea, los trabajos de Clodomiro Siller[34] han dado interesantes impulsos, aunque parece que sus investigaciones provocan un cierto escepticismo, dado que todavía no se ha esclarecido la cuestión de la autenticidad del *Nican Mopohua.*

Otro campo importante de investigación que podría abrir nuevos caminos específicos en el análisis del *Nican Mopohua* es el método histórico cultural. Con ayuda de este método se podría analizar el léxico común de la literatura náhuatl de los siglos XVI y XVII y formular conceptos específicos y definidos en el campo del contexto cultural que permitieran, en el sentido más amplio, mediante posibles ordenamientos de los elementos de tal contexto cultural, por una parte localizar o fechar la lengua del *Nican Mopohua,* y por la otra reconocer sus procesos de eliminación. Es de esperarse que, en este campo, haya pronto trabajos fructíferos. Otras dudas, que aquí sólo pueden ser nombradas, deberán ser esclarecidas por la crítica literaria y la lingüística: ¿Se puede partir, en el lenguaje del *Nican Mopohua,* de una unidad, o se trata realmente de varias tradiciones lingüísticas? ¿En qué características lingüísticas está basada la singularidad del *Nican Mopohua?*

Una mirada superficial al *Nican Mopohua* es suficiente para darse cuenta de que, en el ámbito en que tuvieron contacto el náhuatl y el español, ocurrieron movimientos lingüísticos muy diferenciados entre sí,[35] que requieren no sólo una investigación comparativa del lenguaje, sino también estudios de la etimología y de la semántica del léxico religioso que nos legó dicho documento; así como también una cuidadosa verificación semántica y cultural del lenguaje específico azteca que fue cristianizado. El estudio del *Nican Mopohua* también podría contribuir de manera importante a sondear, analizar y configurar lingüísticamente la historia de las diversas ten-

[34] Clodomiro L. Siller A., "Anotaciones y comentarios al Nican Mopohua", en: *EI,* VIII, núm. 2 (1981), pp. 217-274; del mismo, *Historia de las apariciones de Santa María de Guadalupe,* versión al castellano de D. Primo Feliciano Velázquez, introducción y comentario sobre el texto náhuatl de Clodomiro L. Siller A. (Ed. Servir), Xalapa, Ver., 1981; la importancia fundamental de estas contribuciones no disminuye por el hecho de que, a veces, la selección y el comentario de los vocablos son dudosos, si tomamos en cuenta los criterios para la relevancia teológica.

[35] Scharlau-Münzel, *Qellqay,* pp. 13-133; Günter Lanczkowski, *Aztekische Sprache und Überlieferung,* Berlín-Heidelberg-Nueva York, 1970.

dencias y direcciones de la literatura misionera náhuatl en Nueva España, de sus relaciones recíprocas, así como de su relación con el respectivo contexto cultural de donde dicha literatura surgió. Finalmente, el desarrollo del *Nican Mopohua* debe ser considerado como un proceso vinculado directamente con la evolución del acervo cultural universal, lo cual queremos documentar a continuación —aunque no exhaustivamente— valiéndonos de dos significativos ejemplos, tomados uno del contexto azteca y otro del español.

3. Perspectivas de comparación

a) El "Nican Mopohua" y la leyenda extremeña

No sólo con base en la forma y el contenido es interesante y revelador establecer una relación entre el *Nican Mopohua,* es decir la tradición guadalupana de la Nueva España (GNE), y la leyenda extremeña, o sea la tradición guadalupana de España (GE),[36] también metódicamente es de gran importancia y además necesaria para completar la visión general metodológica. Aquí tenemos que limitarnos a presentar sólo un esbozo de tal relación, dado que no existe una investigación científica adecuada que nos permita realizarla exhaustivamente.

La imagen

GE Tallada por el evangelista san Lucas; conservación milagrosa; rostro moreno.

GNE No pintada por mano humana (Dios; María; arcángel san Gabriel; arcángel san Miguel; apóstol santo Tomás); "milagro permanente" de su conservación; rostro moreno.

[36] *Cf.* Primera Parte, cap. I: "Guadalupe en España".

Los testigos de la aparición

GE Un humilde pastor de estrato social bajo.
GNE Un humilde neófito, un indio "macehual", es decir, de estrato social bajo.

El lugar de la aparición

GE Una colina, situada entre rocas y peñascos, junto a un arroyo estrecho.
GNE Una colina, situada entre rocas y peñascos, junto a un manantial.

El mensaje de la Virgen

GE La aparición se da a conocer como "Madre de Dios", "por quien la redención tocó en suerte al género humano"; sus deseos se anuncian en forma de profecía: edificación de un santuario en el lugar del descubrimiento de la imagen; ayuda a los pobres; el afectuoso diálogo entre la Virgen y el vidente fue escrito posteriormente en forma resumida.
GNE La aparición se da a conocer como "Santa María siempre Virgen", llamada "Guadalupe", "la Madre del único Dios verdadero", etc.; desea la edificación de un templo en el lugar de su aparición; anuncia que se volverá especialmente hacia los pobres y hacia los que busquen su ayuda; entre la Virgen y el vidente se desarrolla un extenso diálogo en el que destacan las expresiones de ternura y cariño.

Circunstancias que acompañan a la aparición

GE Duda de los "clérigos" de la capital de la provincia; repetición de la aparición; las autoridades esperan una señal; ésta se muestra sin ser solicitada en forma de una cruz en una vaca muerta y vuelta a revivir; otra señal es la resurrección del pariente cercano del vidente; esclarecimiento de las autoridades, que organizan una procesión y hacen construir una capilla para la imagen descubierta.

GNE Duda del clero de la capital; apariciones repetidas; la autoridad superior pide un signo, que se otorga en la forma de una imagen; otros signos adicionales son la música y el milagro de las flores en el Tepeyac, así como también la curación del tío gravemente enfermo; esclarecimiento de la autoridad superior, que manda erigir una ermita para la imagen sagrada en el lugar de la aparición.

El desarrollo de la devoción y del culto

GE Una época de desconcierto y de opresión de los cristianos por la invasión de los musulmanes; veneración que comienza inmediatamente por parte del pueblo; aumentan las historias milagrosas; difusión de la peste y epidemia, y liberación de ellas por mediación de la Virgen de Guadalupe; silencio historiográfico desde finales del siglo XIII, la supuesta época de la aparición, hasta aproximadamente 1440, año de la redacción del primer manuscrito de una apologética guadalupana; fundación del convento hacia 1340 por el rey Alfonso XI, en agradecimiento por la victoria sobre los moros; "Nuestra Señora de Guadalupe" se convierte en santuario nacional y signo de la hispanidad; decadencia durante la conquista y colonización del "Nuevo Mundo".

GNE Una época de desconcierto y de opresión para los indios recién convertidos después de la Conquista española; veneración que comienza inmediatamente por parte del pueblo; aumentan las historias de los milagros; brotes de epidemias y liberación de ellas por la Virgen de Guadalupe; silencio historiográfico desde 1531, la fecha supuesta de la aparición, hasta 1648, la fecha de la primera obra de una apologética

> guadalupana; erección del primer santuario, más grande que una ermita, por deseo público, según la tradición en 1609 (?), 80 años después de la fecha de la aparición; "Nuestra Señora de Guadalupe" es elegida "Patrona de la ciudad de México" en 1737, y "Patrona de toda América Latina" en 1910; Guadalupe se convierte en signo de mexicanidad; protectora del pueblo en periodos de necesidad (inundaciones, epidemias, insurrecciones, guerras).

Ya esta comparación, rápidamente esbozada, nos da a conocer a grandes rasgos una recepción semejante de ambas narraciones y tradiciones guadalupanas, en los dos países. Se puede apreciar, además, que las tradiciones religiosas son parecidas, y que su realización literaria así como los motivos de las leyendas de España emigraron a Nueva España, donde —a pesar del nuevo contexto cultural— aparecen de nuevo, al parecer casi sin modificación. Los elementos de las dos leyendas muestran con nitidez aquel simbolismo característico de casi toda la tradición narrativa de la Edad Media europea, que la han sumido, hasta hoy día, en una penumbra de difícil acceso para la ciencia. Se entremezclan los rasgos generales y locales de México con los rasgos generales y locales de Extremadura.

La leyenda extremeña, como narración, es una creación multiestructurada cuyo motivo principal y dominante, la "aparición" de la sagrada imagen de la Virgen de Guadalupe, se encuentra acompañado de una serie de motivos secundarios que pudieron haber tenido su propia importancia. Tales motivos provienen de diferentes "redacciones" y, sin embargo, no sería posible separarlos para obtener una "forma primitiva". Durante siglos estas narraciones, transmitidas esencialmente en forma oral, fueron dadas a conocer por predicadores que obedecían ciertos lineamientos, y los oyentes continuaron narrándolas sin analizar críticamente, ni los unos ni los otros, los diferentes rasgos pertenecientes a diversas épocas que con el correr del tiempo se le fueron incorporando. La serie de sucesos que se reflejan con estos relatos originales muy difícilmente se podrían tomar, ni siquiera en cierto modo, como hechos históricos.

Al comparar la narración guadalupana mexicana, se llega a un re-

Las cuatro apariciones (1686), de Mathías de Arteaga y Alfaro (1630?-1703), impresión de grabado en metal sobre papel, 19.5 x 12 cm, en Luis Becerra Tanco, *Felicidad de México,* 1685 [1686], Sevilla (colección particular).

II. APARICION.

III APARICION

IIII APARICION.
1686

sultado semejante. El *Nican Mopohua* no es una composición narrada mecánicamente, ni un enlace caprichoso o arbitrario de temas, sino una obra de arte popular bien moldeada. Es la obra de sus narradores, que más o menos libremente ensamblan en su narración cada uno de los elementos que tienen a la mano por estar insertados en la red de tradiciones tanto mexicanas antiguas como españolas. Además llama la atención que la amplia y densa divulgación de características específicas, el desplazamiento de los motivos y su admirable movimiento, sin considerar la personalidad de las figuras en que se cree, se ponen de manifiesto, no sólo en la leyenda extremeña de Guadalupe, o en general en las leyendas cristianas de Occidente, sino también en las tradiciones de carácter legendario desarrolladas en América.[37] Constantemente se pueden encontrar en el campo de la narración popular y en todos los terrenos de la tradición que dicho relato estimuló en el Nuevo Mundo, y en especial en Nueva España, las repercusiones, las imitaciones y transformaciones de los motivos de las narraciones de los temas sacados del gran acervo europeo de leyendas, fábulas, cuentos, etc.[38] En efecto, los conquistadores y colonizadores, los clérigos seculares y religiosos, que estaban familiarizados con la religión cristiana, con la religiosidad popular y las romerías de su tierra natal, naturalmente conocían también las respectivas historias y leyendas, y posteriormente las narraron en las más diversas versiones en las tierras lejanas. Por su carácter de narraciones ejemplares, obtuvieron en algunos lugares y épocas el carácter de modelos, convirtiéndose en ejemplos edificantes, instructivos, exhorbitantes o preventivos, y como tales se trataba, de diferentes maneras, de hacerlos siempre presentes.

Así, no es extraño que los motivos tradicionales transmitidos en las narraciones hayan pasado del "Viejo" al "Nuevo Mundo" y que allí se manifestasen en el *Nican Mopohua* y en muchas otras narraciones, con otra redacción y en otro contexto cultural. También las narraciones populares permitieron, en cierto modo, relaciones y puntos de contacto. En las obras más conocidas de los siglos XVI y XVII

[37] Vargas Ugarte, *Historia,* I, pp. 1-445; II, pp. 1-414; Valle, *Santiago,* pp. 1-87; Weckmann, *Herencia,* I, pp. 199-394.

[38] Weckmann, *ibid.;* Nebel, *Altmexikanische Religion,* 245-280.

en Nueva España hay prolijas narraciones de milagros y apariciones que contienen un material temático semejante al de la narración de la aparición de Guadalupe.[39]

Por consiguiente, se puede tomar como punto de partida el que la antigua leyenda acerca del origen del santuario de la Virgen de Guadalupe en Extremadura (siglos XIII-XIV) alcanzó, posteriormente, en la Nueva España en los siglos XVI y XVII, cuando las leyendas adquirieron importancia en el Nuevo Mundo, un nuevo florecimiento en relación con la formación del santuario del Tepeyac, en armonía con la población de la Colonia (indios-españoles-mestizos) y a tono con las costumbres, el carácter, el tiempo y el lugar.[40]

Sin embargo, a pesar de todas las semejanzas, hasta ahora todavía no se ha comprobado que el *Nican Mopohua* dependa directamente de la mencionada leyenda española. De ahí que un estudio histórico de la tradición —que aún está por realizarse— tendría que aclarar si la narración del *Nican Mopohua* es un relato que se originó independientemente, o si adoptó la leyenda española y la adornó poéticamente en el contexto de la Nueva España. Además está por investigarse si otras narraciones sobre el Tepeyac —aún las no conocidas hasta ahora— se amoldaron a la leyenda española, o si éstas, sobrepuestas o mezcladas, se convirtieron en la tradición del *Nican Mopohua*. Un estudio de la historia de las formas literarias del *Nican Mopohua* podría contribuir positiva y eficazmente. Su ta-

[39] Noguez, *Apparitions,* pp. 85-149; *v.g.* Mendieta, *Historia,* lib. 1, cap. VIII, lib. 4, caps. XXIV-XXVIII.

[40] Estas cuestiones planteadas han sido examinadas, en parte, por Lafaye, *Quetzalcóatl,* y Hellbom, *Apariciones,* sin encontrar, no obstante, seguidores que continúen con tal temática. Se puede decir que la presentación que Lafaye hace en *Quetzalcóatl* del desarrollo guadalupano ha sido tratada lógicamente, con base en un análisis esmerado de las fuentes, haciendo distinciones claras y precisas. Sobre esto, entre otros, véase el excelente comentario de J. Baumgartner en "Quetzalcóatl-Guadalupe. Zu einer Ideengeschichte des Vizekönigtums Neuspaniens", en *NZM,* 31 (1975), pp. 223-226. Sin embargo, la obra de Lafaye ha provocado en México una fuerte crítica, que desde luego no siempre suena convincente: Edmundo O'Gorman, "Una aberración histórica", en *Historiae Variae,* edición conmemorativa XXV Aniversario de la fundación del Departamento de Historia (1957-1982) (UIA), vol. I, México, 1983, pp. 67-88; Sergio Nápoles, "Observaciones a 'Quetzalcóatl y Guadalupe'", en *Tep.,* VII (1982), núms. 154-155, pp. 1, 12-14; núms. 156-157, pp. 1, 13; núms. 158-159, pp. 1, 10-11; núms. 160-161, pp. 1, 12-13; núms. 162-163, pp. 13, 16; núms. 164-165, pp. 1, 14-15; VIII (1983), núms. 166-167, pp. 1, 14; núm. 168, pp. 1, 12-13; núm. 169, pp. 1, 14-15; núm. 170, pp. 1, 6; núm. 171, pp. 1, 14-15.

rea sociológica consistiría en clarificar el problema acerca del contexto vital *(Sitz im Leben)* de la tradición del *Nican Mopohua.*

Si bien todavía está pendiente el mencionado estudio de la historia de las formas, nosotros suponemos que el *Nican Mopohua* es el resultado final de una unificación de muchas pequeñas unidades de tradición: material narrativo, material oral, locuciones o proverbios, fórmulas fijas, etc., cuya transmisión en un principio debió de ser oral.

Una tarea de vital importancia sería el análisis y la interpretación de estas pequeñas unidades de tradición preliterarias y orales, en su versión más primitiva, desde el punto de vista de sus características literarias y de contenido y de su finalidad teológica, tomando en cuenta las normas de estructuración de la tradición oral, pues el tránsito de la tradición oral a la redacción escrita no se realizó sin rupturas, sino que condujo a la abreviación de las tradiciones orales. Valdría la pena a este respecto una comparación del *Nican Mopohua* con la literatura náhuatl (y de otras lenguas autóctonas) de los siglos XVI, XVII y XVIII,[41] que no es propósito de este trabajo. Se podrían constatar grandes semejanzas lingüísticas y literarias dentro de fragmentos de esa literatura, lo que queremos demostrar a continuación con un ejemplo.

b) El "Nican Mopohua" y los cantares mexicanos

En el nacimiento de una auténtica literatura oral y escrita así como en la recepción, reinterpretación y trasmisión de las tradiciones mexicanas antiguas, resulta de especial importancia la época posterior

[41] Joaquín García Icazbalceta, *Bibliografía mexicana del siglo XVI,* México, 1886, 1954 (2ª ed.); José Toribio Medina, *La imprenta en México (1539-1821),* 8 tomos, Santiago de Chile, 1908-1912 (reimp. Amsterdam, 1965); Ascensión H. de León-Portilla, *Tepuztlahcuilolli. Impresos en náhuatl. Historia y bibliografía,* 2 tomos, México, 1988; Alfred E. Lemmon, "A colonial Náhuatl hymn to the Virgin", en *Tlalocan,* IX (1982), pp. 107-114; Salvador Ugarte, *Catálogo de obras escritas en lenguas indígenas de México o que tratan de ellas,* México, 1949. Valdría la pena, para destacar, un ejemplo, una comparación del *Nican Mopohua* con Ignacio Paredes, *Promptuario manual mexicano...* (en náhuatl) (Imp. Bibliotheca Mexicana), México, 1759. Interesantes similitudes lingüísticas se encuentran en los muchos catecismos redactados en náhuatl, como el de fray Pedro de Gante, *Doctrina cristiana en lengua mexicana* (edición facs. de la de 1553), estudio crítico

a la Conquista, en la cual los pueblos autóctonos trataban de salvaguardar su identidad frente a los europeos y los criollos.[42]

Las fuentes literarias existentes parecen confirmar la sospecha de que la catástrofe nacional de México-Tenochtitlan y de otros pueblos dio ocasión para una revisión completa de su historia y de sus condiciones. Esto significa en concreto que en la temprana época colonial de Nueva España (quizá ya desde la Conquista) comenzó entre los habitantes autóctonos, en especial entre los pueblos nahuas de las regiones centrales, una reflexión histórico-teológica, en atención a la amenaza inevitable y al choque cultural. De este fenómeno dan testimonio, en todo caso, los poemas religiosos, conocidos hasta ahora y parcialmente investigados, de la época colonial temprana, cuya investigación lingüística y literaria ha despertado gran interés en los últimos tiempos.[43]

Hoy en día se aprecia la gran importancia de estos poemas religiosos, ya sea como un arte lírico primitivo e independiente, o bien como una estación esencial de los pueblos autóctonos de Nueva España en su marcha espiritual hacia la adquisición del pensamiento cristiano; de igual manera, esta poesía es reconocida como un requisito indispensable para la comprensión y clasificación histórica del famoso *Nican Mopohua.* Pero las conclusiones de este conocimiento aún no han sido extraídas: para lograrlo, sería necesario primero cumplir con un *desideratum* de la investigación, a saber: estructurar unos elementos de trabajo concluyentes en una edición global de la literatura cristiana, redactada en las lenguas y en las categorías de pensamiento de los pueblos autóctonos de Nueva España.

El *Nican Mopohua* representa sólo un pequeño fragmento de toda la producción literaria cristiana, que no se debe leer separado de la literatura mesoamericana, como queremos mostrar a manera de ejemplo en una comparación con los llamados "cantares mexica-

en torno de los catecismos y cartillas como instrumentos de evangelización y civilización por Ernesto de la Torre Villar, México, 1981; Richard Nebel, "Missionskatechismen", en M. Sievernich, A. Camps *et al.* (comps.), *Conquista und Evangelisation,* Mainz, 1992, pp. 242-270.

[42] Scharlau-Münzel, *Qellquay,* pp. 11-154; Fernando Benítez, *Los primeros mexicanos,* México, 1953, 1962 (2ª ed.), reimpr. 1990.

[43] Lehmann, *Sterbende Götter,* pp. 1-134; Miguel León-Portilla, *Coloquios,* pp. 1-214; del mismo, *Filosofía,* pp. 7-28; del mismo, *El reverso de la Conquista,* México, 1964, 1974 (4ª ed.).

nos".[44] Dichos cantares fueron legados en un manuscrito de la segunda mitad del siglo XVI, que se conserva en la Biblioteca Nacional de México y que muy probablemente es una copia de una colección más antigua. Estos cantares son un conjunto de poemas y cantos de los pueblos de México, especialmente de los nahuas, que contienen profundas visiones filosóficas y religiosas, y que después de la Conquista fueron impregnados por las concepciones cristianas.

El lenguaje y el texto de los cantares mexicanos (que en adelante se abreviarán: CM) especialmente los cantos 1-4, 6-9 y 12, que según Bierhorst están escritos en "missionary Náhuatl",[45] muestran semejanzas sorprendentes con el *Nican Mopohua* (que en adelante se abreviará NM). Una comparación superficial entre el "Cuicapeuhcayotl" (=comienzo de los cantos), el primer canto (= CM 1)[46] y otros muchos cantos de los cantares y el NM[47] muestra que esto no puede ser una casualidad.

tzinitzcan (cierto pájaro precioso, fino)
(CM 1:7; Lasso, p. 1:34, p. 5:27; NM v. 8; de igual manera CM f. 3:5, 3:10; 3v:7, 5:24; 6v:10; 7v:1 y otros más.

manoçe(h) [negación]
(CM 1:7; Lasso, p. 1:47, p. 5:27; NM v. 13; de igual manera en CM f. 72v:9 y otros más.

[44] John Bierhorst (comp.) *Cantares mexicanos. Songs of the Aztecs,* traducido del náhuatl, con introducción y comentarios, Stanford, Calif., 1985; León-Portilla, *Filosofía,* pp. 16-18; Nebel, *Altmexikanische Religion,* pp. 91-107; del mismo, *Concepciones teológicas,* pp. 44-56; Leander, *In Xochitl,* pp. 1-288; H. de León-Portilla, *Tepuztlahcuilolli,* t. I, XIII-XXII, pp. 1-100.

[45] Bierhorst, *Cantares,* pp. 107 y 47; del mismo, *A Náhuatl-English Dictionary and Concordance to the Cantares Mexicanos,* con una transcripción analítica y notas gramaticales, Stanford, Calif., 1985.

[46] Se encuentran traducciones del primer canto en Antonio Peñafiel, *Cantares en idioma mexicano,* reproducción facsimilar del manuscrito original existente en la Biblioteca Nacional, México, 1904, pp. 23-27; John Hubert Cornyn, *The Song of Quetzalcóatl,* Hellow Springs, Ohio, 1930, pp. 65-69; Ángel Ma. Garibay K., *Historia,* t. I, pp. 260-262 (extractos); Daniel G. Brinton, *Ancient Náhuatl Poetry,* Nueva York, 1890, reimp., 1969, núm. 1; Leonhard Schultze Jena, *Alt-Aztekische Gesänge,* Stuttgart, 1957, núm. 1; Miguel León-Portilla, *Pre-Columbian Literatures of Mexico,* Norman, Oklah., 1969, p. 86 (extracto).

[47] Para los ejemplos siguientes, *cf.* las dos obras citadas de Bierhorst, así como la publicación de Lasso, *Hvei Tlamahviçoltica,* y la de Rojas Sánchez, *Nican Mopohua.* Véase también la traducción alemana del *Nican Mopohua* hecha por el autor, así como la redacción en náhuatl de Lasso de la

iuhquî tepetl quinnahnanquilia (como si el monte respondiera) (CM 1:13-14; Lasso, p. 1:32-33; NM v. 8 dice: *iuhquin quinanquilia Tepetl).*

coyoltototl (cierto pájaro precioso, fino) (CM 1:17; Lasso, p. 1:34; NM v. 8; de igual manera en CM f. 2:6; 2:10; 9v:14 y 17; 10:13; 10v:21 y otros más).

nocuexanco nictemaz (en el hueco de mi manto) (CM 1:10-11; Lasso, p. 5:54 y NM v. 131 dice: *quicuixanten;* Lasso p. 5:31 y NM v. 119 dice: *nocuixanco: cf.* también NM vv. 136, 145, 152, 173, 181).

in xochitlalpan in tonacatlalpan (la tierra de las flores, la tierra de nuestra carne) (CM 1v: 20; Lasso, p. 1:39-40; NM v. 10; *cf.* también CM 1:28, CM f. 4:31 y otros más).

xixochite(h)tequi (cortar flores) (CM lv: 3; Lasso, p. 5:44 y NM v. 126 dice: *xochitl, xictetequi).*

in tloque in nahuaque (el dueño de lo que está cerca y junto, de la cercanía y de la inmediación) (CM lv:18 y 22; NM v. 26).

nican ompehua (pehua) (aquí comienza) (CM f. 7:19, 15:23, 16v:4, 26v:13, 31v:9, 37v:6, 39v:18, 41:1, 46:14, 62v:15; Lasso, *Nican Mopohua).*

in atl in tepetl (el agua, el monte) (metáfora por ciudad [México]) (CM f. 12:9, 37:21, 53:27 y otros más; NM v. 1).

in mitl in chimalli (la flecha, el escudo) (metáfora por guerra) (CM f. 33:29, 36v:1, 66:28 y otros; NM v. 1).

tlatelolco (también Tlatilolco, cierto barrio de México) (CM f. 6v:20, 7:14, 69:9 y otros; NM vv. 5, 24, 68, 97, 99, 195).

Vega, reproducida en el Apéndice de este trabajo. Para el idioma náhuatl, *cf.* Simeón, *Diccionario,* I-XCVI, pp. 1-783; Sullivan, *Compendio,* pp. 1-382.

tepeyacac (en la saliente del monte)
(CM 55:4, NM vv. 7, 84, 100, 184, 200, 201, 211).

tilma (manto)
(CM 53v:25; Lasso, p. 7:18; NM vv. 140, 157, 181, 188).

caxtilla(n) ("castilla", castellano)
(CM f. 57:9, 80v:15 y 18 y otros; NM vv. 154, 170, 176, 182).

temaquixtiani (salvador, redentor)
(CM f. 37v:12, 38:15, 42:2, 43:3; compárese CM f. 42:1-5 con NM v. 75).

cihuapilli (Santa María) (noble señora)
(CM f. 38v:26, dice: *i Santa Mª Ave mª an o ticihuāpille tla(h)to(h) cācihuāpille;* f. 42:19; f. 46v:16-17, dice: *monantzin Santa Malia... cihuapilli;* f. 59v:15; NM vv. 14, 50, 101, 211 y muchos otros).

tlatocacihuapilli (señora, noble mujer)
(CM f. 38v:26; NM v. 89).

ichpochtli[48] (virgen) (Santa María)
(CM f. 22:5, 37v:16, 38:2, 38:18, 42v:19-20, dice: *in ichpochtli Cihuapilli ye tonantzin Sta Mª;* 47:18 y 19, dice: *in sta malia in mochipa ichpochtli, o bien in sta Malia in mochipa ichpochtli;* NM vv. 26, 62, 73, 75, 88, 117, 183, 208 y otros más).

ilhuicac cihuapilli (noble señora del cielo)
(CM f. 38:4; NM vv. 43, 48, 72, 78, 88, 103, 122, 124, 134, 143, 189, 192, 194, 195, 200).

tonan(tzin) (nuestra [querida] Madre) (Santa María)
(CM f. 5v:26, dice: *in tonan [in Santa Maria];* f. 27:17-18, dice: *tonā[n]a Santa Maria;* f. 42v:19-20, dice: *in ichpochtli Cihuāpilli ye tonāntzin sta Mª;* f. 67v:7-8, dice: *Tiox īpalnemohuāni Santa Malia tonantzin;* f. 77v:21, dice: *Santa Malia y tonan;* NM vv. 26, 62, 75, 165, 183 y otros más).

48 Ichpochca, " (nacido) de la Virgen", es el dios solar Huitzilopochtli, caudillo del "pueblo elegido del Sol", los aztecas. Sobre esto véanse Caso, *Pueblo,* pp. 23-25; Seler, *Gesammelte Abhandlungen,* II, pp. 1004 y 1006.

Por lo limitado de este trabajo, la anterior selección de coincidencias y semejanzas en palabras y giros lingüísticos —que no se pueden pasar por alto y que pueden ser comprobados por muchas muestras y que en parte lo dejan a uno pasmado— tienen sólo el carácter de un simple ejemplo. Sólo un *corpus mexicanun,* o bien un *corpus indianum* del *Nican Mopohua* podría proveernos con un cuadro exacto y real de las semejanzas o relaciones del *Nican Mopohua* con su entorno literario. Por eso esta breve comparación debería, por lo pronto, despertar un nuevo interés por las fuentes mexicanas primitivas cristianas, para tener presente la multiplicidad de las relaciones del *Nican Mopohua* con otras obras literarias. Los análisis profundos, que podrían dar como resultado nuevos conocimientos filológicos, históricos y teológicos, así como nuevos datos respecto al origen, paternidad literaria y fecha de composición, se tienen que reservar a investigaciones técnicas específicas. Los análisis cuidadosos del *Nican Mopohua* y de otros documentos guadalupanos de los siglos XVI y XVII según sus formas literarias, peculiaridades estilísticas, pasajes tradicionales y según la historia de la redacción, esclarecerían el contexto vital *(Sitz im Leben)* del *Nican Mopohua* y harían posible el conocimiento del trasfondo concreto donde se originaron tanto cada uno de esos pasajes, como la redacción final.[49] Esto mismo haría resaltar, con más exactitud que hasta ahora, hasta qué punto estos documentos se pueden tomar como escritos históricos: qué elementos son rasgos literarios, qué elementos son interpretación teológica y qué elementos se pueden considerar como propiamente históricos. Con ayuda de un análisis exacto de las peculiaridades literarias del texto, aún no realizado, el sentido de las afirmaciones del *Nican Mopohua* no sólo no se debilitaría, sino que se comprendería más claramente en su contexto primitivo mexicano-español.

[49] Instructiva resultaría, por ejemplo, una investigación, a realizarse en el futuro, que nos pudiera revelar si el *Nican Mopohua* fue compuesto, y aun representado, como obra teatral, como "comedia indígena". Se puede suponer que por lo menos pudo haber servido como modelo de "comedias" y de "obras dramáticas". Sobre esto, véase Brinckmann, *Quellenkritische Untersuchungen,* 182-203; Silvio Zavala ("Catálogo de los Fondos del Centro de Documentación del Museo Nacional de Historia, en el Castillo de Chapultepec", en *AMH,* 10 (1951), núm. 4, pp. 459-495) presenta varias "comedias" guadalupanas (pp. 468, 469, 471, 477, 478 y otras).

A pesar de la carencia de estas investigaciones fundamentales, señalaremos a continuación algunas características y contenidos teológicos del *Nican Mopohua,* teniendo en cuenta los aspectos lingüísticos, antropológicos y culturales, cuya importancia para la historia de la significación teológica del texto no se pueden dejar de reconocer, y que abordaremos en una parte ulterior (la Tercera Parte) de este trabajo.

V. NEXOS TEOLÓGICOS DESDE EL PUNTO DE VISTA LINGÜÍSTICO, ANTROPOLÓGICO Y CULTURAL

1. La historia a la luz de la teología

a) La intención del autor

Basta un examen somero del *Nican Mopohua* para comprobar que, además de haber sido lingüísticamente concebido casi totalmente en náhuatl, su estrecha relación con otras obras conocidas escritas en náhuatl es evidente, como en el caso de los ya mencionados cantares mexicanos o del *Diálogo religioso* del siglo XVI, que también comienza con las palabras *nican vmpeva* ("aquí se narra").[1] Sin duda, el redactor Lasso de la Vega estaba muy familiarizado con los usos de la literatura náhuatl. Dotó a su *Huey Tlamahniçoltica* con una dedicatoria, como era costumbre en su época, para que su obra fuera tan apreciada como las de otros autores contemporáneos que escribían en español o náhuatl expresando con esto una seria reivindicación frente al mundo colonial, convencido de su propia fe.

En su obra Lasso de la Vega no hace una crítica de las tradiciones de sus predecesores, al fin y al cabo sin ellas no hubiera podido escribir; más bien las considera insuficientes para sus propósitos específicos; él se propone, teniendo una visión global de lo que va a narrar, realizar una relación ordenada y objetiva, sin ninguna omisión, es decir, narrar "todo" "desde el principio" y "por orden".

La intención de Lasso de la Vega es presentar una obra cuantitativamente completa; al mismo tiempo pretende resolver, por primera vez, el problema de la presentación de los relatos de la apari-

[1] Lehmann, *Sterbende Götter,* pp. 73; León-Portilla, *Coloquios,* pp. 44-100; Bierhorst, *Cantares mexicanos,* p. 152, v. 19, p. 154, v. 24; Schultze-Jena, *Alt-Aztekische Gesänge,* p. 32, núm. XIV, p. 204, núm. XXXVII, p. 212, núm. IX; Seler, *Gesammelte Abhandlungen,* II, pp. 959-1107; fray Pedro de Gante, *Doctrina christiana,* fol. 1: "Nican ompehua in doctrina Xpiana..."

ción y del maravilloso estampamiento de la imagen de María en la tilma no sólo de forma temporal sino sobre todo de forma objetiva, como fundamento único y fidedigno del acontecimiento guadalupano, de manera que éste, concluido definitivamente, se convierta para siempre en el fundamento de la veneración de la Virgen de Guadalupe por parte de los mexicanos, los "hijos de Guadalupe". Por eso el *Nican Mopohua* está concebido y desarrollado literariamente como fundamento único de la fe guadalupana. Ya en el prólogo Lasso manifiesta que no sólo tiene ambiciones literarias, sino que le interesa la exactitud y fidelidad de la tradición.

No obstante, los datos expuestos en esta tradición no deben ser interpretados erróneamente, a la luz de la historiografía moderna, como sucede a menudo con estos primeros versos y otros.[2] Los historiadores de esos tiempos, entre los que se cuenta el autor, se preocupaban menos por la objetividad de los sucesos que narraban, otorgándole mayor importancia a la verdad (cristiana), es decir al significado inherente de los acontecimientos experimentados o transmitidos. Por esta razón, Lasso de la Vega, o bien el autor desconocido, ve en la "verdad" algo más que la suma de hechos objetivos. Más bien narra los "hechos" conforme al sentido que él cree descubrir o redescubrir en las tradiciones guadalupanas, y esta "interpretación de la fe" puede crear, hablando absolutamente, nuevos "hechos" en Lasso y en los siguientes transmisores de la narración. Sin embargo, al mismo tiempo hay que hacer constar el procedimiento histórico con el que el autor del *Nican Mopohua* maneja la tradición fundamental guadalupana, cuyo origen no está todavía esclarecido.

Se trata en todo caso de un esfuerzo por situar el "suceso" en un contexto histórico, por fijar su desarrollo histórico y por resaltar los hechos como tales en su propia interpretación histórica. Pero de ninguna manera pretende inclinarse por la certeza "histórica", en detrimento de la certeza de la fe, y basar esta última en la primera.

[2] López Beltrán, *Obras guadalupanas,* tomo V: *La historicidad de Juan Diego,* México, 1981, pp. 47-130; ISEE, *Libro Anual,* 203-268, 315-358; Johnson, *So hat er keinem Volk getan,* pp. 30-182, y otras más; Bravo Ugarte, *Cuestiones históricas,* pp. 7-38, 59-63, 97-105; Joel Romero Salinas, *Juan Diego. Su peregrinar a los altares,* México, 1992.

La historiografía moderna podría malinterpretar esta "fe" y atribuir dicho malentendido a Lasso o al autor desconocido. La "exactitud y fidelidad de las palabras" en las que el acontecimiento fue comunicado a los lectores, no significa en primer término una fidelidad a los hechos, sino fidelidad a la doctrina cristiana, a la verdad de la Buena Nueva. De este modo, la intención del autor es unir indisolublemente el Evangelio al acontecimiento guadalupano (vv.1-5, 26, 62, 208, 218) y desarrollarlo literaria e históricamente como fundamento "mexicano" de la fe cristiana.

De ahí que los "testigos oculares" (Juan Diego, Juan Bernardino, Juan de Zumárraga) son tenidos como testigos fidedignos y auténticos en este sentido kerigmático: ellos han entendido correctamente y han transmitido adecuadamente lo que han visto y oído.[3]

b) Juan Diego

El esclarecimiento de la historicidad de Juan Diego ha pasado a ocupar un lugar central entre las preocupaciones de los teólogos actuales, especialmente desde que el papa Juan Pablo II lo beatificara el 6 de mayo de 1990 en la Basílica de Nuestra Señora de Guadalupe en México, D.F. como culminación del proceso puesto en marcha por los guadalupanos.[4] Dicha cuestión abarca desde la superficie de los hechos objetivos hasta las capas más profundas de su significado, e intenta, desde los hechos registrados y catalogados en el pasado, penetrar hasta su más profundo significado.

[3] Hay que tomar en cuenta este aspecto teológico para la "valoración" no sólo de los testigos oculares del año 1531, sino también de los "testigos" de los años 1666 y 1723. P. F. Velázquez, *Aparición*, pp. 429-431; F. H. Vera, *Informaciones;* Valenzuela Rodarte, *El padre Florencia*, pp. 8-28.

[4] Sobre esto véase la conferencia de Enrique Salazar y Salazar (presidente del CEG y "Postulador de la Causa del Siervo de Dios Juan Diego"), *Inicio y desarrollo del proceso canónico de beatificación y canonización del siervo de Dios Juan Diego,* XIV Encuentro Nacional guadalupano, 27-29 de abril de 1989), México, 1989 (separata CEG). Dicha temática es abordada por muchos autores y guadalupanos en las revistas *Histórica* y *Tepeyac,* editadas por CEG, como también en la revista *Tilma,* editada por CEG; véase sobre todo Guerrero, *El siervo de Dios;* del mismo, *Los dos mundos de un indio santo*, México, 1991; sobre la beatificación, *cf.* Joannes Paulus II, "Exaltavit humiles" (Lc. 1, 52), México, 6 de mayo de, 1990 (documento que se guarda en la BSMG, sellado por Agustinus Card. Casaroli).

Por lo que toca a la biografía de Juan Diego, en la actualidad la mayoría de los guadalupanos sostiene esencialmente la siguiente opinión: Según las "Informaciones" de 1666, Juan Diego nació en 1474 en Cuauhtitlán, como ya lo habían escrito Fernando de Alva Ixtlixóchitl en su *Nican Motecpana* y el bachiller Luis Bezerra Tanco, el primer "historiador guadalupano". El varias veces citado Carlos de Sigüenza y Góngora afirmaba en el cap. 11 de su *Piedad Heroyca de Don Fernando Cortés* que Juan Diego antes de su conversión al cristianismo se llamaba Cuauhtlatohuatzin (reverencial), o bien Cuauhtlatóhuac, "el que habla como un águila". El nombre consta de los vocablos *cuauhtli* = águila, *tlatoa* = hablar, y *huac* = como.

Los 20 testigos de las mencionadas "Informaciones" declararon unánimemente que una modesta casa en el barrio de Tlayácac de Cuauhtitlán había sido la casa habitación de Juan Diego, en la que también había vivido su tío Juan Bernardino.

Según Francisco de Florencia, Juan Diego y su esposa María Lucía, que antes supuestamente se llamaba Malintzin, recibieron juntos el bautismo en el año 1524, o tal vez un poco después. Esto se debió sobre todo a la obra de conversión del franciscano Toribio de Benavente, a quien, como es sabido, los indios llamaban *Motolinía* = "él es pobre". Juan Diego —según el mismo Florencia— se distinguió siempre por su humildad y su heroica castidad: "Su mujer murió virgen, y él mismo vivió en castidad virginal, nunca conoció mujer. Porque ellos oyeron alguna vez en la predicación de fray Toribio de Motolinía, uno de los 12 franciscanos que habían llegado poco antes, que la castidad era muy apreciada por Dios y su Santísima Madre".[5]

La tradición sobre Juan Diego[6] nos cuenta mucho de la vida santa del vidente, haciendo resaltar especialmente su perseverancia en la oración, su espíritu de penitencia, su humildad, su permanente castidad y su amor a la Eucaristía. Dado que su esposa había muerto ya en 1529, él vivió como sacristán de la ermita en las inmedia-

[5] P. F. Velázquez, *Aparición,* 176, traducida de la obra legada por Lasso de la Vega y atribuida a Alba Ixtlilxóchitl, *Nican Motecpana.* El pasaje del texto citado encuentra confirmación en F. de Florencia, *La estrella de el norte;* véase para esto los documentos en Torre Villar, *Testimonios.*

[6] Romero Salinas, *Precisiones,* 11-20, 121-142; Ramón Flores Sánchez, *Juan Diego,* México, 1981.

ciones del primer santuario, y fue venerado por los indios como intercesor ante Dios y la Virgen María, tanto en vida como después de su muerte. La Virgen se le habría vuelto a aparecer antes de su muerte, al igual que a su tío Bernardino, les habría predicho su muerte y le habría dado fuerzas para el final de su vida.

Algunos guadalupanólogos establecen un paralelismo entre el evangelista san Juan y Juan Diego: el "Águila de Patmos" vio aquel gran signo de la Virgen Santísima, rodeada del sol, con la luna a sus pies y con 12 estrellas sobre su cabeza; al "Águila del Tepeyac" le ocurrió la misma visión en la santa colina, pero aún más: lo que para el evangelista san Juan fue sólo un signo, para Juan Diego fue una realidad, porque él vio a esta Señora del Cielo, vestida de sol, con la luna a sus pies y adornada con 46 estrellas. La Virgen de Guadalupe fue esta misma Señora del Apocalipsis.

La veracidad de estas y otras tradiciones relativas a la vida de Juan Diego fue poco cuestionada en épocas pasadas, dado que las afirmaciones eran consideradas fidedignas. Pero a este Juan Diego le sería dado convertirse en una celebridad local e histórica. No ciertamente por su existencia histórica, como se puede ver,[7] sino más bien como resultado de una trama singularmente densa del pensamiento popular y de las figuras de la tradición, de la que ha derivado una imagen inexacta desde el punto de vista racional.[8]

La bibliografía sobre la vida de Juan Diego estiliza intensamente sus rasgos individuales históricos, los desdibuja y hasta los inventa libremente: se describe al vidente de diversas maneras como un tipo ideal, provisto de un cúmulo de virtudes y milagros, que pueden ser y son transferidos arbitrariamente de un vidente a otro.

[7] Los estudios hechos hasta ahora sobre la "historicidad" de Juan Diego son en parte ahistóricos y tendrán que ser comprobados aún a la luz de una argumentación histórica. Esto vale también para las obras del conocido guadalupano Lauro López Beltrán: *La historicidad de Juan Diego,* México, 1977; *La historicidad de Juan Diego y su posible canonización,* México, 1981; Romero Salinas, *Juan Diego;* H. Sentíes, entonces cronista de la Delegación Gustavo A. Madero en México, D.F., cree poder demostrar la descendencia de Juan Diego de los reyes de Texcoco: Horacio Sentíes Ramírez, "Líos de tierras y los descendientes de Juan Diego en el Tepeyac", en *Histórica,* núm. 2 (1988), pp. 11-29; del mismo, *Quién fue Juan Diego* (ms.), México, 16 de septiembre de 1987 (inéd.).

[8] Manuel Rangel Camacho, *Virtudes y fama de santidad de Juan Diego. Siglos XVI al XX,* México, 1984; CEG (eds.), *Juan Diego, el vidente del Tepeyac (1474-1548),* México, 1979.

Puesto que los fundamentos históricos para su veneración son, hasta ahora, exiguos y frágiles, se resalta más en Juan Diego el concepto de su superioridad como ser sobrenatural; frente a la "autenticidad" del "santo" se da menos importancia a su fisonomía histórica.

Es necesario reservar a futuras investigaciones y monografías el análisis del material completo del tema sobre Juan Diego; examen que en parte podría desembrollar de manera sorprendente algunos aspectos. Diversos trabajos publicados por el Centro de Estudios Guadalupanos (CEG) muestran el reconocimiento de la problemática y el deseo de esclarecerla; con todo, en no pocos casos se podrían poner objeciones a su exactitud y confiabilidad. Queda en pie la cuestión fundamental, ya planteada, de si algunos de los rasgos característicos de Juan Diego no le habrán sido transferidos de la tradición cristiana de España y de Nueva España, es decir, de México, para redondear en lo posible el retrato del vidente. En todo caso, de acuerdo con el estado presente de la investigación, no podemos pasar de simples hipótesis y especulaciones respecto a la cuestión sobre la historicidad de este indio.

En este mismo ámbito, por otra parte, no debemos pasar por alto los factores "opinión popular", "religiosidad popular" y "arte popular" en México, mismos que al tomar muy poco en cuenta soluciones racionales de cualquier tipo, en relación con la vida de Juan Diego, permanecen en las representaciones tradicionales, que florecen más allá del terreno de la verdad moderada por el conocimiento científico.[9]

c) Las apariciones

Controversia entre aparicionistas y antiaparicionistas

La fe del hombre en el acontecimiento guadalupano en México, tal como se manifiesta en el *Nican Mopohua,* refleja su relación con lo trascendente; sin embargo, para expresar dicha relación depende

[9] Higinio Vázquez Santa Ana, *Epigrafía, iconografía y literatura popular de Juan Diego,* México, 1940, 1961 (2ª ed.); Horacio Sentíes R., *La Villa de Guadalupe. Historia, estampas y leyendas,*

necesariamente de lo material, de las formas de comunicación del hombre con lo inmanente, debiendo adaptarlas, de manera tal que sirvan a sus objetivos.

Existen dos errores de interpretación, principalmente gramaticales, que constantemente han dado ocasión a discusiones no sólo entre aparicionistas y antiaparicionistas, sino también entre los mismos aparicionistas. El primero consiste en desestimar el carácter figurado —inconfundible— de la narración religiosa, en el que lo que la metáfora religiosa quiere expresar es imposible expresarlo en un lenguaje no metafórico, imposibilitando así el precisar hasta qué punto se puede comprender la concepción religiosa del *Nican Mopohua.* En otras palabras, el carácter preponderantemente figurado de esta narración religiosa le da una cierta vaguedad permanente. El segundo error consiste en pensar que la fe religiosa en las apariciones, milagros, etc., es capaz de ser fundamentada y demostrada científicamente.

En consecuencia, todos los resultados para probar o fundamentar la fe del *Nican Mopohua* dejan claro que sería imprescindible renunciar a una evidencia histórica. La fe en el acontecimiento guadalupano podría ganar mucho y no perder nada gracias a esta renuncia: es decir, históricamente hablando la narración del *Nican Mopohua* podría ser incorrecta en algunos puntos y, sin embargo, la fe no perdería nada; pero no porque la fe esté basada en verdades racionales universales, sino porque la comprobación histórica no afecta a la fe. El abrazar la fe religiosa en el acontecimiento guadalupano no es un acto de entendimiento y, por lo mismo, no se basa en fundamentos "racionales". La necesidad de fundamentarlo nace después: cuando se descubre la complejidad del hecho y se busca desembrollarla. De ahí que, cuando los antiaparicionistas exigen fundamentos y los aparicionistas se esfuerzan por dárselos, ambos lesionan de igual manera el carácter religioso de la fe, y su controversia resulta un simulacro de combate que no toma en cuenta, sino que pasa por alto, la verdadera diferencia. Esta diferencia no radica tanto en que

México, 1991; Rodrigo Vera, "Exista o no, tendremos santo. Se acumulan al vapor relatos de milagros de Juan Diego", en *Proceso,* 580 (1987), pp. 18-20.

unos creen algo determinado y otros creen lo contrario; sino que está allí donde, mientras unos creen algo, los otros en su mayoría no es que crean algo diferente, sino que no creen nada. Unos hablan un idioma que los otros rechazan en todo o en parte. De cualquier modo, la incapacidad de la fe guadalupana para reconocer la Revelación objetivamente no debe ser interpretada como una completa arbitrariedad, de tal suerte que es la reflexión teológica la que intenta determinar de modo específico lo falso y lo verdadero del discurso religioso sobre Guadalupe.

El trabajo con el *Nican Mopohua* también permite ver con claridad el modo en que varía, entre los creyentes, la forma de expresar en un lenguaje religioso los sentimientos y disposiciones, pues el contexto cultural del que forman parte determina de una u otra manera la forma de expresión. Dichos sentimientos y disposiciones se originan de la totalidad de sentimientos, pensamientos y acciones humanas, y pueden variar de cultura a cultura, de época a época, y hasta en última instancia de persona a persona.

Después de que partidarios y adversarios de las "apariciones" de María en el Tepeyac ("Tepeyácac") se han hecho la guerra durante siglos,[10] se indica en nuestro tiempo un cambio de conciencia que rompe las antiguas trincheras y conduce a una apreciación diferente, que nos enseña a conceder a las dos posiciones —la del esclarecimiento histórico-empírico y la del significado teológico de las "apariciones"— su respectivo derecho limitado.

El hincapié en la investigación histórico-crítica, que no se somete a ninguna restricción dogmática, que de lo hasta ahora no comprobado genera su curiosidad y a la vez su confianza en poder aclarar también lo que aún no se ha investigado, hizo cada vez más difícil la posición tradicional de la Iglesia en relación con la historicidad de los "hechos" del acontecimiento guadalupano.

Sin embargo parece que en México ya se puede superar la confrontación convulsiva y a veces hostil de siglos pasados. En esto no

[10] Alcalá Alvarado, *El milagro;* Antícoli, *Defensa;* del mismo, *Historia;* Bautista Muñoz, *Memoria;* Cuevas, *Álbum histórico;* Chauvet, *El culto;* García Gutiérrez, *Juicio crítico;* Nicoselli, *Relación histórica;* Rosa, *Defensa;* Tornel y Mendívil, *La aparición;* F. H. Vera, *Contestación; cf.* también I. cap. 2, 3a y 3b.

seguiremos el curso de las investigaciones de los historiadores, sociólogos, psicólogos, etc., que plantean de una manera nueva las cuestiones sobre apariciones, visiones, etc.;[11] aquí sólo esbozaremos las experiencias y descubrimientos que en la teología o bien en la Iglesia de México pueden conducir a una nueva reflexión sobre las apariciones de María en el Tepeyac. Porque, naturalmente, la controversia sobre las apariciones no solamente se ha llevado hacia afuera, contra diferentes ciencias, sino también hacia dentro,[12] ya que no podía quedar excluida la cuestión de si las afirmaciones del *Nican Mopohua* sobre las apariciones se pueden o se tienen que leer realmente como datos históricos, o bien si las "apariciones marianas" remiten a conexiones o contextos totalmente distintos.

¿Cómo se puede justificar una visión diferente de las apariciones de María? Especialmente dos factores nos pueden ayudar: los conocimientos de la historia de las religiones, o bien, de la fenomenología de las religiones, y las observaciones de las tradiciones de las apariciones de la Edad Media europea y su transferencia a ultramar en el periodo de la expansión europea.[13]

d) Observaciones desde la historia de las religiones

En todos los tipos de religión y en todas las épocas de la historia surgen narraciones sobre una o varias apariciones (de Dios, de dioses, de santos). Conocemos historias de apariciones tanto del ambiente cristiano como de las religiones de la América primitiva,[14] las en-

[11] De la Maza, *El guadalupanismo,* pp. 13-27; Lafaye, *Quetzalcóatl,* pp. 347-373; O'Gorman, *Destierro,* pp. 5-66; Noguez Ramírez, *The Apparition,* pp. 186-205; Wolf, *The Virgin,* pp. 34-35; Manuel Toledano Hernández, *Las apariciones del Tepeyac, ¿mito o realidad?,* México, 1974.

[12] Torre Villar, *Testimonios,* pp. 36-144, 730-1377; López Beltrán, *Obras guadalupanas,* t. II, t. III, *cf.* p. 203, nota 28.

[13] Constantino Bayle, *Santa María en Indias,* Madrid, 1928; Beissel, *Wallfahrten,* pp. 449-495; Florencia, *Zodiaco mariano,* pp. 1-321; Martins, *Narrativas,* pp. 703-722; Horacio Aníbal Ugarteche, *Copacabana y sus tradiciones religiosas,* La Paz, 1967; Vargas Ugarte, *Historia del culto,* I, pp. 161-445, II, pp. 1-414; Weckmann, *Herencia,* I, pp. 319-360.

[14] Sahagún, *Historia general,* (1982, 5ª ed.), lib. 1, cap. 6, pp. 32-33; Durán, *Historia de las Indias,* t. I, cap. XIII, pp. 125-133; Seler, *Gesammelte Abhandlungen,* II, p. 1053; Mönnich, *Die Gestalt der Erdgöttin,* pp. 40-41, 45, 57.

contramos en la España dominada por los musulmanes y en la sociedad colonial de Nueva España. El tema "aparición" no es algo propio y exclusivo de la religión cristiana, sino que nos remite a toda la extensión de la historia de la humanidad. Aunque los motivos son múltiples y muy diversas sus representaciones, sin embargo hay algo que es común a todas las narraciones de apariciones, tanto en el México primitivo como en la Nueva España colonial: permiten el acceso hacia una realidad trascendente, que siempre está presente, que abarca a los hombres e interviene en su vida. En la mayoría de los casos no se trata solamente de sucesos que tuvieron lugar alguna vez y en alguna parte, sino de una afirmación actual de las condiciones esenciales de la vida humana, que vuelven a ser narradas, representadas e instituidas año con año en el culto y en los ritos.[15]

Hemos podido constatar que a la pregunta sobre posibles dependencias literarias —en nuestro caso concreto, entre las narraciones de las apariciones del Tepeyac y de Las Villuercas— la investigación existente apenas si se ha esforzado en darle respuesta. Y además, en ciertos círculos eclesiásticos de México se temía y se teme —a mi opinión sin razón— que la tradición guadalupana convencional se vería debilitada ya que, a su parecer, el acontecimiento guadalupano de Nueva España no tendría nada que ver con el suceso guadalupano de España.[16] Sin embargo, la vinculación de los motivos de la narración del *Nican Mopohua* con los de la historia de la aparición en España puede verse claramente, si bien hasta ahora no se ha comprobado que la narración novohispana tenga una dependencia literaria directa de la narración española. Pero no obstante, el conocimiento de la gran semejanza de los motivos de ambas narraciones es muy importante, porque sólo así se podrán inquirir razonablemente las peculiaridades del *Nican Mopohua*.

[15] Sahagún, *Historia general,* (1982, 5ª ed.), lib.1, 71-183: Durán, *Historia de las Indias,* t. I, 1.341; Caso, *El pueblo,* pp. 37-116; Nebel, *Altmexikanische Religion,* pp. 41-73; Enrique Florescano, "Mito e historia en la memoria mexicana", en MAMH, XXXIII (1990), pp. 147-193.

[16] De entre la cantidad de escritos, baste indicar aquí solamente las publicaciones de López Beltrán y del CEG.

e) Leyenda e historia

En las historias de apariciones se reflejan las condiciones de vida de los hombres para quienes estas historias son importantes y sagradas, en el caso mexicano: los indios, los españoles, los negros, los mestizos.

El estudio histórico-religioso e histórico-literario de las leyendas ha demostrado que la diferencia —a menudo demasiado resaltada— entre leyenda, fábula, cuento, etc. (= narración "ficticia"), e historia (= suceso real o comprobado), es una forma que refleja el modo actual de acercarse a la ciencia y no se puede transferir sin problemas a otras épocas o medios culturales. Para el hombre del siglo XVI en España, o bien para el colonizador de los siglos XVI-XVII en Nueva España, que todavía estaba fuertemente ligado al sistema de valores que eran el fundamento de la cosmovisión de los hombres de la época medieval en Europa,[17] apenas si era imaginable una tal diferenciación y tampoco le daba una importancia especial. Tanto las historias como las leyendas o fábulas, todas ellas resaltan una "verdad"; pero el concepto de verdad era entonces más receptivo y sincretista que el concepto de la verdad científica de los tiempos modernos. La reflexión actual se inclina a distinguir la realidad histórica de la ficción y la narración escrita literaria, y a contraponerlas entre sí.[18] Mientras, por ejemplo, para un investigador moderno la persistencia de los mismos motivos en la narración de las apariciones guadalupanas es un signo de la falsedad de estos relatos,[19] esta misma repetición de motivos era, para la mentalidad medieval de España y para la mentalidad transferida a Nueva España,[20] una "prueba"

[17] Gurjewitsch, *Das Weltbild,* pp. 6-27, 352-399; Delehaye, *Les Légendes,* pp. 1-67, 168-260; Gaiffier, *Mentalité,* pp. 391-399; Günther, *Die christliche Legende,* pp. 1-12, 166-195; Rosenfeld, *Legende,* pp. 24-68; Böhme, *Legende,* pp. 876-878; Schreiner, *Zum Wahrheitsverständnis,* pp. 131-169; Bartolomé Bennassar, *L'Homme Espagnol. Attitudes et Mentalités du XVIe au XIXe siècle,* París, 1975; del mismo, *Histoire des Espagnols,* 1: *VIe-XVIIe siècle,* París, 1985; del mismo, *Un Siècle d'Or Espagnol,* París, 1982.

[18] Forster, *Wunder und Magie,* pp. 13-41; Hans Waldenfels, *Kontextuelle Fundamentaltheologie,* Paderborn-Munich, 1985, pp. 156-164: "Zeichen und Wunder", pp. 354-362: "Wahrheitsgemeinschaft".

[19] Lafaye, *Quetzalcóatl,* pp. 394-404; O'Gorman, *Destierro,* pp. 41-61.

[20] Weckmann, *Herencia medieval,* I, pp. 139-152, 199-360; Baumgartner, *Mission und Liturgie,* I, pp. 22-40; Borges, *Método,* pp. 27-44; E. Schmitt, *Dokumente zur Geschichte,* I, pp. 1-11.

de la verdad. El autor (o los autores) del *Nican Mopohua* quería(n) o debía(n) narrar una realidad que experimentaba(n) como algo que abarcaba todo, que determinaba su vida por completo y de la cual, dada su trascendencia, sólo podían hablar en imágenes, metáforas y símbolos. El o los autores relata(n) una verdad que para él (ellos) era existencialmente cierta y que consideraba(n) importante para la sociedad colonial de la Nueva España. Por tanto, el *Nican Mopohua,* probablemente representado como obra teatral con las modificaciones oportunas, en el marco de la evangelización de los indígenas, siendo la configuración literaria del acontecimiento guadalupano, estaba destinado a desarrollar y a consolidar dicha verdad y menos a impulsar teorías teológicas abstractas. Esta configuración literaria está hecha en el *Nican Mopohua* que nos ha sido legado, el cual probablemente fue representado, con las modificaciones oportunas, como obra teatral.[21]

f) Florecimiento de la fe guadalupana según el "Nican Mopohua"

La multiplicidad de las tradiciones guadalupanas no se puede transferir en un relato puro y exacto sobre el suceso guadalupano en México.[22] La cuestión a la que se responde con tales historias guadalupanas no pretende, de ningún modo, aclarar las apariciones científicamente. Es decir, aunque se "formule científicamente" (como *v.g.* en NM, vv. 1-7), el problema no se refiere en primer lugar al cuándo y cómo tuvieron lugar las apariciones, sino: ¿cómo se presenta el orden del mundo que ha sido encomendado a los hombres de "Nueva España" para su configuración? ¿Qué tareas tienen estos hombres? La diferencia de contenido de estas narraciones conduce a la pregunta que se plantean los hombres de la sociedad colonial y que —de acuerdo con el sincretismo en desarrollo entre lo mexicano antiguo y lo cristiano— responde de distintas maneras: ¿Quién es esta Virgen de Guadalupe que es proclamada "Madre de Dios"?

[21] Brinckmann, *Quellenkritsche Untersuchungen,* pp. 75-76, 182-205; de la misma, "Coloquios de la Virgen de Guadalupe", en *REAA,* XIII (1978), pp. 163-170.

[22] Noguez Ramírez, *The apparition,* pp. 186-205.

Estas observaciones histórico-religosas que hemos esbozado se pueden aplicar de manera semejante a las declaraciones del *Nican Mopohua* sobre el suceso guadalupano, tanto respecto de la narración, como también en relación con la multiplicidad de imágenes o símbolos que se utilizaron. En este contexto podría ser importante observar que también la fe en el suceso narrado por el *Nican Mopohua* atraviesa un desarrollo histórico-religioso que no podrá ser analizado en el presente trabajo.[23]

g) La "verdad" del "Nican Mopohua"

Con respecto al conjunto de cuestiones sobre la "verdad" del *Nican Mopohua,* de acuerdo con el estado actual de nuestros conocimientos, podemos admitir como ciertas las siguientes disquisiciones y explicaciones:

La narración del *Nican Mopohua* sobre las apariciones de la Virgen María en el Tepeyac no pretende formular en primera instancia circunstancias o "hechos" que se puedan verificar como verdaderos o falsos a través de investigaciones históricas o empíricas, sino más bien ofrece la profesión de un credo. Esto significa que dicha narración quiere dar respuesta a la cuestión sobre la orientación fundamental de la vida de los mexicanos. Por consiguiente, no establece tanto una verdad objetiva, sino más bien testifica una verdad existencial, que sólo a través del modo de vida de los mexicanos puede ser confirmada, o bien desechada como rumor sin fundamento. Para entender las "apariciones" del Tepeyac necesitamos también descubrir que la pregunta a la cual responden el *Nican Mopohua* y otras narraciones de apariciones (de María), no es el cómo y cuándo sucedieron las apariciones; es decir, el punto central de la cuestión no son las explicaciones, sino el descubrir con qué fin los hombres de México —en nuestro caso, los nahuas— fueron sujeto de las apariciones, es decir ¿qué sentido tiene la aparición para la vida de los nahuas?

[23] *Ibid.*

Al estudiar esta fuente, por principio podemos partir del hecho de que —puesto que de antemano no existen indicios que permitan admitir una falsificación o una ficción por parte de Lasso de la Vega o del autor o autores desconocidos— dicha fuente guarda la tradición (si bien en forma poética, y en cuanto esto es posible gnoseológicamente) de algo que en realidad sucedió en el pasado. Mientras no se demuestre lo contrario, el contenido del *Nican Mopohua*, o sea la narración del suceso guadalupano en diciembre de 1531 en el Tepeyac, tiene derecho a ser tenido como testimonio de una realidad que se ha experimentado, aun cuando ésta haya sido en el siglo XVI y siga siendo hasta hoy una realidad empírica extraordinaria. Desde luego que también debemos considerar la posibilidad de que la redacción artística del *Nican Mopohua* por parte de Lasso de la Vega haya sido con el fin de fomentar el culto guadalupano en el siglo XVII. Pero la verdad del *Nican Mopohua,* cuyas funciones edificantes, pedagógicas y parenéticas se echan de ver claramente, no se infiere tanto de un acto de conocimiento histórico, sino más bien de la experiencia cristiana de la vida.

La forma, el estilo, la expresión, la formación de los pensamientos y la terminología de este documento están marcados con el espíritu náhuatl y con el europeo, y constituyen tanto en su conjunto como en cada una de las partes una obra literaria que contiene la explicación del suceso guadalupano en una composición artística de carácter literario, cuyo valor estriba en la forma como se expresa en ella la conciencia cristiana, más que en su aproximación a la verdad histórica.

Por tanto, el *Nican Mopohua* no debería ser usado para efectuar aclaraciones históricas, como con frecuencia ha sucedido y sigue sucediendo, sino más bien debería ser reconocido como un mensaje teológico que proporciona una nueva significación a la situación histórica de México o Nueva España. Ante la influencia creciente de este mensaje en la evangelizacion y en la pastoral de México, y teniendo en cuenta que en los últimos tiempos su difusión se multiplica sobre todo entre las diversas clases populares del país, corresponde, no en última instancia, a las ciencias teológicas la labor de contribuir a profundizar en el conocimiento del *Nican Mopohua,* de aproximarse a sus propiedades lingüísticas y literarias y a su riqueza teológica para conocerlo en su verdadera dimensión.

2. Concepciones teológicas

El lenguaje y el contenido de una obra literaria están unidos inseparablemente; y justamente no se puede entender el *Nican Mopohua* si no se conocen los contenidos culturales expresados en náhuatl y si no se está familiarizado con la escala de valores y las condiciones culturales que fundamentan la obra literaria del *Nican Mopohua.* No es posible, después de haber comprendido la estructura del lenguaje, dedicarse sin transición al contenido teológico; antes deberán ser interpretados los contenidos culturales de la lengua náhuatl que, a través de la selección de algunos términos, queremos mostrar aquí a manera de ejemplo. Desde luego, dada la multiplicidad de las influencias culturales y de las variantes de significado, vamos a considerar, interpretar y señalar en forma muy restringida los contenidos culturales y la amplitud del significado teológico de las palabras y de la lengua del *Nican Mopohua.*[24]

a) Introducción

Incenquizca Ichpochtli, "totalmente niña (muchacha)", también significa "virgen". La "virginidad" de hombres y mujeres era muy apreciada en los pueblos de Mesoamérica.

[24] El punto de vista de que se habla en esta sección maneja un conjunto de estudios del *Nican Mopohua* que hasta ahora se ha emprendido solamente en esbozos, *v.g.* por Siller, *La evangelización,* pp. 1-140; José Luis Guerrero, *Flor y canto del nacimiento de México,* México, 1979; *cf.* también varias contribuciones en ISEE, *Libro Anual,* pp. 137-268. Para la comprensión de la temática planteada aquí desgraciadamente no existen hasta ahora obras de especialistas en náhuatl; a este respecto hay que recurrir más bien a la literatura náhuatl fundamental, como por ejemplo a Sahagún, *Historia general;* Durán, *Historia de las Indias;* León Portilla, *Filosofía;* del mismo, *Toltecáyotl;* del mismo, *Coloquios y Doctrina cristiana;* Garibay K., *Historia de la literatura náhuatl;* del mismo, *Diccionario Porrúa;* Seler, *Gesammelte Abhandlungen;* Lehmann, *Sterbende Götter;* Leander, *In Xochitl;* Nebel, *Altmexikanische Religion;* del mismo, *Concepciones teológicas;* Kerkhoff, *Orientierung.*

Dios Inantzin (reverencia), "Querida Madre de Dios". Es una expresión que se compone de una parte castellana y otra náhuatl; debe contemplarse dentro del *Nican Mopohua* como parte de algo que sucedió en diálogo, que sirve para crear conceptos propios y para desarrollar la comunicación del náhuatl al español. Muy frecuentemente estos conceptos se emplean en diminutivo en el *Nican Mopohua,* lo que es signo de respeto y veneración. Estos diminutivos gozan de gran popularidad en la cultura nahua hasta el día de hoy, e incluso han entrado a formar parte del idioma español propio de México.

La relación *indio-obispo,* evangelizado-evangelizador, es un tema importante del *Nican Mopohua.* El indio y el obispo desempeñan papeles importantes en la evangelización expresada en el acontecimiento guadalupano.

Macehualtzintli, forma diminutiva de "macehual", "merecido de Dios por la penitencia" —la creación del hombre sólo fue posible por el sacrificio de Quetzalcóatl—, indica en la filosofía náhuatl un rasgo esencial del hombre. Aquí en el texto, macehual tiene un significado socioeconómico y designa al hombre (indio) pobre, de la clase social baja de la población de la Nueva España, estimado como inferior por el europeo. En el lenguaje simbólico-mítico, con la expresión *Macehual Juan Diego* no se designa sólo a un indio cualquiera; él representa a todos los pobres del pasado, del presente y del futuro. El "pobre indio" es clave para entender el acontecimiento guadalupano.

Tlamahuizolli, "algo grande, de lo que se sabe y se habla", designa los cuatro milagros que sucedieron según el *Nican Mopohua:* la conversión de la cima de la colina, pedregosa y seca, en un mundo de belleza y piedras preciosas; la curación del tío de Juan Diego; el florecer de flores durante el invierno helado; el estampamiento de la imagen de la Virgen en la tilma del indio.

El *Nican Mopohua,* en los vv. 1-5, entra en el contexto histórico del acontecimiento guadalupano. La narración se inicia con el análisis de la situación histórica de la dramática época posterior a la conquista de México, que en 1521 fue llevada a cabo por los españoles bajo el mando de Hernán Cortés.

v. 1 En forma breve y expresiva se esboza la situación con una metáfora de sentido profundo: *Inyeomoman in mitl in chimalli,* "la flecha y el escudo descansaban", que describe el fin de la guerra en una forma de expresión dialéctica típica náhuatl. Los aztecas habían encontrado en la realidad de la "guerra" la expresión dialéctica de su existencia como pueblo: como nómadas habían llegado en otros tiempos a la meseta del Anáhuac y, al mando de Huitzilopochtli, su dios de la guerra, habían asegurado su existencia física y social mediante luchas prolongadas y duras contra los pueblos de esa altiplanicie. Para ellos la guerra tenía dimensiones sociales y político-religiosas, aparecía en la mitología y en la historia del pueblo azteca como *inmitl in chimalli* (la guerra social), *in Xochiyaotl* (la guerra florida como práctica militar de entrenamiento) y en la mística de la guerra de Huitzilopochtli-Tlacaélel como "guerra santa", determinaba oficialmente la vida personal, social y nacional. La guerra era un aspecto simbólico y real del orden y funcionamiento de la sociedad azteca. Por ende, el "fin de la guerra" era el final de la sociedad y de la nación azteca.

v. 2 *Inipalnemohuani, nelli Teotl Dios,* "el que nos da la vida, el verdadero Dios", expresa la relación antropológica de Dios, que como "Dios con raíz" es el "verdadero" Dios. La doble designación de Dios, *Teotl* y *Dios,* fue empleada muy frecuentemente por los sabios mexicanos en sus "Diálogos" con los 12 primeros misioneros franciscanos para convencerlos de que el "Dios" de los cristianos era el mismo Dios que antes habían adorado los habitantes de su tierra. Estos Tlamatinime, llamados "sabios", no tuvieron éxito en sus intentos. Posiblemente el autor del *Nican Mopohua* añadió la palabra española *Dios* al sinónimo náhuatl *Teotl* en recuerdo de aquellos diálogos y de su fracaso final, para resaltar con eso la identidad y la singularidad de Dios en la vida y en la fe de los hombres de ambas culturas.

v. 3 *1531.* La precisión histórica del acontecimiento guadalupano está totalmente dentro de la tradición azteca. El tiempo y el espacio determinan al hombre y al mundo, son parte integrante de la realidad y de la esencia de las cosas. Por eso el sistema de calendarios mesoamericanos era de gran importancia para la religión y la sociedad.

v. 4 *Cuauhtitlan,* "lugar del águila", alude al símbolo del águila, que representa al sol, por lo cual también es un símbolo del elegido "pueblo del Sol", de los aztecas. Juan Diego debió de haber llevado antes de su bautizo el nombre de "Cuauhtlatoatzin", "el que habla como el águila", lo cual significa que en él "habla la sabiduría del señor del águila"; es sabido que entre los aztecas existía la orden de los caballeros Águila y la orden de los caballeros Jaguar, o bien explica la sabiduría del dios Sol, cuyo símbolo es el águila.

v. 5 *Teóyotl,* "las cosas espirituales", es la manera como se define en el texto la evangelización española en el México del siglo XVI. *Téotl,* "dios", con el sufijo abstracto *yotl,* da a entender que los nahuas, la población autóctona de México-Tenochtitlan, asignaban a la evangelización la categoría de un proceso abstracto.

Tlatilolco (Tlatelolco) fue después de la Conquista un centro de evangelización, que constituía una parte del llamado centro del dominio español México-Tlatelolco. Es sabido que en Tlatelolco los franciscanos dirigían el famoso colegio para los hijos de los nobles aztecas: el Imperial Colegio Santa Cruz de Santiago Tlatelolco. Según la opinión de muchos guadalupanos, fue en este colegio donde nació el *Nican Mopohua* en el siglo XVI, compuesto ya sea por el nahua Antonio Valeriano, ya sea por varios discípulos en torno a fray Bernardino de Sahagún, etnólogo y especialista en el náhuatl.

v. 6 *Huel oc yohualtzinco,* temprano por la mañana, "cuando todavía era noche", hace patente que el acontecimiento guadalupano presenta características arquetípicas: en el principio hay un suceso que sirve como origen para algo, y que está expresado por el concepto *Yohualli,* "noche". También el Quinto Sol (la época presente de los aztecas) tuvo su origen una vez, cuando "era de noche". El contenido simbólico de *Yohualtzinco* nos muestra que ha comenzado un suceso importante y fundamental, tan importante como el origen del mundo.

v. 7 *Tepetl,* "el monte", es un símbolo de lo fuerte y consistente. La palabra es parte integrante del difrasismo *in atl in tepetl,* "el agua y el monte", para designar a la ciudad de México que se encuentra en un lago. Los templos mesoamericanos eran construidos sobre montes aritificiales a los que más tarde se les llamaba "pirámides" y que servían de fundamento para el *teoca-*

lli, la "casa de Dios". Después de la Conquista, estos teocallis, fueron sustituidos frecuentemente por iglesias cristianas.

El acontecimiento guadalupano comienza "cuando se hizo de día". En la mentalidad de los pueblos mesoamericanos, el "hacerse de día" junto con "noche" constituye el difrasismo arquetípico del origen del mundo y de los hombres, es decir, de la historia (véase la creación del mundo en el mito azteca del Quinto Sol, o también en el *Popul Vuh,* el libro sagrado de los mayas). Éste es también el tema del *Nican Mopohua:* con el acontecimiento guadalupano comienza un nuevo mundo.

v. 8 *Cuicatl,* "el canto", es una parte del difrasismo *In Xochitl in Cuicatl,* una metáfora de la verdad, la belleza, la filosofía, y la "revelación" de Dios a los hombres. Las aves, igual que el viento, son símbolos nahuas de la mediación entre el cielo y la tierra. Quetzalcóatl, "el gemelo precioso", fue visto como mediador de las contradicciones y antagonismos que constantemente surgen en la sociedad. En respuesta al problema hombre-Dios, historia-trascendencia, Quetzalcóatl actuó como Ehécatl, "viento", que bajó del cielo y se hizo historia. Y así, las aves del *Nican Mopohua* son un indicio de que aquí se trata de un acontecimiento de mediación entre el cielo y la tierra, entre Dios y los hombres.

v. 10 *Xochitlalpan, tonancatlalpan,* "lugar de flores", "lugar de nuestra carne", es un difrasismo que designa al Tepeyac como el lugar de la verdad y del origen de los hombres en el *tamoanchan,* el lugar donde Tonacatecuhtli, "el Señor de nuestra carne", forma a los hombres y los manda al seno de sus madres sobre la tierra. De esta manera el Tepeyac se convierte en un monte de trascendencia, en un Topan, "lo que está sobre nosotros", hacia donde los hombres se acercan.

v. 11 El *Tepeyac* es a la vez la base simbólica de un templo. Como un sacerdote mexicano antiguo, Juan Diego mira hacia el Oriente, lugar de la vida y del sol, símbolo de la divinidad, de donde viene el "precioso canto celestial", *in ilhuica tlazocuicatl,* es decir, donde la verdad se revelará a Juan Diego.

v. 12 *Juantzin, Juan Diegotzin.* El diminutivo que se produce por el sufijo *tzin* es una forma de cariño y al mismo tiempo indica respeto y reverencia. Juan Diego ahora ya no es "el pobre indio", sino que es un hombre, una persona que tiene dignidad y merece respeto. Con el acontecimiento guadalupano comienza una nueva creación, nacen un mundo y una sociedad nuevos.

v. 17 En la cultura nahua las personalidades importantes llevaban signos y símbolos que indican el origen y la posición de las mismas. Si el vestido de la distinguida señora brillaba como *tonatiuh,* sol —un símbolo de Dios—, era señal de que Dios era parte de su experiencia y de su personalidad.

vv. 19-21 *Chalchihuitl,* "piedra preciosa verde", que para los antiguos mexicanos era un símbolo de la vida *(cf.* la diosa Chalchiuhtlicue, "la mujer del faldellín de jade") y Teoxihuitl, "piedra preciosa azul turquesa", símbolo del lugar de la vida del hombre (el Norte, representado por el color azul), es señal de renovación del mundo de los indios conquistados, un mundo humanizado en el signo del acontecimiento guadalupano.

v. 23 *Noxocoyouh Juantzin,* "Juanito, el más pequeño de mis hijos": una alusión a la dolorosa realidad de la vida de los indios después de la Conquista, y al mismo tiempo (al utilizar el diminutivo) una alusión al restablecimiento de la dignidad y respeto de Juan Diego y de todos los habitantes autóctonos, tratados con menosprecio por los colonizadores.

v. 24 *In Tlacatl in Totecuiyo,* "el Señor distinguido, nuestro Señor". *Totecuiyo,* "nuestro Señor", que en la literatura nahua está vinculado frecuentemente a Quetzalcóatl, Ipanemohuani y otras denominaciones de dioses, aquí podría estar utilizado no sólo en relación con Dios, sino más bien con Jesucristo. Una comparación con los mencionados *Coloquios...* nos lo hace sospechar *(cf.* también *itlacatilizilhuitzin Totecuiyo Jesu Christo,* "fiesta del nacimiento de nuestro Señor Jesucristo"; *cf.* Siméon, *Diccionario).*

v. 26 *Innicenquizca cemiacac ichpochtli Sancta Maria,* "la perfecta siempre Virgen Santa María", se designa como la madre de los dioses mexicanos antiguos, que en las especulaciones filosófico-teológicas de los Tlamatinime eran concebidos por medio de "flor y canto", y sobre todo aparecen en la poesía de Netzahualcóyotl como atributos del dios supremo Ometéotl, "dios de la dualidad"). La Virgen de Guadalupe se llama a sí misma *In inantzin in huel nelli Teotl Dios* (el dios de la especulación filosófica); *in Inantzin in Ipalnemohuani,* "la madre de Aquel que nos da la vida" (del dios en su función de dolor de la vida humana); *in Inantzin in Teyocayani,* "la madre del inventor de los hombres" (del dios que crea a los hombres); *in Inantzin in Tloque Nahuaque,* "la madre del Señor del cerca y del junto" (del dios que está y actúa en todas partes); *in Inantzin in Ilhuicahua, in Tlalticpaque,* "la madre del Señor de los cielos y de la tierra" (del dios en su dimensión filosófica y en su función de Señor de la historia).

v. 33 El papel de mediador de Juan Diego está compuesto necesariamente de tres términos en la estructura náhuatl del texto: "lo que has visto y admirado y oído" *(cf.* también vv. 43, 45, 59). El número tres es el símbolo de Quetzalcóatl y de la mediación: el uno y el dos son el cielo y la tierra. La mediación que realiza Quetzalcóatl entre los dos está representada por el número tres.

v. 39 Con *Cuepotli,* "calle firme", se menciona una de las tres calzadas que unían a México-Tenochtitlan con la tierra firme por estar construida en el lago de Texcoco. Tepeyac estaba a la orilla de este lago.

v. 40 *Tecpanchantzinco,* "lugar de la residencia distinguida" *(Tecpan,* "palacio"; *chantli,* "casa"; *tzin,* reverencial; *co,* "lugar"). Esta expresión destaca que el obispo Zumárraga, como antes los señores aztecas, vive en un palacio. La evangelización española es identificada con el dominio de los antiguos aztecas y de los actuales españoles *(cf.* vv. 70, 147).

Teopixcatlatoani, "orador de los sacerdotes" *(teotl,* "divino"; *pia,* "cuidar"; *tlatoani,* "el que habla bien" = gran Señor), hace patente que el obispo, como antes los reyes y nobles aztecas, que llevaban el título de "Tlatoani", es un señor importante e influyente, "el que tiene la palabra" *(cf.* vv. 42, 50, 68, 70, 80, 86, 88, 101, 123, 142, 147, 158).

v. 55 Juan Diego se designa como *Nicnotlapaltzintli,* "yo, un campesino cualquiera", sin peso y sin importancia histórica; *nimecapalli,* "yo, una cuerda", un esclavo para transportar carga; *nicacaxtli,* "yo, una escalerilla" (andas), tratado con la punta del pie; *nicuitlapilli,* "yo, una cola", un hombre sucio *(cuitlatl* = excremento); *natlapalli,* "yo, un ala", un hombre del pueblo, subalterno; *cuitlapilli atlapilli,* "un hombre menospreciado, dependiente, del pueblo".

v. 56 *In mixtzin in moyollotzin,* "tu rostro, tu corazón" *(cf.* vv. 63, 111, 118...). "Rostro y corazón" es una metáfora azteca para designar una personalidad; expresa el alto ideal de la educación azteca *in omacic oquichtli: yollotetl, yollotlaquavac, ixtlamati, ixehyollo, mozcalia:* "el hombre maduro: un corazón firme como la piedra, un rostro sabio, dueño de una cara, un corazón, hábil y comprensivo" (León-Portilla, *Filosofía,* pp. 229 y 356).

v. 59 El papel mediador y la misión de Juan Diego se describen con tres palabras: *ipan titlatoz, huel momatica,* "ojalá que tú favorecieras, apoyaras, formaras bien con tus manos".

v. 61 *Noteocal,* "mi casa de Dios". Los santuarios de los aztecas erigidos sobre "montes artificiales" se llamaban *Teocalli* (o *teucalli) (cf.* v. 73).

v. 75 *Totemaquixticatzin Totecuiyo Jesucristo,* "nuestro Redentor, nuestro Señor Jesucristo". *Totemaquixcatzin,* reverencial, "nuestro Redentor, Liberador, Salvador". *Nitemaquixtloa,* "libertar a alguien", *temaquixtiliztli,* "redención, liberación, salvación".

v. 95 *Cocolitzli,* "enfermedad", "peste", "mal", "epidemia" *(cf.* vv. 112, 118). Con este término podría estar expresada la viruela introducida por los conquistadores, que causó gran mortandad entre los indios.

v. 102 *In Teopixqui motolinia,* "el sacerdote es pobre". No está excluido que con el término *motolinía* se haya evocado el recuerdo de aquel famoso franciscano Toribio de Benavente, a quien los indios pusieron el sobrenombre de *Motolinía,* "él es pobre", por su trabajo altruista en favor de los habitantes indígenas.

v. 117 *Icnohuacacenquizcaichpochtzintl,* "la Virgen siempre perfecta y misericordiosa".

v. 126 Con *Xóchitl,* "flor" (vv. 126, 128, 132, 137, 141, 146, 153, 154, 157), se completa la verdad de Guadalupe que se había anunciado con *Cuicatl,* "canto" (vv. 9, 13).

In Xóchitl in Cuicatl, "flor y canto", es la metáfora de la Revelación, es una expresión náhuatl de aquello que los teólogos de la época patrística designaban como Σνγκατάβασις τοῦ δεοῦ, es decir el descender, de Dios hacia los hombres. Y así, *in Xóchitl in Cuicatl* se convierte en la metáfora de la verdad del acontecimiento guadalupano.

Completaremos a continuación esta breve selección de explicaciones e interpretaciones con el listado de los múltiples nombres calificativos para Dios y para la Virgen María, y con algunos puntos de vista centrales del antropocentrismo que aparece en el *Nican Mopohua.* Ellos son ejemplos para la reflexión teológica sobre el acontecimiento guadalupano, y para la continuidad y transformación de la doctrina cristiana en el contexto cultural mexicano, cimentada en el lenguaje mítico-simbólico de la religión de los nahuas.

Dios:

Teotl Dios (vv. 2, 26, 62, 165, 183)	Dios en náhuatl y en castellano
In nelli Teotl (vv. 2, 26)	El verdadero Dios (con raíz y fundamento)
In huelnelli Teotl (v. 26)	El único Dios verdadero
Ipalnemohuani (vv. 2, 26)	Aquel por quien vivimos
In Tloque Nahuaque (v. 26)	El Dueño del cerca y del junto
Teotl in Ilhuicahua in Tlalticpaque (v. 26)	Dios de los cielos y de la tierra
In Teyocoyani (v. 26)	El Creador, el Inventor
Totecuiyo (vv. 24, 113)	Nuestro Señor

Jesucristo:

Temaquixticatzin (reverencial *Totecuiyo Jesucristo* (v. 75):	El Redentor (libertador), Nuestro Señor, Jesucristo

La Virgen María (una selección)

Cihuapilli (vv. 14, 24, 50, 101, 211, etc.)	Señora distinguida
Tlacatlé (vv. 50, 56, 66, etc.)	Respetable Señora
Notecuiyoé Cihuapillé (vv. 24, 38, 50, 54, 63, etc.)	Mi Señora, Señora distinguida
Ichpochtli Sancta María (vv. 26, 62, 88, etc.)	La doncella (Virgen) S.M.

Cemicac Ichpochtzintli (rev.) (vv. 26, 73, etc.)	La siempre virgen, *Semper Virgo*
In inantzin (rev.) in huel nelli Teotl Dios (v. 26);	La Madre del único Dios verdadero
In inantzin (rev.) Ipalnemohuani (v. 26):	La Madre de Aquel por quien vivimos
In inantzin (rev.) in Teyocoyani (v. 26):	La Madre (rev.) del Creador, del Inventor
In inantzin (rev.) in Tloque Nahuaque (v. 26):	La Madre (rev.) del Dueño del cerca y del junto
In inantzin (rev.) (in Totecuiyo) in ilhuicahua in tlalticpaque (v. 26)	La Madre (rev.) de nuestro Señor de los cielos y de la tierra
In ilhuicac Cihuapilli (vv. 43, 72, 200, etc.):	La distinguida Señora del cielo
Cihuapillé Noxocoyohué (vv. 66, 110, etc.)	Distinguida Señora, la más pequeña de mis hijas
Cihuapillé Nochpochtziné (rev.) (vv. 50, 110, etc.)	Distinguida Señora, niña mía
Tlacatlé Notecuiyoé (vv. 56, 66, etc.)	Señora, mi dueña (reina)
Cenquizca Mahuizichpochtzintli (rev.) (v. 57)	Virgen perfecta y respetable
In inantzin (rev.) *Teotl Dios* (vv. 183, 165)	La madre (rev.) de Dios
Nantzin (rev) *in Totecuiyo Jesucristo* (v. 75)	Madre (rev.) de Nuestro Señor Jesucristo
Nochpochtziné (rev.) *Noxocoyohué* (v. 110)	¡Niña mía (rev.) la más pequeña de mis hijas!
In icnohuacazenquizca ichpochtzintli (rev.) (vv. 29,117)	La Virgen misericordiosísima (rev.)
Tlatocacihuapilli (v. 89)	Gran Señora, Mujer distinguida
Paccayeliz (v. 119)	Fuente de alegría

b) La teología concebida antropológicamente

El *Nican Mopohua* tiene una concepción fuertemente antropocéntrica: es de los hombres y para los hombres. La Virgen María no se aparece para su propia causa, o en función de la divinidad o de la religión cristiana oficial, sino en función de un *macehualtzintli,* de un débil y oprimido, para hacerse cargo de él: quien le ha de realizar su deseo es tenido a los ojos de las clases dirigentes de la sociedad colonial como "hombrecillo insignificante", "cuerda", "escalerilla", "cola", "niño" (v. 55: *tlapalzintli, mecapalli, cacaxtli, cuitlapilli, natlapilli)* y no como un "hombre conocido, considerado y respetado" (v. 54).

Por otra parte, es la Virgen misma quien recibe un trato muy humano por parte de Juan Diego. Su tratamiento es tierno: "niña mía", "la más pequeña de mis hijas" (v. 110: *Nochpochziné, Noxocoyohué).* La Virgen una vez más pide un lugar "para dar amor, protección, compasión, ayuda a todos los habitantes de esta tierra, y poder aliviar su miseria, sufrimiento y dolor" (v. 32). La "siempre misericordiosa Virgen" (v. 117: *Icnohuacacenquizcaichpochtzintli)* de Guadalupe por su parte es mensajera y proclamadora de un dios para los hombres, de "Nuestro Señor" (v. 113: *Totecuiyo),* "que nos da la vida" (vv. 2, 26: *Ipalnemohuani),* del "Dios verdadero" con raíz y fundamento (v. 2, 26: *nelli Teotl),* del "Creador" (v. 26: *Teyocoyani),* del Señor "de lo cerca y lo junto" (v. 26: *Tloque Nahuaque),* el que constantemente está presente entre los hombres. Así como en el mito del Quinto Sol, "los dioses que habían permanecido inactivos desaparecían del suceso de la creación", así "desaparece" también aquel obispo a quien no le había impresionado el acontecimiento guadalupano en el Tepeyac. En su lugar encontramos a otro, a un convertido (aunque en realidad es el mismo), que después de su metanoia está dispuesto a efectuar y sostener una postración humilde y sincera ante la Virgen de Guadalupe: "el señor obispo le pidió perdón agobiado y contrito" (v. 187).

Este material fecundo y abundante sólo puede ser tratado en un trabajo de investigación continuado. Nosotros aquí resumimos algunos puntos.

El *Nican Mopohua*, que se basa tanto en el suceso histórico como en un material legendario, está fuertemente impregnado de reflexión teológica, y debe ser considerado, explicado y entendido como un testimonio teológico de la transformación brusca de una época: en él se reciben elementos constitutivos de concepciones religiosas tolteco-aztecas; se toman relativamente intactas las antiguas tradiciones mexicanas, pero obtienen nuevas y sorprendentes funciones por medio de personajes que guardan una nueva relación con una nueva composición o combinación; el tesoro lingüístico que se toma prestado es trasplantado a un contexto esencialmente distinto; también el texto, cuyas personas, cosas o sucesos tienen una validez independiente y por encima del tiempo, debe ser considerado como un texto simbólico, como una "narración sincrónica"; el mensaje del *Nican Mopohua* tiene un significado e importancia para la Iglesia y su tarea evangelizadora en el presente.

3. Teología dialogal

Al *Nican Mopohua,* modelado con una temática cristiana, lo configuran elementos estilísticos firmes, conceptos, imágenes y expresiones que producen ese colorido lingüístico que caracteriza también a los ya varias veces mencionados cantares mexicanos o los *Coloquios* y *Doctrina Christiana.* La medida en que estos elementos y formas de expresión tradicionales fueron recibidos y continuados, la capacidad con que las formas mexicanas antiguas fueron asimiladas y fusionadas para obtener una expresión cristiana, se debió al ingenio de los respectivos autores, que lograron elaborar una teología cristiana en diálogo con las tradiciones nahuas, es decir, con los elementos tolteco-aztecas. Estos representantes de un "Toltecáyotl" cristiano,[25] hasta ahora en parte desconocidos, demostraron que podían manejar y hacer suyos los tesoros mexicanos: desde la sencilla decoración, pasando por un simbolismo profundo, hasta llegar a una orientación social y teológica.

[25] León Portilla, *Toltecáyotl,* pp. 7-52, 72-135; Garibay K., *Historia de la literatura,* II, pp. 7-390; Guerrero, *Flor y canto,* pp. 208-280.

Si el texto del *Nican Mopohua* no se contempla aisladamente, sino que se verifica una comparación histórico-religiosa con otros textos de su época y de su ambiente, podremos reconstruir ese "diálogo" del que el *Nican Mopohua* en otro tiempo muy probablemente pudo haber formado parte.[26] Y entonces se volverán a plantear las preguntas para las que el *Nican Mopohua* era una respuesta: las expectativas y las condiciones que suscitaron su recepción y las alternativas que bajo las condiciones de Nueva España hubieran podido darse a dichas preguntas. De este modo puede verse el texto desde otra perspectiva. Que el *Nican Mopohua* está involucrado en un proceso dialogal, es evidente, entre otras cosas, por la manera de designar a "Dios" y a "María", que mencionamos anteriormente. Al ser recibidos y transmitidos estos y otros muchos nombres y conceptos, de los cuales hemos citado algunos, comienza un proceso de competencia y de diálogo, de discusión y limitación, de antítesis y transformación. Pues si bien los primeros misioneros de México vieron en su mayoría a las deidades mexicanas como "el diablo" y "los demonios", ahora en el *Nican Mopohua* la otra experiencia adquiere un valor religioso, ya que en la religión de los nahuas las experiencias con estos poderes también tienen que ver algo con Dios. Y así también adquiere relevancia la cuestión sobre la Revelación, planteada en el horizonte de las posibilidades del mundo mexicano.

Al quedar escrito el texto del *Nican Mopohua,* comienza también una tradición escrita del acontecimiento guadalupano, que es de gran trascendencia tanto desde el punto de vista religioso-cultural como social y colectivo.

Esta tradición aboga persistentemente por una evangelización en diálogo, que se aparta de la práctica general de una evangelización al estilo "conquista espiritual"; ella toma y elabora en un solo tema teológico el encuentro de dos culturas distintas; el *Nican Mopohua* retoma en parte lo que los nahuas habían perdido de su saber ético-

[26] Clodomiro L. Siller A., "Para una teología del *Nican Mopohua*", en *EI,* V (1975-1976), núm. 4, pp. 409-419; lo mismo en *Servir,* 62 (1976), pp. 155-174; del mismo, *La evangelización,* pp. 1-140; Garibay K., *Historia de la literatura,* II, pp. 209-372; León Portilla, *Filosofía,* pp. 1-27; Richard Nebel, "Santa María Tonantzin Virgin of Guadalupe. Aztec-Christian Dialog in México", en *StID,* 2 (1992), núm. 2, pp. 152-163.

mítico-religioso, de su experiencia de la vida y del mundo en el curso de la Conquista y la colonización; el documento hace destacar una estructura que debe ser vista fundamentalmente como náhuatl, y de ello se deduce que tal vez fue concebido como una respuesta a una inquietud indígena o al menos indigenista, y por lo mismo fue destinado a introducir a los mexicanos desde su propio contexto al acontecimiento guadalupano; si sopesamos los elementos españoles cristianos, por un lado, y los mexicanos indígenas, por otro, la balanza se inclina en favor de los elementos nahuas. Y así como en otros tiempos y en otras regiones culturales del mundo se llegó a una "helenización", "germanización" o "eslavilización" del cristianismo, así el acontecimiento guadalupano transmitido en el *Nican Mopohua* puede allanar el camino para una "mexicanización" del cristianismo, sin perjuicio de su identidad cristiana por la recepción de la cultura y la religión mexicanas antiguas.

Indudablemente, la liberación de los pueblos autóctonos del estigma de la marginación es una demanda básica del *Nican Mopohua.* Su enfoque filosófico y teológico de la historia persigue el objetivo de suprimir, mediante la reconciliación y el reconocimiento de las culturas y pueblos diversos, la existencia marginada, y por ende la degradación cultural y religiosa de dichos pueblos, originada por la colonización espiritual y civilizadora de las fuerzas europeas. Al mismo tiempo, la reconciliación de las distintas culturas y religiones y la supresión del antagonismo entre la civilización hispánica y la "barbarie" y "salvajismo" prehispánicos habrá de crear un mutuo entendimiento, de tal manera que las culturas y los pueblos, en vez de someterse o someter a otros, puedan entrar en un diálogo de solidaridad. Como consecuencia de esta nueva cosmovisión "mexicana", los pueblos autóctonos reclaman respeto a su identidad, el derecho a vivir y a actuar conforme a su propia identidad, el derecho a autodeterminarse como "nación mexicana" que, recurriendo a la rica herencia cultural y religiosa del pasado, la unirá a los valores de la sociedad colonial. Conforme al sentido del *Nican Mopohua,* en este nivel concreto, los distintos pueblos y clases de la población de la sociedad colonial están en una discusión permanente y proyectan su futuro. Cada uno, según la medida de sus talentos y capacidades, está llamado a colaborar en dicha configuración del futuro, para así, mediante una humanización que se deja ver a la luz del *Nican Mopohua*, contrarrestar aquellos ordenamientos estandarizados establecidos por la sociedad colonial, del lenguaje, del pensamiento y del sentimiento moral —es decir, de un dominio de lo institucional—. El lenguaje teológico y el contenido del *Nican Mopohua,* basado en el mensaje de la Virgen de Guadalupe, están determinados por la visión de un equilibrio armónico, de una solidaridad y fraternidad que están contenidas en un nuevo "orden cósmico".

a) Un hombre nuevo en una sociedad nueva

El *Nican Mopohua* da pie para pensar que el narrador de esta historia quiso conservar recuerdos importantes e históricamente comprobables, a saber: la evangelización de los indios ya desde los comienzos de la época colonial; el anuncio del evangelio a "otros" hombres en otra cultura y en otra religión; la aceptación de estos hombres y sus consecuencias para los proyectos teológicos de la Iglesia; la experiencia de la comunidad de todos los creyentes y de la única Iglesia de Cristo, hacia la cual todos están en camino comunitariamente.

En consecuencia, la narración del *Nican Mopohua* se relaciona con una época de transición brusca en la ahora Nueva España colonial, cuya manera diferente de ser se hace resaltar por los milagros del acontecimiento guadalupano, en especial por el milagro de la "aparición" de la imagen sagrada, que "no fue pintada por mano de hombre". Además, la tradición del *Nican Mopohua* hace patente cómo la solicitud de la Virgen María hacia Juan Diego abre para éste y también para la sociedad colonial experiencias sorprendentes. El concepto que la sociedad se había formado del "indio" se modifica y adquiere nuevos perfiles. Esto trae como consecuencia que el indio mismo aprende a verse en una imagen nueva. Con el nuevo concepto del hombre que comienza a delinearse, se realiza una nueva encarnación, un "nuevo proyecto" del ser-hombre, que tiene como resultado, por así decirlo, el "nacimiento social" de los indios en Nueva España. Ellos encuentran un primer lugar en la sociedad, y a la sociedad colonial se le deparan nuevas pautas para un nuevo orden (el reconocimiento de la personalidad de los indios, el principio del bien común y el de solidaridad).

El *Nican Mopohua* nos muestra al nahua Juan Diego no sólo envuelto en estructuras sociales, sino además arraigado en un orden que abarca y hace posible una comunidad del mundo dentro de todo el cosmos. En cierto modo el *Nican Mopohua* contiene una historia de la Encarnación: precisamente la historia del nacimiento "social" de los indios en Nueva España, quienes, por la "intervención" de la Virgen de Guadalupe, entran en relaciones socioculturales en las que son respetados, y al mismo tiempo entran en el horizonte de la historia del cristianismo. De aquí en adelante la historia y la cultura se convierten en una posibilidad y a la vez en un destino ineludible del pueblo nahua, y con él de todos los pueblos indígenas de la Nueva España.

Por consiguiente, en contra de una conciencia cristiana difundida desde el tiempo de la Colonia hasta el momento presente en México, que relega la interpretación mítica y figurada de la narración del *Nican Mopohua* y se empeña en una lectura literal y acrítica como un relato "histórico" que sucedió en un determinado tiempo, en el año 1531, con personajes "históricos" (Juan Diego, Juan de Zumárraga y Juan Bernardino), se debe sostener lo siguiente: el *Nican Mopohua* habla no solamente de un "entonces" o de "una vez" dentro de la historia, sino de un "siempre" esencial, que, desde el momento en que los pueblos autóctonos entraron a formar parte de la historia de Nueva España, ya no se puede interrumpir o suspender. Este proceso de devenir sociocultural todavía no ha terminado: se repite a manera de alegoría o parábola en la historia de la vida individual de los mexicanos como "hijos de Guadalupe", y también en el proceso de desarrollo de México como nación y de una conciencia "nacional" de los habitantes de la Nueva España.[27]

[27] Lafaye, *Quetzalcóatl*, pp. 374-407; Baumgartner, "Quetzalcóatl-Guadalupe", pp. 223-226; Pedro Gil Martínez, *Santa María de Guadalupe y su mensaje*, México, 1982; Thomas J. Ascheman, *Guadalupan Spirituality for Cross-Cultural Missionaries* (St.Miss.Inst.), St. Augustin, 1983 (inéd.); Boturini Bernaducci, *Idea de una nueva historia;* Bergöend, *La nacionalidad*, pp. 77-164;

La fuerza eficaz de orientación y dirección que contiene el acontecimiento guadalupano se muestra no sólo al evocarlo en su forma original, en cuanto pueda accederse a ella, sino más bien se manifiesta en la manera como esta tradición y su recepción teológica ha producido sus efectos a través de los siglos y ha contribuido a configurar la historia de la Iglesia y de la sociedad en México. Por eso forma parte de la tarea de interpretación del acontecimiento guadalupano y del texto del *Nican Mopohua* la cuestión acerca de la historia de sus efectos a través de la reflexión y recepción teológicas que abordaremos en la Tercera Parte de este trabajo.

Jiménez Moreno, *La crisis del siglo XVII,* pp. 420-423; Enrique Florescano, *Memoria mexicana,* México, 1987; Johnson, *The Virgin of Guadalupe,* pp. 190-203; Torre Villar, *Testimonios,* pp. 400-1210; Mier Noriega y Guerra, *Obras completas,* I, pp. 5-11; Concha Malo, *La Virgen de Guadalupe,* pp. 107-123.

Tercera Parte

EL ACONTECIMIENTO GUADALUPANO Y LA REFLEXIÓN TEOLÓGICA

VI. LA TEOLOGÍA Y LA IMAGEN DE SANTA MARÍA DE GUADALUPE

La devoción guadalupana arraigada en México, que se manifiesta en las múltiples prácticas de la religiosidad popular guadalupana, testifica la profunda conversión religiosa y cultural del pueblo a la Virgen de Guadalupe. Esta piedad y religiosidad populares tienen su origen en las venerables tradiciones acerca de las apariciones de Santa María de Guadalupe, tradiciones orales que fueron expresadas en la narración del *Nican Mopohua,* posiblemente el mensaje guadalupano más antiguo. Dicha narración describe e interpreta las apariciones de María en el lenguaje, sobre todo en la mentalidad nahua del narrador o compilador. Puesto que la mencionada devoción y sus manifestaciones en la religiosidad popular se concentran en el culto a María y radican principalmente en la veneración de su imagen, en la basílica de la ciudad de México y también en múltiples iglesias, capillas, altares domésticos y nichos de oración, la imagen de Santa María de Guadalupe desempeña asimismo un importante papel en la reflexión teológica.

Desde el punto de vista sociorreligioso es sorprendente que durante cuatro siglos y medio el acontecimiento guadalupano haya definido de una manera tan decisiva la cultura del pueblo mexicano, y que durante todo ese tiempo haya sido siempre una fuente de energía para la adhesión del pueblo a la fe católica, y un vínculo de unidad nacional. De ahí que no es de extrañar que los elementos y factores que constituyen el acontecimiento guadalupano sean objeto de reflexión teológica, tanto cada uno en particular como en su conjunto. Presentaremos aquí los rasgos fundamentales de dichas reflexiones, divididas en tres partes: en relación con la imagen de Santa María de Guadalupe, en relación con el mensaje guadalupano y en relación con la religiosidad popular guadalupana.

Esbozaremos en primer lugar tres diferentes planteamientos y formas principales de reflexión teológica sobre la imagen de Guadalupe: una profético-histórica; otra histórico-nacionalista y una tercera guadalupana-concepcionista, que aun cuando están extendidas en toda la historia de la Iglesia y la teología de México, aquí sólo se presentarán brevemente en sus inicios.

1. Teología profético-histórica

Esta línea de reflexión teológica fue concebida por el bachiller Miguel Sánchez en su obra *Imagen de la Virgen María, Madre de Dios de Guadalupe...*, impresa en 1648, cuya intención es mostrar el cumplimiento de la profecía del capítulo 12 del Apocalipsis en la imagen de la Virgen de Guadalupe.[1] La interpretación de Sánchez da a este pasaje un sentido inmediatamente mariológico y mediatamente eclesiológico: María es la mujer que apareció en el cielo como una gran señal; por medio de ella también se hacen patentes los rasgos de la Iglesia, "Madre" de los creyentes. Desde esta perspectiva mariano-eclesiológica descubre Sánchez el carácter profético del capítulo 12 del Apocalipsis en relación con el acontecimiento guadalupano y la historia de México. Esta profecía del Apocalipsis, según su apreciación, se llevó a efecto en México en dos aspectos: por una parte, la visión de la mujer que aparece en el cielo como señal, vestida del sol, con la luna bajo sus pies y una corona de 12 estrellas sobre su cabeza y que está encinta, es la promesa profética de la Virgen de Guadalupe que se apareció a Juan Diego en el Tepeyac y que quedó pintada en la tilma de manera milagrosa: ésta se apareció a Juan Diego, un segundo Juan, y su imagen en la tilma a un tercer Juan, a saber, al obispo Juan de Zumárraga. Por otra parte, la mujer vestida del sol, que junto con su descendencia es perseguida

[1] Miguel Sánchez, *Imagen de la Virgen María,* fols. 1-6; *cf.* también Luys Lasso de la Vega, *Hvei Tlamahuiçoltica...*, México, 1649; Luis Bezerra Tanco, *Origen milagroso...*, México, 1666; Francisco de Florencia, *La estrella de el Norte...*, México, 1688. En lo referente a las teologías de Guadalupe seguimos la línea de J. de Jesús Herrera, "Teología y acontecimiento guadalupano", en ISEE (ed.), *Libro Anual,* pp. 369-383.

por el dragón, que a su vez es vencido por san Miguel y arrojado del cielo a la tierra, donde asecha a la mujer y a su descendencia, es la profecía de la historia del pueblo de México, que aunque atacado por la idolatría de la cultura autóctona, fue salvado por la intervención victoriosa de la "conquista evangelizadora". Una vez vencidos los demonios de la idolatría, florece la Iglesia en el nuevo pueblo de la Nueva España.

La reflexión teológica de Miguel Sánchez va más allá del sentido literal del pasaje bíblico y da una interpretación del Apocalipsis que sobrepasa el sentido del texto. Para fundamentar y desarrollar su interpretación y descubrir en la Sagrada Escritura una referencia a la Virgen de Guadalupe o a la historia del pueblo mexicano, echa mano de muchos otros pasajes de la Escritura y del uso que se les da en los textos patrísticos —en especial en los de san Agustín—. Con este procedimiento metodológico, Sánchez quiere, además de demostrar el valor profético de los textos bíblicos, sobre todo crear un fundamento bíblico y teológico para la imagen y para la historia de las apariciones. Sánchez declara expresamente que él quiere "escribir esta historia", porque "la Sagrada Escritura no embaraza a los entendimientos, sino que los alumbra... para autorizar mi humilde pensamiento y para perpetuar continuas memorias de aquesta santa imagen".[2]

Sánchez está convencido de que las apariciones de María de Guadalupe en el Tepeyac y la imagen milagrosamente "aparecida" en la tilma de Juan Diego deben considerarse como hechos históricos, que se fundan "en el derecho común, grave y venerado de la tradición en aqueste milagro, antigua, uniforme y general". Esta autenticidad de las apariciones de Santa María de Guadalupe en México y su imagen —según él— son una señal de que "esta milagrosa Señora y criolla santa" se hizo mexicana y de que, en general, la historia de México ya estaba presagiada en la Biblia. De acuerdo con esto, puede sostenerse el siguiente esquema apocalíptico-guadalupano, según Sánchez:

[2] Miguel Sánchez, *Imagen de la Virgen María,* fols. 1-6; Maza, *El guadalupanismo,* pp. 48-54; del mismo, *Los evangelistas,* pp. 163-173.

Mujer del Apocalipsis	=	Virgen de Guadalupe
Evangelista san Juan	=	Juan Diego
Arcángel san Miguel	=	Hernán Cortés
Los ángeles	=	los conquistadores
El dragón	=	la idolatría
Las alas	=	el águila mexicana
La ciudad	=	la ciudad de México
El desierto	=	el Tepeyac
El sol	=	la tierra montañosa seca
La luna	=	las lagunas de México[3]
Las estrellas	=	México, el nuevo paraíso
etc.		etc.

Esta visión apocalíptico-guadalupana es recogida en muchos escritos y sermones sobre todo de los siglos XVIII y XIX, y aumentada con comparaciones preferentemente entre la historia bíblica y la historia de México, así por ejemplo: Patmos/Asia = México/América; primer Apóstol y obispo Juan = primer "apóstol" y obispo de México, Juan de Zumárraga; María, señal de la Iglesia de Europa = María de Guadalupe, señal de la Iglesia de América; María, aparecida en el cielo (Apoc. 12) = María de Guadalupe, aparecida en México; la rama floreciente del sumo sacerdote Aarón (núm. 17, 16 y ss.), señal del "Primado de la Sinagoga" o de la "Iglesia de Israel" = la Santísima Virgen de Guadalupe, copiada por flores en la tilma, un signo de la elección de Juan de Zumárraga como "Primado" de los Prelados de Nueva España, etcétera.[4]

[3] Una de varias etimologías de *México* es "lugar de la luna": *metztli* (luna) y *co* (lugar), lo cual en la religión nahua indica una directa relación con conocidas divinidades (Tonantzin Cihuacóatl, Coatlicue, y otras). Para eso, *cf.* Simeón, *Diccionario,* pp. 114, 270-271

[4] Miguel Sánchez, *Imagen de la Virgen María,* fols. 1-73; Florencia, *La estrella* ("Dedicatoria" de Br. G. de Valladolid, s. p.); Cabrera y Quintero, "Escudo de armas…", lib. IV, cap. XI, pp. 483-489, y otras; Maza, *Los evangelistas,* pp. 163-188; Torre Villar, *Testimonios,* pp. 152-281 (Miguel Sánchez), pp. 359-399 (Francisco de Florencia), pp. 413-479 (Cabrera y Quintero); véase también la bibliografía de la predicación citada en la Primera Parte, cap. II.

2. Reflexión histórico-nacionalista

En el plano de reflexión señalado como "histórico-nacionalista" se han desarrollado a través de la historia dos corrientes importantes: una, marcada con una mentalidad crítico-racionalista, que pretende ser científica, niega la historicidad de las apariciones y descubre en la leyenda guadalupana sobre todo su valor histórico-nacionalista. La segunda corriente, partiendo del hecho histórico de las apariciones de Guadalupe encuentra en él un sentido religioso-trascendental del nacionalismo, que da origen a la Patria mexicana.[5]

Representa la primera línea fray Servando Teresa de Mier, que rechaza la historicidad de las apariciones y la autenticidad de la imagen.[6]

Un representante moderno de este punto de vista es Jacques Lafaye, que en su conocido libro *Quetzalcóatl y Guadalupe* (París, 1974),[7] atribuye el fenómeno guadalupano al mito y a la fecundidad de ideas del pueblo, lo cual vendría a fomentar la evolución de la conciencia nacional del sentimiento patriótico, llegando a las consecuencias nacionalistas. Según Lafaye el "mito guadalupano" forma parte de aquellos momentos importantes que fueron de gran significación para la formación de la conciencia nacional. Pretende encontrar el origen ya con tendencias nacionalistas de ese mito en la citada obra de Miguel Sánchez y sitúa en ella el comienzo de la tradición guadalupana. Para Lafaye tanto el libro de Sánchez, aparecido en 1648, como el de Lasso de la Vega (1649) habrían tenido gran resonancia en México y serán los primeros pasos para el reconocimiento de Guadalupe como símbolo nacional de México.

[5] Gloria Grajales, *Nacionalismo incipiente en los historiadores coloniales,* México, 1961; Brading, *Los orígenes del nacionalismo,* pp. 9-148; Capistrán Garza, *La Virgen,* pp. 235-264; Cabrera y Quintero, "Escudo de armas...", lib. IV, cap. XI, pp. 475-482; Maza, *El guadalupanismo,* pp. 152-186; Concha Malo, "La Virgen de Guadalupe y el nacionalismo mexicano desde las clases populares", en H. Martínez, Dri (y otros), *Hacia el nuevo milenio (Estudios sobre mesianismo, identidad nacional y socialismo),* vol. I, México, 1968, pp. 107-123; del mismo, *La Virgen de Guadalupe,* pp. 53-67; Torre Villar, *Testimonios,* pp. 400-1377; Silvia Vargas Alquicira, *La singularidad novohispana en los jesuitas del siglo XVIII,* México, 1989.

[6] Mier Noriega y Guerra, *Obras completas,* I, pp. 109-177, III, pp. 89-222.

[7] Lafaye, *Quetzalcóatl,* pp. 293-425; del mismo, *Conciencia nacional,* pp. 38-46; Baumgartner, "Quetzalcóatl-Guadalupe", pp. 223-226; O'Gorman, *Una aberración histórica,* pp. 67-88; Fernando Guillén Preckler, "Quetzalcóatl y Guadalupe", en ISEE, *Libro anual,* pp. 269-295.

Con todo, muchos teólogos y escritores, desde mediados del siglo XVII, toman en consideración no sólo los sentimientos nacionalistas y religiosos, sino también motivos de interés político, y constatan que mediante la creación de vínculos religiosos se pueden producir ideas comunes a todas las clases sociales que las integran entre sí y que fomentan la conciencia de "nación", "patria", "México", "mexicanidad". De este modo, la anhelada consolidación del sentimiento nacional es llevada a cabo, también indirectamente, sobre todo, fortaleciendo la conciencia histórica por medio del acontecimiento guadalupano. Grandes personalidades como Francisco Javier Clavijero, Carlos de Sigüenza y Góngora, sor Juan Inés de la Cruz, J. J. Fernández de Lizard o J. J. Equiara y Eguren, contribuyeron proporcionando una conciencia de los valores históricamente fundamentados.[8] No es de admirarse, pues, que la Basílica de Guadalupe se haya convertido en "santuario nacional" para conferir a los mexicanos su "identidad" nacional.

En la búsqueda de su expresión propia, la nación se dio cuenta de que vivía bajo la tutela política, económica, cultural y religiosa del extranjero. Por eso reclamó con fuerza su propio camino, por boca de patriotas clarividentes, acaudillados por la "Estrella del Norte",[9] Guadalupe. Esta evolución contribuyó en primer lugar a dar a los mexicanos conciencia de que su patria no era un "regalo", magnánimo y fortuito, de España, un regalo que se puede rescindir y por cuyo precio se debe regatear; sino que es el resultado de un desarrollo largo, complicado y doloroso. En segundo lugar ayudó al fortalecimiento de la conciencia nacional que los pueblos y grupos

[8] Torre Villar, *Testimonios,* pp. 400-1377; Jiménez Moreno, *La crisis del siglo XVII,* pp. 415-423; Olimón Nolasco, *Dos aspectos de la cultura,* pp. 21-80; Garibay K., *Diccionario Porrúa;* Alfonso Méndez Plancarte (ed.), *Obras completas de sor Juana Inés de la Cruz,* 4 tomos, México, 1951-1957 (reimp. 1976); Francisco Javier Clavijero, *Breve ragguaglio...,* Cesena, 1782 (ed. facs. 1970); Juan Joseph de Eguiara y Eguren, "Parecer...", en *DocG* (1-G-8), t. V, doc. 11 (BLB/BSMG), [México] s.l.n.a.; Ernesto de la Torre Villar y Ramiro Navarro de Anda, *Juan José de Eguiara y Eguren, Biblioteca Mexicana, Monumenta Eguiarense,* tomo quinto, compilación, prólogo y notas de E. de la Torre Villar con la colaboración de R. Navarro de Anda, México, 1989, pp. 505-542: "El guadalupanismo de Eguiara y Eguren".

[9] Francisco de Florencia, *La estrella de el Norte de México...,* México, 1688; "La estrella de el Norte de México" = Nuestra Señora de Guadalupe de México; Cabrera y Quintero, *Escudo de armas,* lib. IV, cap. IX: pp. 475-498, cap. final: pp. 515-521.

étnicos de México, así como los demás pueblos de América, necesitaban urgentemente para lograr su independencia y su libertad. En tercer lugar abrió las puertas para la búsqueda de lo original, de la autenticidad mexicana, que durante mucho tiempo no se tuvo en cuenta y hasta se despreció. Y, por último, en el ámbito religioso y eclesiástico, ha dado cauce en parte a un alejamiento del catolicismo español, ha ayudado a precisar una conciencia cristiana mexicana de su historia y ha hecho patente el objetivo de una teología "mexicana" de dar a conocer la expresión esencial y genuina de la nación.

3. Reflexión guadalupana-concepcionista

La definición de la recepción y reflexión teológica del acontecimiento guadalupano, en su transformación histórica, depende de los antagonismos y los conflictos de opiniones y de fe en los distintos campos de la ciencia y del conocimiento. Por eso, no es sorprendente que la imagen de María, como signo sobresaliente y "figura clave" para entender la fe católica, como punto de concentración de las verdades de la fe, haya tenido, bajo el signo de "Guadalupe" en México, como en ningún otro país, una gran fuerza de inspiración y de expresión de la fe católica. El misterio de María de Guadalupe es un exponente de esta fe, en el cual se puede observar la estructura y el valor de la misma. La mariología que se descubre en el acontecimiento guadalupano es el punto cristalizador de los conceptos fundamentales de la doctrina católica en el contexto mexicano, tanto en el campo de la teología y la antropología como en el de la cristología y la eclesiología.[10]

En el transcurso de la historia de la Iglesia y de la teología de México, los atributos y aseveraciones que corresponden a los conceptos y a la doctrina teológica tradicional sobre la figura de María

[10] ISSE, *Libro anual;* Schulenburg Prado, *450° Aniversario;* Echegaray, *Álbum conmemorativo;* Cuevas, *Álbum histórico;* Pompa y Pompa, *Álbum del IV Centenario;* Salvador Carrillo Alday (y otros), *Santa María de Guadalupe. Estudios teológicos. Año jubilar 1531-1981,* México, 1981; del mismo, *El mensaje teológico de Guadalupe* (ISE), México, 1981; del mismo, *El mensaje teológico de Guadalupe* (CELAM), Bogotá, 1986.

fueron aplicados a la Virgen de Guadalupe. Así, el título de "Theotókos" o Madre de Dios (Efeso 431) encontró también en México su expresión dogmática, al igual que la convicción de la virginidad perpetua de María (Sínodo Lateranense 649; Tridentino 1555) que, como ya sabemos, se reflejan también en el *Nican Mopohua* como "In inantzin in Teotl Dios..." (v. 26, entre otros) y como "In nicenquizcacemicac ichpochtli Sancta María..." (v. 26, entre otros). Del mismo modo, el concepto de la Inmaculada Concepción de María (dogma: 8 de dic. de 1854) y el de la Asunción de María a los cielos (dogma: 1° de nov. de 1950) se encuentran en México ya desde el siglo XVI —lo cual no es extraño, en virtud de las discrepancias mariológicas que hubo durante el tiempo de la renovación católica en la Contrarreforma— y también pasaron al *Nican Mopohua*, "In Ilhuicac Cihuapilli" (v. 48, entre otros).

Durante los siglos XVII y XVIII[11] se difundió en México, sobre todo, la reflexión teológica sobre la "Inmaculata Conceptio", que desde la Edad Media tardía, y muy especialmente en los siglos XVI y XVII, había ganado en significado para la metodología teológica y que se convertiría en importante factor en el desarrollo del magisterio supremo de la Iglesia, que pugnaba por una mayor precisión.[12] Pero desde luego lo específicamente mexicano está en que no pocos teólogos —partiendo de la mujer del Apocalipsis (cap. 12)— identifican a la "Inmaculada Concepción" o a la "Concepción Purísima" con "Nuestra Señora de Guadalupe", la cual pertenece a la Iglesia como "mexicana" y como tal actúa de manera decisiva en la obra salvífica; así lo demuestra ampliamente nuestro ya conocido "evan-

[11] Ya desde la época primitiva del cristianismo, los dos dogmas conocidos del tiempo de los Santos Padres encuentran acogida en España en el culto, en la doctrina y en la poesía. Pero además había tendencias al desarrollo de la doctrina sobre la "Inmaculata" y la "Assumpta", como también sobre la "Madre de la Iglesia" y "Corredentora", "Medianera", aun cuando éstas todavía no eran tema de reflexión de los teólogos. En la época de la expansión europea estos conceptos se difundieron en ultramar. Berceo, *Milagros*, pp. 9-148; Van der Maer, *Apokalypse*, pp. 49, 109-118; Díez-Echarri, *Historia de la literatura*, XIII-XVI, pp. 312-318, 325-344; Beissel, *Wallfahrten*, pp. 97, 274, 464, 476-484; Wolfgang y Petri (comps.), *Handbuch*, pp. 232-314, 870-873; Graef, *Maria*, pp. 130-132, 335-338, 363-364; Orlandis, *Die Synoden*, pp. 218-219, 305; Ullrich, *Marianische Advokation*, etc. Véase la Primera Parte, cap. I.

[12] Cf. Ulrich Horst, *Die Diskussion um die Inmaculata Conceptio im Dominikanerorden*, Paderborn, 1987.

gelista guadalupano" padre Francisco de Florencia o también el padre Mateo de la Cruz.[13]

Hasta ahora no se ha investigado todavía el papel que para fundamentar y justificar el misterio guadalupano y el desarrollo de la mariología en general, desempeñan la extensa bibliografía, los múltiples sermones, los intensos e interminables debates mariológicos de los siglos XVII al XX, así como los argumentos especulativos.

En las últimas décadas el llamado "mensaje guadalupano" se ha convertido en el punto central del interés teológico, más que la imagen misma de la Virgen de Guadalupe. El texto de este mensaje, contenido en el *Nican Mopohua,* compuesto por tradiciones seculares tanto hispano-cristianas como autóctono-mexicanas, ha cobrado una veneración creciente y está sirviendo de fundamento para una renovación espiritual a partir del mensaje de la Virgen de Guadalupe. Es significativo, desde el punto de vista teológico, que tanto los dogmáticos como los historiadores y los pastoralistas prácticos tengan un mayor interés por este texto que en tiempos pasados, y que se sirvan de él como fuente de inspiración para nuevos planteamientos y nuevos proyectos, de los cuales examinaremos algunos de los puntos más destacados.

[13] Florencia, *La estrella de el Norte,* fols. 1-38; del mismo, *Las novenas del santuario de Nuestra Señora de Guadalupe de México, que se apareció en la manta de Juan Diego* (Imp. Lorenzo de San Martín), Madrid, 1785; Mateo de la Cruz, *Relación de la milagrosa aparición de la santa imagen de la Virgen de Guadalupe de México...,* Puebla de los Ángeles, 1660; México, 1781.

VII. LA TEOLOGÍA Y EL MENSAJE GUADALUPANO

LA REFLEXIÓN teológica del mensaje guadalupano transmitido en el *Nican Mopohua* se ha desarrollado en México principalmente en tres direcciones distintas. Señalamos en primer lugar una teología dogmática moralizante, que intenta descubrir en el mensaje guadalupano la confirmación de los dogmas cristianos sobre Dios y María, y de reencontrar en el mismo los valores éticos fundamentales del Evangelio. En cambio, una teología "liberadora" quiere encontrar en el *Nican Mopohua* la intención de la liberación de los indios marginados; por eso el mensaje guadalupano se convierte en "mensaje de liberación", que promete esperanza a los pobres y desheredados de México y de América. Finalmente una tercera dirección es la forma evangelizadora de la consideración teológica, que interpreta el *Nican Mopohua* como modelo de una genuina evangelización integral del pueblo mexicano.

1. REFLEXIÓN DOGMÁTICO-MORALIZANTE

La reflexión moralizante está determinada por la intención de integrar el mensaje guadalupano en la tradición del acontecimiento salvífico y de la fe. Las verdades cristianas del mensaje, expresadas en las categorías de la cultura nahua, son reconocidas como garantes de su catolicidad. Ángel Ma. Garibay, el importante erudito en el terreno de la investigación de la cultura nahua, en su estudio "La maternidad espiritual de María en el mensaje guadalupano",[1] señala

[1] Ángel María Garibay K., "La maternidad espiritual de María en el mensaje guadalupano", en *La maternidad espiritual de María,* conferencias leídas en los Congresos Mariológicos, 7-12 de octubre de 1975 y 9-12 de octubre de 1960, México (Jus), 1961; del mismo, "The Guadalupan Message", en *MQR,* 3, núm. 2, (1968); véanse también las contribuciones a la "mariología" en Schulenburg Prado, *450° Aniversario,* pp. 13-267.

los acentos indígenas de ternura, de deferencia y de protección maternal que María tiene para con Juan Diego y los demás habitantes de México.

Clodomiro Siller[2] analiza desde el punto de vista de la mentalidad náhuatl los diversos rasgos y títulos de María: ella es la "siempre virgen", la "Madre del Dios más verdadero", la "doncella Santa María", la "Señora del Cielo", la "Madre del Redentor, Nuestro Señor Jesucristo". Además, examina los nombres de Dios, que son altamente apreciados y transmitidos en la cultura náhuatl, y recibidos a su vez por la teología católica, después de ser utilizados en el mensaje de la Virgen María: "Dios de gran Verdad", "Aquel por quien viviremos", "Creador de Personas", "Dueño de lo que está cerca y junto", "Señor del cielo y de la tierra" y otros más.

Salvador Castro P. examina en su estudio "La Virgen de Guadalupe ante la teología"[3] la integración de la teología del *Nican Mopohua* a la fe cristiana y su relevancia evangelizadora a la luz de la revelación divina hecha por Jesucristo: "La síntesis de la teología guadalupana es su significado evangelizador tanto en sus orígenes como en todo el tiempo desde entonces transcurrido".[4] La integración del mensaje sucede por medio de tres verdades teológicas fundamentales: la concepción náhuatl de Dios coincide con la concepción cristiana de un solo Dios; también la representación de María como "Madre de Dios" y "madre nuestra" está en concordancia con las verdades de la fe sobre María; la "liberación" anunciada en el *Nican Mopohua* es una forma de comportamiento cristiano basada en los Evangelios.

Salvador González Medina, que también hace resaltar aspectos dogmáticos y morales del mensaje guadalupano, ve a María en relación con la obra salvífica de su Hijo y subraya sobre todo la perspectiva moral del mensaje guadalupano: éste reclama conversión a la fe en el verdadero Dios y el Evangelio; invita al diálogo para construir la comunidad cristiana y por último exige un compromiso

[2] Clodomiro Siller, *Para una teología*, pp. 413-414; del mismo, *La evangelización*, pp. 88-89.

[3] Salvador Castro P., "La Virgen de Guadalupe ante la teología", en CEG (ed.), *II Encuentro Nacional Guadalupano, México, D.F., 2 y 3 de diciembre de 1977*, México, 1979, pp. 11-19.

[4] *Ibidem*, p. 11.

cristiano para la construcción de "ese templo espiritual que es la Iglesia, por medio de nuestra fe, nuestro amor, por acciones concretas de justicia y fraternidad [...]".[5]

Basten aquí estos ejemplos referidos a una reflexión dogmática moralizante. Ahora volvamos hacia un pensamiento teológico que, reforzado con planteamientos y puntos de vista sociológicos y ético-sociales, toma otra dirección.

2. La dimensión ético-social

La veneración a María en América ocupó siempre, desde la época de la evangelización, un puesto especial. Las conferencias episcopales latinoamericanas en Puebla (1979) y Santo Domingo (1992) señalan acertadamente los antecedentes: "En nuestros pueblos, el Evangelio ha sido anunciado, presentando a la Virgen María como su realización más alta".[6] Los obispos resaltan como factor especial que ella "es la perfecta discípula que se abre a la palabra y se deja penetrar por su dinamismo".[7]

Si bien es cierto que generalmente los poderosos hicieron mal uso de la profunda devoción a María, particularmente de las clases populares inferiores, la figura de María siguió imponiéndose como

[5] Salvador González Medina, *El acontecimiento del Tepeyac. Mensaje de salvación* (M.Sp.S.), México, 1981, p. 28; del mismo planteamiento en: M.Sp.S. (ed.), *Santa María de Guadalupe. Estudios teológicos, Año jubilar 1531-1981,* México 1981, pp. 67-107; véanse también las contribuciones de diversos autores en Schulenburg Prado, *450° Aniversario;* ANGTM (ed.), *La Virgen de Guadalupe, Madre de los mexicanos y reina del trabajo,* México, 1951; Bernardo Piault, *La Virgen de Guadalupe en México,* México, 1975.

[6] "D.P. 282", en CEM (ed.), *III Conferencia General del Episcopado: La Evangelización en el presente y en el futuro de América latina* (Documentos de Puebla), México, 1984, p. 89; *cf.* la traducción alemana de la redacción aprobada por Juan Pablo II el 23 de marzo de 1979 en DBK (ed.), *Die Evangelisierung in der Gegenwart und in der Zukunft Lateinamerikas,* Dokument der III Generalkonferenz des lateinamerikanisches Episkopates in Puebla (13 de febrero de 1979) *(Stimmen der Weltkirche* 8), Bonn, 1979, p. 63; véase también "las conclusiones de Santo Domingo" (1992), en CELAM (ed.), *Nueva evangelización-Promoción Humana Cultura Cristiana* (documento de trabajo) (IV Conferencia General del Episcopado Latinoamericano, Santo Domingo, Rep. Dom., 12-28 de octubre de 1992), Santa Fe de Bogotá (Colombia), 1992, pp. 112-114, núms. 410-424.

[7] "D.P. 296", en CEM (ed.), *III Conferencia,* 92; alemán en DBK (ed.), *Die Evangelisierung,* 65.

un modelo de identificación particularmente para los pobres, los desheredados y los dolientes, haciéndoles sentir su dignidad humana. Precisamente es este aspecto social de la veneración mariana el que ha desempeñado un papel importante en América Latina y el que, actualmente, constituye un tema culminante en los países americanos.

A este hecho ha contribuido sobre todo la encíclica "Marialis Cultus" del papa Paulo VI. La doctrina mariana del Vaticano II, fundamento de esta encíclica acerca del recto cultivo y desarrollo de la devoción mariana publicada el 2 de febrero de 1974, se hace patente en el capítulo octavo de la "Constitución Dogmática sobre la Iglesia" al referirse extensamente a "la bienaventurada Virgen María, Madre de Dios, en el Misterio de Cristo y de la Iglesia".[8] También la encíclica "Signum Magnum" del 13 de mayo de 1967, en el cual Paulo VI dejó ver su posición en la cuestión mariana y en el significado de María como "gran señal" para la humanidad, se ha de considerar como fundamental en el desarrollo de tal polémica. Sin embargo, la "Marialis Cultus", aunque apegada totalmente a la tradición, por medio de la penetración más profunda en el misterio de María y a través del desarrollo adecuado de su contenido, se ha convertido en guía de la fe y la devoción marianas de actualidad. Esto se puede decir especialmente de la Iglesia de América, que en los diversos países del continente realiza considerables esfuerzos para llevar la fe cristiana a los pueblos a través de la "traducción", "nueva interpretación", "transformación" e "inculturación", y abrirles así un nuevo futuro.

En este esfuerzo por hacer fructificar la fe cristiana en el mundo, a partir de Vaticano II el factor mariano, expresado de una nueva manera, se ha vuelto importante en América —mucho más que en Europa—. Y como ya hemos visto en nuestra ojeada retrospectiva a la historia y en nuestro ensayo sobre el *Nican Mopohua,* lo anterior vale de manera especial para el acontecimiento guadalupano y para el mismo *Nican Mopohua.*

[8] "Lumen Gentium, Nr. 52-68", en K. Rahner y H. Vorgrimmler, *Kleines Konzilskompendium,* Friburgo-Basel-Viena, 1966, 1969 (6ª ed.), pp. 186-197.

En el *kerigma* del mensaje guadalupano, fundado en la acción de Dios, el hombre es exhortado e invitado a entenderse a sí mismo a partir del suceso del amor de Dios en Cristo, y a orientarse de nuevo a la luz del acontecimiento guadalupano. Además, es la mencionada encíclica, entre otras cosas, la que en el contexto americano ha merecido gran consideración y ha experimentado una especie de nueva interpretación; en ésta se hace resaltar la dimensión liberadora de María y se constituye a María como modelo de "mujer nueva", que ayuda a determinar activa y decididamente lo que sucede en el mundo. Citemos aquí el siguiente pasaje (núm. 37), que según Leonardo Boff "ofrece la hermenéutica correcta... que actualiza el mensaje de ayer para nuestra fe de hoy".[9]

> La lectura de las divinas Escrituras, hecha bajo el influjo del Espíritu Santo y teniendo presentes las adquisiciones de las ciencias humanas y las diversas situaciones del mundo contemporáneo, llevara a descubrir cómo María puede tenerse como espejo de las expectativas de los hombres de nuestro tiempo. Así, para dar algún ejemplo, la mujer contemporánea [...] contemplará con íntima alegría que María de Nazareth, aun cuando se entregó totalmente a la voluntad del Señor, no fue de ningún modo una mujer pasivamente sumisa o de una religiosidad alienante, fue una mujer que no dudó en proclamar que Dios es reivindicador de los humildes y de los oprimidos y que arroja de su trono a los poderosos de este mundo (Lc. 1, 51-53); y reconocerá en María, que "destaca entre los humildes y los pobres del Señor" (Lumen Gentium, núm. 55), una mujer fuerte que conoció probreza y sufrimiento, huida y el exilio (cf.Mt.2,13-23): situaciones que no pueden escaparse a la atención de quien quiere impulsar con espíritu evangélico las energías liberadoras del hombre y de la sociedad... Éstos son algunos ejemplos, por los cuales aparece claro cómo la figura de María no defrauda ninguna de las profundas espectativas de los hombres de nuestro tiempo y les ofrece el modelo perfecto del discípulo del Señor: ser un artífice de la ciudad eterna y temporal, pero al mismo tiempo peregrino celoso en el camino a lo celestial y eterno; un promotor de la justicia que libera al oprimido y de la caridad que socorre al necesi-

[9] Leonardo Boff, "Maria, mulher profética e libertadora", en *REB,* 38 (1978), fasc. 149, pp. 59-72; *cf.* también González Dorado, *De María conquistadora,* pp. 89-142.

tado, pero sobre todo testigo actuante del amor que edifica a Cristo en los corazones.[10]

Con referencia a esta encíclica de Paulo VI, también su sucesor, Juan Pablo II, en su homilía en el santuario de Zapopan, Jal., el 30 de enero de 1979, resaltó la dimensión ético-social de la devoción mariana, y dijo sobre María:

Ella nos permite superar las múltiples "estructuras del pecado", en las que está envuelta nuestra vida personal, familiar y social. Nos permite obtener la gracia de la verdadera liberación, con esa libertad con la que Cristo ha liberado a todo hombre [...] María, como enseña mi predecesor Pablo VI en la Exhortación apostólica "Marialis Cultus" (núm. 37), es también modelo, fiel cumplidora de la voluntad de Dios, para quienes no aceptan pasivamente las circunstancias adversas de la vida personal y social, no son víctimas de la "alienación", como hoy se dice, sino que proclaman con ella que Dios es "vinculador de los humildes" y, si es el caso, "depone del trono a los soberbios", para citar de nuevo el *Magnificat* (*cf.* Lc. 1, 51-53). Porque ella es así "tipo del perfecto discípulo de Cristo, que es artífice de la ciudad terrena y temporal, pero tiende al mismo tiempo a la celestial y eterna, que promueve la justicia, libera a los necesitados, pero sobre todo es testigo de aquel amor activo que construye a Cristo en las almas" (Marialis Cultus, iv).[11]

La Conferencia Episcopal de Puebla retomó esta afirmación del papa y añadió:

De María, quien en su canto del *Magnificat* (Lc. 1, 46-55) proclama que la salvación de Dios tiene que ver con la justicia hacia los pobres, parte también el compromiso auténtico con los demás hombres, nues-

[10] Marialis Cultus (núm. 37), tomado de Leo Scheffczyk, *Neue Impulse zur Marienverehrung,* St. Ottilien, 1975, pp. 165-167; véanse para esto la versión portuguesa del pasaje citado en Leonardo Boff, *O Rostro Materno de Deus,* Petrópolis, 1979, y la traducción alemana del portugués brasileño, matizada en varios pasajes del texto, por Horst Goldstein, *Das mütterliche Antlitz Gottes,* Düsseldorf, 1985, pp. 199-200. Para la crítica de *MC* desde el punto de vista "feminista" *cf.* Marina Warner, *Maria, Geburt, Triumph, Niedergang -Rückkehr eines Mythos?,* Munich, 1982, pp. 388.

[11] DOCA (ed.), *Juan Pablo II peregrino de la fe, enero 1979, documentos completos,* México (Ed. Jus), 1979, 1979 (2ª ed.), pp. 123-124, núms. 11-12.

tros hermanos, especialmente por los más pobres y necesitados y por la necesaria transformación de la sociedad (Juan Pablo II, Homilía Zapopan 4 -AAS LXXI, p. 230).[12]

En ese *Magnificat*

logra su culminación la espiritualidad de los pobres de Yahvé y el profetismo de la Antigua Alianza. Es el cántico que anuncia el nuevo Evangelio de Cristo; es el preludio del Sermón de la Montaña.[13]

Esta acentuada solidaridad, al igual que la mediación universal de María, que se presentan sobre todo en el acontecimiento guadalupano, han alcanzado una validez especial en el contexto de la fe latinoamericana, en la cual, en las últimas décadas, el sello mariano de la devoción latinoamericana ha adquirido nuevos rasgos. Las comunidades de base y los grupos que reflexionan en la dimensión política de la fe, y la practican también, han puesto en primer plano los rasgos acusadores, proféticos y "liberadores" de María, tal como son presentados decididamente en el *Magnificat.*[14]

La clara relación de una teología liberadora con la devoción mariana notablemente intensa que se encuentra en casi todos los países del continente y que desde cierto punto de vista encontró también entrada en los textos de Puebla (1979), se puede reconocer como característica de la teología y de la religiosidad popular americanas. En un ensayo sobre "Nuevos planteamientos mariológicos en Latinoamérica", Horst Goldstein caracteriza los distintivos de esta nueva comprensión mariana como "una mariología centrada socialmen-

[12] "D.P. 1144", en CEM (ed.), *III Conferencia,* pp. 228; alemán en DBK (ed.), *Die Evangelisierung,* 194. Sobre la homilía de Zapopan, *cf.* DOCA (ed.), *Juan Pablo II,* 123, núm. 12.

[13] "D.P. 297", en CEM (ed.), *III Conferencia,* 92; DBK (ed.), *Die Evangelisierung,* 65.

[14] Sobre esto, Horst Goldstein (ed.), *Tage zwischen Tod und Auferstehung. Geistliches Jahrbuch aus Lateinamerika,* Düsseldorf, 1984, pp. 34, 39-40, 49, 99-100, 135-136, 173-174, 181-182, 183, 193, 242, 256-257; Miguel Manzanera ("María, aurora de liberación", en *Yachay,* I, núm. 2, 1984, pp. 12-45) le reconoce fuerzas liberadoras al acontecimiento guadalupano y en este sentido habla de una "liberación histórica mariana", como también de una "liberación personal", "cultural", "social" y "escatológica". Sobre el *Magnificat* véase Rudolf Schnackenburg, "Das Magnifikat, seine Spiritualität und Theologie", en, del mismo, *Schriften zum Neuen Testament,* Munich, 1971, pp. 201-219; Paul Schmidt, "Maria und das Magnifikat", en *Catholica,* 2/3 (1975), pp. 230-246.

te", "una mariología compasiva hacia los pobres", "una mariología de liberación del pueblo", "una mariología de la fe y la oración, de la vida y la celebración", "una mariología desde la fe en la acción del espíritu sobre María y sobre el pueblo", al igual que "una mariología obligatoria también para nosotros".[15] Dentro de esta nueva concepción mariana, la Virgen de Guadalupe desempeñó y desempeña un papel especial:

> cuya imagen a lo largo de los siglos —también y principalmente en tiempos de crisis políticas— propició una historia de efectos espirituales y políticos: como imagen liberadora, que hasta ahora no ha perdido en el pueblo nada del dinamismo de su fascinación y por eso es temida en el medio político agnóstico. Imágenes liberadoras como ésta adquieren una nueva potencia a la luz de la Teología de la Liberación.[16]

a) Teologías liberadoras

Las teologías de la liberación latinoamericanas, que se han desarrollado de diversas formas en los años sesenta y setenta, se han convertido en una importante y también discutida corriente de pensamiento teológico.[17] La proyección de esta teología en la Iglesia y en la teología de México fue, en principio, de poca consideración, comparada con otros países de América Latina, *v.g.* Brasil, Chile o Perú.[18] No obstante, algunas destacadas personalidades, como los

[15] H. Goldstein, "Anwältin der Befreiung", en *Diakonia,* pp. 12 (1981), pp. 396-402.

[16] Michael Sievernich, "Imagination und Reflexion der Befreiung", en W. Schmied y J. Schilling, *GegenwartEwigkeit. Spuren des Transzendenten in der Kunst unserer Zeit,* Stuttgart, 1990, pp. 47-54, esp. 47.

[17] Ronaldo Muñoz, *Nueva conciencia de la Iglesia en América Latina,* Salamanca (España), 1974; Hans-Jürgen Prien (comp.), *Lateinamerika: Gesellschaft-Kirche-Theologie,* 2 tomos, Gotinga 1981; Norbert Greinacher (comp.), *Konflikt um die Theologie der Befreiung,* Zürich-Einsiedeln-Colonia 1985; L. Boff, B. Kern y A. Müller (comps.), *Werkbuch Theologie der Befreiung,* Düsseldorf, 1988; Richard Nebel, "Internationale Konferenz über Befreiungstheologie in Vancouver" (6-8 de febrero de 1986) en *ZMR,* 70, H. 4 (1986), pp. 310-312; Heinrich-W. Krumwiede, "Der Wandel der sozialverantwortlichen Rolle der katholischen Kirche in Lateinamerika", en Lindenberg, Kl. (comp.), *Politik in Lateinamerika,* Hannover, 1971, pp. 82-98.

[18] Enrique Dussel, *De Medellín a Puebla (1968-1979),* México, 1979; P. Arias, A. Castillo y C. López, *Radiografía de la Iglesia católica en México: 1970-1978,* México, 1981.

obispos Méndez Arceo, Samuel Ruiz, José Llaguno, J. Lozano Barragán, Sergio Obeso Rivera y otros más, basándose en las líneas directrices del Vaticano II, se han decidido ya, desde los años sesenta, por la "opción por los pobres", y fortalecidos con los resultados de las conferencias episcopales de Medellín (1968) y Puebla (1979), se han declarado en favor de la superación de las estructuras antiguas de autoridad, así como de los esquemas y prejuicios étnicos y sociales en su país. Desde mediados de los años setenta se han establecido y se van acrecentando en los círculos eclesiásticos y teológicos de México teologías de la liberación determinadas por la situación especial de la fe en este país y por las específicas provocaciones o desafíos del orden social, de la multiplicidad étnico-cultural y de la religiosidad popular.

En dichas teologías, la mariología dogmática es un gran marco de referencia (María: Madre de Dios, Virgen, Concebida sin mancha de pecado, Asumpta a los cielos). Sin embargo, dentro de este marco se resalta más la mariología histórica, en cuanto que ésta coincide con la realidad concreta de México y también con la de los países de América.[19]

— María aparece como María de Nazareth, como una pobre mujer del pueblo, que tenía que trabajar con sus manos, que fue perseguida y desterrada y sin embargo permaneció siempre fuerte (MC, 37).
— Ella es considerada como la mujer del *Magnificat,* como mujer profética y liberadora, que delata las contradicciones entre ricos y pobres, entre poderosos e importantes, y anuncia la "revolución de Dios", el "vengador del oprimido" *(ibidem).*
— Sobre todo es tenida como la figura de la religiosidad popular, la María del pueblo latinoamericano, que se llama "un pueblo mariano". Esto se aplica de manera especial a María de Guadalupe.[20]

[19] Manuel Zubillaga V., "Aspecto liberador de la devoción guadalupana", en Schulenburg Prado, *450° Aniversario,* pp. 281-295; L. Boff, "Maria, mulher profética e libertadora"; Manzanera, "María, aurora de la liberación"; Prien, *Lateinamerika: Gesellschaft;* Ivone Gebara y Ma. C. Lucchetti Bingemer, *Maria, Mutter Gottes und Mutter der Armen,* Düsseldorf, 1988.

[20] Lo resaltan, entre otros, J. Lozano Barragán, M. Zubillaga V., C.L. Siller A., en sus con-

> Ella es vista y experimentada al lado de Cristo como "protagonista de la historia" (D.P. 293), como sucedió con frecuencia en la historia, cuando por ejemplo el padre Hidalgo,[21] o después Emiliano Zapata,[22] llevaron a la lucha al pueblo con el estandarte de la "Morenita" en la mano. En ello se hace patente —según estos autores— que María es la mujer de la Encarnación de Dios en la historia (D.P. 301).

Frente a la necesidad material, social, cultural y religiosa de vastas capas del pueblo en el ámbito de la vida rural y urbana, las mencionadas teologías de liberación, desarrolladas en México, emprenden la tarea de redescubrir e interpretar en el contexto mexicano del mensaje guadalupano la verdad liberadora de la fe cristiana.

Este mensaje del Tepeyac, contenido en el *Nican Mopohua,* es señalado preferentemente como anuncio de libertad: liberación de ideas, ideologías e imágenes falsas de Dios, y en este sentido es visto como una invitación constante a la conversión a Jesucristo y a su Evangelio. Por eso la vida del cristiano no debe estar determinada por el miedo, temor o indiferencia, pues eso significaría un desconocimiento de Dios. Más bien debería tomarse en serio el mensaje de la Virgen en el Tepeyac: "Yo soy la Madre del verdadero Dios, del que da la vida, del Creador de las personas, del Señor del cerca y del junto, del Señor del cielo y de la tierra" (*Nican Mopohua,* v. 26). Por consiguiente, la respuesta fundamental a la experiencia de "liberación" en el mensaje del Tepeyac sería el descubrir y predicar a

tribuciones sobre "Santa María de Guadalupe en la religiosidad popular", en Schulenburg Prado, *450° Aniversario,* pp. 271-312.

[21] Ramos, *La Virgen de Guadalupe,* pp. 197-198. Hidalgo escogió la imagen en 1810 como estandarte de los insurgentes, como escudo de un México independiente, representado en el *Retablo de la Independencia,* de Juan O'Gorman (1960-1961) (fresco, Museo Nacional de Historia, Castillo de Chapultepec, México). Los españoles, por el contrario, invocaron —como en la época de la Conquista— durante las luchas de la Independencia, a la Virgen de los Remedios, la imagen tradicionalmente ligada a la fundación de la dominación española. Sobre las representaciones guadalupanas de los pintores y muralistas del siglo XX, véase Haufe, *Funktion und Wandel,* pp. 98-100, láminas 307, 262, 259, 40, 108.

[22] En relación con las tradiciones históricas, los revolucionarios de 1910 llevaban la imagen de la Virgen de Guadalupe como estandarte a la lucha, y como distintivo en el sombrero: las tropas de Emiliano Zapata, así como también los cristeros. Véase Fernando Leal, *Campamento de los za-*

este verdadero Dios revelado por Jesús en el Evangelio y anunciado por la Virgen de Guadalupe. Éste es el primer paso en la fe cristiana, según se hace resaltar también en el documento de Puebla.[23]

El conocimiento de las tensiones sociales y estructuras de injusticia en México (como en todos los países de América) y la convicción de que la Iglesia y cada uno de los cristianos en particular está obligado a buscar los medios y caminos para compartir la Buena Nueva con los pobres y los indios, constituye el trasfondo real y emocional de una teología en consecuencia con el *Nican Mopohua,* tal como la han desarrollado, con especial hincapié en la crítica social, autores como Siller, Concha Malo, Dussel, Elizondo, L. Boff, A. G. Guerrero y otros. El "contexto" de esta teología está integrado por la herencia cultural, el ambiente social y las necesidades específicas de los receptores del mensaje que son mostradas en el *Nican Mopohua,* el "contexto" del "Evangelio mexicano", y según el cual ricos y pobres, poderosos e impotentes necesitan ser convertidos.[24]

Éste es el mensaje del Reino de Dios, que proclama la liberación de toda forma de esclavitud, y que en el *Nican Mopohua* se abre a los humildes y a los pobres, a los desposeídos, pero también a los poderosos de la época de la Colonia. Este *Nican Mopohua* es un texto fundamental de la fe cristiana en México, y al mismo tiempo es una contribución para configurar esta fe, en cuanto que da indicaciones teológicas para una vida concretamente configurada en

patistas (1922) (óleo en lienzo, colección de la viuda, México), presentado por Haufe, *Funktion und Wandel,* p. 99, lámina 108.

[23] "Nada es divino y adorable fuera de Dios. El hombre cae en la esclavitud cuando diviniza o absolutiza la riqueza, el poder, el Estado, el sexo, el placer o cualquier creación de Dios, incluso su propio ser, su razón humana. Dios mismo es la fuente de liberación radical de todas las formas de idolatría, porque la adoración de lo no adorable y la absolutización de lo relativo lleva a la violación de lo más íntimo de la persona humana: su relación con Dios y su realización personal. He aquí la palabra liberadora por excelencia: 'Al Señor Dios adorarás, sólo a Él darás culto' (Mt.4,10). La caída de los ídolos restituye al hombre su campo esencial de libertad. Dios, libre por excelencia, quiere entrar en diálogo con un ser libre, capaz de hacer sus opciones y ejercer sus responsabilidades individualmente y en comunidad [...]" D.P. 491.

[24] *Cf.* Fritz Frei, "Armut und Reichtum für die ersten christlichen Generationen", en *NZM,* 41 (1985), pp. 299-308; Johannes Nissen, *Poverty and Mission. New Testament Perspectives,* Leiden-Utrecht, 1984; sobre la crítica en contra de aquellas tendencias que atribuyen a los pobres y a las masas populares funciones particularmente liberadoras y redentoras, *cf.* del mismo, *op.cit.,* 168-183; Gustavo Gutiérrez, *Die historische Macht der Armen,* Munich-Mainz, 1984.

dicha fe; de estas indicaciones habla una experiencia sobria y comprometida de la Nueva España colonial. En el *Nican Mopohua* se expresa una piedad genuinamente cristiano-mexicana más allá de las fronteras del tiempo y de las culturas, arraigada en las tradiciones tanto mexicanas antiguas como españolas cristianas. Los autores arriba mencionados nos presentan interpretaciones de este texto que contribuyen, desde luego, a conservar en el presente el sentido de su contenido, pero también a desarrollar normas morales y una comprensión de la fe sólidas y consistentes para el momento presente. Además hacen ver que, a la luz del mensaje guadalupano del *Nican Mopohua,* es posible una educación moral sobre bases de pedagogía religiosa y de teología pastoral.

Clodomiro Siller, en un estudio titulado *Para una teología del "Nican Mopohua",* de 1975, se ocupa del antropocentrismo patente en el mensaje guadalupano, y su anuncio de "salud y liberación de la muerte y de la dependencia para el pueblo".[25]

Algunos años más tarde (1981) el mismo autor perfila los aspectos de la liberación contenidos en el mensaje guadalupano: María anuncia al pueblo vencido y oprimido el advenimiento de un mundo nuevo y una sociedad nueva, en la que se recobre la dignidad del indio y sus derechos: por eso "el objetivo de la evangelización guadalupana es [...] un objetivo liberador", que consiste en "darle dignidad al pobre".[26]

Manuel Velázquez, en un artículo aparecido en 1976 bajo el título "El fenómeno social del guadalupanismo",[27] destaca, en este sentido, los aspectos liberadores de la religiosidad popular, y aboga por una interpretación adecuada del guadalupanismo popular, para superar tanto las formas conservadoras como las modernizadoras, tanto las reformadoras como las progresistas.

Virgilio Elizondo, en su obra "Nuestra Señora de Guadalupe co-

[25] Clodomiro L. Siller A., *Para una teología,* pp. 409-419, esp. 416.

[26] Del mismo, "El método de evangelización del 'Nican Mopohua'", en *EI,* VIII, núm. 2 (1981), pp. 275-309, esp. 308, lo mismo en *Servir,* pp. 93/94 (1981), pp. 255-293; del mismo, "Y la guadalupana cambió la realidad" (entrevista concedida a *El Sol de México,* 6 de febrero de 1979, en *EI,* VIII, núm. 2 (1981), pp. 311-315.

[27] Manuel Velázquez J., "El fenómeno social del guadalupanismo", en *Servir,* 62 (1976), pp. 123-154; Jesús Rodríguez, *El guadalupanismo: Ayate social* (Edit. Hombre), México, s.a [1986].

mo símbolo cultural"[28] (1977), interpreta el mensaje guadalupano tal como está contenido en la aparición, en la imagen y en el relato de la aparición, totalmente en el sentido de la liberación del pueblo. Separado del contexto histórico en el que sucedió la aparición, Guadalupe sería el símbolo del nacimiento de una nueva civilización. De acuerdo con esto, el mensaje guadalupano sería la voz colectiva del pueblo oprimido, convertido en fuente de la libertad y en energía en la lucha en favor de la dignidad humana y del cambio social contra los poderosos de la sociedad.

Elizondo interpreta la Sagrada Escritura como una manifestación de lo divino, en primer lugar al servicio de la liberación de los que están cargados de culpa, de los esclavizados y oprimidos. Toda la historia de la salvación de la Antigua y de la Nueva Alianza (Israel-los profetas-Jesucristo-la Iglesia primitiva) sería pura y simplemente "el suceso liberador". El suceso guadalupano (1531) —una tradición teológica autóctona del Nuevo Mundo—, según el punto de vista de muchos teólogos de América, presentaría al pueblo el mismo servicio de liberación que en especial aparece desde múltiples dimensiones, a saber: en la liberación político-económica, a través de un nuevo orden de vida que traería consigo salud y salvación; en la liberación sociopsicológica, por medio del restablecimiento de la dignidad y de los derechos humanos de los pobres y oprimidos obligados a callar; en la liberación de la opresión sexual de las naturalezas femeninas y masculinas maltratadas, mediante la rehabilitación de la dignidad personal perdida, por parte de la Virgen-Madre del Tepeyac; en la liberación religiosa de un Dios concebido unilateralmente como masculino, en cuanto que a los componentes masculinos del Dios de los cristianos se añadirían los femeninos, incorporados por la María del Tepeyac, y al mismo tiempo se añadiría el aspecto personal al Dios de los indios. Se trata aquí —según él— del enriquecimiento por la adopción de la cosmovisión de los nahuas, en la cual todo lo que es perfecto tiene un componente mas-

[28] Virgilio P. Elizondo, "Maria und die Armen", en *Conc*, 19, H. 10 (1983), pp. 641-646; del mismo, "Nuestra Señora de Guadalupe como símbolo cultural", en *Tep*, 8 (1983), núm. 174, pp. 1, 10-11, y núm. 175, pp. 1, 14; *cf.* también Manzanera, "María, aurora de liberación", pp. 12-45.

culino y uno femenino: cosmos, creación, hombre y Dios. En este sentido, ahora se descubriría en la siempre Virgen María de la tierra aquel conjunto azteca, mencionado antes en este trabajo: "Ometecuhtli-Omecíhuatl" (Señor de la Dualidad-Señora de la Dualidad). Se llegaría a una reciprocidad liberadora, de la religión primitiva mexicana (en especial de la tolteca-azteca) y de la cristiana, en la que se fecundarían y se ensancharían mutuamente; y esta reciprocidad engendraría una nueva cristianidad de México, y más aún, de todo el Nuevo Mundo.

Elizondo expresa su convicción de que el mejor obsequio de esta Madre que "se vuelve hacia la tierra", y de este Padre "que regala el cielo", es Jesús de Nazareth, el cual viene a dar su vida en sacrificio por una nueva creación. Por María se encarna profundamente Jesucristo y su Evangelio en el suelo cultural del Nuevo Mundo. De esta encarnación del Evangelio nace una nueva Iglesia, que no se manifestará ni como un restablecimiento de las antiguas religiones mexicanas ni como una Iglesia importada e impuesta por los conquistadores.[29]

La superación de las diversas estructuras de opresión en América Latina bajo el signo de la Virgen de Guadalupe es también un tema de filosofía de la historia y de la teología de Enrique D. Dussel,[30] teólogo e historiador argentino radicado en México. Su metodología y su filosofía de la historia de la Iglesia en Latinoamérica, cuyo punto de referencia para la hermenéutica es el "pobre" oprimido y explotado por las estructuras de dominio político (amo-esclavo), erótico (hombre-mujer) y pedagógico (padre hijo), están basadas en una concepción del mundo, de la historia y del ser que se originan en la "teoría de la dependencia" y en la consiguiente manera de considerar el mundo como "centro" (los países del Atlántico norte) y "perife-

[29] Del mismo, *La Morenita, Evangelizer of the Americas,* San Antonio, Tex., 1980; del mismo, *Mary, Prophetess and Model of Freedom for Responsability* (MACC), San Antonio, Tex., s.a.; del mismo, *Mestizaje. The Dialectic of Cultural Birth and the Gospel,* vols. I-III, San Antonio, Tex., 1978.

[30] Enrique D. Dussel, *Filosofía de la liberación,* México, 1977; del mismo, "Theologien der 'Peripherie' und des 'Zentrums': Begegnung oder Konfrontation?", en *Conc, 20,* H. 1 (1984), pp. 77-85; del mismo, "Historia de la fe cristiana y cambio social en América Latina", en Instituto Fe y Secularidad (ed.), *Fe cristiana y cambio social en América Latina* (Encuentro de El Escorial, 1972), Salamanca, 1973, pp. 65-99.

ria" (aquí América Latina). Aceptando esta teoría de la dependencia, Dussel analiza y critica las estructuras socioeconómicas, políticas y culturales de enajenación, explotación y opresión en sus manifestaciones internacionales (centro-periferia), nacionales (burguesía-masas populares marginadas) e interfamiliares (sexualidad, matrimonio, educación), e intenta aplicarlas también en el terreno filosófico-teológico. Pretende poner de manifiesto o desenmascarar la filosofía del centro que legitima estas estructuras de opresión, como ideología de dominación totalitaria europea y norteamericana. Según Dussel, es tarea y promesa profética y escatológica de la Iglesia latinoamericana denunciar públicamente y vencer dicha ideología: la Iglesia debería tener preocupación principal de los problemas y necesidades de América Latina y su solución, y encontrar su expresión en una nueva visión y valoración de la teología de la liberación, así como en una nueva interpretación de la historia de la Iglesia en América Latina.[31] Esta nueva interpretación recibe estímulos importantes y decisivos a través de una nueva visión e interpretación del acontecimiento guadalupano[32] y del *Nican Mopohua,* cuyo carácter de modelo y cuyo mensaje orientador es notorio no sólo para la Iglesia de México, sino también para la Iglesia de todo el continente americano.

No pocas formas de pensamiento religioso y político de las sociedades americanas parecen estar influidas por las promesas o exhor-

[31] Una apreciaicón crítica de esta nueva historia de la Iglesia en América Latina, que no es posible llevar a cabo en el marco de que disponemos aquí, tendría que plantearse sobre la filosofía de la historia y sobre la teología que le sirven de base, y someter *in extenso* a una interpretación y a una crítica sobre todo los siguientes aspectos de la concepción global de Dussel: *1)* La propagación de un mesianismo proletario que mistifica a los pobres; *2)* la concepción utópica de América Latina, de una manera especial llamada por destino a ser una tierra en la que triunfa el bien, el amor y la justicia; *3)* la constitución básica, determinada por la experiencia de la exterioridad y de la alteridad, del hombre latinoamericano, cuya vida es vista a futuro como una promesa para toda la humanidad; *4)* la generalización de la política como elemento absolutizante constitutivo de la existencia humana; *5)* la opción sociopolítica de una liberación del hombre dentro del proyecto de la construcción de un nuevo orden socialista en América Latina. Para esto véase R. Fornet-Betancourt: *Annäherung an Lateinamerika,* Frankfurt, 1984, pp. 20-34.

[32] E. D. Dussel (coord.), *Historia general de la Iglesia en América Latina,* tomo I/1: *Introducción general de la historia de la Iglesia en América Latina,* Salamanca (España), 1983, pp. 561-574; del mismo, "Christliche Kunst des Unterdrückten in Lateinamerika", en *Conc,* 16, H. 2 (1980), pp. 106-113.

taciones de la tradición guadalupana. En consecuencia, esta tradición, como algo determinante, representa también un factor importante en la estructura de los derroteros político-religiosos. Ciertamente no se puede desconocer que la corriente principal de la tradición cristiana en general y de la tradición guadalupana en especial ha rechazado y rechaza el pensamiento político radical, niega las expectativas utópicas de cara al Estado y a la sociedad. No obstante, reconoce al Estado como instancia de orden necesaria, que al mismo tiempo es limitada y relativa, a pesar de su imperfección y su búsqueda de poder. Aquí se hace necesario preguntarse si ese reconocimiento en una sociedad dinámica —en la cual las actividades estatales han conseguido una importancia decisiva con respecto a los procesos de realización de la existencia humana— se debe conservar vigente o si, más que eso, el Estado —excediendo sus obligaciones de asegurar la existencia humana— debe realizar una contribución constructiva para la realización de la sociedad y de cada individuo en particular. Argumentando de esta forma, al modificarse la función del Estado se modifica también el concepto de Estado y las normas con las que se le juzga, y asimismo se actualizan en una forma nueva los problemas sobre sus objetivos y sus límites.

Así, pues, en vista de estas consideraciones, se ve claro que, en el proceso progresivo de sensibilización, la admiración o consternación inmediata de donde se han originado y se originan la mayor parte de las iniciativas guadalupanas locales, hay que ampliarla y trasladarla a una admiración o consternación latente y general, que afecta a todos los países y que puede esclarecer la presencia del movimiento guadalupano en núcleos candentes como Managua en Nicaragua o San Antonio en Texas o Los Ángeles en California.[33]

Así, por ejemplo, el *hispanic,* en concreto el chicano *(mexican american)* de los Estados Unidos, en la América de hoy representa un *Locus theologicus* muy fértil y rico en contenido, en el cual el men-

[33] Véanse las instructivas relaciones sobre la literatura, por Dieter Herms, "Zwischen Mythos, Anpassung und Rebellion. El Teatro Campesino 1978", en *Ibam,* 2 (1979), pp. 14-32, y por Sergio D. Elizondo, "Die Chicanos und ihre Literatur", en *Ibam,* 2 (1977), pp. 31-38; Andrés G. Guerrero, *The significance of Nuestra Señora de Guadalupe and la Raza Cósmica in the development of a Chicano Theology of Liberation,* Boston, 1984.

saje liberador de Nuestra Señora de Guadalupe parece tener una importancia predominante, simultáneamente en los ambientes sociocultural, político, económico, religioso y espiritual de los chicanos, de la "raza cósmica".[34] También en América Central, en especial en Nicaragua, a la luz del acontecimiento guadalupano, las visiones mesiánicas de un "mundo nuevo" y de una "sociedad nueva" encontraban y siguen encontrando buena aceptación y difusión entre la población; de igual manera, como reproducciones seculares de conceptos religiosos, estas visiones mesiánicas instrumentalizan la política en esta región, presentándola como un proceso de "la historia de la salvación". Sobre esto es típico un documento del Centro Ecuménico de Nicaragua, en el cual se expresa que los hombres sensibles a la Virgen de Guadalupe puedan ser puestos en un lugar o en otro:

> El mensaje de Guadalupe es el del *Magnificat:* los pobres serán elevados y los poderosos destronados. En un mundo marcado por la injusticia social, el mensaje de la Virgen guadalupana resulta subversivo: así lo entendió el Padre Morelos, uno de los grandes héroes de la Independencia mejicana, quien declaró que era patente la protección de la Virgen a favor del pueblo mejicano, que luchaba por ser libre de la corona española; y así lo comprenden los chicanos que hoy viven en el sur de los Estados Unidos, siendo víctimas de inmisericorde explotación y para quienes María del Tepeyac se ha convertido en un símbolo de protesta a favor del pobre y del humillado. Así lo comprenden todos los latinoamericanos pobres y marginados que tienen fe en Dios y luchan por su liberación.[35]

En el contexto político y social nicaragüense, es obvio que la creciente duda sobre la capacidad de encontrar soluciones a los problemas a través de la "vieja" teología reside en las experiencias frustrantes

[34] Andrés G. Guerrero, *A Chicano Theology,* Maryknoll, N. Y., 1987; Rodolfo Acuña, *Occupied America: A History of Chicanos,* Nueva York, 2ª ed., 1981; Margarita Zires, "Reina de México, patrona de los chicanos...", en Jesús M. Barbeto (coord.), *En torno a la identidad latinoamericana,* México, 1992, pp. 53-78.

[35] CEAV (ed.), *María, esperanza nuestra. Consagración de Nicaragua al Inmaculado Corazón de María,* Managua, 1982, p. 110; del mismo, *Novena a la Purísima María de Nicaragua,* Managua, 1982.

de algunos círculos religiosos con las fuerzas políticas establecidas y con las instituciones eclesiásticas bajo su influencia.[36] Se ve claro además que la poca confianza que existía al principio de los años setenta se perdió, tal vez por la inflexibilidad de los conceptos tradicionales o convencionales, incompatibles con los de la otra alternativa.

Forman parte también de los nuevos planteamientos teológicos de hoy, que tratan de confrontar el acontecimiento guadalupano y el *Nican Mopohua* con la problemática actual, los llamados planteamientos "feministas". Éstos se inspiran en el texto del *Nican Mopohua,* así como en las fuentes de la sociología, de la etnología, de la ciencia de las religiones y de la teología, para abrir nuevas perspectivas a una mariología "feminista". Con motivo de esa mariología, adquieren una nueva vitalidad las tradiciones matriarcales del cristianismo en América y en México.[37]

Las grandes diosas de las antiguas religiones egipcia y babilónica, hasta las mexicanas antiguas, simbolizaron en otro tiempo el aspecto de la virginidad y maternidad también como expresión de la autonomía, es decir, en el sentido amplio de dar la vida, protegerla y tomarla de nuevo.[38] Por eso María, la Madre de Jesús, es considerada por algunas teólogas, siguiendo esta tradición, no ya solamente desde el punto de vista "cristológico", sino preferentemente como imagen y modelo del ser mujer de manera autónoma. En este sentido se interpreta la figura de María de Guadalupe de manera tal que

[36] Sobre esto, *cf.* Uriel Molina, "Letter from the Director", Managua (CEAV) 30 de enero de 1986, núm. 3, pp. 1-3; DEI (ed.), *Sacerdotes en el gobierno nicaragüense: ¿poder o servicio?,* San José (Costa Rica), 1981. Sobre la difícil situación de la Iglesia en América Central y sobre el crecimiento de un cristianismo con carácter más íntimo en los países de esta región, véase Johannes Meier, *Selig, die hungern nach Gerechtigkeit,* Würzburgo, 1981.

[37] Elaine H. Pagels, "What became of God the Mother? Conflicting Images of God in early Christianity", en *Signs,* 2 (1976), núm. 2, pp. 293-303; Marina Lessa, "Die Frau in den kirchlichen Bewegungen Lateinamerikas", en *Conc,* 12, H. 1 (1976), pp. 60-62; A. Guzmán V. y Martínez O. (comps.) *El álbum de la mujer. Antología ilustrada de las mexicanas,* 4 vols., México, 1991; Ann Pescatello, "The female in Ibero-America: an essay on research bibliography and research directions", en *LARR,* 7 (1972), núm. 2, pp. 125-141; Maurilio Montemayor, "La Guadalupana y la mujer mexicana", en *Tep,* 8 (1983), núm. 174, pp. 1, 6-7; María Luiza Marcilio, *A mulher pobre na História da Igreja latinoamericana,* São Paulo, 1984.

[38] Marina Warner, *Maria, Geburt, Triumph, Niedergang-Rückkehr eines Mythos?,* Munich, 1982.

ayude a la conciencia femenina actual a relacionarse con el sentimiento original de autarquía en el estado evolutivo matriarcal.[39] Según eso su veneración debería inspirar a las mujeres mexicanas de hoy a lograr el arquetipo de independencia femenina que les permita configurar una existencia humana individual y socialmente autónoma. Además, dichas teólogas descubren —especialmente en la imagen de Guadalupe— que los aspectos maternales de la imagen de Dios sobresalen, lo cual podría ser una contribución esencial, digna de todo apoyo, para llegar al concepto de un Dios andrógino (masculino-femenino) y a la vez sería una defensa de la concepción unitaria de Dios y del hombre.

La nueva visión de María en su imagen guadalupana da origen tanto en México como en América a nuevas concepciones que producen efecto en la teología y en la Iglesia y tratan de alcanzar y modificar las estructuras políticas y sociales.[40] El *Nican Mopohua* podría ser punto de partida para semejante nueva visión, y ofrecería la oportunidad fascinante de redescubrir y revitalizar en el contexto mexicano los elementos matriarcales del cristianismo, de enriquecer con un sello mexicano la religión cristiana, de "liberar" la conciencia de los hombres y de entender esta liberación como un crecimiento y una redención gradual hacia el amor. Además, la teología del *Nican Mopohua,* concebida como una teosofía, podría abrir nuevas posibilidades para una evangelización integral, en especial entre los grupos de habitantes cuya religión cristiana todavía está impregnada fuertemente por la religiosidad antigua mexicana.

[39] Silvia A. González, "La chicana: Guadalupe or Malinche", en Beverly Lindsay (comp.), *Comparative perspectives of Third World woman: The impact of race, sex and class,* Nueva York, 1980, pp. 229-250; Ena Campbell, "The Virgin of Guadalupe and the female self-image: A Mexican case of history", en *Mother Worship: Theme and Variation,* Chapel Hill, N. Ca., 1982, pp. 5-24.

[40] Alicia Puente de Guzmán, "Promoción y dignidad de la mujer a la luz del evento guadalupano", en ISEE, *Libro anual,* pp. 385-407; E. Espitia y Jesús Ma. Rodríguez, *La mujer mexicana peregrina al Tepeyac,* México, 1988; Sergio Méndez Arceo, "María, expresión suprema de lo femenino", comentario al Evangelio... en ocasión de la peregrinación de la Iglesia de Morelos a la Basílica de Guadalupe, 26 de mayo de 1982, en SEP (ed.), *Signos de vida y fidelidad. Testimonios de la Iglesia en América Latina, 1978-1982,* Lima, 1983, pp. 136-140.

3. Guadalupe y evangelización

a) Inculturación

Para la reflexión teológica sobre el complejo tema de la Virgen de Guadalupe y la evangelización, debemos partir del ámbito del Evangelio y la cultura.[41] De acuerdo con la fe cristiana, las tres personas, Dios Padre, el Hijo y Espíritu Santo, son Dios de todo el universo. Él es Creador del cielo y de la tierra. "Él creó, de un solo principio, todo el linaje humano, para que habitase sobre toda la faz de la tierra" (Hechos 17, 26). Él dio a su Hijo todo el poder en el cielo y en la tierra (Mt. 28, 18). El Cristo crucificado y resucitado es Señor de todos los pueblos. El Espíritu Santo habla sobre Jesucristo, que otorga luz y alegría a todo los pueblos, a todas las lenguas y a todas las culturas.

En los escritos de la Biblia se hace evidente cómo la palabra de Dios está referida a las diversas culturas y lenguas. De allí se abren nuevas perspectivas para la Iglesia *(v.g.* Hechos 10 y 11). El acceso a la Biblia que se hace dentro de un contexto hace ver que cada texto tiene su propia historia, su propio proceso y sus propios participantes. De ahí que la manera de leer la Biblia y de entender su contenido pueden ser diferentes de una época a otra y de una a otra situación. Cada generación y cada pueblo pueden encontrar —guiados por el Espíritu Santo— la palabra que Dios pronunció en su respectiva época. La lectura de la Biblia inspira a los hombres en sus propios contextos, dentro de sus propias tradiciones y fiestas litúrgicas y a la luz de las tareas evangelizadoras que se les plantean.[42] En este sentido, el *Nican Mopohua* se puede considerar como "Evangelio" en la cultura, como Evangelio "mexicano". En la conciencia

[41] Christian Gnilka, *XRHSIS. Die Methode der Kirchenväter im Umgang mit der antiken Kultur. I Der Begriff des "rechten Gebrauchs"*, Basel-Stuttgart, 1984; Leonor Ossa, *Die Revolution- das ist ein Buch und ein freier Mensch. Zur Inkulturation des Christentums in Lateinamerika,* Hamburgo, 1973; Valfredo Tepe, "Cultura e teología", en *REB,* 46, fasc. 184 (1986), pp. 739-759.

[42] CENAMI presenta un ejemplo impresionante de teología contextual en la cultura otomí mexicana en "¿Habu gri ma tangra?" (¿A dónde vas araña?) *EI,* 2, México, 1986.

de la plenitud y de la riqueza de la Santísima Trinidad, el *Nican Mopohua* fundamenta para México en nuestro tiempo el significado de Mt. 28, 18-20; da acceso a los diversos contextos culturales de México a los que ha sido enviado el mensaje cristiano. La Iglesia de México tiene el desafío de investigar en qué relación está el *euangelion* con las diversas lenguas y culturas. El *Nican Mopohua* contiene un paradigma incomparable de esta relación. Este "Evangelio-en-cultura" señala también perspectivas que posibilitan el intercambio entre evangelio cristiano y cultura, y de este contacto resultan tanto la aceptación recíproca como también la "crisis" recíproca.

La temática de la inculturación abarca las múltiples relaciones entre Evangelio y cultura, mismas que se pueden mostrar problemáticas sobre todo en dos aspectos: uno es el problema que aparece claro en la historia de la evangelización de México, en la que la cristianización de los pueblos autóctonos consistió esencialmente en la recepción de la cultura de los misioneros y de la Iglesia que los evangelizaba; y en consecuencia, junto con el Evangelio, se recibió en parte la cultura europea con el sello español. Durante esta época muchos aspectos socioculturales de la cultura antigua mexicana fueron omitidos. Los pueblos "colonizados" fueron en parte distanciados de su propia cultura, de su ambiente social y de sus tradiciones, quedando privados de su vocación histórica y de su identidad nacional, aunque, como lo hace notar Octavio Paz, "por la fe católica [...] encuentran un lugar en el mundo".[43]

El segundo problema consiste en la preocupación y temor de que por la inculturación del cristianismo se pudiera perder la identidad de lo cristiano. Por eso los misioneros procuraron predicar el "Evangelio puro", que sin embargo era en realidad un Evangelio modelado por el contexto europeo y por su situación sociocultural.

La alternativa, inoperante desde el punto de vista actual: o enajenación de la propia cultura o pérdida de la identidad cristiana, dominó durante siglos la visión de los misioneros, quienes en su gran mayoría creían que tenían que combatir un sincretismo que era condenable.

[43] Octavio Paz, *El laberinto de la soledad,* México, 1950, 1959 (2ª ed.), p. 92: "La huida de los dioses y la muerte de los jefes habían dejado al índigena en una soledad tan completa como difí-

Sin embargo, desde el punto de vista antropológico-cultural se puede partir de la posición de que entre cultura y religión, entre la Iglesia y la cultura, existe una relación dinámica y un proceso continuo de asimilación, en el cual no se pierde sino que debe encontrarse la identidad "mexicana". Por eso, una primera condición para la inculturación es la interacción entre la cultura y la religión, es decir, entre la Iglesia y la cultura;[44] lo que ya fray Bernardino de Sahagún había reconocido en México.[45]

De acuerdo con el concepto de la teología de la evangelización, a partir del Vaticano II ya no hay duda de que la Iglesia, en su esencia, tiene que ser capaz de encarnarse, lo cual incluye la inculturación, o bien, una indigenización.

Una inculturación auténtica tiene como fundamentos teológicos la Creación *(cf.* Jo. 1, 1-3; Gn. 1, 25), la Encarnación *(cf.* Col. 1, 16, 20) y la Iglesia, que como Iglesia de Cristo continúa la Encarnación del Verbo y ve allí el fundamento de su misión. Por consiguiente, la Iglesia de México será calificada como auténtica Iglesia de Cristo, en cuanto evangelice en su totalidad a las culturas de México con originalidad y creatividad, y éstas "renazcan" al encuentro con el Evangelio.

Este proceso de inculturación y encarnación de una evangelización dinámica y vasta fue introducido y continuado en la historia de México sobre todo por el acontecimiento guadalupano, que para llevar a cabo dicha inculturación ha adquirido en la actualidad una función singular. En el curso de la historia de México, la Virgen de Guadalupe se ha convertido, para una gran parte de la población del país, en un símbolo de mexicanidad, lo que le ha conferido a ese núcleo una tal conciencia de su valía y le ha proporcionado un auténtico sentido a su vida, que parece ofrecer un fundamento plausible al que se pueden incorporar manifiestamente las normas y re-

cil de imaginar para un hombre moderno. El catolicismo le hace reanudar sus lazos con el mundo y el trasmundo. Devuelve sentido a su presencia en la tierra, alimenta sus esperanzas y justifica su vida y su muerte".

44 Louis Luzbetak, *The Church and the Cultures* (Applied Missionary Anthropology), Techny, Ill. 1963; Luciano Pereña *et al., Inculturación del indio,* Salamanca (España), 1988.

45 Michael Sievernich, "Inkulturation und Begegnung der Religionen im 16. Jahrhundert. Bernardino de Sahagúns Beitrag in Mexiko", en *ZMR,* 71 (1987), H. 3, pp. 181-199.

glas de vida que brinda la religión cristiana. Así, la propagación y aceptación del Evangelio en el marco del acontecimiento guadalupano no es un proceso adicional de transferencia y recepción, en el cual el Evangelio y la situación de su destinatario —es decir, la tradición cristiana y el contexto cultural mexicano— se tocan mutuamente. No es tanto una adaptación, acomodación o aculturación, sino más bien una indigenización, inculturación, encarnación, es decir, un acto de integración, una compenetración del Evangelio cristiano en la cultura mexicana por medio de la figura integradora de Santa María Tonantzin, Virgen de Guadalupe.[46]

b) "Nican Mopohua", Evangelio emanado de la cultura

El *Nican Mopohua* —"Evangelio" en el contexto mexicano— se puede interpretar, en el sentido de la inculturación, como un modelo fundamental de "Evangelio emanado de la cultura", como una manera auténtica mexicana de hacer realidad la fe cristiana, la reflexión y la existencia cristiana. La experiencia y la interpretación de la fe de los españoles sufrieron en México una transformación, cuyas fuerzas creadoras están contenidas en la tendencia y en la eficacia del Evangelio, el cual adquirió una figura concreta mexicana, de manera trascendente y transcultural, en la aparición y en el mensaje de la Guadalupana.[47]

Por razón de la dialéctica entre el Evangelio universal y transcultural y su aparición concreta en una cultura particular, la identidad cristiana formulada en la figura guadalupana se experimenta como referida a la cultura y al mismo tiempo como trascendente a la cultura. Esta experiencia explica la dinámica de la comprensión o entendimiento de la fe guadalupana: la Virgen de Guadalupe como figura integradora del "Evangelio emanado de la cultura" se experi-

[46] Angelo Amato, "Mariologia in contesto. Un esemmpio di teologia inculturata: 'Il volto meticcio di Maria di Guadalupe' (Puebla n. 446)", en *Marianum*, XLII (1980), pp. 421-469.

[47] Sobre este concepto teológico de "Evangelio emanado de la cultura", véase E. Schillebeeckx, *Theologisch Geloofsverstaan*, Anno 1983, Barn, 1983, pp. 9-10; Horst Bürkle, *Missionstheologie*, Stuttgart-Berlín-Colonia-Mainz, 1979.

menta, por un lado —en especial en virtud del mensaje del *Nican-Mopohua*— como enriquecimiento de la comprensión del Evangelio; y, por otro lado, hace una interpelación a la María del Evangelio con referencia a lo que es irrenunciablemente válido en ella y a lo que pertenece a la cultura particular, y así suscita la cuestión de la identidad.

La historia de México nos demuestra que la fe cristiana, a través de Guadalupe, es compatible con la cultura mexicana y con sus valores propios. En este sistema de valores de la cultura mexicana, la figura de Guadalupe actúa criticando, integrando y estimulando, y por lo mismo también es moldeada por los valores éticos o morales específicos de dicha cultura. Pero como la fe no es solamente una fe pura y abstracta, sino que ha adquirido una determinada impronta cultural, este proceso se puede describir al mismo tiempo como una alteración de la figura: la fe cristiana impregna el mundo vital mexicano y actúa sobre él, imprimiéndole su propio sello, y a la vez toma el sello característico de dicho mundo. Así, precisamente la historia del acontecimiento guadalupano y de sus efectos nos hace ver la riqueza del Evangelio y su acervo de posibilidades para la realización humana. Esta pluralidad conduce a un proceso de diferenciación, en el cual continuamente se tienen que definir una y otra vez lo esencial y lo no esencial, lo tolerable y lo intolerable, el pluralismo deseable y la necesaria unidad.

En el encuentro del cristianismo tradicional español con la cultura mexicana, Guadalupe de España experimentó en Santa María Tonantzin una nueva estructuración. Este suceso, de acuerdo con la tradición cristiana, se originó en 1531 en el Tepeyac y condujo a la pluralidad sincrónica continua dentro del cristianismo: ahora ya no se puede manifestar por una simple comparación histórica lo que es propiamente cristiano y lo que es propio en la Virgen de Guadalupe, sino que hay que buscarlo sobrellevando la simultaneidad actual: en la tolerancia y "en última instancia en la comprensión incompleta de la otra forma de ser".[48]

[48] Karl Rahner, "Ritenstreit-neue Aufgaben für die Kirche", en el mismo, *Schriften zur Theologie,* Bd. 16, Zürich-Einsiedeln-Colonia, 1984, pp. 182.

Se puede llamar teología de la inculturación a la teología que se desarrolla en el *Nican Mopohua*. Esta teología exhorta a la Iglesia a encarnarse en la situación marginada de gran parte de la población mexicana. Además, destaca en dicha teología la característica auténticamente mexicana de una teología "de liberación", que contribuye a una evangelización "liberadora" (D. P. 487), que abarca todos los ámbitos de la vida mexicana: el familiar, el social, el económico, el político, el cultural y, no en última instancia, el religioso (*cf.* D. P. 476). Esta teología auténticamente "mexicana" incluye evangelización, "liberación" y diálogo con las culturas y religiones que aparecen sobre todo en la religiosidad popular de México (*cf.* D. P. 457). Esto se realiza concretamente en la renovación litúrgica, catequética y espiritual de la Iglesia. Y así, la Iglesia se convierte en un signo de evangelización "liberadora" por Jesucristo (*cf.* D. P. 485) en el horizonte del acontecimiento guadalupano (*cf.* D. P. 282, 446). A estas iniciativas de inculturación de la Iglesia, que hay que profundizar a partir de la Guadalupana, se les presta cada vez más atención en otros países de diversos contextos culturales.[49]

Por el acontecimiento guadalupano la inculturación se liga a la situación sociológica de México, es decir, al proceso histórico por el que atraviesa actualmente el país. Éste es un proceso de "desarrollo" y de "liberación", que pone la mira en un cambio de las estructuras sociales y colectivas. A este respecto la Iglesia se siente desafiada a colaborar (D. P. 1211), y reconoce que ante todo debe revisar críticamente sus propias estructuras y emprender enmiendas y renovaciones (D. P. 100, 634, 654). La Iglesia comprueba que no puede haber contradicción entre evangelización y "desarrollo" o "liberación" (D. P. 381, 483), ya que la salvación que ella proporciona es una salvación que abarca todo, y por lo tanto incluye también la realidad terrenal (*EN* 29; D. P. 476).

[49] Guerrero, *A Chicano Theology;* Elizondo, *La Morenita;* L. Boff, "Exigências teológicas e eclesiológicas para uma nova evangelização", en *REB,* 47, fasc. 185 (1987), pp. 120-144; *cf.* también Agustín Pravo Muñoz, "¡Madre de Guadalupe! Viendo a Cristo en el indio mexicano, te estampaste en la tilma de Juan Diego: graba ahora tu imagen, te lo ruego, en el poncho del indio ecuatoriano [...]", citado según Andrea Girón, monseñor Proaño y la Iglesia en Riobamba, en *Iglesias,* Nueva Epoca I (1984), núm. 6, pp. 4-7.

c) "Nican Mopohua": Nuevo modelo de evangelización

El *Nican Mopohua,* como hemos visto, se debe considerar como un ejemplo de intento de desarrollar una teología transcultural, pues en él no se trata solamente de adaptar lo español al contexto mexicano con el fin de comunicar mejor la Buena Nueva, sino más bien de intentar una integración de la experiencia cristiana de la Iglesia en la cosmovisión y en el ambiente nahua predominante entonces en el México central. Esta experiencia no solamente se expresó con elementos de la propia cultura, sino que llegó a ser una fuerza que vitalizó ambas culturas, las orientó y las renovó, forjando de esta manera con los elementos mexicanos y los cristianos una nueva unidad y comunidad que alcanzaría gran importancia en las culturas mestizas que se originaron en México, y que además enriquecería a la Iglesia mexicana y a la Iglesia universal.[50]

Pensamos que es digna de tenerse en cuenta la contestación que hemos hecho, basados en lo que conocemos, de que el *Nican Mopohua* puede ser considerado como un testimonio extraordinario de una "mexicanización" de la evangelización. También puede ser considerado como una especie de teología inculturada del siglo XVI, o bien del siglo XVII, a pesar de que después de la Conquista (y hasta la mitad del siglo XX), los métodos misionales y de evangelización de la Iglesia estaban determinados ante todo por la asimilación, acomodación y adaptación.[51]

La tradición del *Nican Mopohua* afianzó en México la tradición cristiana y a la vez creó una nueva tradición que le dio una orientación al "Pueblo de Dios" y, no en último lugar, nuevos impulsos misioneros a la Iglesia oficial: por encima del modelo de adaptación y de encarnación, el modelo de evangelización presentado en el *Nican Mopohua* vale hoy también sobre todo como exponente y modelo

[50] Véase sobre esto "Inkulturation" por Ary A. Roest Crollius, "What is so new about Inculturation. A Concept and its Implications", en *Greg,* 59 (1978), p. 735; del mismo, "Inculturation and the Meaning of Culture", en *Greg,* 61 (1980), pp. 253-274; Amato, "Mariologia in contesto"; Perfetti, *Guadalupe;* Schulenburg Prado, *450° Aniversario;* Echegaray, *Álbum conmemorativo.*

[51] Borges, *Métodos misionales,* pp. 27-455; Specker, *Die Missionsmethode,* pp. 57-237; Baumgartner, *Mission und Liturgie in Mexiko,* I, pp. 41-79, 99-106, 129-143.

de una interpretación magistral del concepto Iglesia, lo que puede ser señalado como una manifestación del Espíritu en su Iglesia.

Ya en 1974 el teólogo brasileño Hoornaert había llamado la atención sobre el modelo de evangelización del *Nican Mopohua.* Según él —y de acuerdo con el texto del mismo— no fue el indio Juan Diego quien se tuvo que convertir, sino más bien el obispo español Juan de Zumárraga, O.F.M. En consecuencia, se invirtió el esquema misional usual: "'elite-masa (pueblo)' [...] en el cual la elite es sabia y activa, y por el contrario el pueblo es ignorante y pasivo".[52]

Según el sentido del *Magnificat* (Lc.1), "la tradición guadalupana retoma la tradición bíblica de la exaltación de los pobres y el destronamiento de los ricos, y la saciedad de los hambrientos". Y así, del *Nican Mopohua* infiere Hoornaert que "evangelizar no es hablar, predicar, presentar dogmas, enseñar, sino permanecer con los pobres y escuchar sus quejas".

Hoy en día, sobre todo la pastoral de México hace suyo este orientador modelo de evangelización:

> "Evangelizar en el marco guadalupano es amar a los indígenas; sufrir junto con ellos, sabiendo que asumimos su destino de explotación, y que aún en la explotación y pequeñez merecen nuestro respeto y confianza para asumir responsablemente su papel de laico dentro de nuestra Iglesia" (Carta Pastoral en el 450 año de las apariciones de la Virgen de Guadalupe, núm. 32). Evangelizar, según la Guadalupana, es respetar al Juan Diego actual, tratarlo como adulto capaz de decidir su destino, y no como a un pequeño a quien se le conduce de la mano por los caminos que él nunca recorre [véase *Nican Mopohua,* núm. 40]. La Virgen de Guadalupe nos enseña también que evangelizar es penetrar en la filosofía y mentalidad indígenas para descubrir los valores que encierra su cultura; para encontrar la riqueza oculta en sus signos y ceremonias, recuperando así para el cristianismo parte de la misma riqueza de la teología indígena [véase *Estudios indígenas,* núm. 2, vol. VIII, p. 238, anotaciones y comentarios al *Nican Mopohua].*

[52] Eduardo Hoornaert, "A Evangelização segundo a Tradição Guadalupana", en *REB,* 34 fasc. 135 (1974), pp. 524-545, esp. 541; sobre esto, también Prien, *Lateinamerika,* vol. 2, pp. 159-160; Siller, *El método,* pp. 275-309; del mismo, *La evangelización,* pp. 1-40; Leonardo Boff, "Exigências teológicas...", pp. 140-144.

Evangelizar, en nuestro tiempo, es colaborar eficazmente para que el indígena no muera. El deseo de la Madre del Dios del Cerca y del Junto es que nada lo asuste y lo aflija, que no se turbe su corazón, pues no habrá de morir [véase *Nican Mopohua,* núms. 75 y 77]. Nuestra opción preferencial por los más pobres entre los pobres debe llevarnos a hacer de la situación de dominación que vive el indígena el lugar privilegiado de nuestro servicio como agentes de la pastoral. Esto conlleva una actitud sincera de conversión: en vez de hacer venir al indígena a nuestro Tlaltelolco, ir nosotros al Tepeyac, lugar donde el indígena tiene un espacio de libertad para ser él mismo y repensar su destino. Tlaltelolco es el lugar del colonizador, del dominador; Tepeyac, en cambio, es el lugar del empobrecido, es el marco donde el indígena se encuentra con sus antepasados y con su Dios; es el lugar donde se le respeta a él y a la cultura entera que representa.[53]

Así pues, ya en la Nueva España colonial del siglo XVI se perciben los hechos fundamentales de un cambio de paradigmas que lograron las condiciones para la evangelización de la sociedad colonial de entonces. Su importancia y alcance son reconocidos de nuevo en el presente y en el marco de la teología misional[54] de hoy se deben juzgar como de actualidad: la tensión entre *ethnos* y *ekklesía,* el desplazamiento de una dominación española, es decir, occidental, a un intercambio de culturas; de las exigencias de un monopolio cristiano occidental a un encuentro interreligioso; de los sistemas coloniales injustos, o bien de las estructuras económicas y sociales de la sociedad industrial moderna, a un "desarrollo" de los pueblos, humanamente digno, en las colonias o en los países del "Tercer Mundo"; de la tutela de los misioneros a una colaboración respetuosa.

De acuerdo con lo señalado en la Constitución Pastoral "Gaudium et Spes" (1965) del Concilio Vaticano II, en la exhortación

53 De CEDIPIO (ed.)., *Plan diocesano de pastoral indígena,* Oaxaca, 1983, pp. 38-41: "Santa María de Guadalupe, Modelo de Evangelización", pp. 39-40. *Cf.* Siller, *Para una teología;* del mismo, *Anotaciones;* del mismo, *El método;* E. Hoornaert, *A Eangelização;* L. Boff, "Exigências teológicas…"; Miguel Concha Malo, "La Virgen de Guadalype, el nacionalismo y la evangelización", en *HumAn,* VIII, 1984-1985 (1986), pp. 53-67.

54 Horst Bürkle, *Missionstheologie,* 62-63, 107-145; del mismo, *Einführung in die Theologie der Religionen,* Darmstadt, 1977; Karl Müller, *Missionstheologie,* Berlín, 1985; Giancarlo Collet, *Das Missionsrerständnis der Kirche in der gegenwärtigen Diskussion,* Mainz, 1984; Arnulf Camps, *Partners in Dialogue. Christianity and other World Religions,* Maryknoll, N. Y., 1983.

apostólica "Evangelii Nuntiandi" (1975), en las Encíclicas "Populorum Progressio" (1967) y "Sollicitudo Rei Socialis" (1987), así como en las conferencias episcopales de Medellín (1968) y Puebla (1979), no pocos teólogos y representantes de la Iglesia oficial de la época actual ya no arrancan preferentemente de principios teológicos generales para superar los problemas del presente, sino que cada vez son más los que parten del "aquí y ahora", y tratan de comprender los "signos de los tiempos"[55] para analizar los problemas que se plantean en la actualidad, reflexionar sobre ellos a la luz de la Revelación y contribuir así a su solución. Esta postura se manifiesta en las corrientes teológicas modernas, entre ellas, la teología política, la teología de la esperanza, la teología de la revolución, la teología de los Cristianos por el Socialismo, la teología de la liberación, las teologías contextuales, especialmente en las iglesias del Tercer Mundo.[56] En México, empero, las cuestiones sobre la opción por los pobres y la teología de la liberación, tan vehementemente discutidas en virtud de las grandes tensiones sociales y de las injusticias que existen en el mundo en nuestro tiempo, se concentran en una forma singular en el acontecimiento guadalupano, y en especial en el *Nican Mopohua,* en cuyo texto se cree encontrar estímulos para una verdadera evangelización del pueblo con los medios adecuados. En efecto, puesto que dicho documento nació de la miseria de los mexicanos sufrida en concreto, tanto su origen como su contenido tienen que ser entendidos e interpretados ante la injusticia que resulta de las desigualdades entre la clase dominante y los dominados, entre los acaudalados y los pobres, entre los blancos y los mestizos e indios.

[55] Bernward H. Willeke, "Mission und die Zeichen der Zeit", en *ZMR,* 62 (1978), pp. 169-183; del mismo, "Missionarische Spiritualität und Gestaltwandel in der Mission", en H. Rzepkowski, *Allen alles werden* (Studia Instituti Missiologici Societatis Verbi Divini, Nr. 21), St. Augustin, 1978, pp. 75-86.

[56] L. Bertsch y F. Schlösser (comps.), *Evangelisation in der Dritten Welt,* Friburgo-Basel-Viena, 1981; H. Waldenfels (comp.), "...denn ich bin bei Euch" (Mt. 28,20), *Perspektiven im christlichen Missionsbewußtsein heute,* Zürich-Einsiedeln-Colonia, 1978; del mismo, *Kontextuelle Fundamentaltheologie,* 399-405, 449-455; Johannes B. Bauer (comp.), *Entwürfe der Theologie,* Graz-Viena-Colonia, 1985; Heinrich von Stietencron (comp.), *Theologen und Theologien in verschiedenen Kulturkreisen,* Düsseldorf, 1986; Raúl Fornet-Betancourt (comp.), *Theologien in der Sozial- und Kulturgeschichte Lateinamerikas,* 3 vols., Eichstätt, 1992-1993.

VIII. TEOLOGÍA Y RELIGIOSIDAD POPULAR

1. La religiosidad popular y el guadalupanismo eclesiástico

El estudio de los fenómenos religiosos, en especial el de las diversas clases de religiosidad popular, que desde la época de la colonización y evangelización de Nueva España apenas si se habían considerado objeto de reflexión y discusión —si acaso se reflexionaba sobre ellos solamente se hacía en relación con el folklore, la cultura popular o el sincretismo—, han encontrado en México, en las últimas tres décadas, gran eco en la investigación antropológica, etnológica, sociológica, histórica y teológica.[1] De la vitalidad y la diversidad de la llamada "religiosidad popular" tanto en México como en otros países de América[2] nos dan testimonio la multiplicidad de investigaciones y congresos últimamente realizados; entre ellos cabe mencionar la Primera Conferencia General de Historia de la Iglesia en América Latina, organizada en octubre de 1984 en la ciudad de México, por la CEHILA (Comisión de Estudios de la Iglesia en América Latina), el Congreso Internacional sobre Religiosidad Popular en América Latina[3] llevado a cabo en Eichstätt en mayo de 1985 por la ADLAF (Asociación Alemana de Investigación sobre América Latina), la International Conference on Liberating Theology: Religion in the Socio-Political Transformation in Latin America, del 6 al 8 de febrero de 1986 en la Simon Fraser University, en Burnaby, B.C., Canadá, al igual que las Segundas Jornadas de Historiadores

[1] *Cf.* datos bibliográficos abundantes en Nebel, *Altmexikanische Religion,* XIII-XXXII, 229-345.

[2] CELAM (eds.), *Iglesia y religiosidad popular en América Latina,* Bogotá, 1977; Gerardo Sánchez Sánchez, *Religiosidad popular y opción por los pobres,* México, 1988; Benjamín Bravo (comp.), *Diccionario de la religiosidad popular,* México, 1992; Rosa María Sánchez Lara, *Los retablos populares. Exvotos pintados,* México, 1990; Víctor Fosado, "Votivtafeln...", en Erika Billeter (comp.), *Das Blaue Haus. Die Welt der Frieda Kahlo,* Frankfurt del Main, 1993, pp. 227-237.

[3] Las Actas del Congreso fueron publicadas por Karl Kohut y Albert Meyers (comps.), *Religiosidad popular en América Latina,* Frankfurt del Main,1988.

Americanistas: Encuentro y Asimilación, en Santa Fe, Granada, del 7 al 12 de octubre de 1988. Estos estudios de especialistas, así como la experiencia de los pastores eclesiásticos enseñan que, cada vez más, la Iglesia católica se ve confrontada con esta peculiar manifestación religiosa.[4]

Las múltiples manifestaciones de la cultura popular religiosa en el contexto rural y también en el urbano, constituidas por elementos cristianos, indígenas americanos y africanos, reflejan el proceso dinámico de las transformaciones de México. Son también importantes para comprender las culturas, las religiones, las identidades y las escalas de valores de los pueblos, para que, creando estructuras sociales y económicas humanamente dignas, se elaboren futuros conceptos de desarrollo; y son también la contribución de México al necesario diálogo de las culturas y de las religiones.

Desde los comienzos de la época colonial fue siempre un problema para la Iglesia católica de México la integración de esta religiosidad del pueblo;[5] es decir, de la religiosidad popular vivida por la gran masa de los fieles, a veces fuera del control de la Iglesia oficial.[6] De acuerdo con el concepto que el Concilio nos da de la Iglesia como "pueblo de Dios", de la exhortación apostólica "Evange-

[4] Albert Meyers (comp.), *Volksreligiosität in Lateinamerika* (Anuario 14), Münster, 1985; Richard Nebel, "Aspectos cristiológicos y mariológicos de la religiosidad popular mexicana: continuidad y transformación, en *America encuentro y asimilación.* Actas Segundas Jornadas de Historiadores Americanistas (Santa Fe, Granada: 7 a 12 octubre de 1988), Granada, 1989, pp. 125-142; Victoria Reifler Bricker, *El Cristo indígena, el rey nativo,* México, 1989; Silvia Ortiz Echániz, *Una religiosidad popular: el espiritualismo trinitario mariano,* México, 1990; F. Damen y E. Judd Zanon (comps.), *Cristo crucificado en los pueblos de América Latina. Antología de la religión popular,* Cuzco-Sicuani-Quito, 1992.

[5] Sobre el múltiple concepto de *pueblo,* véase Klaus Guth, "'Volk' im Verständnis von Theologie und Kulturwissenschaften. Beobachtungen zur Funktion eines historischen Begriffs", en AfL 26, H. 1 (1984), pp. 38-47.

[6] Ponce de León, *Breve relación;* H. Ruiz de Alarcón, *Tratado de las supersticiones.* Formas y prácticas antiguas mexicanas-cristianas han sido y son transmitidas de generación en generación. Véanse amplias citas bibliográficas en Nebel, *Altmexikanische Religion,* pp. 229-345; *cf.* también Bruno Schlegelberger, "Volksreligiosität [...], Überlegungen zum Gespräch zwischen Theologen und Ethnologen", en *Verbum SVD,* 27 (1986), pp. 85-88; Fritz Kollbrunner, "Volksfrömmigkeit in Lateinamerika", en Jakob Baumgartner (comp.), *Wiederentdeckung der Volksreligiosität,* Regensburgo, 1979, pp. 233-248; Hans-Jürgen Prien, "Artgemäβes Christentum und lateinamerikanische Volksfrömmigkeit", en *ZKG,* 94, XXXII (1983), pp. 338-356; CEEC (ed.), *La pastoral de santuarios en México,* México, 1988; José Luis González M., "La ética popular y su autonomía relativa", en *CuCo,* III (1989), núm. 7, pp. 131-156.

lii Nuntiandi" de Paulo VI (1975) y de la "opción por los pobres" a la que exhortan las conferencias episcopales de Medellín (1968) y Puebla (1979), las iglesias locales ahora tienen más solicitud por la religiosidad popular, por las múltiples etnias y sus diversas formas de piedad, de tipo precolonial y colonial; aprecian su relevancia en el campo eclesiológico, misionológico y de la teología pastoral, y analizan las consecuencias que resultan para la Iglesia en su totalidad. Los practicantes de una teología "liberadora" y de una evangelización, así como de las comunidades de base, llaman la atención sobre el arsenal de símbolos de liberación que contiene la religiosidad popular de México.[7] Esto vale sobre todo para la veneración y el culto de la figura de Jesucristo, de los santos y principalmente de la Virgen de Guadalupe.[8]

El catolicismo popular, que es el sector más grande y más importante de la religiosidad popular en el México de hoy, tiene su centro en dicha piedad, es decir, en la veneración y culto a la Virgen de Guadalupe. En otras palabras, el culto y la cultura bajo el signo de la Guadalupana abarcan, matizan y polarizan en cierto sentido una gran parte de la religiosidad popular de la población del país. Sobre todo desde las mencionadas conferencias episcopales, han tenido lugar con más vigor reflexiones teológicas acerca de la piedad guadalupana: sobre su importancia en el culto y en la cultura del pueblo y su efectividad en la fe cristiana; sobre la piedad por la que se expresa esta fe, así como también sobre su significado para la teología y para la Iglesia en México y en América. Así, el Documento de Puebla señala que "la fe de la Iglesia ha sellado el alma de América Latina, marcando su identidad histórica esencial y constituyéndose en la matriz cultural del continente" *(D. P.* 445). "Esta identidad se simboliza muy luminosamente en el rostro mestizo de María de Guadalupe" *(D. P.* 446).

[7] Segundo Galilea, "Die Diskussion über die Volksreligiosität in der lateinamerikanischen Befreiungstheologie", en *Conc,* 16, H. 6/7 (1980), pp. 418-422; González Dorado, *De María conquistadora,* pp. 109-138.

[8] Javier Lozano Barragán, *Evangelización y religiosidad popular.* Comentario al Documento de Puebla, Zacatecas, Zac., 1986; Richard Nebel, "Aspectos cristológicos en la religiosidad popular antigua mexicana-cristiana", en Kohut-Meyers, *Religiosidad popular,* pp. 178-190; CEEC, *La pastoral,* pp. 103-133; Félix Báez-Jorge, *Los oficios de las diosas,* Xalapa, Ver., 1988.

Pero no solamente es un mero símbolo: la religiosidad popular surge de la fe cristiana y ha tomado en México la fisonomía mestiza de María de Guadalupe. Si es cierto que, según Puebla, "lo esencial de la cultura está constituido por la actitud con que un pueblo afirma o niega una vinculación religiosa con Dios" *(D. P.* 389), y que los valores religiosos tienen que ver con el sentido último de la existencia, entonces el corazón del culto popular en México está sellado por la entrega a María de Guadalupe. Porque desde los inicios de la evangelización "el Evangelio ha sido anunciado presentando a la Virgen María como su realización más alta" *(D. P.* 282), María se mostró en el Tepeyac como "el gran signo, de rostro maternal y misericordioso, de la cercanía del Padre y de Cristo" *(ibidem)* que invita "a la unión entre los hombres y los pueblos" *(ibidem).* Y así, según Puebla, el santuario de Guadalupe —como también los otros santuarios marianos del continente— es "signo del encuentro de la fe de la Iglesia con la historia latinoamericana" *(ibidem).*

Ya desde los años setenta una serie de estudios que tienen como tema las diversas características de la religiosidad popular y sus significados, analizan las múltiples formas del guadalupanismo: Baltazar López señala en sus "Notas acerca del catolicismo guadalupano"[9] la veneración a la Virgen María como "la espina dorsal del catolicismo popular"[10] y trata de descubrir los más profundos trasfondos de esta religiosidad popular guadalupana: es urgente —dice— que el catolicismo popular esté vinculado a los movimientos liberadores de la Iglesia; se debe superar la interpretación del guadalupanismo como un intento de legitimar el sistema pasado o

[9] Baltazar López Bucio, "Notas acerca del catolicismo guadalupano", en *Servir,* XII, núm. 62 (1976), pp. 195-204.

[10] "No es secreto para nadie que el catolicismo mexicano se concentra en el culto a la Virgen de Guadalupe [...] La Virgen es el consuelo de los pobres, el escudo de los débiles, el amparo de los oprimidos. En suma es la madre de los huérfanos. Todos los hombres nacimos desheredados y nuestra condición verdadera es la orfandad, pero esto es particularmente cierto para los indios y los pobres de México. El culto a la Virgen no sólo refleja la condición general de los hombres sino una situación histórica concreta, tanto en lo espiritual como en lo material. Y hay más: Madre Universal, la Virgen es también la intermediaria, la mensajera entre el hombre desheredado y el poder desconocido sin rostro: el Extraño [...] Guadalupe es la receptividad pura y los beneficios que produce son del mismo orden: consuela, serena, aquieta, enjuga las lágrimas, calma las pasiones"; Paz, *El laberinto,* pp. 76-77.

el presente, o como un bálsamo que brinda consuelo a una clase social oprimida. El guadalupanismo debe desarrollar nuevos conceptos en la visión de los oprimidos y de los pobres, mediante la realización de la justicia en una nueva sociedad.

Durante su viaje pastoral por México (26-31 de enero de 1979) el papa Juan Pablo II, en la mayoría de sus casi 30 discursos sobre la religiosidad popular marcada por la devoción mariana, señaló la veneración a la Virgen de Guadalupe, Madre de Dios, recurrió a la fuerza simbólica de la Guadalupana para el éxito de su misión, y además vio arraigada en ella la fidelidad del pueblo mexicano a la Iglesia y al papa.[11] Ya desde antes de emprender su viaje, el papa aludió "a lo profundo de la religiosidad mexicana", que encuentra una elocuente expresión en la "simbiosis maravillosa"[12] de los valores de la cultura antigua mexicana y de la cristiana; hasta en la música popular típica canta el mexicano "su eterna nostalgia de Dios y su devoción a la Virgen Santa".[13] Esta veneración permite al papa, aludiendo también a la semejanza que hay entre Polonia y México en la veneración a María, comprender al pueblo mexicano, a su Iglesia y al continente, "cuyo corazón palpita en el santuario de la Madre de Dios de Guadalupe".[14] Al mismo tiempo el papa confía en que la Guadalupana le "abra el camino hacia el corazón de aquella Iglesia, aquel pueblo y aquel continente".[15]

Según la opinión del papa, el origen de esta religiosidad popular está en la disponibilidad de los indios a "recibir el mensaje de la salvación en Cristo y a venerar a su Santísima Madre".[16] Por lo cual "la fe y la devoción a María y sus misterios pertenecen a la identidad propia de estos pueblos y caracterizan su piedad popular".[17]

En consecuencia con la exhortación apostólica "Evangelii Nuntiandi" (núm. 48) de Paulo VI, Juan Pablo II resaltó los aspectos

[11] Juan Pablo II, *Mensajes de Juan Pablo II a México y a Latinoamérica* (Ed. Paulinas), México, 1979.

[12] DOCA (ed.), *Juan Pablo II Peregrino,* X, núm. 4.

[13] *Ibidem,* núm. 5

[14] *Ibid.,* núm. 11.

[15] *Ibid.,* núm. 12.

[16] *Ibid.,* 119-120, núm. 2.

[17] *Ibid.,* 120-121, núm. 3.

positivos de la devoción popular, la devoción de los "pobres y sencillos", que "no es necesariamente un sentimiento vago, carente de sólida base doctrinal",[18] sino muchas veces, por el contrario, es "como la expresión verdadera del alma de un pueblo".[19] Forjada por "el encuentro feliz entre la obra de evangelización y la cultura local",[20] la religiosidad popular de México hoy en día se ha de aceptar y respetar como manifestación de tres aspectos: primero, de los valores culturales precristianos del pueblo mexicano; segundo, de los misterios de la religión cristiana inculturados por la obra de la evangelización, y finalmente, de los valores sobrenaturales de la gracia de Dios, que sostienen la fe del pueblo en México, al igual que su configuración cultural.

Por eso —continúa el papa— la Iglesia debe guiar y sostener y, si es el caso, purificar, por la acción constante de los pastores, esta devoción popular, que es "la manera como estos predilectos del Señor [los pobres y sencillos] viven y traducen en sus actitudes humanas y en todas las dimensiones de la vida el misterio de la fe que han recibido".[21]

Entre los valores concretos de la devoción popular guadalupana, Juan Pablo II descubrió sobre todo la comprensión que tiene el pueblo del preeminente lugar que ocupa María en la realización del plan salvífico de Dios, de su santidad sobresaliente en su relación con Dios, y la comprensión de su relación como madre de los hombres. Porque de hecho el pueblo ve en María a "la madre, la reina, la protectora y el modelo".[22] A ella va "para honrarla, para pedir su intercesión, para aprender a imitarla, es decir para aprender a ser un verdadero discípulo de Jesús"[23] y para buscar su consuelo: en el santuario de la Virgen de Guadalupe, en el de Nuestra Señora de Zapopan y en muchos otros santuarios marianos de México y de América Latina, "lugares de conversión, de penitencia, de reconciliación

[18] *Ibid.*

[19] *Ibid.*

[20] *Ibid.*

[21] *Ibid.*

[22] *Ibid.*, 121, núm. 4.

[23] *Ibid.*

con Dios",[24] la Virgen María, "refugio de los pecadores",[25] permite "superar las múltiples 'estructuras de pecado', en las que está envuelta nuestra vida personal, familiar y social. Nos permite obtener la gracia de la verdadera liberación, con esa libertad con la que Cristo ha liberado a todo hombre".[26] Éste es también el punto de partida "del compromiso auténtico por los demás hombres, nuestros hermanos, especialmente por los más pobres y necesitados, y por la necesaria transformación de la sociedad".[27]

Sin embargo no faltan las voces críticas. Ya la conferencia episcopal de Medellín (1968) se había expresado sobre la religiosidad popular de América Latina en diferentes corrientes. Con razón Karl Weber hace ver el peligro de la "domesticación" de la Virgen de Guadalupe:

> Tal vez se podría comparar a la Madre de Dios de Guadalupe con la de Czestochowa. Ambas son centros de la autoafirmación e identificación de un pueblo. Pero ¿acaso la Guadalupana no ha sido domesticada desde hace mucho, transformando el reconocimiento original, casi revolucionario, de la dignidad de los indios y mestizos desfavorecidos, en apaciguamiento de los mismos? [...] Nadie pasará por alto que un símbolo tan popular trae consigo una fuerza política. Por eso el gobierno del Estado —secularizado de una u otra manera— se mostró dispuesto hace un par de años a ayudar en cualquier forma a la construcción de la nueva Basílica.[28]

Hans J. Prien opina al respecto de manera muy semejante. El papa —dice— destacó insistentemente el símbolo "guadalupano", fuertemente arraigado en el pueblo, y puesto que este símbolo tan popular incluye una cierta ambivalencia, como lo demuestra la historia de México, en Puebla hubiera sido necesario someter la devoción guadalupana, que contiene una fuerza religiosa y política, a una aclaración crítica.[29]

[24] *Ibid.*, 123, núm. 9.
[25] *Ibid.*, 122, núm. 8.
[26] *Ibid.*, 123, núm. 11.
[27] *Ibid.*, 123, núm. 12.
[28] Karl Weber, "Johannes Paul II in Mexiko", en *Orientierung*, 43, H. 3 (1979), pp. 30-32, esp. 31.
[29] Sobre esto, Hans-Jürgen Prien, "Zur Mariologie von Puebla", en, del mismo (comp.), *Latein-*

2. Guadalupanismo popular

La piedad y la devoción guadalupanas son partes constitutivas de una piedad popular y de sus muchas formas de acción religiosa, tanto físicas como psíquicas, que están fuertemente arraigadas en las diversas etnias y clases sociales del país. Estas formas de actuación religiosa, caracterizadas por un lado por las antiguas tradiciones mexicanas y las cristianas, y por otro lado por las situaciones históricas cambiantes, se configuraron en la dialéctica religiosa y cultural de compenetración entre la religiosidad popular sincretista otomítolteca-azteca y la hispano-lusitana, portadora de orígenes y elementos ibéricos, románicos, orientales, germánicos, moriscos, así como europeos medievales. Es sabido que con la expansión del cristianismo en América Central, en el transcurso del siglo se añadieron a esta religiosidad antigua mexicana y cristiana, en las respectivas regiones, diversos componentes religiosos de distintas razas (tarahumara, purépecha, cora, totonaca, chontal, maya y otras más). Por eso la veneración a María se mostró capaz de desarrollar transformaciones, especialmente en la religiosidad popular del país. La sensibilidad religiosa de las grandes clases populares está distanciada de la institución abstracta de la Iglesia, y lo original y lo arcaico, lo ritual, que es lo que une el cuerpo y el alma, atraen poderosamente su atención. En esto la riqueza de imágenes y símbolos del México antiguo y del cristiano entran en una estrecha vinculación. Al mezclarse, originan cultos convincentes y accesibles a la sensibilidad de muchos hombres, preferentemente de los indios. Las imágenes primitivas, vivas aún en las culturas mexicanas, son familiares para estos hombres: en ellas se vuelven a reconocer.[30] Y la múltiple vinculación con las tradiciones religiosas del México primitivo se muestra

amerika, t. 2, pp. 153-160; del mismo, "Die Neubewertung der lateinamerikanischen Volksfrömmigkeit als Option für die Armen", en *ibidem,* pp. 160-169.

[30] En representación de los muchos pueblos de México citaremos aquí la riqueza y la importancia de la religiosidad popular de los tarahumaras. Pedro de Velasco Rivero, *Danzar o morir. Religión y resistencia a la dominación en la cultura tarahumara,* México, 1963. *Cf.* también Gilberto Giménez, *Chalma, Sanctuaire del'Anáhuac. Analyse ethno-sociologique d'un santuaire rural,* París, 1976; Oscar Lewis, *Life in a Mexican Village. Tepoztlán Restudied,* Illinois, 1951, 1972 (5ª ed.).

en la devoción guadalupana. Si se quiere lograr una comprensión más profunda, tenemos que seguir el rastro de su entramamiento y de sus raíces, que descubriremos con algunos ejemplos.

Investigaciones antropológicas[31] llevadas a cabo en Tlayacapan, un lugar en la tierra montañosa del estado de Morelos (1 600 m de altura), que en el año de 1980 tenía 7 950 habitantes, dieron como resultado que las concepciones y prácticas religiosas que a primera vista parecen heterodoxas y supersticiosas, deben ser vistas más bien como transformaciones y variaciones de la fe que les fue comunicada por los misioneros españoles. Según dichas investigaciones, la cultura de los tlayacapanos constituye un todo compacto y razonable, un sistema sólido de temas y conceptos católicos con sus enlaces sociales y psicológicos. La religiosidad popular no es una institución, sino más bien un modo de vivir de aquellos individuos que conservan hasta el presente en sus usos y costumbres elementos fundamentales de la cosmovisión nahua prehispánica, pero introducidos y ampliamente subordinados a la estructura católica de valores y de conceptos. Esto es aplicable también al complejo Cíhuatl Tonantzin/Virgen de Guadalupe, cuyo trasfondo histórico y etnológico ya hemos estudiado.

Sin hacer una descripción detallada de la imago Guadalupana de Tlayacapan y de los múltiples paralelismos que tiene con las representaciones artísticas y los conceptos religiosos de otros lugares y regiones, así como de otras etnias no cristianas, seleccionaremos y destacaremos aquí sólo unos aspectos. Por ejemplo, en el complejo proceso de la mezcla de las culturas antiguas mexicanas y cristianas, la diosa Tonantzin Cihuacóatl, que desempeña un papel importante en la mitología y en el culto de las celebraciones anuales de los aztecas, también es venerada en Tlayacapan.

En ella se encontraron semejanzas con la Eva del Antiguo Testamento más que con la Virgen María. Al mismo tiempo existió una base sólida para identificar a María con Chalchiuhtlicue, que es la contraparte femenina de Tláloc, el dios de la lluvia: Chalchiuhtli-

[31] John M. Ingham, *Mary, Michael and Lucifer. Folk Catholicism in Central Mexico,* Austin, Tex., 1986.

cue estaba ataviada con un ropaje azul, como la Virgen de Guadalupe;[32] y también era conocida como Chicomecóatl y Xilonen, que eran veneradas, ambas, como diosas vírgenes.[33] Xilonen, diosa del maíz tierno, era un símbolo de la fecundidad y de la renovación (del rejuvenecimiento). Desde este aspecto tenía semejanza con Xipe Totec ("Nuestro Señor el Desollado"), que a su vez, en la religiosidad popular de algunas etnias, era asociado con Jesús, maltratado y atormentado. Entre los actuales "tlemperos" o "graniceros", las cruces representan a la Virgen, tal vez porque así como la Virgen llevó en sus brazos a Jesús Niño, la cruz también cargó a Jesús moribundo. En todo caso, los tlayacapanos "plantan" cruces y las asocian estrechamente con el maíz tierno.[34] No es casual esta conjunción entre cruz, Virgen y maíz en la tierra montañosa de Morelos. Así, para dar sólo una referencia, Mercedes Olivera ha comprobado, en un lugar nahua de Guerrero semejanzas entre el culto actual a la cruz y las celebraciones prehispánicas en honor de Chicomecóatl.[35]

Es indudable que una parte considerable de la mitología, de la representación y del culto a las deidades aztecas ha encontrado —aunque sea en forma modificada— una nueva configuración en la veneración a la Virgen María, en especial a la Virgen de Guadalupe.

También desde el punto de vista simbólico, la "fusión" de María, Virgen y Madre de Dios y del Redentor, con la Tonantzin, "Nuestra Señora", que también es virgen, y que bajo la figura de Coatlicue ("la del manto de serpientes") es madre de Huitzilopochtli, dios original o primitivo de los mexicas, caudillo y "redentor" del pueblo del Sol, del pueblo "escogido" de los aztecas, tiene una importancia de gran alcance. Tonantzin, en la historia y en sus atributos, fue una divinidad semejante a Eva; y María, por su parte, Virgen y Madre, es concebida en la tradición cristiana como la "nueva", como la "segunda" Eva.

[32] Sahagún, *Historia general,* lib. I, cap. XI, hace una descripción exacta de la diosa, a la que llama "una segunda Juno" (ed. 1982, p. 35).

[33] Durán, *Historia,* t. I, cap. XI (ed. 1967, pp. 265-267).

[34] Ingham, *Mary,* pp. 158-159, 182-183.

[35] Mercedes Olivera, "Huemitl de Mayo en Citlala: ¿Ofrenda para Chicomecóatl o para Santa Cruz?", en Barbro Dahlgren (comp.), *Mesoamérica: Homenaje al doctor Kirchhoff,* México, 1979, pp. 143-158.

Eva no tuvo culpa mientras no fue seducida por la serpiente. María, la nueva Eva, triunfó sobre la serpiente e hizo consciente la inocencia de Eva antes de la caída. En este contexto es relevante que la Virgen de Guadalupe esté de pie sobre una luna creciente. Esta "luna" tiene conceptos concomitantes, no cristianos (y entre éstos, conceptos mexicanos autóctonos en profusión) y de origen natural, que son de tipo asociativo, emocional, expresivo, estilístico y valorativo: en las danzas de "los santiagueros" en Tlayacapan, los "moros" están ataviados con lunas crecientes. En la pintura y escultura religiosa de Europa se representa a la *virgo Immaculata* de pie sobre una serpiente, o bien, sobre una serpiente y una luna. Este motivo se encuentra con mucha frecuencia también en el México central. En Tlayacapan la Virgen de la Concepción está de pie sobre una serpiente, la Virgen del Apocalipsis de la capilla de Altica se levanta sobre un globo terrestre y una serpiente de siete cabezas, y la Virgen de Guadalupe está sobre una luna creciente. La figura de María se yergue sobre la serpiente y sobre la luna quizá porque ha vencido el ciclo de la producción natural, es decir, la periodicidad y las tentaciones de la carne, que son asociadas con Eva y con otras figuras no cristianas. Por eso, en consecuencia, hay dos Evas: la Eva inocente y la Eva de la caída en el pecado, aun cuando ambas son una misma. Probablemente estas asociaciones pueden explicar por qué las niñas se disfrazan de "Malinches"[36] en la fiesta de la Virgen de Guadalupe. La figura ambigua de *la Malinche* evoca el lado negativo de Eva, pero al mismo tiempo también es asociada con la figura de *la Llorona*[37] y, por su relación con Eva, también con María. Esta costumbre que hemos descrito implica por lo tanto la identifica-

Eva

[36] Una de las personalidades más interesantes del tiempo de la Conquista es la india Malinali, que después del bautismo se llamó "María". Fue amante y ayudante muy eficaz de Hernán Cortés. Se han formado muchas leyendas e historias en torno a este personaje, y por él se le llama Malinche (o en forma reverencial: Malintzin) a comarcas, montes, ríos, etc. Esta figura también ha dado origen al término *malinchismo,* nombre con el que se designa ordinariamente al complejo de rechazar lo propio y preferir lo extranjero. Esto también es visto —de acuerdo con el contexto— como una traición a México. Consúltese sobre esto a Mariano G. Somonte, *Doña María, "la Malinche",* México, 1969.

[37] También en el Viejo Mundo "aparecen" variantes de *la Llorona* como figuras diferentes. Sobre esto *cf.* Bárbara Allen Woods., *The devil in dogform: a partial typ-index of devil legends,* Berkeley-Los Ángeles, 1959.

ción de *la Malinche* con María; y esto se refuerza más con el hecho de que *Malinche* es diminutivo de *María.* Las niñas, como Eva antes de la caída, eran consideradas como "asexuadas". Es interesante que *la Llorona,* en la tradición y culto de la religiosidad popular, está vestida con traje de novia, que es un símbolo de la pureza virginal.

Esta *Llorona,* que tiene relación con *la Malinche,* tiene una semejanza con la diosa prehispánica Cihuacóatl.[38] Cihuacóatl por su parte estaba estrechamente asociada con Quetzalcóatl. Teniendo en cuenta su nombre y la tradición según la cual ella estuvo al lado de Quetzalcóatl ayudándole en la creación del género humano, fray Bernardino de Sahagún la vincula con Eva.[39] Cihuacóatl también fue relacionada con los *cihuapipiltin* o *cihuateteo,* es decir los espíritus de las mujeres que habían muerto durante el parto,[40] así como también con Xochiquetzal y Tlazotéotl, divinidades del amor.

Richard Keenan examina estas relaciones de las deidades en el marco del origen y desarrollo del mito de *la Llorona* y de su asociación con otros mitos y tradiciones de la religiosidad popular. Fija la atención especialmente en la asociación de *la Llorona* con la aparición de la Virgen María en el Tepeyac. Keenan cree poder probar que una parte considerable de la popularidad de Nuestra Señora de Guadalupe entre los indios se basa en su identificación con *la Llorona.* Según él, la suposición de los indígenas de que la Virgen representa, por así decir, la "reaparición" victoriosa de Tonantzin, la diosa protectora y diosa de la tierra, ya ha sido demostrada unánimemente por fray B. de Sahagún en el siglo XVI, por fray Juan de Torquemada en el siglo XVII y por fray Servando Teresa de Mier en el XVIII. Y Lafaye, en su obra sobre Quetzalcóatl y Guadalupe, tampoco ha dejado duda acerca de la base sincretista de la popularidad de la Guadalupana. Si bien a través de Guadalupe se extirpó la representación tradicional de *la Llorona* como figura trágica de des-

[38] Fernando Horcasitas y Butterworth Douglas, "La Llorona", en *Tlalocan,* 4 (1963) pp. 204-224; Eva Hunt, *The transformation of the hummingbird: Cultural roots of a Zinacantecan mythical poem,* Ithaca, Cornell University Press, 1977.

[39] Sahagún, *Historia general,* lib. I, cap. VI (ed. 1982, pp. 32-33); sobre Cihuacóatl *cf.* Durán, *Historia,* t. I, cap. XIII (ed. 1967, pp. 125-133).

[40] Sahagún, *Historia general,* cap. X, pp. 34-35.

honra e infelicidad, la Guadalupana es vista como la verdadera diosa madre de la tierra, que regresó para liberar a sus hijos de la proscripción de la inferioridad y la deshonra. Mientras que la Conquista arrojaba a la nación azteca a la orfandad en el sentido cultural y espiritual, sólo 10 años después la aparición de la Tonantzin-Guadalupe proporcionaba a los habitantes autóctonos de México una nueva justificación de su existencia, un nuevo sentido a su vida y a su dignidad. Las antiguas figuras trágicas de *la Llorona* —Matlacíhuatl, Cihuacóatl, Cihuapipiltin— y *la Malinche* desaparecían en la obscuridad para dar paso a la Guadalupana como una mujer azteca, distinguida e imponente, de apariencia europea cristiana (como Madre de Jesucristo) para proteger y guiar de nuevo a sus hijos.[41]

3. TRANSFORMACIONES Y CAMBIOS DE LA DEVOCIÓN GUADALUPANA

La devoción guadalupana es un componente importante del catolicismo popular mexicano. Esta piedad se puede designar como "una práctica genuinamente mexicana de la fe cristiana en la vida", que ciertamente está afectada por un proceso de cambio en el mundo económico, político y social del México de hoy.[42] Una de las razones de este proceso (que aquí sólo podemos señalar en sus rasgos fundamentales)[43] es el hecho de que la eficacia de las formas tradi-

[41] Richard Keenan, "The Many Faces of La Llorona: from Matlaciuatl to Guadalupe", en *International Conference on Liberation Theology* (February 6-8, 1986, Simon Fraser University, Burnaby, Vancouver, B.C.), Conference Pogram, Burnaby, 1986, p. 33.

[42] Manfred Mols, *Mexiko im 20. Jahrhundert,* Paderborn-Munich, 1981; Nestor García Canclini, *Culturas híbridas,* México, 1990; Hans Jürgen Heise, "Vom Quetzalcóatl zum Pepsicóatl. Mexikos Weg vom Mythos in die Geschichte", en *Merkur,* XXIV (1980), núm. 386, pp. 688-701; Margarita Zires, "Nuevas estrategias político-religiosas. Cuando Heidi, Walt Disney y Marilyn Monroe hablan por la Virgen de Guadalupe", en *Versión* (1992), núm. 2, pp. 57-90; Peter Voigt, *Tourismus und Mexiko,* Munich, 1981.

[43] Las siguientes exposiciones están basadas en experiencias de tipo general, ocurridas de 1969 a 1990, al encontrarme en México por razones de estudio y de investigación. La religiosidad y la devoción guadalupana y sus transformaciones están caracterizadas de muy diversas maneras en las distintas regiones, en lo que se refiere a la forma, al contenido y a la intensidad, y dependiendo de los factores de condición étnica, social, económica, cultural y eclesiástica. Sin embargo, todavía hacen falta estudios científicos que comprueben documentalmente estas experiencias en sus pormenores.

cionales de vivir ha disminuido notablemente en el contexto rural mientras que en el urbano están, en su mayoría, desapareciendo. Sin embargo, las formas, a veces ritualizadas, de la piedad guadalupana siguen teniendo gran influencia en las zonas rurales, pero han perdido importancia en las ciudades. No obstante se perfilan nuevos caminos para las formas tradicionales de devoción, resultantes en primer lugar de la práctica de la fe cristiana, y no tanto de las discusiones teológicas internas.

Los conceptos doctrinales y la práctica de la devoción guadalupana[44] hacen evidente que ésta tiene vínculos con distintos ciclos: con el ciclo de la vida cotidiana, el ciclo de toda la vida y el ciclo de los días festivos.[45] El ciclo y la comunidad (la vida familiar y social, las horas del día, las estaciones del año, el calendario festivo y el año litúrgico) son los factores que han modelado en forma decisiva la vida religiosa y espiritual.

Esto vale especialmente para la época prehispánica (¡las fiestas de

[44] José Francisco Valdés, *Devocionarios para implorar el poderoso patrocinio de María Santísima en su Soberana imagen de Guadalupe*, dipuestos por el R.P. Fr. José Francisco Valdés, religioso de la Provincia de San Diego, México, 1845; Juan González, *Breve reseña de la Peregrinación de Querétaro al insigne Santuario de Santa María de Guadalupe, y de su función religiosa, celebrada en la misma Basílica el día 8 de Septiembre del presente año de 1886*, México, 1866; José Castillo y Piña, *Tonantzin Nuestra Madrecita la Virgen de Guadalupe*, México, 1945; Aureliano Tapia Méndez, *Novena en Honor de Nuestra Señora de Guadalupe*, San Pedrito Tlaquepaque, Jal., 1984; Salvador Escoto, *Novena a Nuestra Señora de Guadalupe*, México, 1985. Merecen atención sobre todo los informes acerca de la vida y actividades del santuario nacional, la Insigne y Nacional Basílica de Nuestra Señora de Guadalupe: *CaGu* (ed.), *Informe de Actividades de los años 1963-1988 publicado por el Venerable Cabildo con Motivo del XXV Aniversario de la toma de posesión como abad de Guadalupe de Monseñor Guillermo Schulenburg Prado. Presentación por Carlos Warnholtz Bustillos, Arcipestre de Guadalupe*, México, 1988.

[45] Ruth D. Lechuga (y otros), *Fiestas de México*, México, 1983; Frances Toor, *A treasure of Mexican folkways: The customs, myths, folklore, traditions, beliefs, fiestas, dances and songs of the Mexican people*, Nueva York, 5ª ed., 1956. Cada año, sobre todo el 12 de diciembre, que es la fecha tradicional de las apariciones de la Virgen María en el Tepeyac, tienen lugar grandes organizaciones festivas para celebrar a Nuestra Señora de Guadalupe en muchos lugares, entre otros en Tecate (B.C.N.), Manzanillo (Col.), Tecomán (Col.), San Cristóbal de Las Casas (Chis.), Guadalupe de Bravos (Chih.), México, D.F., El Palmito (Dgo.), Romita (Gto.), Acapulco (Gro.), Atoyac de Álvarez (Gro.), Ayutla (Gro.), Ciudad Altamirano (Gro.), Chilapa (Gro.), Actopan (Hgo.), Huejutla (Hgo.), El Grullo (Jal.), Puerto Vallarta (Jal.), Tapalpa (Jal.), Cocotitlan (Méx.), Jiquilpan (Mich.), Zitácuaro (Mich.), Acaponeta (Nay.), Abasolo (N.L.), Ciudad Anáhuac (N.L.), Monterrey (N.L.), Huehuetla (Pue.), Olintla (Pue.), Navojoa (Son.), Reynosa (Tamps.), Amatlan de los Reyes (Ver.), Cotaxtla (Ver.), Huatusco (Ver.), Villa Azueta (Ver.), y Zongolica (Ver.); Yolanda Ramos Galicia, *Calendario de ferias y fiestas tradicionales del estado de Tlaxcala*, México, 1992.

los meses de los aztecas!) y para la época colonial. En el México actual se interrumpen cada vez más los ciclos naturales y de las fiestas, por el ritmo del mundo técnico-industrial con sus contrastes enajenantes, por lo que se está desintegrando la vida comunitaria: ahora muy pocas veces es posible pasar el día en comunidad, dada la movilidad de la sociedad; el matrimonio, la familia, las relaciones de "compadrazgo", la vecindad y la comunidad pierden cada vez más su fuerza de apoyo en vastos sectores de la población. A esto ha contribuido el desarrollo contrario a los ciclos del mundo moderno del trabajo en México y el hecho de que gran parte de la población se ha apartado de las formas tradicionales de la piedad, sobre todo en las grandes ciudades (ciudad de México, Guadalajara, Monterrey, Puebla, entre otras). Naturalmente que el problema de la piedad, en su carácter específicamente moderno, se presenta también con relación a la devoción guadalupana, principalmente en el ámbito del ciclo de la vida cotidiana, donde probablemente se han realizado y se siguen realizando los mayores cambios.[46]

Por el contrario, dentro del marco de lo que ofrece la Iglesia y en cuanto esto es posible, es muy notable la observancia de la devoción guadalupana en las circunstancias más importantes del ciclo de la vida (nacimiento, celebración de 15 años, boda, muerte...). Todavía muchos mexicanos experimentan como rituales religiosos los bautizos, las bendiciones y consagraciones, las bodas, los entierros, los cuales constituyen una ayuda complementaria para la fe y la vida *(v.g.* los lazos de compadrazgo). Sobre todo la celebración de los domingos y el ciclo de las fiestas son una ocasión importante para fomentar la piedad guadalupana, porque ofrecen la posibilidad de reafirmarse una y otra vez en los contenidos sustanciales de la fe cristiana y en la veneración a la Guadalupana. La riqueza litúrgica de estas fiestas, con frecuencia marcadas con tradiciones mexi-

[46] El conjunto socioeconómico, político y religioso lo documenta Andrés Mendoza, "La Iglesia en México", en *InPMV, AmLa,* núm. 15 (1979), pp. 1-46. Luis Leñero Otero y Manuel Zubillaga V. ("La pastoral en el México de hoy", en *InPMV, Amla,* núm. 34 [1984], pp. 1-24) dan una ojeada a la situación pastoral y a los modelos de pensamiento de distintas opciones pastorales. Los valores familiares y las condiciones sociales las examina Luis Leñero Otero, "Valores familiares y dramaturgia social", en *InPMV, AmLa,* núms. 44-45 (1986), pp. 1-46.

canas antiguas, se vuelve a descubrir y a ponderar, de acuerdo con la revaloración general de la religiosidad popular por parte de la teología y de la Iglesia.

Finalmente, la piedad guadalupana tiene un gran significado en los tiempos de crisis de la vida (miseria social, separación, pérdida y aflicción), lo cual es de gran trascendencia para la teología pastoral. A este respecto, también es importante señalar que aún está por escribirse un capítulo esencial de la historia de la religiosidad popular al que podría llamarse "'desfasamiento' entre la conducción de la Iglesia y la religiosidad popular", que deberá incluir cada una de las regiones y grupos de población en el contexto histórico, antropológico y teológico.

En efecto, las distintas formas del origen y del ocaso de cada una de estas manifestaciones requieren una profunda investigación, en la cual tendrían que trabajar íntimamente unidas la teología, la antropología, la historia, la sociología, la etnología. Otro campo de investigación tendría como meta examinar los procesos religioso-culturales de identidad, teniendo como punto de partida la identidad original, pasando por los cambios de estructuras de dicha identidad, hasta llegar a los efectos de estas transformaciones en el campo social de la cultura y de la religión. Para esto sería necesario explorar a fondo, sobre una amplia base científica, los procesos tanto de búsqueda, como de expresiones, de comunicación y también de los conflictos de identidad.

Para conocer las posibles variaciones de la problemática según los diferentes trasfondos culturales, tendrían que seleccionarse ejemplos variados según las distintas regiones y territorios de las diversas etnias para, de esta manera, verificar que se pueden comprender los factores determinados por la etnia, por la historia de la Colonia o por la religión (cristiana-mexicana antigua). La comparación interregional es un requisito para una verificación teórica de las hipótesis derivadas de los resultados regionales, o bien sometidos a prueba en las regiones, hipótesis referidas a la problemática religiosa y cultural de identidad en el marco de la devoción guadalupana y la religiosidad popular mexicana. Las múltiples formas de su fe y su acción religiosa obligaron con frecuencia a los fieles a un ajuste y a ciertas transformaciones de su religión católica en la marcha de la historia, que pudieron tener efectos estabilizadores, pero también desestabilizadores en la sociedad y en la política del país.

Por eso no es de extrañar que precisamente en el periodo actual de cambio y de renovación de la teología y de la Iglesia, las ricas formas de expresión de la devoción guadalupana también hayan llegado a ser fundamento de una evangelización y de una práctica "liberadora" en América. A esto contribuyen las nuevas trayectorias para la propagación del Evangelio y de la pastoral, que tienen en cuenta el ambiente sociológico y político-social: trayectorias de transculturación e inculturación del cristianismo, que toman distintas características de acuerdo con los respectivos contextos socioculturales de las muy diferentes regiones del país.

IX. EL SIGNIFICADO PARA LA IGLESIA Y LA SOCIEDAD

1. La religiosidad guadalupana como tema de la teología práctica

La situación pastoral en México[1] se caracteriza por notables disparidades sectoriales y regionales. Especialmente llama la atención que no sólo estén confrontados los territorios rurales periféricos donde predomina la población autóctona, sino que también sean justamente las grandes concentraciones las que tengan que luchar con problemas sociales y religiosos masivos.[2] Esta circunstancia se ha convertido cada vez más para la Iglesia católica, sobre todo en los últimos 20 años, en un gran desafío que hace necesaria una revisión de la antigua pastoral, tanto de su práctica como de sus fundamentos teóricos. Este estado actual, poco satisfactorio en su conjunto, ha dado a la teología práctica la oportunidad de apreciar y reconocer nuevamente las múltiples formas en que aparecen la devoción guadalupana y la religión vivida, y para investigar su proximidad o distanciamiento en relación con la fe cristiana a la luz de la "Evangelii Nuntiandi" (1975) y de las conclusiones de Puebla (1979) y Santo Domingo (1992), para insertarlas fructuosamente en una pastoral adecuada.[3] Ciertamente estos estudios apenas han

[1] Leñero Otero y Zubillaga, *La pastoral;* CEM (ed.), *Plan orgánico de trabajo pastoral 1983-1985,* México, 1983; CEM/CEI (eds.), *Plan pastoral 86-88,* México, 1986; Jesús García, Algunos puntos básicos para una comprensión global del sistema mexicano desde una perspectiva pastoral (ms.), México, D.F., 17 de agosto de 1987 (inéd.); Sergio Obeso (ed.), *Directrices generales para el Plan Diocesano de Pastoral de Conjunto 1980-1990* (Arquidiócesis de Xalapa, Ver., México), Xalapa, Ver., 1981; [varios], *1er. Congreso Nacional de Educación Indígena, Memoria* (CNEP), México, 1987; Konrad Tyrakowski, "Pilgrims to the Mexican Highlands", en S. M. Bhardwaj, G. Rinschede *et al.* (comps.), *Pilgrimage in the Old and New World,* Berlín, 1993, pp. 193-246.

[2] Gerhard Kruip, *Entwicklung oder Befreiung? Elemente einer Ethik sozialer Strukturen am Beispiel ausgewählter Stellungnahmen aus der katholischen Kirche Mexikos (1982-1987),* Saarbrücken-Fort Lauderdale, Florida, 1988.

[3] CEI (ed.), "La Comisión Episcopal para Indígenas en la Misión Guadalupana", en *EI,* VIII

comenzado a hacerse realidad. Falta sobre todo el elemento descriptivo y el análisis sociohistórico de las prácticas devocionales, así como la exploración de sus variaciones y transformaciones, de sus erosiones y deficiencias, que constituyen el requisito para una discusión práctica sobre los problemas teológicos fundamentales referidos a la piedad y devoción.

Para la configuración y transmisión de esta devoción guadalupana, requieren una comprensión empírica y una sólida investigación ciertas esferas o ámbitos determinantes, como por ejemplo: las formas de devoción y los ritos comunitarios e individuales, de las que forman parte los oficios religiosos, las prácticas de devoción mariana, las lecturas de la Biblia y de escritos religiosos *(Nican Mopohua,* literatura devota), las meditaciones de cantos e imágenes, oraciones, sermones, narraciones y leyendas, ceremonias y actos de culto;[4] otros campos serían la intensidad y forma de adhesión a los contenidos de la fe que conciernen a la devoción guadalupana, así como la compenetración recíproca entre la piedad y las experiencias, situaciones y crisis de la vida real; la formación y desarrollo de la piedad individual a través de la identificación con individuos o con grupos (instituciones y organizaciones guadalupanas), así como las consecuencias que de la fe guadalupana se siguen para la esfera ético-política.

En la actualidad parece una tarea urgente que la teología práctica asuma en forma intensiva tanto estos necesarios estudios sobre las

(1981), núm. 2, pp. 319-322; CEM (ed.) *Exhortación pastoral.* La presencia de Santa María de Guadalupe y el compromiso evangelizador de nuestra fe, México, 1978, 1986 (6ª ed.); del mismo, *Plan orgánico,* pp. 26-36; Obeso, *Directrices generales,* pp. 78-107; CEDIPIO, *Plan diocesano,* pp. 38-43; Ma. Inmaculada Diez Desollano, *Catequesis guadalupanas,* México, 1982; [sacerdote mexicano] "Das andere Gesicht Mexikos. Offener Brief von Priestern und Ordensleuten an den Papst", en *WK,* 4 (1990), pp. 121-126.

[4] Las hojas impresas en una cara, las hojas y escritos volantes de carácter religioso, los periódicos, las imágenes de devoción ilustradas, las caricaturas, sátiras en imágenes y otros objetos de literatura, arte y cultura popular que tienen como tema lo guadalupano; así como las canciones, piezas de teatro, como también las medallas y otras formas de arte formativo son, en su calidad de expresiones de un vasto conjunto de posibilidades de comunicación, fuentes excelentes que harían posible la comprensión contemporánea del acontecimiento guadalupano. Por ahora sigue siendo un *desideratum* de investigación teológica e histórico-literaria la historia interesante de todos estos medios, de la información, persuasión, argumentación y valoración, y su influencia en las distintas épocas de la historia.

formas tradicionales y nuevas de la piedad guadalupana, como aquellas de las expresiones concretas de la piedad individual. Además de los estudios fenomenológicos y de los rasgos de la piedad y religiosidad guadalupanas en la Iglesia y en la sociedad, el análisis de materiales biográficos de los diferentes siglos sería un valioso complemento. En el terreno de la socialización religiosa habría también puntos esenciales que sería necesario investigar y elaborar, ya que desde la niñez y la juventud se reciben, a través de la devoción guadalupana, enfoques religiosos que caracterizarán decisivamente el desarrollo posterior de la persona. Finalmente, no queremos olvidarnos de la psicología de la religión. Los estudios que se hicieran sobre el simbolismo guadalupano, acorde con los métodos de investigación psicoanalítica, podrían arrojar resultados reveladores y pedagógicos en relación con la complejidad y la formación individual de la religiosidad y piedad guadalupanas, tal como hoy en día se pueden encontrar en las diversas clases étnicas y sociales de la población del país.

2. La "Pastoral Guadalupana" y la "evipi"

La "Pastoral Guadalupana", llamada así porque está basada en las líneas directrices de la evangelización consignadas en el *Nican Mopohua,* asume un acento preponderante para la Iglesia y la teología de México; éste se debe en parte a la transformación actual de la cultura religiosa de México, y en parte tanto a las formas sensibles y al contenido cognoscitivo de la misma pastoral, como a sus formas prácticas de influencia en la vida individual y comunitaria. Esta importancia se ha ido reconociendo cada vez más en los círculos eclesiásticos a partir del Concilio Vaticano II (1962-1965), que propugnaba una inculturación del cristianismo en otras culturas, una profundización y "purificación" de la fe, una apertura hacia el mundo y una participación de todos en la vida de la Iglesia.[5] Para fami-

[5] Rahner y Vorgrimler, *Konzilskompendium,* pp. 123-124, 141-143 (de la Constitución dogmática sobre la Iglesia, *Lumen Gentium,* núms. 1-2, 16-17), p. 355 (de la declaración sobre las

liarizar al "pueblo" en México con estas nuevas orientaciones, los pastores se vieron precisados a buscar métodos pastorales adecuados —incluyendo una "Pastoral Guadalupana" actualizada— alentados por los recursos que ofrecen las ciencias sociales. Las nuevas orientaciones de la teología, sobre todo las nacientes teologías del Tercer Mundo, y en especial de América (Brasil, Perú, Chile y otros), la imagen alterada de la Iglesia, una crisis de identidad de muchos círculos y una crisis de autoridad —y, al mismo tiempo, el desafío de las intensas actividades de las sectas estadunidenses— fueron otras tantas razones para que se formaran nuevas "estrategias" de pastoral: por un lado, una pastoral que, con respeto y solicitud, toma la opción por los pobres y sale al encuentro del "pueblo", de las "masas" marginadas de los indios y mestizos y de su específica devoción guadalupana; por otro lado, aquella pastoral que se preocupa por una fe "adulta", "pura" y comprometida, de proveniencia esencialmente europea, y que se orienta más a los que ocupan una posición social superior, a las élites y a su compromiso social y político. Otro tipo de procedimiento se concreta en conservar la tradición traída de antaño, sin tener en cuenta los signos de los tiempos ni los cambios de la sociedad y de la Iglesia.[6]

Un testimonio elocuente de que la Iglesia de México es capaz y está dispuesta a abrir nuevos caminos a una pastoral de actualidad, que en sus planes y actividades incluya la devoción guadalupana extendida entre las clases populares, es el simposio "Encuentro de Reflexión Guadalupana" que tuvo lugar del 9 al 10 de septiembre de 1987 en la Hacienda de San Juan Tlacatecpan (Estado de Méxi-

relaciones de la Iglesia con las religiones no cristianas, *Nostra Aetate,* núm. 1), pp. 506-517 (de la constitución pastoral sobre la Iglesia en el mundo de hoy, *Gadium et Spes,* núms. 53-62), pp. 607-619 (del decreto sobre la actividad misionera de la Iglesia, *Ad Gentes,* núms. 1-9, 21-22); Bürkle, *Missionstheologie,* pp. 21-32, 107-125; Willeke, *Mission,* pp. 169-182; Waldenfels, "...denn ich bin bei Euch", pp. 50-62; Müller, *Missionstheologie,* pp. 140-144, 160-176; Collet, *Das Missionsverständnis,* pp. 107-137.

[6] Jesús García da una visión de conjunto sobre el desarrollo de la Iglesia católica, con bibliografía continuada: "La Iglesia Mexicana de 1962", en Enrique Dussel (coord.), *Historia general de la Iglesia en América,* t. V: *México,* México-Salamanca (España), 1984, pp. 361-466; Alicia Olivera de Bonfil, "La Iglesia en México, 1926-1970", en J. W. Wilkie, M. C. Meyer y E. de MonzónWilkie (comps.), *Contemporary Mexico,* documentos del IV International Congress of Mexico History, Berkeley, 1976, pp. 295-316; Stanchina, *Das Verhältnis,* pp. 119-141.

co).[7] Llevado a cabo por el CEG (Centro de Estudios Guadalupanos) y organizado por los padres Ángel Cerda y Jesús María Rodríguez, los participantes, laicos, religiosas, sacerdotes y obispos —entre ellos el cardenal Ernesto Corripio Ahumada, arzobispo primado de México, y monseñor Guillermo Schulenburg Prado, XXI abad de la Basílica de S.M. de Guadalupe— se ocuparon en el estudio de los siguientes temas: sentido y finalidad de la fundación de un Centro de Coordinación de Educación Guadalupana, un centro de educación y de pastoral para la evangelización y promoción humana de los más necesitados y de los grupos marginados de la población; esencia e importancia del antiguadalupanismo en la actualidad; eficacia del acontecimiento guadalupano para la Iglesia de México.

Los resultados de este simposio fueron en esencia los siguientes: La Iglesia mexicana debería poner más atención al acontecimiento guadalupano y a su relevancia para la pastoral. Por esta razón deberá recurrirse más intensamente que hasta ahora a los medios modernos de comunicación —a pesar de las limitaciones por parte del Estado— para la trasmisión y profundización del mensaje guadalupano entre el pueblo. De igual manera, para concientizar al pueblo, se hace necesaria la difusión de folletos y libros de bolsillo fáciles de entender, que contengan el mensaje guadalupano del *Nican Mopohua*. Dicho mensaje contribuiría de manera importante al desarrollo cultural, religioso, político y social del país, y dentro del marco metodológico de la llamada "pastoral guadalupana", sería cada vez más significativo para atender las cuestiones de la inculturación de la Iglesia, del diálogo con las culturas y religiones, de su orientación a los pobres y de su oferta de liberación de las estructuras socioeconómicas, políticas y culturales de enajenación y de opresión. En especial esta pastoral guadalupana, al integrar la auténtica religiosidad popular mexicana, podría convertirse en un baluarte contra la creciente propaganda anticatólica de muchas sectas de los Estados Unidos y de sus actividades, especialmente entre los pueblos autóctonos de México.

[7] Richard Nebel, "Bericht über das Symposion 'Encuentro de Reflexión Guadalupana', San Juan Tlacatecpan und Gründung eines 'Instituto de Pedagogía Guadalupana', México, D.F.", en *NZM*, 45 (1988), pp. 233-234.

En relación con el simposio, un grupo de trabajo recién formado pudo elaborar un documento, con lineamientos concretos de concepción y presupuesto, sobre un "Proyecto para la creación de un centro de coordinación de educación guadalupana".[8] Dicho documento contiene un plan de formación, de estructura y de organización del centro con su marco pedagógico y teológico, así como el presupuesto necesario para la puesta en marcha y realización del proyecto. Una vez aprobado por el cardenal Corripio Ahumada el 21 de octubre de 1987, el equipo directivo del Centro Coordinador de Educación Guadalupana asumió la puesta en marcha de este instituto, haciéndolo público mediante la edición del primer ejemplar de la nueva revista *Tilma*.[9] El trabajo de este Centro Coordinador deberá influir en todas las arquidiócesis (12), diócesis (54), prelaturas (7), y vicariatos apostólicos (2),[10] y coordinará los centros de educación guadalupana que vayan surgiendo. Hasta ahora han sido creados, entre otros, en Puebla (Pue.), Guadalajara (Jal.)[11] y, entre los mayas, en Mérida (Yuc.).

La educación religiosa, conforme a la pedagogía guadalupana, a practicarse en los mencionados centros, o bien en los futuros establecimientos, deberá cumplir una función importante en el México de hoy, en el que la religión y la concepción religiosa del mundo parecen haber sido marginadas por la "occidentalización" y por el llamado "progreso" tecnológico y científico. En efecto, mientras en el México prehispánico y en la Nueva España colonial los bienes fundamentales de la educación eran de naturaleza religiosa, la reli-

[8] El documento, que consta de 24 páginas, fue redactado en común por Ma. del Carmen Alvarado de Ciurlizza, P. Ángel Cerda, Richard Nebel, P. Eleazar Ramírez T., P. Salvador Rosales R. y P. Jesús María Rodríguez y R., durante varias sesiones en la Biblioteca Lorenzo Boturini de la Basílica de Santa María de Guadalupe en septiembre de 1987: A. Cerda, R. Nebel (y otros), Proyecto para la creación de un Centro de Coordinación de Educación Guadalupana (documento preliminar presentado por el equipo provisional que lo elaboró, para presentarlo al eminentísimo Sr. arzobispo primado de México Dr. D. Ernesto Corripio Ahumada, México, septiembre de 1987) [inéd.].

[9] CCEG (ed.), *Tilma I*, núm. 5, Villa de Guadalupe, 12 de abril de 1988.

[10] José Gutiérrez Casillas, *Evangelización en México*, México, 1985, 2ª ed., pp. 113-115 (Circunscripciones eclesiásticas de México y sus obispos al 31 de enero de 1985); José Rogelio Álvarez (dir.), *Enciclopedia de la Iglesia católica en México*, México, 1982.

[11] Salvador Rosales R., Pedagogía Guadalupana (ms.) (Parroquia de San Isidro Labrador Oriente), Guadalajara, Jal., 1986.

gión marcaba el ritmo del día y la noche y los ritos religiosos caracterizaban las etapas más importantes de la vida, en la actualidad compiten entre sí distintas cosmovisiones y sistemas de valores de una sociedad que tiende a ser cada vez más pluralista. Precisamente en este tiempo y en esta situación, la llamada "pedagogía guadalupana" deberá ofrecer orientaciones para que en las graves condiciones actuales en México, toda la población tenga acceso al campo de la fe y de la religión cristianas. Sin embargo, la cuestión fundamental de esta pedagogía o pastoral guadalupana, que se rige sobre todo conforme al modelo de evangelización del *Nican Mopohua,* es el problema de la identidad humana. De aquí podemos convenir en que la meta de una pedagogía en el campo pastoral deberá ser el hacer posible a las diferentes capas sociales de la población la adopción de aquellos valores y significados fundamentales, que fortalezcan los elementos emancipatorios de la religiosidad guadalupana al reivindicar la propia identidad y desintegren aquellos otros que la destruyen.

Una pastoral como ésta, terapéutica y que ayuda a resolver conflictos, deberá acompañar los procesos de autoconcientización y plena realización personal en la vida de esa capa intergeneracional mayoritaria de los mexicanos en su contexto rural, y también en el urbano —que se ha hecho más difícil, especialmente por las tensiones sociales—. Esta pedagogía guadalupana deberá organizarse metódicamente como un trabajo en pequeños grupos, en el cual interese ante todo la integración del campo afectivo-emocional. En este contexto, el concepto de identidad antes mencionado adquirirá un carácter crítico de compensación frente a una pedagogía basada principalmente en procesos cognoscitivos; o frente a una educación que considera el aprendizaje básicamente como nexos o relaciones de aprovechamiento económico; y también frente a una evangelización orientada unilateralmente hacia la propagación de dogmas y doctrinas de fe cristiana. En cambio, dentro del proceso de una pedagogía guadalupana como ésta, que extrae sus principios y postulados predominantemente del *Nican Mopohua,* aparecerán los elementos emancipadores de la tradición cristiana de una manera auténticamente mexicana en forma intensa y concreta. Y, efectivamente, para la pastoral de la Iglesia podría representar una ventaja la aceptación del concepto de identidad. Su recepción contribuye no ya a caracterizar la "fe cristiana" como una gran decisión existencial contra el acervo de las creencias heredadas, en favor del cristianismo, sino más bien a ver el fenómeno de la fe como algo que en su totalidad está arraigado en la persona, que está en proceso de cambio, de transformación y maduración en los respectivos contextos de la vida.

Meta de tal pedagogía guadalupana en el marco de la pastoral de la Iglesia, es decir, de una evangelización integral, será, pues, destruir las interdependencias entre los símbolos de la fe cristiano-guadalupana, y la respectiva estructura de identidad del individuo, o del grupo étnico, para llegar a una integración más profunda de ambos elementos.[12]

Qué tan eficaz puede ser la educación y evangelización de los indios y mestizos conforme al método de la pastoral guadalupana, lo demuestra la Evangelización del Indígena por el Indígena (EVIPI), concebida ya en los años cincuenta en la diócesis de Tulancingo, propagada actualmente por el Centro Nacional de Ayuda a Misiones Indígenas (CENAMI), y cuyos logros se dejan ver, a manera de ejemplo, en la tarahumara de Chihuahua y en Chiapas o en Oaxaca.

Explicaremos con un ejemplo de la comunidad parroquial de Nuevo Necaxa, en la mencionada diócesis de Tulancingo, lo que puede significar concretamente en la práctica la EVIPI, basada en el método guadalupano establecido en el *Nican Mopohua:*[13] A principios del siglo XX, los nahuas que vivían en la región de Nuevo Necaxa fueron privados de su tierra y de sus posesiones, sin indemnización, al ser construida una presa. Sus descendientes, también privados de bienes hasta la fecha, viven actualmente en las poblaciones nahuas de Papatlatla, Papatlazolco, Xaltepec, Tlalmaya, Xaltepuxtla, que

[12] Para esto, consúltese la presentación general de M. Klessmann, *Identität und Glauben,* Munich 1988; Lothar Krappmann, *Soziologische Dimensionen der Identität,* Stuttgart, 1969, 1982 (6ª ed.).

[13] El autor visitó en septiembre de 1987, por recomendación del padre Ángel Cerda del CEG, la mencionada comunidad parroquial de la diócesis de Tulancingo (cerca de dos millones de habitantes, entre ellos cerca de 200 000 indios de los pueblos nahua, otomí, totonaca, tepehua), cuyos problemas principales consistirían en la pérdida progesiva de su riqueza cultural, en la multiplicidad de las lenguas, en las actividades de muchas sectas, como también en el exceso de trabajo por parte de los sacerdotes y catequistas de ambos sexos (todo esto dicho por los informantes citados en el texto).

junto con otros lugares como Tenango y los poblados de fuereños, pertenecen a la parroquia de Nueva Necaxa *(ca.* 25 000 habitantes). Nuevo Necaxa es una pequeña ciudad de trabajadores, habitada en su mayoría por mestizos, que depende económicamente de Huauchinango, un lugar mayor en las cercanías. Pues bien, desde 1983, el párroco del lugar, Santiago Aguado A., y las religiosas franciscanas Hilda Espín Moya, Garis Fernández Mier, Guadalupe Cuevas y Guadalupe García (estas dos últimas hasta 1984), practican en Nuevo Necaxa una evangelización de liberación, en el sentido de la EVIPI, con base en el método pastoral de la Virgen de Guadalupe. Según su opinión, la Virgen de Guadalupe encontró, en el siglo XVI, un México similar en muchos aspectos al actual: la Virgen elige a un macehual nahua, a un pobre indio, se comunica con él en su lengua, y a través de él ella actúa en la Iglesia y en la sociedad. En consecuencia la pastoral guadalupana consiste en vivir con los indios, hablar y vivir como ellos, hacerlos colaboradores y actuar a través de ellos. Esta pastoral es laboriosa y requiere un trabajo muy paciente, según la declaración de las hermanas franciscanas. Para ellas, como misioneras, es de gran importancia que todas las determinaciones y acciones sean tomadas de común acuerdo con los indios. El trabajo misional se verifica en cuatro pasos: conocimiento de las circunstancias ideológicas, políticas y económicas de la región de Necaxa; comprender y corresponder a la realidad e identidad de los indios; cuestionamiento posterior sobre la voluntad de Dios ante la respectiva situación, y medidas concretas correspondientes a dicha situación.

El propósito de las franciscanas, según sus declaraciones, no es brindar ayuda a los indios, sino "penetrar y crecer en el mundo de los indios", compartir su vida con la de los indios en la "cultura de la pobreza". Como resultado de ese "trabajo misional", después de algunos años, "indios misioneros" llevan su mensaje a otros indios, inclusive a otros grupos étnicos, como totonacas, tepehuas y otomíes. En otras palabras, mientras según el conocido modelo antiguo misional, el "Padre" o la "Madrecita" habrían llevado el Evangelio y la doctrina cristiana a los indios "ignorantes" (a la "periferia"), ahora se invertiría el proceso y serían los indios "ignorantes" quienes llevarían su mensaje y su misión al "centro" a los "poderosos" y a los "sabios", es decir, a los blancos y a los mestizos, siguiendo el modelo guadalupano que se presenta en el *Nican Mopohua.*[14]

Este "método guadalupano", presentado aquí brevemente, parece tener gran éxito; según informes de las mencionadas hermanas religiosas, en 1987 ya existían 120 "indios misioneros", que no sólo actuaban en su comunidad parroquial de Necaxa, sino también en las parroquias de La Unión, Huayacocotla, Tlaola y Tenango de Doria, a cuya circunscripción pertenecen muchas colonias nahuas, totonacas y otomíes.

En la formación de las pequeñas comunidades cristianas de la parroquia de Necaxa se trata, en primer lugar, de un proyecto puesto en marcha en parte por representantes de la Iglesia oficial para arraigar más fuertemente la vida de los fieles en un ambiente impregnado de cultura y religión mexicana antigua.

Este tipo mexicano de comunidades de base son parte de una "eclesiogénesis" de la diócesis de Tulancingo, en la cual el principio de "Iglesia local" del Concilio Vaticano II se convirtió en realidad cuando Tulancingo dejó de ser una Iglesia de tierra de misiones.[15] Con toda seguridad las dos conferencias episcopales latinoamericanas de Medellín (1968) y Puebla (1979) reforzaron a las Iglesias locales a la hora de crear nuevas formas de comunidad.

Los iniciadores principales del mencionado modelo de pastoral guadalupana práctica, pensando que no es posible proyectar un modelo obligatorio de comunidad y de Iglesia sin tener en cuenta las condiciones sociales, se convencieron de que la parroquia de Necaxa, como una circunscripción pastoral exclusivamente territorial —que regularmente es el modelo fundamental de pastoral y la unidad principal de la organización de las Iglesias locales—, no po-

[14] Hoornaert, *A Evangelização,* 524-545; Siller, *Para una teología,* 155-174; del mismo, *El método,* 255-293; del mismo, *La evangelización,* 1-140; Concha Malo, *la Virgen de Guadalupe, el nacionalismo y la evangelización,* 53-67; del mismo, *La Virgen,* 107-123; L. Boff, "Exigências teológicas…", 141-144; CEDIPIO, *Plan diocesano,* 38-41.

[15] Véanse para esto los trabajos de autores alemanes y españoles que señalan experiencias de cuyo trasfondo se han formado comunidades de base en diversas épocas de la historia, en Elmar Klinger y Rolf Zerfaß (comps.) *Die Basisgemeinden- ein Schritt auf dem Weg zur Kirche des Konzils,* Würzburgo, 1984.

día satisfacer las necesidades de una sociedad cada vez más cambiante, poliétnica y caracterizada por tensiones sociales. De ahí que dichos iniciadores añadieron la pastoral personal y funcional a la pastoral de circunscripción territorial de la comunidad eclesial. Una tal concepción significa, no obstante, reflexionar sobre las consecuencias estructurales de esa particular pastoral para la eclesiología y además plantea interrogantes interculturales fundamentales respecto de la teología actual de la iglesia, la teología de las comunidades y la teología de la pastoral que aquí sólo podemos esbozar.

El concepto de "pueblo de Dios" como categoría eclesiológica, tomado de la "Constitución dogmática sobre la Iglesia", del Vaticano II, figuró en primer plano en el desarrollo del modelo Necaxa, como una reacción a las deficiencias de la vida tradicional de la Iglesia posconciliar. Teniendo como fundamento la vocación de todos los bautizados, el modelo citado trata de ser una nueva manera de "ser Iglesia", la cual podría tener absolutamente el carácter de modelo para la Iglesia mexicana y para el "ser-Iglesia" mexicano. Consecuentemente los indios creyentes ya no deben ser objeto de atención pastoral por parte de los representantes oficiales de la Iglesia, sino sujetos de su fe, una fe que les haga posible una vida de verdadera comunidad, así como una renovación como Iglesia de los pobres, como Iglesia de los indios. Esta variante mexicana de las llamadas "comunidades de base latinoamericanas", como forma de comunidad eclesial, enriquecida por conceptos fundamentales de la teología de la liberación y orientada conforme al método guadalupano de pastoral, a diferencia de las comunidades de base de otros países de América, puede, empero, apoyarse en un documento de fe que se originó en México mismo, que se desarrolló en la teología a través de los siglos y que está firmemente arraigado en el pueblo: en el *Nican Mopohua* y su mensaje.

Las organizaciones de la población indígena dentro de la comunidad territorial de Nuevo Necaxa se han convertido desde mediados de los años ochenta, gracias a intensos esfuerzos de evangelización, en un elemento estructural de la diócesis de Tulancingo, del cual ya no se puede prescindir. Los indios misioneros y las pequeñas comunidades que se forman en torno a ellos representan un esfuerzo de los laicos para aprender a descubrirse como comunidad de creyentes, y por lo tanto como Iglesia, sin la acción directa de los ministros oficiales ordenados, pero desde luego en diálogo y contexto con los mismos. De esta manera la parroquia se transformó en una comunidad de muchas pequeñas comunidades locales que, de acuerdo con su respectiva circunstancia concreta, se preocupan por la celebración de la liturgia, por la catequesis y por la piedad popular, ponen empeño en el mejoramiento de las condiciones de vida de los indios y defienden el respeto a los derechos humanos. El origen y crecimiento de estas comunidades indígenas significa algo más que una simple transformación externa de las estructuras eclesiales. El hecho de que laicos de las clases sociales más pobres, con una formación general y catequística muy modesta, desempeñen funciones ejecutivas y de predicación en la comunidad parroquial, ha traído un cambio en el modo de pensar y de actuar religioso eclesiástico: No solamente por experimentar y por sufrir la injusticia social y el desprecio a los derechos humanos leen la Sagrada Escritura con otros ojos, sino que descubren al Dios de la tradición judeo-cristiana como un Dios "liberador" y como "padre" y "madre" de la tradición mexicana antigua, el que envía al Redentor y Salvador de los hombres, y de ahí que se vea precisado a tomar partido en favor de los pobres y de los marginados. Tal como lo demuestra la situación en la diócesis de Tulancingo, parroquia y comunidades indígenas no deben excluirse: pues mientras que la primera representa el fundamento de la unidad de todos los grupos comunitarios y es el elemento estable de la vida eclesiástica de la parroquia, las pequeñas comunidades simbolizan la vocación del pueblo de Dios a crear Iglesia en sentido pleno, donde quiera y como quiera que vivan sus miembros. Ambos tipos de comunidades están unidos en la parroquia de Necaxa, que parece ser tanto más viable cuanto más se estructura en comunidades pequeñas, y se renueva así en el sentido de la concepción de Iglesia como pueblo de Dios.

Este modelo de Necaxa presentado aquí, que funciona con variantes en otras muchas diócesis del país, ha alcanzado una eficacia especial a través de la integración del mensaje guadalupano a la teología y a la pastoral. El parecer de las autoridades eclesiásticas oficiales subraya su validez, su importancia y su urgencia, llevadas por la esperanza de obtener nuevos conocimientos a través del análisis de los respectivos factores condicionantes, tanto materiales como sociales y religiosos, que se presuponen para la planeación de medidas preventivas y terapéuticas eficaces en el marco de la pastoral y de la evangelización de las diversas clases de la población. Esto es importante no sólo en el campo y en las ciudades pequeñas, sino también para los grandes conglomerados urbanos (la ciudad de México, Guadalajara, Monterrey, Puebla, Tijuana, San Luis Potosí y otros), donde se quiere hacer posible una nueva vida comunitaria, impregnada de solidaridad guadalupana, frente al anonimato y al aislamiento en que viven los miembros de sus inmensas parroquias.

En una Carta Pastoral de 15 obispos mexicanos, publicada en abril de 1989, los pastores describen el ser y el quehacer de las "comunidades de base" y las confirman y las refuerzan como una nueva forma de "ser-Iglesia". En especial exhortan a las comunidades

> a seguir creciendo en el amor a Nuestra Madre, Nuestra Señora de Guadalupe. Ella, que eligió en Juan Diego a los pobres y necesitados para ser portadores del Evangelio, será el apoyo más fuerte y el estímulo más duradero para la fidelidad a su misión: la evangelización de América Latina y de México a partir de los Juan Diegos de hoy.[16]

3. Apreciación sumaria y perspectivas

Santa María Tonantzin Virgen de Guadalupe. Continuidad y transformación religiosa de México. La meta de nuestro estudio ha sido el reescribir y reinterpretar, desde el punto de vista científico, religioso, histórico y social el origen, la "historia" y los efectos del

[16] Almeida, Alvarado y Cantón (entre otros), "Die Kirche in Bewegung. Pastoralbotschaft von Fünfzehn Bischöfen", en *WK,* 6 (1989), pp. 187-190; el texto del mensaje distribuido el 7 de abril en Guadalajara, Jal., está firmado, según el dato proporcionado en *Weltkirche,* por los obispos Almeida, Vázquez, Ramírez, Cantón, Robles, Morales, Alvarado, Obeso, Carrasco, Talamás, Sandoval, Ruiz, Lona, Romo y Llaguno. *Cf.* también CAM (ed.), *Nuestra Señora de Guadalupe en la tradición de los pobres,* México, s.a. [¿1983?]; B. Carrasco, S. Ruiz García (y otros), "La mayoría nos sentimos mexicanos-guadalupanos", en *Tep,* 8, núms. 166-167 (1982), 1.10-12; CEEC, *La*

acontecimiento guadalupano partiendo de los antecedentes de su desarrollo en España; comprender la importancia de "Nuestra Señora de Guadalupe" en la historia de la Iglesia, de la sociedad y de la cultura, y señalar y explicar mediante documentos auténticos los efectos de las tradiciones guadalupanas en los ámbitos más importantes de la vida de los mexicanos.

En ello hemos comprobado que el origen, la "historia" y los efectos del acontecimiento guadalupano se conservan vivos como un desafío a lo largo de los tiempos y de la historia, al igual que se han modificado, cambiado y renovado las reacciones de las teologías y las ciencias sociales.

Por el conocimiento detallado de los documentos, tomando al acontecimiento guadalupano como ejemplo, se ha podido hacer evidente qué clase de tensiones afloraron en la lucha por la identidad entre la tradición y la innovación, entre la cultura hispano-cristiana y la cultura nahua. Al mismo tiempo hemos visto que al aceptar las tradiciones y lugares comunes, tanto cristianos como tolteco-aztecas, y al darles una nueva interpretación, surgen diversos movimientos con funciones determinadas bien en la continuidad y transformación de lo heredado, bien en la discrepancia con la cultura europea y la mexicana, o en el testimonio en favor del oprimido y en el proyecto de un futuro "mexicano".

Así, el guadalupanismo "documenta" el choque de las culturas y de las religiones, el cuestionamiento de la historia americana y de la europea, y la posibilidad de un autocuestionamiento. El guadalupanismo contiene en su sustancia crítica todas las contradicciones de las crisis de las diversas épocas, lo que lo hace propenso a ataques ideológicos, facilitando al mismo tiempo el camino hacia el diálogo sobre los sufrimientos y las esperanzas de los hombres de un continente.

En Guadalupe se cristalizaron en el pasado conflictos que han conservado hasta el presente su dinamismo: el indigenismo, el hispanismo y el mexicanismo.

pastoral, 66-98; F. González-Fernández, *La "Traditio"*, 427-429; [varios], "Mexiko. An den Gott des Lebens. Brief und Resolutionen eines ökumenischen Treffens zur indianischen Theologie", en *WK,* 1 (1991), pp. 26-28; B. Schlegelberger y M. Delgado (comps.), *Ihre Armut macht uns reich. Zur Geschichte und Gegenwart des Christentums in Lateinamerika,* Berlín-Hildesheim, 1992.

En Guadalupe se inspira el indigenismo, es decir, la exaltación y la revitalización de la grandeza del pasado prehispánico de México. De Guadalupe brota una fuerza generadora de identidad. La devoción a la Virgen de Guadalupe se considera, desde el principio, parte integral de la religiosidad autóctona de los indígenas, ya que representa la sustancia religiosa de una identidad cultural, lo que, entre otras cosas, hace surgir un anticolonialismo que se manifestará en la polémica contra la colonización y evangelización españolas, llegando, en el caso más extremo, al rechazo de la cultura "occidental" por considerársele una "alienación". Conforme a esta postura, Guadalupe se convierte en afirmación de la propia identidad y en arma contra esa ideología que se esgrimió, y todavía se esgrime, para justificar el colonialismo, o bien las formas modernas en que éste aparece, cuando se afirma que las naciones "civilizadas" tienen la tarea de "civilizar" a los pueblos subdesarrollados y bárbaros e implantar entre ellos la civilización y el desarrollo.

De Guadalupe bebe también el hispanismo, que ve en México a un "vástago" de España y de Europa, que juzga positivamente la Conquista y la colonización, o bien la industrialización y la modernización según el modelo occidental sosteniendo la teoría de que gracias a dicha colonización México participa de la cultura y del "desarrollo" universal. Esta hispanización cultural u occidentalización incluye sistemas europeos de valores y de normas, así como de ideologías y de su introversión en el campo del sistema de educación. La misión civilizadora y cultural es glorificada. Existen tendencias que intentan reivindicar a la Virgen de Guadalupe como parte de una religión cristiana y de una teología que lleva el sello de España, es decir, de Europa.

También de Guadalupe surgieron y surgen fuerzas generadoras de una conciencia nacional, una mexicanidad que partiendo de una recepción equilibrada de la Conquista busca la síntesis armoniosa entre sus dos fuentes originales y se reconoce como una nación mestiza nacida del encuentro de culturas y pueblos europeos y autóctonos. Con esta conciencia nacional renovada —pues bajo el signo de la "Morenita del Tepeyac" el mestizaje es historia y es presente en una lograda síntesis dinámica—, México busca el diálogo con los países de Europa y otros continentes muy especialmente en el terreno de la Iglesia y de la teología.

Queremos resaltar también, aun sin poder entrar en los múltiples antecedentes (psicológico-sociales, socioeconómicos, políticos, etc.), el significado teórico-religioso de una llamada "remexicanización" en forma de guadalupanismo, con el que la reflexión del mensaje de Guadalupe es una búsqueda y encuentro de la propia identidad, es decir, transforma la identidad ambigua e indeterminada de una sociedad en una identidad determinada. Guadalupe ayuda a configurar, a encontrar un estilo propio, una originalidad, favoreciendo la integración de las diferentes herencias.[17] Esta "remexicanización" en forma de guadalupanismo tiene también una gran importancia, en vista del rápido proceso de cambio cultural y social en el cual está envuelta la sociedad mexicana, en virtud del desmoronamiento del antiguo sistema de valores y de normas que actualmente puede observarse, tomando aquí las funciones de puente y enlace.

El origen de este anarquismo cultural con el cual las expectativas frustradas al no lograrse la "occidentalización" son tomadas en abstracto por gran parte de la población, es consecuencia del choque de dos sistemas culturales, en el cual el sistema occidental reivindica una superioridad. Las personas del sistema mexicano (es decir, de los sistemas de los grupos étnicos) reconocen y aceptan desde luego esta reivindicación, y son inducidos a subir a este sistema "superior", aun cuando este ascenso, estructuralmente hablando, todavía les está vedado.

De estos problemas sociales y comunitarios, que también hemos planteado en nuestro trabajo, surgen cuestiones candentes que ata-

[17] Roger Bartra, *La jaula de la melancolía. Identidad y metamorfosis del mexicano,* México-Barcelona-Buenos Aires, 1987; Leopoldo Zea, *Ensayos sobre filosofía en la Historia,* México, 1948; del mismo, *Discurso sobre la marginalización;* O. Paz, *El laberinto;* Francisco González Pineda, *El mexicano, su dinámica psicosocial,* México, 1973; Carl E. Batt, "Mexican Character: An Adlerian Interpretation", en *JIP,* 25 (1969), pp. 183-201; Rogelio Díaz-Guerrero, *Psychology of the Mexican: Culture and Personality,* Austin, Tex., 1975; Agustín Basave Fernández del Valle, *Vocación y estilo de México. Fundamentos de la mexicanidad,* México, 1989, reimpr. 1990; Erwin Schadel y Uwe Voigt (comps.), *Sein-Erkennen-Handeln. Interkulturelle, ontologische und ethische Perspektiven. Festschrift für H. Beck,* Frankfurt, 1994.

ñen tanto al guadalupanismo como a la Iglesia y a la teología en su posición en medio del mundo. En efecto: son múltiples las tradiciones históricas, es múltiple la autoafirmación contemporánea de los guadalupanos; y esta multiplicidad puede traducirse en diferentes acciones: religiosas, eclesiásticas, culturales, sociales y políticas. En especial el desarrollo de la teología cristiana y el origen y desarrollo de una teología "mexicana" de hecho tienen lugar en una visión retrospectiva, creadora, del pasado del suceso guadalupano, que se hace presente constantemente sobre todo en el *Nican Mopohua*. El *Nican Mopohua,* digno de notarse en la historia de la cultura y de la teología, toma aliento de la atmósfera del Evangelio, y exige una fe que corresponde al espíritu del mismo. Además, orienta hacia una renovación cristiana, cuyo punto de partida es la renovación en la fe. En el *Nican Mopohua* se concentran la fe y el pensamiento guadalupano, se manifiesta la continuidad del cristianismo en la cultura y en la historia mexicanas. A la luz del suceso guadalupano y de este texto, el Evangelio mexicano, la Iglesia y la teología de México se comprometen en los complejos problemas del mundo presente. La consecuencia es una nueva determinación de la situación con respecto a la evangelización, a la pastoral y a las virtudes sociales, en cuyo contexto se hace importante la tarea de transmitir conceptos y juicios teológicos de la Iglesia mexicana.

La reflexión y la recepción del suceso guadalupano permite que, frente al desafío presente que tienen la Iglesia y la teología de México y de otros países de América, cobren nueva relevancia, en una forma genuinamente mexicana o bien latinoamericana, temas como la búsqueda de imágenes directrices de las tradiciones nacionales, los derechos humanos, la responsabilidad civil, la opción por los pobres e indígenas, el diálogo con las religiones, la religiosidad popular, la contextualización, la inculturación y las Iglesias locales; y que dichos temas relevantes enriquezcan en parte con nuevos conocimientos a la Iglesia universal.

El acontecimiento guadalupano crea una nueva significación en una situación histórica singular: un *numinosum* más allá del tiempo, sustancialmente presente, que se repite idénticamente por el hecho de que siempre llega a tener una eficacia histórica y continúa subsistiendo. Lo "mexicano" se identifica con la "Morenita del Tepeyac" y se convierte así en singularmente trascendente, metahistórico, como un arquetipo y un ideal. Por eso mismo se substrae a una causalidad profana y es interpretado como una determinación histórica, que tiene el efecto de superar la arbitrariedad humana. Es esta Morenita, Santa María Tonantzin Virgen de Guadalupe, la que genera un "sabor diacrónico", un gusto en la historia tanto teórica como práctica de México. Ella personifica para los mexicanos la continuidad, algo que trasciende la vida temporal, que abarca la totalidad y el destino del pueblo, un ejemplo y testimonio de inculturación del cristianismo en un círculo cultural extraeuropeo.

El pueblo se identifica como mexicano-guadalupano. Esto quiere decir que relaciona su vida social y nacional con su fe y con su religiosidad. Y esta relación íntima y estrecha tiene vínculos históricos; no es una relación nacida del sentimentalismo, sino que brota de la misma experiencia mexicana.

Santa María Tonantzin Virgen de Guadalupe, traducida en tradición genuinamente mexicana, tan presente y cotidiana en la vida del mexicano, símbolo de la realidad y de la trascendencia, fuente de inspiración y de la tradición formada a través de siglos y de culturas, en la que el Oriente y el Occidente, Europa y América, España y México se compenetran. Ella es encuentro con la propia identidad, es expresión del alma del pueblo mexicano, símbolo de la unidad nacional y *leitmotiv* de los derechos y de la dignidad humana. *Imago guadalupana,* realidad y visión, verdad y utopía, esencia verdadera y al mismo tiempo alegoría. Ella es siempre una realidad acrecentada, entendimiento e imaginación al mismo tiempo, una imagen con mil caras, en la cual el individuo encuentra el camino a la intimidad y a la comunidad para, junto con otros como "hijos de Guadalupe", buscar e interpretar su propia historia y configurar su futuro.

ANEXOS

IMAGEN
DE
LA VIRGEN MARIA
MADRE DE DIOS DE GVADALVPE, MILAGROSAMENTE APARECIDA EN LA CIVDAD DE MEXICO.

CELEBRADA

En su Historia, con la Profecia del capitulo doze del Apocalipsis. A devocion del Bachiller Miguel Sanchez Presbitero.

DEDICADA.

AL SEÑOR DOCTOR DON PEDRO DE BARRIENTOS Lomelin, del Consejo de su Magestad, Tesorero de la Santa Iglesia Metropolitana de Mexico, Governador, Provisor, y Vicario de todos los Conventos de Religiosas de esta Ciudad, Consultor del Santo Officio de la Inquisicion. Comissario Apostolico de la Santa Cruzada en todos los Reynos, y Provincias de esta Nueva España, &c.

Año de 1648.

CON LICENCIA. Y PRIVILEGIO,

En Mexico. En la Imprenta de la Viuda de Bernardo Calderon.

Vendese en su tienda en la calle de San Agustin.

HVEI TLAMAHVIÇOLTICA

OMONEXITI IN ILHVICAC TLATÓCA ÇIHVAPILLI

SANTA MARIA

TOTLAÇONANTZIN GVADALVPE IN NICAN HVEI ALTEPENAHVAC MEXICO ITOCAYÒCAN TEPEYACAC.

Impresso con licencia en MEXICO: en la Imprenta de Iuan Ruyz.

Año de 1649.

NICAN MOPOHVA,

MOTECPANA INQVENIN YANCVICAN HVEITLAMAHVIÇOLTICA MONEXITI INÇENQVIZCA ICHPOCHTLI SANCTA MARIA DIOS YNANTZIN TOÇIHVAPILLATOCATZIN, IN ONCAN TEPEYACAC MOTENEHVA GVADALVPE.

Acattopa quimottititzino maçehualtzintli itoca Iuan Diego; Auh çatepan nexiti initlaçò Ixiptlatzin ynixpan yancuican Ob: D. Fray Iuan de Sumarraga. Ihuan inixquich tlahuiçolli ye quimochihuilia.

YE iuh màtlac xihuitl in opehualoc atl in tepetl Mèxico, ynycomoman in mitl, in chimalli, in ye nohuiyan ontlamatcamani in ahuàcan, in tepehuàcan; in macaçan ye copeuh, ye xotla, ye cueponi in tlaneltoquiliztli inixmachocatzin inipalnemohuani nelli Teotl DIOS. In huel iquac in ipan Xihuitl mil y quinientos, y treinta y vno, quin iuh iquezquilhuioc in metztli Diziembre mochiuh oncatca çe maçehualtzintli,

tzintli, icnotlàpiltzintli itocā catca Iuan Diego, iuh mi-toa ompa chane catca in Quauhtitlan, auh inica Teoyotl oc mochi ompa pohuia in Tlatilolco, auh Sabado catca huel oc yohuatzinco, qui hual tepotz tocaya in Teoyotl, yhuan inineçititlaniz; auh in àçico ininahuac tepetzin-tli initocayocan Tepeyacac yetlatlalchipahua, concac inicpac tepetzintli cuicoa, yuhquin nepapan tlaçototo-mecuica, catzahuani inintozqui, iuhquin quinànanquilia Tepetl, huelçenca teyolquimà, tehuellàmachti inin cuic, quiçenpanahuia in coyoltototl, intzinitzcan, ihuan ynoc-oçequin tlaçòtotome ic cuica: quimotztimoquetz in Iuan Diego quimòlhui cuix nolhuil, cuix nomàçehual in-ye niccaqui? àço çannictemiqui? àço çanniccochitlehua, canin yenicà, canin yeninotta, cuix yeoncan in inquito-tihuaque huehuetque tachtohuan, tocòcolhuan in xochi-tlalpan intonacatlalpan? cuix yeoncan in inilhuicatlal-pan? ompa on itztticaya inicpac tepetzintli intonatiuh iquiçayanpa in ompa hualquiztia inilhuicatlaçòcuicatl. Auh inoyuh çeuhtiquiz in cuicatl in omocactimoman in yequicaqui hualnotzalo inicpac tepetzintli, quilhuia Iuantzin Iuan Diegotzin; niman çayeèmotlapaloa inic compa yaz incanin notzalo, àquen mochihua yniyollo, noçe itla ic miçahuia, yeçe huel paqui mohuellamachtia, qui tlècahuito intepetzintli, ompa itzta incāpa hualnotzaloc, auh inye àçitiuh inicpac tepetzintli, inye oquimottili çe çihuapilli oncan moquetzinòticac, qui-hualmonochili inic onyaz ininahuactzinco; auh in oyuh àcito inixpantzinco, cenca quimomahuiçalhui inquenin huellaçenpanahuia iniçeçenquizca mahuiztiçatzintli, in ipilnaquentzin iuhquin tonatiuh icmotonameyotia inic pe-tlaniticac; auh intetl, intexçalli inic itechmoquetza, inic qui-quiztia ini tlanexyotzin yuhqui intlaçò chalchihuitl, ma-quiztli; inic neçi yuhquin ayauh coçamalocuecueyoca

intlalli; auh in mizquitl, yn nòpalli, ihuan occequi nepa:
panxiuhtotontin oncan mochichihuani yuhquin quetza:
liztli, yuhqui inteoxihuitl ini atlapallo icneci; auh ini:
quauhyo, ini huitzyo, ini àhuayo yuhqui incoztic teocuit:
latl itepepetlaca. Ixpàtzinco mopechteccac, quicac iniyo:
tzin, ini tlàtoltzin inhuelçenca tehuellamachti, inhuelteci:
piltic yuhqui inquimoçòçonahuilia, quimotlatlaçotilia,.
quimolhuili, tlaxiccaqui no xocoyouh Iuantzin campa:
incimohuica? auh inyèhuatl quimonanquilili Notecuiyoe,
çihuapillè Nochpochtzinè ca ompa nonàçiz mochan:
tzinco Mexico Tlatilolco, nocon tepotztoca inteoyotl,:
intechmomaquilia, intechmomachtilia inixiptlahuan in:
tlacatl inTotecuiyo, intoteopixcahuan. Niman yeic qui:
mononochilia, quimixpantilia initlaçòtlanequiliztzin, qui:
molhuilia, Maxicmati, mahuelyuhye inmoyollo no xo:
coyouh canèhuatl inniçèquizca çemicac ichpochtli Sanc:
ta Maria innimantzin inhuelnelli Teotl Dios, in, acacomol:
huani, inteyocoyani, in Tloque Nahuaque, in ilhuicahua
in Tlalticpaque, huelnicnequi, cenca niquelehuia inic
nican nechquechilizque noteocaltzin inoncan nic nex:
tiz, nicpantlaçaz, nictemacaz in ixquich notetlaçòtla.
liz, noteicnoyttaliz, innotepalehuiliz, innotemanahuiliz
canel nèhuatl in na moicnohuàcanantzin intèhuatl ihuan
in ixquichtin inic nican tlalpan ançepantlaca, ihuan in
oçeçequin nepapantlaca notetlaçotlacahuan in notech mo:
tzatzilia, innechtèmoa innotech motemachilia, ca on:
can niquincaquiliz inin choquiz, inin tlaocol inic nicyec:
tiliz, nic pàtiz inixquich nepapan in netoliniliz, into:
nehuiz, in chichinaquiliz. Auh inic huelneltiz in nic ne:
milia in innoteicno yttaliz ma xiauh in ompa ini tecpà:
chan in Mexico Obispo, auh tiquilhuiz inquenin nèhuatl
nimitztitlàni inic ticyxpantiz inquenin huelçenca nic:
elehuia inic ompa nican nechcalti nechquechiliz inivan in

tlalmantli no teocal; huelmoch ticpohuiliz inixquich in otiquittac, oticmahuiçò, ihuan intlein oticcac; auh ma yuhye inmoyollo cahuel nicꝺlaçòcamatiz, auh caniquixtlahuaz, ca icnimitz cuiltonoz, nimitz tlamachtiz, yhuā micc oncan ticmàçehuaz ic nicquepcayotiz ynmociahuiliz inmotlatequipanoliz inic ticnemilitiuh intlein ic nimitztitlani: ocaycoticcac noxocoyouh ynniiyo innotlàtol ma ximohuicatiuh ma ixquich motlàpal xicmochihuili. Auh niman ic ixpantzinco onmo pechtecac quimolhuili no tecuiyoè, Çihuapillè caye ni yauh innic neltiliz, inmiyòtzin, inmotlàtoltzin, ma ocnimitznotlalcahuili innimocno maçehual. Niman ic hualtemoc inic quinelchiliciuh ini netitlaniz connamiquico incuep òtli i...allamelahua Mexico.

In oàcico itic altepetl, niman ic tlamelauh ini Tec...çhantzinco Obiſpo inhuelyancuican hualmohuicac ...tlàtohuani itocatzin catca, D. Fray Iuan de Suarraga S. Franciſco Teopixqui. Auh in oàcito niman ic moyèyecoa inic quimottiliz, quintlatlauhtia initetlayecoiticahuan, initlannencahuan inic conittotihuè, yeachi huècauhtica inconnotzaco, in ye omotlanahuatili in Tlàtohuani Obiſpo inic calaquiz. Auh inoncalac niman ixpantzinco motlanquaquetz, mopechtecac, niman ye ic quimixpantilia quimopohuililia yniyotzin ynitlàtoltzin ilhuicac Çihuapilli, ini netitlaniz: no ihuan quimolhuilia inixquich oquimahuiçò, in oquittac, in oquicac. Auh in oquicac inmochi itlatol, inetitlaniz iuhquin àmo çenca monelchiuhtzino, quimonanquilili, quimolhuili nopiltzè ma occeppa tihuallaz, oc ihuian nimitzcaquiz, huel oc itzinècan niquittaz, nic nemiliz intlein ic otihuala inmotlanequiliz, inmotlaelehuiliz. Hualquiztlaocoxtihuitz, inic àmo nimam oneltic ininetitlaniz.

Niman hualmoquep izça ye iquac ipan çemilhuitl, niman

niman oncā huallamclauh inicpac tepetzintli, auh ipantzinco àçito in ilhuicac Çihuapilli izçan ye oncan incanin acattopa quimottili, quimochialitica; auh in oiuhquimottili ixpantzinco mopechteca motlalchitlaz quimolhuili, noteeuiyoè, tlacatlè, Çihuapillè, no xocoyohuè, Nochpochtzinè caonihuia in ompa otinechmotitlanili, ca onic neltilito in miiyotzin in motlàtoltzin maçihui in ohuihuitica in onicalac inompa iyeyan teopixca Tlàtohuani, ca oniquittac, ca oixpan niclali inmiiyotzin, in motlàtoltzin in yuh otinech monànahuatili, onechpacca celì, auh ôquiyec cac; yece inic onech nanquili, yuhquin àmo iyollo ômàcic, àmo monelchiihua, onechilhui occeppa tihuallaz, oc ihuiyan nimitzcaquiz, hueloc itzinècan niquittaz intlein ic otihualla motlayelchuiliz, motlanequiliz. Huelitech oniquittac inyuh onech nanquiliz camomati inmoteocaltzin ticmonequiltia mitzmo chihuililizq nican àço çan nèhuatl nic yòyocoya, acaçomo motencopatzinco; caçenca nimitznotlatlauhtilia noteeuiyoè, Çihuapillè Nochpochtzinè manoçoàca çeme intlaçòpipiltin inixtmacho, inixtilò, in mahuiztilò itechxicmocahuili inquitquiz, yn quihuicaz in miiyotzin, yn motlàtoltzin, inic neltocoz; canel nicnotlapaltzintli, canimecapalli, cani cacaxtli, cani cuitlapilli, canatlapalli, canitco ca... nimamaloni, càmo no nènemian, càmo nonequetzayan in ompa tinech mihualia Nochpochtzinè, Noxocoyohuè, Tlacatlè, Çihuapillè, ma xinech motlapòpolhuili nic tequipachoz in mixtzin, in moyollotzin, ipanniyaz, ipan nihuetziz inmoçomaltzin, inmoqualantzin: Tlacatiè Noteeuiyoè. Quimonanquilili izçenquizca mahuiz ichpochtzintli tlaxiccaqui no xocoyouh mahuel iuhye inmoyollo càmo tlaçotin innotetlayecolticahuan, innotìtitlanhuan, inhuel intech nic cahuaz inquitquizq, in niiyo, innotlàtol, inquineltilizque in notlanequiliz yece huel iuhmonequi ìhic huel tèhuatl ic tinemiz, ipan ti tlàtoz, huel momatica neltiz mochihuaz, innoçializ, innotlanequiliz; auh huel nimitztlatlauhtia noxocoyouh, yhuan nimitztlaquauh nahuatia cahuel occeppa tiaz in moztla tiquittatiuh in Obispo auh nopampa xicnèmachti, huel yuh xic caquiti innoçializ, innotlanequiliz, inic quineltiliz inquichihuaz noteòcal niquitlanilia, yhuan huel occeppa xiquilnui inquenin huel nèhuatl ni cemicac ichpochtli Sancta Maria in ninantzin Teotl Dios in ompa nimitztitlani. Auh in Iuan Diego quimonanquilili, quimolhuili notecuiyoè, Çihuapillè, Nochpochtzinè macamo nic tequipacho in mixtzin, in moyollotzin ca ça huel noçenyollocacopa nonyaz noconneltilitiuh inmiiyotzin inmotlàtoltzin canimman àmo nicnocacahualtia, manoçe nic tecococamati in òtli canon yaz canoçonchihuatiuh in motlanequiliztzin, çan huel ye in àçocàmo niyeccacòz; intlanoce yeonicacoc àcaçomo nineltocoz; ca tel moztla yeteotlac inye oncalaqui tonatiuh, nicicuepaquiuh inmiiyotzin inmotlàtoltzin intlein ic nechnanquiliz in Teopixcatlatohuani, caye nimitznotlalcahuilia noxocoyohuè, Nochpochtzinè tlacatlè, Çihuapillè, ma oc ximoçehuitzino, niman ic ya inichan moçehuito.

ix. Auh in immoztlayoc Domingo huel oc yohuatzinco tlàtlayohuatoc ompahualquiz inichan hualla mehuatiuh in Tlatilolco, quimattihuitz in Teoyotl, ihuan inic tèpohualoz: niman yè inicquittaz Teopixca tlàtohuani; auh àço yeipan màtlactli hora inònoçencahualoc inic ómocac Missa, ihuan otepohualoc ic hual xin inichquich maçehualli; auh in yèhuatl Iuan Diego niman ic yà ini tecpanchantzinco in Tlàtohuani Obispo, auh in ò àcito ixquichictlàpal quichiuh inic quimottiliz, auh huel ohuitica in occeppa quimottili, icxitlantzinco motlanquaquetz, choca, tlaocoya inicquimononotzilia, inicquimix-

panti-

pantililia in iiyetzin, in itlàtoltzin in ilhuicac Çihuapilli, inic àço çanen nechtocoz, in inetitlaniz in itlanequiliztzin Çenquizca ichpochtli, inic quimochihuililizque, inic quimoquechililizque in iteòcaltzin in canin omotlatenehuili in canin quimonequiltia. Auh in Tlatohuani Obispo huel miac tlamantli inic quitlàtlani, quitlatemoli, inic huel iyollomàciz, campa inquimottili, quenamèçatzintli huel mochquimopohuilili in Tlàtohuani Obispo. Auh maçihui inhuel mochquimo melahuilili in yuhcatzintli, ihuan inixquich oquittac, oquimahuiçò inca huel yuh neci ca yèhuatzin izçenquizca Ichpochtzintli ini tlaçòmahuiz nanzin in toTemaquixticatzin toTecuiyo Iesu Christo; yece àmo niman ic omoneltlchiuh quitto ca àmo çan ica itlàtol, itlaitlanililiz mochihuaz monequiliz intlein quitlani; ca huel oc itlàinezca monequi inic huel neltocoz inquenin huel yèhuatzin quimotitlanilia in ilhuicac Çihuapilli. Auh in ôyuh quicac in Iuan Diego quimolhuili in Obispo tlacatlè, tlatohuanie maxicmottili catlèhuatl yez ininezca tiemitlanililia, caniman niyaz nic nitlanililitiuh in ilhuicac cihuapilli onech hualmotitlanili. Auh in ôquittac in Obispo ca huel moneltchihua caniman àtle ic meleltia, motzotzona niman ic quihua. Auh in yehuitz niman ic quimonahuatili quezqui inichan tlaca, inhuel intech motlacanequi, quihual tepotztocazque, huelquipìpiazque campa in yauh, ihuan aquin con itta, con notza. Tel iuh mochiuh auh in Iuan Diego niman ic hualla mela uh, quitocac in cuepòtli, auh inquihual tepotztocaya. oncan atlauhtli quiça inahuac tepeyacac quauhpantitlan quipoloco, manel ocnohuian tlatemòque aoccan quittaque, çanyuh hualmoquepquè, àmo çan iyo inic omoxixiuhtlatito, no ihuan ic oquimelelti, oquinqualancacuiti: yuhqui nonotzato in Tlàtohuani Obispo, quitlahuellalilique inic àmo quineltocaz, quilhuiq inic

can

çan conmoztlacahuilia, çan quipipiqui in tleinquihualmolhuilia, ànoçe çan oquî temic, çan oquî cochitleuh intlein quimolhuilia, intlein quimitlanililia; auh huelyuh quimolhuiquc intla occeppa huallaz, mocuepaz, oncan quitzitzquizque, ihuan chicahuac qui tlatzacuiltizque inic aocmo çeppa iztlacatiz, tèquamanaz.

Inimoztlayoc Lunes inìquac qui huicazquia in Iuan Diego in itla inezca inic neltocoz, aocmo ohualmocuep: ycica iniquac àçito inichan çe itla catca itoca Iuan Bernardino, oitech motlali in cocoliztli, huel tlanauhtoc, oc quitici nochilito, oc ipan tlàto, yece aocmo inman yehuelotlanauh: auh in ycyohuac quitlatlauhti ini Tla in oc yohuatzinco, ocitlàtlayohuatoc hual quiçaz, quimonochiliquiuh in oncan Tlatilolco çemcin teopixque inic mohuicaz, quimoyolcuitilitiuh, ihuan quimoçencahuilitiuh, yè ica catuelyuhca ini yollo caye inman; caye oncan inic miquiz ca aoc nehuaz aocmo pàtiz,

Auh in Martes huel oc tlàtlayohuatoc in ompahualquiz ichan in Iuan Diego inquimonochiliz teopixqui in ompa Tlatilolco, auh in ye àçitihuitz inahuac tepetzintli tepeyacac inicxitlan quiztica òtli tonatiuh icalaquianpa inoncan yeppa quiçani, quito intlaçan nic melahua òtli manen nech hualmottiliti izçihuapilli ca yeppa nech motzicalhuiz inic nic huiquiliz tlanezcayotl inteopixca tlàtohuani inyuh onech monànahuatili; maoctechcahua in tonetequipachol, maoc nicno nochilitihuetzi in teopixqui motolinia innotlàtzin àmo çaquimochialitoc. Niman ic contlacolhui intepetl itzallan ontlècoc yenepa centlapal Tonatiuh yquiçayanpa quiçato inic içiuhca àcitiuh Mexico inic àmo quimotzicalhuiz in ilhuicac çihuapîlli inmomati ca inompa ic otlacolo ca àhuelquimottiliz, inhuelnohuianpa motztilitica: Quittac quenin hualmotemohui icpac. intepetzintli ompahualmotztilitoc ſitoc in ompa yeppa conmottiliani, con monamiquilico, ininacaztlan tepetl, conmoyacatzacuililico, quimolhuili. Auh noxocoyouh, campa in tiyauh ? campa intitztiuh ? Auh in yèhuatl cuix achi ic mellelmà ? cuix noçe pinahuac ? cuix noçe ic miçahui, momauhti ? ixpantzinco mopechtecac, quimotlàpalhui, quimolhuili, nochpochtzinè, noxocoyohuè, Çihuapillè maximopaquiltitie quen otimixtonalti ? cuix ticmohuelmachitia in motlaçònacayotzin noTecuiyoè, nopiltzintzinè; nictequipachoz in mixtzin in moyollòtzin, ma xicmomachiltitzino nochpochtzinè, ca huellanauhtoc çe momaçehualtzin noTlahuci cocoliztli initech omotlali ca yeppa ic momiquiliz, auh oc noniçiuhtiuh in mochantzinco Mexìco noconnonochiliz çemè initlaçòhuan toTecuiyo intoTeopixcahuã, conmo yolcuitilitiuh, ihuã conmo çencahuilitiuh, canel yè inic otitlacatque, intic chiaco intomiquiztequiuh. Auh intla onocon neltilito, caniman nican occeppa nihualnocuepaz, inic non yaz noconitquiz, in miiyotzin in motlàtoltzin Tlacatiè, Nochpochtzinè, maxinechmotlapopolhuili, maoc ixquich ica xinechmopaccaiyohuilti càmo ic nimitznoquelhuia, noxocoyohuè, nopiltzintzinè, ca niman moztla niquiztihuetziquiuh. Auh in oyuhquimocaquiti itlàtol in Iuan Diego quimonanquilili in icnohuàcaçenquizca ichpochtzintli: Maxiccaquì ma huel yuh ye in moyollo noxocoyouh macatletlein mitzmauhti, mitztequipacho, macamo quen mochihua in mix in moyollo, macamo xiquimacaci in cocoliztli, manoçe oc itlà cocoliztli, cococ teòpouhqui, cuix àmo nican nicà niinoNantzin ? cuix àmo noçehuallotitlan, nècauhyotitlan in ticà ? cuix àmo nèhuatl in nimopaccayeliz ? cuix àmo nocuixanco, nomamalhuazco intică ? cuix oc itlà in motech monequì ? macamo oc itlà mitztequipacho, mitzàmana, macamo mitztequipacho inicocoliz moTlàtzin

tzin càmo ic miquiz in axcàn itechca; ma huel yuh ye in moyollo ca ycopàtic: (Auh ca niman huel ìquac pàtic iniTlàtzin inin çatepan machiztic.) Auh in Iuan Diego in oyuhquicac iniiyotzin, initlàtoltzin inilhuicac Çihuapilli, huel cenca ic omoyollali, huel ic pachiuh ini yollo. Auh quimotlatlauhtili inic maçayè quimotitlanili inic quittatiuh in Tlàtohuani Obispo in quitquiliz itlà inezca, ini neltica, inic quineltocaz. Auh in ilhuicac Çihuapilli niman ic quimonahuatilì, inic ontlècoz in icpac tepetzintli, inoncan canin yeppa conmottiliaya; quimolhuili xitlèco noxocoyouh in icpac in tepetzintli, auh in canin otinech ittac, ihuan onimitznànahuati oncan tiquittaz onoc nepapan xochitl, xictètequi, xic nechico, xicçentlali, niman xic hualtemohui, nican nixpan xic hualhuica. Auh in Iuan Diego niman ic quitlècahui in tepetzintli, auh in oàcito icpac, çenca quimahuiçò inixquich onoc, xotlatoc, cuepontoc in nepapan Caxtillan tlaçòxochitl, in ayamo imochiuhyan; ca nel huel ìquac inmotlàpaltilia izcetl: huel çenca àhuiaxtoc, iuhqui in tlaçò epyollòtli inic yohual àhuachyòtoc; niman ic peuh in quitètequi, huel moch quinechico, quicuixanten. Auh in oncan icpac tepetzintli ca niman àtle xochitl inimochiuhyan, catexcalla, netzolla, huihuitztla, nòpalla, mizquitla; auh intla xiuhtotontin mochichihuani inìquac inipan metztli Diziembre ca moch qui quà, qui pòpolohua izçetl. Auh ca niman ic hualtemoc, quihualmotquitili inilhuicac Çihuapilli in nepapan xochitl oquitètequito, auh in oyuh quimottili imaticatzinco conmocuili; niman ye occeppa icuexanco quihualmotemili, quimolhuili, noxocoyouh inin nepapan xochitl yèhuatl intlanextiliz, in nezcayotl intic huiquiliz in Obispo, nopampa tiquilhuiz ma ic quitta in notlanequiliz, ihuã ic quineltiliz in notlanequiliz, in noçializ. Auh in tèhuatl intinotitlan

ca

ca huel motech netlacaneconi; auh huel nimitztlaqcauhnahuatia çan huel icel ixpan Obispo ticçohuaz in motilmà, ihuan ticnextiliz in tlein ticnehuiça; auh huel moch ticpohuiliz, tiquilhuiz inquenin onimitznahuati inic titlècoz inicpac tepetzintli in tic tètequitiuh Xochitl, ihuā inixquich otiquittac, otic mahuiçò, inic huel ticyollòyehuaz in Teopixca Tlàtohuani; inic niman ipan tlàtoz inic mochihuaz, moquetzaz in noTeòcal oniquìtlanili. Auh in ocōmonànahuatili in ilhuicac Çihuapilli quihualtocac in cuepòtli Mexico huallamelahua, ye pactihuitz, ye yuh yetihuitz ini yollo ca yecquiçaquiuh, qui yèc itquiz, huel quimocuitlahuìtihuitz intlein icuixanco yetihuitz inmanen itlà quimacauh, quimotlamachtitihuitz iniàhuiaca innepapan tlaçò xochitl.

NICAN MOPOHUA

Texto náhuatl del bachiller Lasso de la Vega (1649), conforme a la versión moderna (1978) del Pbro. Mario Rojas Sánchez de Huejutla, Hgo., la que mayor difusión ha tenido en la Iglesia de México.

NICAN MOPOHUA, MOTECPANA IN QUENIN YANCUICAN HUEYTLAMAHUIZOLTICA MONEXITI IN CENQUIZCA ICHPOCHTLI SANCTA MARIA DIOS INANTZIN TOCIHUAPILLATOCATZIN, IN ONCAN TEPEYACAC, MOTENEHUA GUADALUPE.

Acattopa quimottititzino ce macehualtzintli itoca Juan Diego; Auh zantepan monexiti in Itlazoixiptlatzin in ixpan yancuican Obispo Don Fray Juan de Zumárraga.

1. Ye yuh matlac xihuitl in opehualoc in atl in tepetl Mexico, in ye omoman in mitl in chimalli, in ye nohuian ontlamatcamani in ahuacan in tepehuacan,

2. in maca zan ye opeuh, ye xotla, ye cueponi in tlaneltoquiliztli, in iximachocatzin in Ipalnemohuani, nelli Teotl Dios.

3. In huel ihcuac in ipan xihuitl mil y quinientos y treinta y uno, quin iuh iquezquilhuioc in metztli Diciembre mochiuh: oncatca ce macehualtzintli icnotlapaltzintli,

4. itoca catca Juan Diego, iuh mitoa ompa chane in Cuauhtitlan

5. auh in ica Teoyotl, oc mochompa pohuia in Tlatilolco

6. Auh Sábado catca huel oc yohuatzinco quihualtepotztocaya in Teoyotl ihuan in inetititlaniz.

7. Auh in acico in inahuac tepetzintli in itocayoacan Tepeyacac, ye tlatlalchipahua,

8. concac in icpac tepetzintli cuicoa, yuhquin nepapan tlazototome cuica; cacahuani in intozqui, iuhquin quinananquilia tepetl, huel cenca teyolquima, tehuellamachti in incuic, quicenpanahuia in coyoltototl in tzinitzcan ihuan in occequin tlazototome ic cuica.

9. Quimotztimoquetz in Juan Diego, quimolhui: cuix nolhuil, cuix nomacehual in ye niccaqui? azo zan nictemiqui? azo zan niccochitlehua?

10. Canin ye nica, canin ye ninotta? cuix ye oncan in quitotehuaque huehuetque tachtohuan tococolhuan, in xochitlalpan in tonacatlalpan, cuix ye oncan in ilhuicatlalpan?

11. Ompa on itzticaya in icpac tepetzintli in tonatiuh iquizayampa, in ompa hualquiztia in ilhuicatlazocuicatl,

12. auh in oyuhceuhtiquiz in cuicatl, in omocactimoman in yeequicaqui hualnotzalo in icpac tepetzintli, quilhuia: "JUANTZIN, JUAN DIEGOTZIN".

13. Niman zan yeemotlapaloa inic ompa yaz in canin notzalo, aquen mochihua in iyollo, manoce itla ic mizahuia, yece huel paqui huellamachtia; quitlecahuita in tepetzintli ompa itztia in campa hualnotzaloc,

14. auh in ye acitiuh in icpac tepetzintli, in ye oquimottili ce Cihuapilli oncan moquetzinoticac,

15. quihualmonochili inic onyaz in inahuactzinco.

16. Auh in oyuhacito in ixpantzinco, cenca quimomahuizalhui in quenin huellacenpanahuia in ic cenquizca mahuizticatzintli;

17. in itlaquentzin yuhquin tonatiuh ic motonameyotia, inic pepetlaca;

18. auh in tetl in texcalli in ic itech moquetza, inic quimina;

19. in itlanexyotzin yuhqui in tlazochalchihuitl, maquiztli, in ic neci;

20. yuhquin ayauhcozamalocuecueyoca in tlalli.

21. Auh in mizquitl, in nopalli ihuan occequin nepapan xiuhtotontin oncan mochichihuani yuhquin quetzaliztli, yuhqui in teoxihuitl in iatlapallo neci. Auh in icuauhyo, in ihuitzyo, in iahuayo yuhqui in cozticteocuitlatl ic pepetlaca.

22. Ixpantzinco mopechtecac, quicac in iyotzin in itlatoltzin in huel cenca tehuellamachti in huel tecpiltic yuhqui in quimococonahuilia, quimotlatlazotilia.

23. Quimolhuili: "TLAXICCAQUI NOXOCOYOUH JUANTZIN, CAMPA INTIMOHUICA?"

24. Auh in yehuatl quimonanquilili: "Notecuiyoé Cihuapillé, Nochpochtziné, ca ompa nonaciz mochantzinco Mexico Tlatilolco, necontepotztoca in teoyotl, in techmomaquilia, in techmomachtilia in ixiptlahuan in Tlacatl in Totecuiyo, in toteopixcahuan".

25. Niman ye ic quimononochilia, quimixpantilia in itlazotlanequiliztzin,

26. quimolhuilia: "MAXICMATTI, MA HUELYUH YE IN MOYOLLO, NOXOCOYOUH, CA NEHUATL IN NICENQUIZCA CEMICAC ICHPOCHTLI SANCTA MARIA, IN INANTZIN IN HUEL NELLI TEOTL DIOS, IN IPALNEMOHUANI, IN TEYOCOYANI, IN TLOQUE NAHUAQUE, IN ILHUICAHUA, IN TLALTICPAQUE.

NICNEQUI, CENCA NIQUELEHUIA INIC NICAN NECHQUECHILIZQUE NOTEOCALTZIN,

27. "IN ONCAN NICNEXTIZ, NICPANTLAZAZ,

28. "NICTEMACAZ IN IXQUICH NOTETLAZOTLALIZ, NOTEICNOITTALIZ, IN NOTEPALEHUILIZ, IN NOTEMANA HUILIZ,

29. "CA NEL NEHUATL IN NAMOICNOHUACANANTZIN,

30. "IN TEHUATL IHUAN IN IXQUICHTIN IN IC NICAN TLALPAN ANCEPANTLACA,

31. "IHUAN IN OCCEQUIN NEPAPANTLACA, NOTETLAZOTLACAHUAN, IN NOTECH MOTZATZILIA, IN NECHTEMOA, IN NOTECH MOTEMACHILIA,

32. "CA ONCAN NIQUINCAQUILIZ IN INCHOQUIZ, IN INTLAOCOL, INIC NICYECTILIZ NICPATIZ IN IXQUICH NEPAPAN INNETOLINILIZ, INTONEHUIZ, INCHICHINAQUILIZ.

33. "AUH INIC HUELNELTIZ IN NICNEMILIA IN NOTEICNOTTALIZ MA XIAUH IN OMPA IN ITECPANCHAN IN MEXICO OBISPO, AUH TIQUILHUIZ IN QUENIN NEHUA NIMITZTITLANI INIC TIQUIXPANTIZ IN QUENIN HUEL CENCA NIQUELEHUIA INIC NICAN NECHCALTI, NECHQUECHILI IN IPAN IN TLALMANTLI NOTEOCAL; HUEL MOCH TICPOHUILIZ IN IXQUICH IN OTIQUITTAC, OTICMAHUIZO, IHUAN IN TLEIN OTICCAC.

34. "AUH MA YUH YE IN MOYOLLO CA HUEL NICTLAZOCAMATTIZ, AUH CA NIQUIXTLAHUAZ

35. "CA IC NIMITZCUILTONOZ, NIMITZTLAMACHTIZ,

36. "IHUAN MIEC ONCAN TICMACEHUAZ IN NICCUEPCAYOTIZ IN MOCIAHUILIZ, IN MOTEQUIPANOLIZ IN IC TICNEMILITIUH IN TLEIN NIMITZTITLANI.

37. "OCAYEOTICCAC, NOXOCOYOUH, IN NIIYO, IN NOTLATOL; MA XIMOHUICATIUH, MA IXQUICH MOTLAPAL XICMOCHIHUILI".

38. Auh niman ic ixpantzinco onmopechtecac, quimolhuili: "Notecuiyoé, Cihuapillé, ca ye niyauh inic nicyectiliz in miiyotzin in motlatoltzin, ma oc nimitznotlalcahuili in nimocnomacehual".

39. Niman ic hualtemoc inic quineltilitiuh in inelitlaniz: connamiquico in cuepotli, huallamelahua Mexico.

40. In oacico itic altepetl, niman ic tlamelauh in itecpanchantzinco Obispo, in huel yancuican hualmohuicac Teopixcatlatoani, itocatzin catca D. Fray Juan de Zumárraga San Francisco Teopixqui.

41. Auh in oacito niman ic moyeyecoa inic quimottiliz quintlatlauhtia in itetlayecolticahuan in itlanencahuan, inic conittotihue

42. ye achi huecautica in connotzaco, in ye omotlanahuatili in Tlatohuani Obispo inic calaquiz.

43. Auh in oncalac niman ixpantzinco motlancuaquetz, mopechtecac, niman ye ic quimixpantilia quimopohuilia in iiyotzin in itlatoltzin Ilhuicac Cihuapilli in inetitlaniz: noihuan quimolhuilia in ixquich oquimahuizo, in oquittac, in oquicac.

44. Auh in oquicac in mochi itlatol, inetitlaniz yuhquin amo cenca monelchiuhtzino,

45. quimonanquili, quimolhuili: "Nopiltzé ma occeppa tihuallaz, oc ihuian nimitzcaquiz, huel oc itzinecan niquittaz, nicnemiliz in tlein ic otihualla in motlanequiliz, in motlaelehuiliz".

46. Hualquiz tlaocoxtihuitz, inic amo niman oneltic in inetitlaniz.

47. Niman hualmocuep iz za ye icuac ipan cemilhuitl; niman oncan huallamelauh in icpac tepetzintli,

48. auh ipantzinco acito in Ilhuicac Cihuapilli, iz zan ye oncan in canin acattopa quimottili, quimochialitica.

49. Auh in oyuhquimottili, ixpantzinco mopechtecac, motlalchitlaz, quimolhuili:

50. "Notecuiyoé, Tlacatlé, Cihuapillé Noxocoyohué, Nochpochtziné, ca onihuia in ompa otinechmotitlanili, ca onicneltilito in miiyotzin in motlatoltzin; macihui in ohuihuitica in onicalac in ompa iyeyan in teopixcatlatoani, ca oniquittac, ca oixpan nictlali in miiyotzin in motlatoltzin in yuh otinechmonanahuatili,

51. "onechpaccaceli, auh oquiyeccac; yece inic onechnanquili yuhquin amo iyollo omacic, amo monelchihua,

52. "Onechilhui: 'Occeppa tihuallaz, oc ihuiyan nimitzcaquiz, huel oc itzinecan niquittaz in tlein otihualla, motlayelehuiliz, motlanequiliz'.

53. "Huel itech oniquittac in yuh onechnanquili ca momatti in moteocaltzin ticmonequiltia mitzmochihuililizque nican, azo zan nehuatl nicyoyocoya, ocazomo motencopatzinco;

54. "ca cenca nimitznotlatlauhtilia Notecuiyoé, Cihuapillé, Nochpochtziné manozo aca ceme in tlazopipiltin, in iximacho, in ixtilo, in mahuiztilo, iteh xicmocahuili in quitzquiz in quihuicaz in miiyotzin in motlatolzin inic neltocoz.

55. "Ca nel nicnotlapaltzintli, ca nimecapalli, ca nicacaxtli, ca nicuitlapilli, ca natlapalli, ca nitco ca nimamaloni, camo nonenemian, camo nonequetzayan in ompa tinechmihualia, Nochpochtziné Noxocoyohué, Tlacatlé, Cihuapillé.

56. "Ma xinechmotlapopolhuili nictequipachoz in mixtzin in moyollotzin, ipan niaz, ipan nihuetziz in mozomatzin in mocualantzin, Tlacatlé, Notecuiyoé".

57. Quimonanquilili iz Cenquizca Mahuizichpochtzintli:

58. "TLAXICCAQUI NOXOCOYOUH MA HUEL YUH YE IN MOYOLLO CAMO TLAZOTIN IN NOTETLAYECOLTICAHUAN IN NOTITITLANHUAN, IN HUEL INTECH NICCAHUAZ IN QUITQUIZQUE IN NIIYO IN NOTLATOL, IN QUINELTILIZQUE IN NOTLANEQUILIZ:

59. "YECE HUEL YUH MONEQUI INIC HUEL TEHUATL IC TINEMIZ, IPAN TITLATOZ, HUEL MOMATICA NELTIZ MOCHIHUAZ, IN NOCIALIZ, IN NOTLANEQUILIZ.

60. "AUH HUEL NIMITZTLATLAUHTIA NOXOCOYOUH, IHUAN NIMITZTLACUAUHNAHUATIA CA HUEL OCCEPPA TIAZ IN MOZTLA TIQUITTATIUH IN OBISPO.

61. "AUH NOPAMPA XICNEMACHTI, HUEL YUH XICCAQUITI IN NOCIALIZ, IN NOTLANEQUILIZ, INIC QUINELTILIZ INIC QUICHIHUAZ NOTEOCAL NIQUITLANILIA.

62. "IHUAN HUEL OCCEPPA XIQUILHUI IN QUENIN HUEL NEHUATL NICEMICAC ICHPOCHTLI SANTA MARIA IN NIINANTZIN TEOTL DIOS IN OMPA NIMITZTITLANI".

63. Auh in Juan Diego quimonanquilili quimolhuili: "Notecuiyoé, Cihuapillé, Nochpochtziné, macamo nictequipacho in mixtzin in moyollotzin, ca huel nocenyollocacopa nonyaz, noconneltilitiuh in miiyotzin in motlatoltzin ca niman amo nicnocacahualtia, manoce nictecococamatti in ohtli.

64. "Ca nonyaz noconchihuatiuh in motlanequiliztzin, zan huel ye in azo camo niyeccacoz; in tlanoce ye onicacoc acazomo nineltocoz.

65. "Ca tel moztla ye teotlac in ye oncalaqui tonatiuh niccuepaquiuh in miiyotzin motlatolzin in tlein ic nechnanquiliz in Teopixcatlatoani;

66. "ca ye nimitznotlalcahuilia, Noxocoyohué, Nochpochtziné, Tlacatlé, Cihuapillé, ma oc ximocehuitzino".

67. Auh niman ic ya in ichan mocehuito.

68. Auh in imoztlayoc Domingo, huel oc yohuatzinco tlatlayohuatoc, ompa hualquiz in ichan huallamelauh in Tlatilolco, quimattihuitz in teoyotl ihuan inic tepohualoz: niman ye inic quittaz Teopixcatlatoani.

69. Auh azo ya ipan matlactli hora in onecencahualoc inic omocac Misa, ihuan otepohualoc, in hualxin in ixquich macehualli.

70. Auh in yehuatl Juan Diego niman ic ya in itecpanchantzinco in Tlatoani Obispo.

71. Auh in oacito ixquich itlapal oquichiuh inic oquimottiliz; auh huel ohuitica in occeppa quimottili;

72. icxitlantzinco motlancuaquetz, choca, tlaocoya in ic quimono-

nochilia, in ic quimixpantilia in iiyotzin in itlatoltzin in Ilhuicac Cihuapilli,

73. inic azo zanen neltocoz in inetitlaniz in itlanequiliztzin Cenquizca Ichpochtli, inic quimochihuililizque, inic quimoquechililizque in iteocaltzin in canin omotlatenehuili in canin quimonequiltia.

74. Auh in Tlatoani Obispo huel miac tlamantli inic quitlatlani, quitlatemoli, inic huel iyollo maciz, campa in quimottili, quenamecatzintli; huel moch quipohuilili in Tlatoani Obispo.

75. Auh macihui in huel moch quimomelahuilili in yuhcatzintli, ihuan in ixquich oquittac, oquimahuizo inca huel yuh neci ca Yehuatzin iz Cenquizca Ichpochtzintli in Itlazomahuiznantzin in Totemaquixticatzin Totecuiyo Jesucristo:

76. Yece amo niman ic omonelchiuh.

77. Quitto ca amo zan ica itlatol itlaitlaniliz mochihuaz moneltiliz in tlein quitlani.

78. Ca huel oc itla inezca monequi inic huel neltocoz in quenin huel Yehuatzin quimotitlanilia in Ilhuicac Cihuapilli.

79. Auh in oyuhquicac in Juan Diego quimolhuili in Obispo:

80. "Tlacatlé, Tlatoanié, ma xicmottili catlehuatl yez in inezca ticmitlanilia ca niman niyaz niquitlanililitiuh in Ilhuicac Cihuapilli onechhualmotitlanili".

81. Auh in oquittac in Obispo ca huel monelchihua ca niman atle ic meleltia, motzotzona, niman ic quihua.

82. Auh in ye huitz, niman ic quinmonahuatili quezqui in ichantlaca, in huel intech motlacanequi, quihualtepotztocazque, huel quipipiazque campa in yauh, ihuan aquin conitta connotza.

83. Tel iuh mochiuh. Auh in Juan Diego niman ic huallamelauh, quitocac in cuepotli.

84. Auh in quihualtepotztocaya oncan atlauhtli quiza inahuac Tepeyacac quauhpantitlan quipoloco, manel oc nohuian tlatemoque aoccan quittaque.

85. Zan yuh hualmocuepque, amo zaniyo in ic omoxixiuhtlatito, noihuan ic oquimelelti oquincualancacuiti:

86. Yuh quinonotzato in Tlatoani Obispo, quitlahuellalilique inic amo quineltocaz, quilhuique inic zan conmoztlacahuilia, zan quipipiqui in tlein quihualmolhuilia, anoce zan oquitemic, zan oquicochitleuh in tlein quimolhuilia in tlein quimitlanililia;

87. auh huel yuh quimolhuique intla occeppa hualaz, mocuepaz, oncan quitzitzquizque, ihuan chicahuac quitlatzacuiltizque inic aocmo ceppa iztlacatiz, tecuamanaz.

[88. In oquixquichica Juan Diego cacta ixpantzinco Cemicac Ichpochtzintli; quilhuiaya intenanquililiz in quitquilito intencopa Huey Teopixcatlatoani;

89. in oyuhquimocaquilti in Tlatocacihuapilli quilhui:

90. "CA YE CUALLI, CA YE YUHQUI, NOXOCOYOUH, NICAN MOZTLA OCCEPPA TIHUALAZ INIC TIQUITQUILITIUH HUEY TEOPIXQUI IN TLANELTILIZTLI IN NEZCAYOTL IN MITZTLATLANILIA;

91. "IC NIMAN MITZTLATOLCAQULIZ, IHUAN ITECHPA AYOQUIC MITZCHICOMATTIZ, NION MOTECH CHICOYOLLOHUAZ;

92. "IHUAN MA HUEL YUH YE IN MOYOLLO, NOXOCOYOUH, CA NIMITZTLAXTLAHUIZ MONETLACUITLAHUILIZ, MOTLATEQUIPANOLIZ MOCIAMMIQUILIZ, IN NOPAMPA TITLAPOPOLOTOC.

93. "TLACUELE, NOTELPOTZIN, CA TEL MOZTLA YE NICAN NIMITZONCHIXTOZ".]

94. In imoztlayoc Lunes in icuac quihuicazquia in Juan Diego in itla inezca inic neltocoz aocmo ohualmocuep:

95. Ye ica in icuac acito in ichan, ce itla, itoca Juan Bernardino, oitechmotlali in cocolizyli, huel tlanauhtoc,

96. oc quiticinochilito, oc ipan tlato, yece aocmo inman, ye huel otlanauh:

97. Auh in ye yohuac, quitlatlauhti in itla in oc yohuatzinco, oc tlatlayohuatoc hualquizaz, quimonochiliquiuh in oncan Tlatilolco ceme in teopixque inic mohuicaz, quimoyolcuitilitiuh, ihuan quimocencahuilitiuh,

98. ye ica ca huel yuhca in iyollo ca ye inman, ca ye oncan inic miquiz ca aoc mehuaz aocmo patiz.

99. Auh in Martes huel oc tlatlayohuatoc in ompa hualquiz ichan in Juan Diego in quimonochiliz teopixqui in ompa Tlatilolco,

100. auh in ye acitihuitz inahuac tepetzintli Tepeyacac in icxitlan quiztica ohtli tonatiuh icalaquiampa, in oncan yeppa quizani, quito:

101. "Intla zan nicmelahua ohtli, manen nechhualmottiliti iz Cihuapilli, ca yeppa nechmotzicalhuiz inic nic huiquiliz tlanezcayotl in teopixcatlatoani, in yuh onechmonahuatili;

102. "ma oc techcahua in tonetequipachol, ma oc nic nonochilitihuetzi in teopixqui motolinia, in notlatzin amo za quimochialitoc".

103. Niman ic contlacolhui in tepetl; itzallan ontlecoc yenepa centlapal, tonatiuh iquizayampa quizato, inic iciuhca acitiuh Mexico inic amo quimotzicalhuiz in Ilhuicac Cihuapilli,

104. in momatti ca in ompa in otlacolo ca ahuel quimottiliz in huel nohuiampa motztilitica.

105. Quittac quenin hualmotemohui icpac in tepetzintli ompa hualmotztilitoc in ompa yeppa conmottiliani.

106. Conmonamiquilico in inacaztlan tepetl, conmotzacuililico, quimolhuili:

107. "AUH NOXOCOYOUH, CAMPA IN TIYAUH? CAMPA IN TITZTIUH?"

108. Auh in yehuatl cuix achi ic mellelma? cuix noce pinahuac? cuix noce ic mizahui, momauhti?

109. Ixpantzinco mopechtecac, quimotlapalhui, quimolhuili:

110. "Nochpochtziné, Noxocoyohué, Cihuapillé, maximopaquiltitié, quen otimixtonalti? cuix ticmohuelmachitia in motlazonacayotzin, Notecuiyoé, Nopiltzintziné?

111. "Nictequipachoz in mixtzin in moyollotzin: ma xic momachiltitzino Nochpochtziné, ca huellanauhtoc ce momacehualtzin notla,

112. "Huey cocoliztli in itech omotlali; ca yeppa ic momiquiliz.

113. "Auh oc noniciuhtiuh in mochantzinco Mexico, noconnonochiliz ceme in itlazohuan Totecuiyo in toteopixcahuan, conmoyolcuitilitiuh, ihuan conmocencahuilitiuh,

114. "ca nel ye inic otitlacatque in ticchiaco in tomiquiztequiuh.

115. "Auh intla onoconneltilito, ca niman nican occeppa nihualmocuepaz, inic nonyaz noconitquiz in miiyotzin in motlatoltzin, Tlacatlé Nochpochtziné.

116. "Ma xinechmotlapopolhuili, ma oc ixquich xinechmopaccaihiyohuilti camo ic nimitznoquelhuia, Noxocoyohué, Nopiltziné ca niman moztla niquiztihuetziquiuh".

117. Auh in oyuhquimocaquiti itlatol in Juan Diego quimonanquili in Icnohuacacenquizcaichpochzintli:

118. "MAXICCAQUI, MA HUEL YUH YE IN MOYOLLO, NOXOCOYOUH, MACA TLE TLEIN MITZMAUHTI, MITZTEQUIPACHO, MACAMO QUEN MOCHIHUA IN MIX IN MOYOLLO MACAMO XIQUIAMACACI IN COCOLITZTLI, MANOCE OC ITLA COCOLIZTLI, COCOC TEOPOUHQUI,

119. "CUIX AMO NICAN NICA NIMONANTZIN? CUIX AMO NOCEHUALLOTITLAN, NECAUHYOTITLAN IN TICA? CUIX AMO NEHUATL IN NIMOPACCAYELIZ? CUIX AMO NOCUIXANCO NOMAMALHUAZCO IN TICA? CUIX OC ITLA IN MOTECH MONEQUI?

120. "MACAMO OC ITLA MITZTEQUIPACHO, MITZAMANA, MACAMO MITZTEQUIPACHO IN ICOCOLIZ MOTLATZIN, CAMO IC MIQUIZ IN AXCANITECHCA; MA HUEL YUH YE IN MOYOLLO CA YE OPATIC".

121. (Auh ca niman huel icuac patic in itlatzin in yuh zantepan machiztic).

122. Auh in Juan Diego in oyuhquicac in iiyotzin in itlatoltzin in Ilhuicac Cihuapilli, huel cenca ic omoyollali, huel ic pachiuh in iyollo.

123. Auh quimotlatlauhtili inic ma za ye quimotitlanili inic quittatiuh in Tlatoani Obispo in quitquiliz itla inezca, in ineltica, inic quineltocaz.

124. Auh in Ilhuicac Cihuapilli niman ic quimonahuatili inic ontlecoz in icpac tepetzintli, in oncan canin yeppa conmottiliaya;

125. Quimolhuili: "XITLECO, NOXOCOYOUH IN ICPAC IN TEPETZINTLI, AUH IN CANIN OTINECHITTAC IHUAN ONIMIZTNANAHUATI;

126. "ONCAN TIQUITTAZ ONOC NEPAPAN XOCHITL, XICTETEQUI, XICNECHICO, XICCENTLALI, NIMAN XIC-HUALTEMOHUI, NICAN NIXPAN XICHUALHUICA".

127. Auh in Juan Diego niman ic quitlecahui in tepetzintli,

128. auh in oacito icpac, cenca quimahuizo in ixquich onoc, xotlatoc, cuepontoc in nepapan caxtillan tlazoxochitl, in ayamo imochiuhyan;

129. ca nel huel icuac in motlapaltilia izcetl:

130. huel cenca ahuiaxtoc, iuhqui in tlazoepyollotli inic yohualahuachyotoc;

131. niman ic peuh in quitetequi, huel moch quinechico, quicuixanten.

132. Auh in oncan icpac tepetzintli, ca niman atle xochitl in imochiuhyan, ca texcalla, netzolla, huihuitztla, nopalla, mizqitla;

133. auh intla xiuhtotontin mochichihuani, in icuac in ipan Metztli Diciembre, ca moch quicua quipopolohua izcetl.

134. Auh ca niman ic hualtemoc, quihualmotquilili in Ilhuicac Cihuapilli in nepapan xochitl oquitetequito,

135. auh in oyuhquimottili, imaticatzinco conmocuili;

136. niman ye occeppa icuexanco quihualmotemili quimolhuili:

137. "NOXOCOYOUH, ININ NEPAPAN XOCHITL YEHUATL IN TLANELTILIZ IN NEZCAYOTL IN TIC-HUIQUILIZ IN OBISPO.

138. "NOPAMPA TIQUILHUIZ MA IC QUITTA IN NOTLANEQUILIZ IHUAN IC QUINELTILIZ IN NOTLANEQUILIZ, IN NOCIALIZ.

139. "AUH IN TEHUATL IN TINOTITLAN CA HUEL MOTECH NETLACANECONI;

140. "AUH HUEL NIMITZLACUAUHNAHUATIA ZAN HUEL ICEL IXPAN OBISPO TICZOHUAZ IN MOTILMA, IHUAN TICNEXTILIZ IN TLEIN TIC-HUICA:

141. "AUH HUEL MOCH TICPOHUILIZ, TIQUILHUIZ IN QUENIN ONIMITZNAHUATI INIC TITLECOZ IN ICPAC TEPETZINTLI IN TICTETEQUITIUH XOCHITL, IHUAN IN IXQUICH OTIQUITTAC, OTICAMAHUIZO.

142. "INIC HUEL TICYOLLOYEHUAZ IN TEOPIXCATLATOANI INIC NIMAN

IPAN TLATOZ INIC MOCHIHUAZ, MOQUETZAZ IN NOTEOCAL ONIQUITLANILI".

143. Auh in oconmonanahuatili in Ilhuicac Cihuapilli quihualtocac in cuepotli Mexico hualmelahua, ye pactihuitz.

144. Ye yuh yetihuitz in iyollo ca yecquizaquiuh, quiyequitquiz

145. huel quimocuitlahuitihuitz in tlein icuixanco yetihuitz in manen itla quimacauh;

146. quimotlamachtitihuitz in iahuiaca in nepapan tlazoxochitl.

147. In oacico itecpanchan Obispo connamiquito in icalpixcauh ihuan occequin itlanencahuan in Tlatocateopixqui.

148. Auh quintlatlauhti inic ma quimolhuilican in quenin quimottiliznequi, yece ayac ceme quinec, amo conmocaccaneque azo ye inic huel oc yohuatzinco;

149. auh anoce inic ye quiximatti zan quintequipachoa inic imixtlan pilcatinemi,

150. ihuan ye oquinonotzque in imicnihuan in quipoloto in iquac quitepotztocaque.

151. Huel huecauhtica in otlatolchixticatca.

152. Auh in oquittaque ye huel huecauhtica in oncan icac, motololtiticac, tlatenmaticac in azo notzaloz, ihuan in iuhquinma itla quihualitqui, quicuixanoticac; niman ye ic itech onacique inic quittilizque tlein quihuicatz inic inyollo pachihuiz.

153. Auh in oquittac in Juan Diego ca niman ahuel quintlatiliz in tlein quihuicatz, ca ic quitolinizque quitotopehuazque noce ic quimictizque, tepiton quihualnexti ca xochitl.

154. Auh in yuhquittaque ca moch caxtillan nepapan xochitl ihuan in camo imochiuhyan in icuac, huel cenca quimahuizoque, ihuan in quenin huel cenca celtic, inic cueponqui, inic ahuiac, inic mahuiztic.

155. Auh quelehuique inic quezquitetl conanazque, quiquixitilizque;

156. auh huel expa mochiuhqui inic motlapaloque concuizquia; niman ahuel mochiuhqui,

157. yeica in icuac quiitzquizquia aocmo huel xochitl in quittaya, zan yuhquima tlacuilolli, noce tlamachtli, noce tlatzontli in itech quittaya tilmatli.

158. Niman ic quimolhuilito in Tlatoani Obispo in tlein oquittaque;

159. ihuan in quenin quimottiliznequi in macehualtzintli ye izquipa huallauh, ihuan in ye huel huecauh in ye ic azo onca tlatlatolchixtoc inic quimottiliznequi.

160. Auh in Tlatoani Obispo in oyuh quimocaquiti, niman ipan ya in

iyollotzin ca yehuatl in ineltica inic iyollotzin maciz, inic quimoneltililiz in tlein ic nemi tlacatzintli.

161. Niman motlanahuatili inic niman calaquiz, quimottiliz.

162. Auh in ocalac ixpantzinco mopechtecac, in yuh yeppa quichihuani;

163. auh occeppa quimotlapohuilili in ixquich oquittac in oquimahuizo ihuan in inetitlaniz.

164. Quimolhuili: "Notecuiyoé, Tlatoanié, ca ye onicchiuh, ca ye onicneltili in yuh otinechmonahuatili,

165. "ca huel yuh onicnolhuilito in Tlacatl in Notecuiyo in Ilhuicac Cihuapilli Santa María in Teotl Dios Itlazonantzin, in ticmitlania in tlanezcayotl inic huel tinechmoneltoquitiz, inic ticmochihuililiz in iteocaltzin in oncan mitzmitlanililia, ticmoquechiliz;

166. "auh ca huel yuh onicnolhuili in onimitznomaquili in notlatol inic nimitzhualnohuiquiliz in itla inezca in ineltica in itlanequiliztzin inic nomac oticmocahuili.

167. "Auh ca oquihuelmocaquiti in miiyotzin in motlatoltzin; auh oquimopaccacelili in ticmitlania in itla inezca, ineltica, inic mochihuaz moneltiliz in itlanequiliztzin.

168. "Auh ye in in axcan oc yohuatzinco onechmonahuatili inic occeppa nimitznottiliquiuh;

169. "auh onicnitlanilili in itla inezca inic nineltocoz, in yuh onechmolhuili nechmomaquiliz, auh ca zan niman oquimoneltilili.

170. "Auh onechmihuali in icpac tepetzintli in canin yeppa noconnottiliani inic ompa nictetequitiuh in nepapan Caxtillan xochitl.

171. "Auh in onictequito, onic-hualnohuiquilili in oncan tlatzintlan;

172. "auh ca imaticatzinco conmocuili,

173. "occeppa nocuixanco oconhualmotemili,

174. "inic nimitzhualnotquililiz, in huel Tehuatzin nimitznomaquiliz.

175. "Macihui in ca huel nicmattia camo imochiuhyan xochitl in icpac tepetzintli, ca zan tetexcalla, netzolla, huitztla, tenopalla, mizquitla amo ic oninotzotzon, amo ic nomeyolloac.

176. "In nacito in icpac tepetzintli in nitlachix ca ye xochitlalpan.

177. "Oncan cenquiztoc in ixquich nepapan tlazoxochitl caxtillancayotl ahuach, tonameyotoc, inic niman onictetequito.

178. "Auh onechmolhuili inic, ipampa nimitznomaquiliz; auh ca ye yuh nic neltilia inic oncan ticmottiliz in itla nezcayotl in ticmitlanilia inic ticmoneltililiz in itlanequiliztzin;

179. "Ihuan inic neci ca neltiliztli in notlatol, in nonetitlaniz:

180. "Ca izca, ma xicmocelili".

181. Auh ca niman ic quihualzouh in iztac itilma in oquicuixanotica-ca xochitl.

182. Auh in yuh hualtepeuh in ixquich nepapan caxtillan xochitl,

183. niman oncan momachioti, neztiquiz in itlazoixiptlatzin iz cen-quizca Ichpochtli Santa María Teotl Dios Inantzin in yuhcatzintli axcan moyetztica

184. in oncan axcan mopixtzinotica in itlazochantzinco in iteocaltzin-co Tepeyacac, motocayotia Guadalupe.

185. Auh in oyuhquimottili in Tlatoani Obispo ihuan in ixquichtin oncan catca motlancuaquetzque, cenca quimahuizoque,

186. quimotztimoquetzque, tlaocoxque, moyoltoneuhque, yuhquin ahcoya in inyollo in intlalnamiquiliz.

187. Auh in Tlatoani Obispo choquiztica, tlaocoyaliztica quimotla-tlauhtili, quimitlanilili in itlapopolhuililoca inic amo niman oquineltili, in itlanequiliztzin, in iiyotzin in itlatoltzin.

188. Auh in omoquetz quihualton in iquechtlan ic ilpiticatca in itla-quen, in itilma Juan Diego

189. in itech omonexiti in oncan omomachiotitzino in Ilhuicac Ci-huapilli.

190. Auh niman ic quimohuiquili; ompa quimotlalilito in ineteochi-huayan.

191. Auh oc onca ocemilhuiti in Juan Diego in ichantzinco Obispo, oc quimotzicalhui.

192. Auch in imoztlayoc quilhui: "Zaque, inic ticteittitiz in canin itlanequiliztzin Ilhuicac Cihuapilli quimoquechililizque in iteocaltzin":

193. niman ic tetlalhuiloc inic mochihuaz moquetzaz.

194. Auh in Juan Diego in oyuhquitteititi in canin quimonahuatili in Ilhuicac Cihuapilli moquetżaz iteocaltzin, nimac ic tenahuati

195. in oc onaciznequi in ichan inic conittatiuh in itlatzin Juan Ber-nardino in huellanauhtoc, in icuac quihualcauhtehuac ceme quinotzaz-quia Teopixque in oncan Tlatilolco, inic quiyolcuitizquia, quicencahuaz-quia; in quimolhuili Ilhuicac Cihuapilli in ye opatic.

196. Auh amo zan icel quicauhque yaz, ca quihuicaque in ompa in ichan.

197. Auh in oyuh acito quittaque in itlatzin ye huel pactica, niman atle quicocoa,

198. auh in yehuatl cenca quimahuizo in quenin imach hualhuico, ihuan cenca mahuiztililo,

199. quitlatlani in imach tleica in yuhqui chihualo, in cenca mahuiztililo:

200. Auh in yehuatl quilhui in quenin icuac ompa hualehuac in quinochilizquia teopixqui in quiyolcuitiz, quicencahuaz, in oncan Tepeyacac quimottilitzino in Ilhuicac Cihuapilli;

201. auh quimotitlani in ompa Mexico in quittatiuh in Tlatoani Obispo inic oncan quimocaltiliz in Tepeyacac.

202. Auh quimolhuili in macamo motequipacho in ca ye pactica; in ic cenca moyollali.

203. Quilhui in itlatzin ca ye nelli ca niman icuac in quimopatili,

204. ihuan huel quimottili iz zan no huel ye iuhcatzintli in yuh quimottititzinoaya in imach;

205. ihuan quimolhuili in quenin yehuatl oc oquimotitlanili Mexico in quittaz Obispo.

206. Auh ma no in icuac quittatiuh, ma huel moch ic quixpantiz quinonotzaz in tlein oquittac,

207. ihuan in quenin tlamahuizoltica oquimopatili;

208. auh ma huel yuh quimotocayotiliz, ma huel yuh motocayotitzinoz iz CENQUIZCA ICHPOCHTZINTLI SANTA MARIA DE GUADALUPE in itlazoixiptlatzin.

209. Auh niman ic quihalhuicaque in Juan Bernardino in ixpan Tlatohuani Obispo in quinonotzaco, in ixpan tlaneltilico.

210. Auh inehuan in imach Juan Diego quincalloti in ichan Obispo achi quezquilhuitl

211. inoc ixquich ica moquetzino iteocaltzin Tlatoca Cihuapilli in oncan Tepeyacac in canin quimottitili in Juan Diego.

212. Auh in Tlatohuani Obispo quicuani ompa in Iglesia Mayor in itlazoixiptlatzin in Ilhuicactlazocihuapilli.

213. Quihualmoquixtili in ompa itecpanchan in ineteochihuayan moyetzticatca: inic mochi tlacatl quittaz quimahuizoz in Itlazoixiptlatzin.

214. Auh huel cenmochi iz cemaltepetl olin, in quihualmottiliaya, in quimahuizoaya in Itlazoixiptlatzin.

215. Huallateomatia.

216. Quimotlatlauhtiliaya.

217. Cenca quimahuizoaya in quenin teotlamahuizoltica inic omonexiti,

218. inic niman ma aca tlalticpac tlacatl oquimicuilhui in itlazoixiptlayotzin.

FUENTES Y BIBLIOGRAFÍA

Abd-El-Jalil, J.-M., *Marie et l'Islam,* París, 1950.

Acuña, Rodolfo, *Occupied America: A history of chicanos,* Nueva York, 1981.

Aguayo Spencer, Rafael, *La Virgen de Guadalupe en la historia de México,* México, 1971.

Alastruey, Gregorio, *Tratado de la Virgen Santísima,* Madrid, 1956.

Alcalá Alvarado, Alfonso, *El milagro del Tepeyac. Objeciones y respuestas* (M.Sp.S), México, 1981.

———, *Santuario de Guadalupe: La sagrada imagen y las ciencias* (CELAM), Bogotá, 1986.

Alcocer, Fr. José Antonio, *Bosquejo de la historia del Colegio de Nuestra Señora de Guadalupe y sus misiones. Año de 1788,* introducción, bibliografía, acotaciones e ilustraciones del R. P. Fr. Rafael Cervantes, O.F.M., México, 1958.

Almeida, Alvarado, Canton (y otros), "Die Kirche in Bewegung. Pastoralbotschaft von fünfzehn Bischöfen", en *WK,* 6 (1989), pp. 187-190.

Álvarez, Arturo, "Guadalupe, pila bautismal del Nuevo Mundo", en *RI,* XX (1960) núms. 7-9, pp. 113-124.

———, *Guadalupe: Arte, historia y devoción mariana,* Madrid, 1964.

———, *Guadalupe en la América andina,* Madrid, 1969.

Álvarez, José Rogelio (dir.), *Enciclopedia de la Iglesia Católica en México,* México, 1982.

Álvarez Prieto, Fernando, *La Virgen del Tepeyac, historia, leyendas y tradiciones referentes á la maravillosa Aparición de la Virgen de Nuestra Señora de Guadalupe de México,* 3 tomos, Barcelona-México, 1883-1884.

Álvarez Santalo, Carlos, y Buxo i Rey, María Jesús *et al.* (coords.), *La religiosidad popular,* 3 t., Barcelona, 1989.

Amato, Angelo, "Mariologia in contesto. Un esemmpio di teologia inculcurata: «Il volto meticcio di Maria di Guadalupe» (Puebla n. 446)", en *Marianum,* XLII (1980), pp. 421-469.

Anders, Ferdinand, *Wort- und Sachregister zu Eduard Seler: Gesammelte Abhandlungen zur Amerikanischen Sprach-und Altertumskunde,* Graz, 1967.

ANGTM (ed.), *La Virgen de Guadalupe. Madre de los mexicanos y reina del trabajo,* manual de la Asociación Nacional Guadalupana de Trabajadores Mexicanos, México, 1951.

Angulo, Jorge, *El Museo Cuauhnahuac en el Palacio de Cortés* (INAH), México, s.a.

[Anónimo], "Primer Sermón Predicado en el Nov. de Guadalupe día 10 de abril de 1640", en Héctor Rogel (comp.), *Sermones guadalupanos* (fotocopias de ms.) (BSC), México, 1983, pp. 1-14.

———, Sermón de Nuestra Señora de Guadalupe Predicado Año de 1660 (copia manuscrita), impreso en [ileg.] 1661, en *DocG* (1-G-6), t. l, doc. 1 (BLB/BSMG), [México], s.l.n.a.

———, "Sermón Panegírico de Nª Sa. de Guadalupe, Predicado en la Tercera Orden de San Agustín à 12 de Diciembre de 808 [=1808] (ms.)", en *DocG* (1-G-7) t. II, doc. 1 (BLB/BSMG), [México], s.l.n.a.

———, *La nacionalidad mexicana y la Virgen de Guadalupe* (Imp. P. Sanz), México, 1931.

———, La Virgen de Guadalupe no se le apareció al pobre Juan Diego ni a nadie. Rotundas afirmaciones de un esclarecido católico mexicano *(Propaganda Anticlerical,* folleto 1), México, 1943.

[Antícoli, Esteban], *La Virgen del Tepeyac. Patrona principal de la nación mexicana,* Guadalajara, 1884.

———, *Defensa de la aparición de la Virgen María en el Tepeyac.* Escrita por un sacerdote de la Compañía de Jesús, contra un libro impreso en México el año de 1891, Puebla, 1893.

———, *Historia de la aparición de la Sma. Virgen María de Guadalupe en México desde el año de MDXXXI al de MDCCCXCV,* por un sacerdote de la Compañía de Jesús, 2 tomos, México, 1897.

Arias, P., A. Castillo y C. López, *Radiografía de la Iglesia católica en México: 1970-1978,* México, 1981.

Artajo, Javier Martín, "La Nueva Basílica de Guadalupe", en *Ábside,* 41 (1977), pp. 138-142.

Ascheman, Thomas J., Guadalupan Spirituality for Cross-Cultural Missionaries (St. Miss. Inst.), St. Augustin, 1983 (inéd.).

Asín Palacios, Miguel, *Contribución a la toponimia árabe de España,* Madrid, 1944.

Bader, W., y J. Riesz (comps.), *Literatur und Kolonialismus,* I, Frankfurt-Berna, 1983.

Báez-Jorge, Félix, *Los oficios de las diosas,* Xalapa, Ver., 1988.

Ballesteros Gaibrois, Manuel, "El trasplante cultural de Europa a América", en *RJav,* 44 (1955), pp. 71-79.

Ballesteros Gaibrois, Manuel, *Historia de España,* Barcelona, 1967.
——— (y otros), *Cultura y religión de la América prehispánica,* Madrid, 1985.
Barbeto, Jesús M. (coord.), *En torno a la identidad latinoamericana,* México, 1992.
Bartolache, José Ignacio, *Manifiesto satisfactorio. Opúsculo Guadalupano...* (Imp. F. de Zúñiga y Ontiveros), México, 1790.
Bartra, Roger, *La jaula de la melancolía. Identidad y metamorfis del mexicano,* México, Barcelona, Buenos Aires, 1987.
Basave Fernández del Valle, Agustín, *Vocación y estilo de México. Fundamentos de la mexicanidad,* México, 1989, reimpr. 1990.
Batt, Carl E., "Mexican character: An adlerian interpretation", en *IP,* 25 (1969), pp. 183-201, Millwood, N. Y., 1978 (reimpr.).
Baudot, Georges, *Utopie et Histoire au Mexique. Les premiers chroniqueurs de la civilisation mexicaine (1520-1569),* Tolouse, 1976.
Baudot, Georges, y Tzvetan Todorov, *Récits Azteques de la Conquête,* París, 1983.
Bauer, Johannes B. (comp.), *Entwürfe der Theologie,* Graz-Viena-Colonia, 1985.
Baumgartner, Jakob, *Mission und Liturgie in Mexiko,* 2 vols., Schöneck - Beckenried (Suiza), 1971.
——— (comp.), *Vermittlung zwischenkirchlicher Gemeinschaft. 50 Jahre Missionsgesellschaft Bethlehem Immensee,* Immensee (Suiza), 1971.
———, "Quetzalcóatl-Guadalupe. Zu einer Ideengeschichte des Vizekönigtums Neuspanien", en *NZM,* 31 (1975), pp. 223-226.
——— (comp.), *Wiederentdeckung der Volksreligiosität,* Regensburgo, 1979.
———, "Guadalupanismo und Fünfhundertjahrfeier der Evangelisierung Lateinamerikas", en *NZM* 44 (1988), 142.
Bautista Muñoz, Juan, "Memoria sobre las apariciones y el culto de Nuestra Señora de Guadalupe de México. Leída en la Real Academia de la Historia. Madrid 18 de April 1794", en *RAH,* V (1817), núm. 3, pp. 205-224.
Bayle, Constantino, *Santa María en Indias,* Madrid, 1928.
Becker, Richard, *Gonzalo de Berceos Milagros und ihre Grundlagen,* Estrasburgo, 1910.
Beckmann, Johannes, "Utopien als missionarische Stosskraft", en J. Baumgartner (comp.), *Vermittlung zwischenkirchlicher Gemeinschaft...,* Immensee (Suiza), 1971, pp. 361-407.
———, "Die Erziehung der Christen zum kirchlichen Denken in der

jungen Kirche Mexikos (16.Jh.)", en *Novella Ecclesiae Germina* (Nimwegen-Utrecht, 1962), pp. 45-60.

Beinert, Wolfgang, y Heinrich Petri (comps.), *Handbuch der Marienkunde,* Regensburgo, 1984.

Beissel, Stephan, *Geschichte der Verehrung Mariens in Deutschland während des Mittelalters,* Friburgo de Brisgovia, 1909.

———, *Wallfahrten zu unserer Lieben Frau in Legende und Geschichte,* Friburgo de Brisgovia, 1913.

Bengoechea, Fr. Augustín de, "La Gloria de María en sus Gracias para con los Americanos". Oración panegyrica de Nuestra Señora de Guadalupe, que el día 15 de mayo de 1768, y último del Novenario, que en el Templo de la Real é Insigne Colegiata de la misma Señora hicieron los Cavalleros hazendados implorando de su intercession el beneficio de las aguas para sus campos. Dixo el R. P. Fr. Augustin de Bengoechea de la Regular Observancia de N.P.S. Francisco, Lector de Vísperas de Sagrada Theologia en el Colegio del S. Dr. S. Buenaventura de Tlaltelolco de la Ciudad de México. Dánla a la Luz Publica los mismos Señores Labradores, á quienes se dedica (Imp. Don Phelipe de Zuñiga y Ontiveros), México 1768", en *DocG* (1-G-8), t. V, doc. 13 (BLB/BSMG), [México], s.l.n.a.

Benítez, Fernando, *Los primeros mexicanos (La vida criolla en el siglo XVI),* México, 1953, 1962 (2ª ed.), reimp. 1990.

Benítez, J. J., *El misterio de la Virgen de Guadalupe. Sensacionales descubrimientos en los ojos de la Virgen mexicana,* Barcelona, 1982.

Benjamin, Robert S., "La reina de América", en *O Cruzeiro,* 2 (1958), núm. 22, pp. 7-13.

Bennassar, Bartolomé, *L'Homme Espagnol. Attitudes et Mentalités du XVIe au XIXe siècle,* París, 1975.

———, *Histoire des Epagnols,* 1: *VIe-XVIIe siècle,* 2: *XVIIIe-XXe siècle,* París, 1985.

———, *Un Siècle d'Or Espagnol,* París, 1982.

Bergöend, Bernardo, *La nacionalidad mexicana y la Virgen de Guadalupe,* México, 1931, 1968 (2ª ed.).

Bergosa y Jordan, Antonio, "Antigua y loable costumbre... (Carta Pastoral de) el Dr. Don Antonio Bergosa y Jordan... Obispo de Antequera de Oaxaca, electo Arzobispo de México, Caballero de la Real y Distinguida Orden Española de Carlos III del Consejo de S.M. & c. Al venerable Señor Dean y Cabildo de la Santa Iglesia Metropolitana de México, á nuestro amado clero, y á todos los fieles de dicha nuestra

Diocesis..., Antequera de Oaxaca á 24 de noviembre de 1811, s.l.n.a.", en *DocG* (1-G-7), t. II, doc. 20 (BLB/BSMG), [México], s.l.n.a.

Bernal, Rafael, *México en Filipinas. Estudio de una transculturación*, México, 1965.

Bernecker, Walther L., y T. Buve, Raymond *et al.* (eds.), *Handbuch der Geschichte Lateinamerikas in 3 Bänden*, Stuttgart, 1992.

Bertsch, L., y F. Schlösser (eds.), Evangelisation in der Dritten Welt, Friburgo-Basel-Viena, 1981.

Beuchot, Mauricio, *La teología de los dominicos novohispanos de México, en el siglo XVI*, México, 1992.

Bezerra Tanco, Luis, *Origen milagroso del Santvario de Nuestra Señora de Gvadalvpe: Extramuros de la Ciudad de México.* Fundamentos verídicos con que se prueba ser infalible la tradición, que ay en esta Ciudad, á cerca de la aparición de la Virgen María Señora Nuestra, y de su milagrosa Imagen. Sacados a luz por el Br. Luis Bezerra Tanco, Clérigo Presbytero, natural de este Arsobispado (Imp. Viuda de Bernardo Calderón), México, 1666.

———, *Felicidad de México en el principio, y milagroso origen, que tubo el Santuario de la Virgen María N. Señora de Gvadalvpe, extramuros: en la apparición admirable de esta Soberana Señora, y de su prodigiosa Imagen.* Sacada á luz, y añadida por el Bachiller Lvis Bezerra Tanco, Presbytero, difunto; para esta segunda impresión, que ha procurado el Doctor D. Antonio de Gama...(Imp. de la Viuda de Bernardo Calderón), México, 1675 (Sevilla, 1685; México, 1979).

Bhardwaj, S. M., G. Rinschede *et al.* (comps.), *Pilgrimage in the Old and New World*, Berlín, 1993.

Bierhorst, John (comp.), *Cantares mexicanos. Songs of the Aztecs*, traducido del náhuatl, con introducción y comentarios, Stanford, Calif., 1985.

———, *A Nahuatl-English Dictionary and Concordance to the Cantares Mexicanos*, with an analytic transcription and grammatical notes, Stanford, Calif., 1985.

Billeter, Erika (comp.), *Das Blaue Haus. Die Welt der Frieda Kahlo*, Frankfurt del Main, 1993.

Blázquez, José María, *Religiones en la España antigua*, Madrid, 1991.

Böhne, Winfried, "Legende", en *LThK*, 6 (1961), pp. 876-878.

Boff, Leonardo, *O Rosto Materno de Deus*, Petrópolis, 1979, trad. al alemán por H. Goldstein: *Das mütterliche Antlitz Gottes*, Düsseldorf, 1985.

———, "Exigências teológicas e eclesiológicas para uma nova evangelização", en *REB*, 47, fasc. 185 (1987), pp. 120-144.

Boff, Leonardo, "Maria, mulher profética e libertadora", en *REB*, 38 (1978), fasc. 149, pp. 59-72.

———, *Kirche: Charisma und Macht*, Düsseldorf, 1985.

———, B. Kern y A. Müller (comps.), *Werkbuch Theologie der Befreiung*, Düsseldorf, 1988.

Borges, Pedro, *Métodos misionales en la cristianización de América siglo XVI*, Madrid, 1960.

Boturini Benaducci, Lorenzo, *Idea de una nueva historia general de la América septentrional. Fundada sobre material copioso de figuras, symbolos, caractéres, y geroglíficos, cantares, y manuscritos de autores indios, ultimamente descubiertos. Dedicala al Rey N.tro Señor en su Real, y Supremo Consejo de las Indias el Cavallero Lorenzo Boturini Benaduci, Señor de la Torre, y de Hono* (Imp. Juan de Zuñiga), Madrid, 1746.

———, *Documentos guadalupanos antiguos* (fotocopias de ms. originales), ed. por H. Rogel (BSC), México, 1982.

———, Diez cuadernos de apuntes... (fotocopias del ms. original), ed. por H. Rogel (BSC), México, 1982.

Brading, David A., *Los orígenes del nacionalismo mexicano*, México, 1973.

Brandão, Carlos R. (y otros), *Inculturação e Libertação* (Semana de Estudos Teológicos CNBB/CIMI), Sao Paulo, 1986.

Bravo, Benjamín (comp.), *Diccionario de religiosidad popular*, México, 1992.

Bravo Ugarte, José, *Cuestiones históricas guadalupanas*, México, 1946, 1966.

———, "Cuestiones históricas guadalupanas. El lugar de la cuarta aparición: ¿La capilla de Las Rosas o la sacristía de la parroquia archipresbiteral?", en *Ábside*, X (1946), pp. 399-415.

Bühler, Hannelore, *Die Marienlegenden als Ausdruck mittelalterlicher Marienverehrung*, Colonia, 1965.

Bürkle, Horst, *Missionstheologie*, Stuttgart-Berlín-Colonia-Mainz, 1979.

———, *Einführung in die Theologie der Religionen*, Darmstadt, 1977.

Brinton, Daniel G., *Ancient Náhuatl Poetry*, Nueva York, 1890, reimpr. 1969.

Brinckmann, Bärbel, *Quellenkritische Untersuchungen zum mexicanischen Missionsschauspiel (1533-1732)*, Hamburgo, 1969.

———, "Coloquios de la Virgen de Guadalupe", en *REAA*, XIII (1978), 163-170.

Burrus, Ernest J., *A major Guadalupan question resolved: Did general Scott seize the Valeriano account of the Guadalupan apparitions?* (CARA Studies), Washington, D. C., 1979.

Burrus, Ernest J., "La copia más antigua del 'Nican Mopohua'", en *Histórica,* col. I, núm. 2, México (CEG), s.a. [1987], pp. 5-27.

———, "¿Dónde está la Colección de Sigüenza y Góngora?", en CEG (ed.), *IV Encuentro Nacional Guadalupano,* México, 1980, pp. 45-66.

Bushnell, John, "La Virgen de Guadalupe as surrogate mother in San Juan Atzingo", en *AA* 60 (1958), pp. 262-265.

Cabrera, Miguel, *Maravilla americana...* (Imp. del Colegio de San Idelfonso), México, 1756.

Cabrera y Quintero, Cayetano de, *Escudo De Armas De México:* Celestial Protección De Esta Nobilissima Ciudad, De La Nueva-España, y De Casi Todo El Nuevo Mundo, María Santissima, En Su Portentosa Imagen Del Mexicano Guadalupe, Milagrosamente Aparecida En el Palacio Arzobispal El Año De 1531. Y Jurado Su Principal Patrona El passado De 1737...(Imp. Vda. de J. B. de Hogal), México, 1746.

———, *Colección de Obras y Opúsculos pertenecientes a la milagrosa aparición... de Nuestra Señora de Guadalupe...* (Imp. de L. de San Martín), Madrid, 1785.

CaGu (ed.), Informe de Actividades de los años 1963-1988 publicado por el Venerable Cabildo con Motivo del XXV Aniversario de la Toma de Posesión como Abad de Guadalupe de Monseñor Guillermo Schulenburg Prado. Presentación por Carlos Warnholtz Bustillos, Arcipreste de Guadalupe, México, 1988.

Calderón Salazar, José, "En Guatemala, la otra Guadalupana", en *Excélsior* (7 de noviembre de 1976), pp. 4-9.

Callahan, PH.S. y Brant Smith, *La tilma de Juan Diego, ¿técnica o milagro? Estudio analítico al infrarrojo de la imagen de Nuestra Señora de Guadalupe,* traducción y notas de Faustino Cervantes I., México, 1981.

CAM (ed.), *Nuestra Señora de Guadalupe en la tradición de los pobres,* México, s.a. [¿1983?].

Camacho, Antonio, "Sermón que el día último del solemne octavario, que de orden del Illmô. Sr. Dr. D. Manuel Abad y Qeipo, obispo electo de Michoacán, se celebró en esta Santa Iglesia Catedral de Valladolid, para desagraviar á la Santísima Virgen María, de los ultrages que en su advocación de Guadalupe se le han hecho en esta última época con motivo de la insurrección en esta América Septentrional, predicó el Lic. D. Antonio Camacho, cura propio y Juez Eclesiástico del Valle de Santiago en el mismo obispado, el 1° de mayo de 1811 (Imp. D. Mariano José de Zúñiga y Ontiveros), México 1811", en *DocG* (1-G-7), t. II, doc. 18 (BLB/BSMG), [México] s.l.n.a.

Campbell, Ena, "The Virgin of Guadalupe and the female self-image: A Mexican case history", en *Mother Worship: Theme and Variation,* Chapel Hill, N. Ca., 1982, pp. 5-24.

Campos, Octavio, ¿"Fe, paganismo, aparición hechiza? Virgen y Juan Diego: Identidad", en *Solidaria,* 5 (1983), pp. 35-38.

Camps, Arnulf, *Partners in dialogue. Christianity and other world religions,* Maryknoll, N. Y., 1983.

Cantú Corro, José, *Sermones guadalupanos (Esquemas),* Huajuapam de León, 1940.

Capistrán Garza, René, *La Virgen que forjó una patria,* México, 1939.

Carrasco, B., S. Ruiz García (y otros), "La mayoría nos sentimos mexicanos-guadalupanos", en *Tep,* 8, núms. 166-167 (1982), pp. 1.10-12.

Carreño, Alberto María, "Don fray Alonso de Montúfar, segundo arzobispo de México, y la devoción a Nuestra Sra. de Guadalupe", en *Ábside,* 11 (1947), pp. 357-382.

———, "Don fray Alonso de Montúfar, second archbishop of México, and the devotion to our Lady of Guadalupe", en *Americas,* II (1945-1946), pp. 280-295.

Carrillo Alday, Salvador (y otros), *Santa María de Guadalupe. Estudios teológicos, Año Jubilar 1531-1981,* México, 1981.

———, *El mensaje teológico de Guadalupe* (ISE), México, 1981.

———, *El mensaje teológico de guadalupe* (CELAM), Bogotá, 1986.

Carrillo Pérez, Ignacio, *Lo máximo en lo mínimo. La portentosa imagen de Nuestra Señora de los Remedios, conquistadora y patrona de la imperial ciudad de México,* México, 1808 (ed. facs. 1979).

Cartas de Indias I, Ed. Ministerio de Fomento, Madrid, 1974.

Casasola, G., y P. Casasola, *Monografía de la Basílica de Santa María de Guadalupe* (Archivo Casasola), México, 1953.

Cascante Dávila, Juan Ma., *Doctrina mariana de S. Idelfonso de Toledo,* Barcelona, 1958.

Caso, Alfonso, *El pueblo del Sol,* México, 1974.

Castillo y Piña, José, *Tonantzin Nuestra Madrecita la Virgen de Guadalupe,* México, 1945.

CEAV (ed.), *María Esperanza Nuestra. Consagración de Nicaragua al Inmaculado Corazón de María,* Managua, 1982.

———, *Novena a la Purísima María de Nicaragua,* Managua, 1982.

CEDIPIO (ed.), *Plan Diocesano de Pastoral Indígena,* Oaxaca, 16 de julio de 1983.

CEEC (ed.), *La pastoral de santuarios en México,* México, 1988.

CEG (ed.), *Juan Diego, el vidente del Tepeyac (1474-1548)*, México, 1979.
———, *Documentario guadalupano 1531-1768*, México, 1980.
———, *Histórica*, Colección I, México s.a. [1987].
———, *Primer Encuentro Nacional Guadalupano: 7 y 8 de septiembre de 1976*, México, 1978.
———, *Segundo Encuentro Nacional Guadalupano: 2 y 3 de diciembre de 1977*, México, 1979.
———, *Tercer Encuentro Nacional Guadalupano: 5, 6 y 7 de diciembre de 1978*, México, 1979.
———, *Cuarto Encuentro Nacional Guadalupano: 4, 5 y 6 de diciembre de 1979*, México, 1980.
CEI (ed.), "La Comision Episcopal para Indígenas en la Misión Guadalupana", en *EI*, VIII (1981) núm. 2, pp. 319-322.
CELAM (ed.), *Iglesia y religiosidad popular en América Latina*, Bogotá, 1977.
———, Nueva evangelización-promoción humana-cultura cristiana (Documento de Trabajo) (IV Conferencia General del Episcopado Latinoamericano, Santo Domingo, Rep. Dom., 12-28 de octubre de 1992), Santafé de Bogotá (Colombia), 1992.
CEM (ed.), *III Conferencia General del Episcopado: La evangelización en el presente y en el futuro de América Latina* (Documentos de Puebla), México, 1984.
———, *Exhortación pastoral. La presencia de Santa María de Guadalupe y el compromiso evangelizador de nuestra fe*, México, 1978, 1986 (6ª ed.).
———, *Plan Orgánico de Trabajo Pastoral 1983-1985*, México, 1983.
CEM/CEI (eds.), *Plan Pastoral 86-88*, México, 1986.
CENAMI (ed.), "¿Habu gri ma tangra? (¿a dónde vas araña?)", *EI*, 2, México, 1986.
Cerda, A., y R. Nebel (y otros), Proyecto para la creación de un Centro de Coordinación de Educación Guadalupana (documento preliminar presentado por el equipo provisional que lo elaboró, para presentarlo al eminentísimo Sr. arzobispo primado de México Dr. don Ernesto cardenal Corripio Ahumada), México, septiembre de 1987 (inéd.).
Chauvet, Fidel de Jesús, *El culto guadalupano del Tepeyac. Sus orígenes y sus críticos en el siglo XVI*, México, 1978.
———, "Historia del culto guadalupano", en José Ignacio Echeagaray y otros (comps.) *Álbum conmemorativo del 450 aniversario de las apariciones de Nuestra Señora de Guadalupe*, México, 1981.
———, *De Tenochtitlán al Tepeyac. Entronización de Nuestra Señora de Guadalupe*, México, 1984.

Churruca Peláez, Agustín, "Fuentes del pensamiento de Morelos", en *Christus,* año LII, núms. 603-604 (1987), pp. 6-18.

———, *et al., Histórica de teologia na América Latina,* Sao Paulo, 1981.

Chávez, Angélico, "Nuestra Señora del Rosario. La conquistadora", en *NMHR* (1948), pp. 94-128, 177-216.

Christian Jr., William A., *Apparitions in Late Medieval and Renaissance Spain,* Princeton, N. J., 1981.

———, *Local Religion in Sixteenth-Century Spain,* Princeton, N. J., 1981.

Clavijero, Francisco Javier, *Breve ragguaglio della prodigiosa e rinomata immagine della Madonna di Guadalupe del Messico* (original en italiano, con traducción al español del Sr. Pbro. Dr. Antonio Brambila), Cesena, 1782 (ed. facs. 1970).

———, *Historia antigua de México,* prólogo de M. Cuevas, México, 1945, 1974 (4ª ed.).

CNG (ed.), *Congreso Nacional Guadalupano. Discursos, conclusiones, poesías,* México, 1931.

Codex florentinus, edición en facs. del manuscrito 218-220 de la Colección Palatina de la Biblioteca Medicea Laurenziana Codice Florentino por el Gobierno de la República Mexicana (3 tomos), s.l. [México], 1979.

Códice franciscano, Siglo XVI (Nueva Colección de Documentos para la Historia de México), México, 1941.

Collet, Giancarlo, *Das Missionsverständnis der Kirche in der gegenwärtigen Diskussion,* Mainz, 1984.

Concha Malo, Miguel, "La Virgen de Guadalupe y el nacionalismo mexicano desde las clases populares", en H. Martínez, R. Dri (y otros), *Hacia el nuevo milenio (Estudios sobre mesianismo, identidad nacional y socialismo),* vol. I, México, 1986, pp. 107-123.

———, "La Virgen de Guadalupe, el nacionalismo y la evangelización", en *HumAn,* VIII 1984-1985, (1986), pp. 53-67.

Cornyn, John Hubert, *The Song of Quetzalcóatl,* Yellow Springs, Ohio, 1930.

Crane, Thomas F. (comp.), *Liber de miraculis sanctae Dei Genitricis Mariae. Published at Vienna, in 1731 by Bernard Pez, O.S.B.,* Ithaca, N. Y., 1925.

Cruz, Mateo de la, *Relación de la milagrosa aparición de la santa imagen de la Virgen de Guadalupe de México...,* Puebla de los Ángeles, 1660, México, 1781.

Cuesta Domingo, Mariano, *Extremadura y América,* Madrid, 1992.

Cuevas, Mariano, *Álbum Histórico Guadalupano del IV Centenario,* México, 1930.

Cuevas, Mariano, *Documentos inéditos del siglo* XVI *para la historia de México,* México, 1914.

———, *Historia de la Iglesia en México,* 5 tomos, México, pp. 1946.

Dahlgren, Barbro (coord.), *Mesoamérica: Homenaje al doctor Kirchhoff,* México, 1979.

Damen, Franz, y Esteban Judd Zanon (comps.), *Cristo crucificado en los pueblos de América Latina, antología de la religión popular,* Cuzco-Sicuani-Quito, 1992.

Dávila Padilla, O.P., Fray Agustín, *Historia de la fundación y discurso de la provincia de Santiago de México de la orden de predicadores (ca.* 1596), México, 1955 (3ª ed.).

DBK (ed.), *Die Evangelisierung in der Gegenwart und in der Zukunft Lateinamerikas.* Dokument der III. Generalkonferenz des lateinamerikanischen Episkopates in Puebla (13. Februar 1979) (Stimmen der Weltkirche 8), Bonn, 1979.

Defourneaux, Marcelin, *Spanien im Goldenen Zeitalter. Kultur und Gesellschaft einer Weltmacht,* Stuttgart, 1986.

Delehaye, Hippolyte, *Les Légendes Hagiographiques,* Bruselas, 1905.

DEI (ed.), *Sacerdotes en el gobierno nicaragüense: ¿poder o servicio?,* San José (Costa Rica), 1981.

Delgado, Mariano (ed.), *Gott in Lateinamerika. Texte aus fünf Jahrhunderten,* Düsseldorf, 1991.

Demarest, D., y C. Taylor (eds.), *The Dark Virgin: The Book of Our Lady of Guadalupe,* Nueva York-Freeport-Maine, 1956.

Díaz del Castillo, Bernal, *Historia verdadera de la conquista de la Nueva España,* introducción, notas de J. Ramírez Cabañas, México (Ed. Porrúa), 1955, 1970 (8ª ed.).

Díaz-Guerrero, Rogelio, *Psychology of the Mexican: Culture and Personality,* Austin, Tex., 1975.

Diez Desollano, Ma. Inmaculada, *Catequesis guadalupanas,* México, 1982.

Diez-Echarri, E., y J. Ma. Roca Franquesa, *Historia de la literatura española e hispanoamericana,* Madrid, 1950, 1972 (2ª ed.).

Dinzelbacher, Peter, *Vision und Visionsliteratur im Mittelalter,* Stuttgart, 1981.

———, y Dieter R. Bauer (comps.), *Volksreligion im hohen und späten Mittelalter,* Paderborn-Munich-Viena, 1990.

DOCA (ed.), *Juan Pablo II, peregrino de la fe,* enero de 1979, documentos completos, México (Ed. Jus), 1979.

Dressendörfer, Peter, *Islam unter der Inquisition. Die Morisco-Prozesse in Toledo 1575-1610,* Wiesbaden, 1971.

Dulanto, Enrique, "Izamal, santuario mariano del Sureste", en *Artes de México* 15 (1968), núm. 113, pp. 85-91.

Durán, Diego, *Historia de las Indias de Nueva España e Islas de la Tierra Firme,* la prepara y da a luz Ángel Ma. Garibay K., tomos I-II, México, 1967.

Dussel, Enrique D., "Historia de la fe cristiana y cambio social en América Latina", en Instituto Fe y Secularidad (ed.), *Fe cristiana y cambio social en América Latina* (Encuentro de El Escorial, 1972), Salamanca, 1973, pp. 65-99.

———, *Filosofía de la liberación,* México, 1977.

———, "Christliche Kunst des Unterdrückten in Lateinamerika", en *Conc,* 16, H. 2 (1980), pp. 106-113.

———, "Theologien der 'Peripherie' und des 'Zentrums': Begegnung oder Konfrontation?", en *Conc,* 20, H. 1 (1984), pp. 77-85.

———, *De Medellín a Puebla (1968-1979),* México, 1979.

———, (coord.), *Historia general de la Iglesia en América Latina,* tomo I/1: Introducción general a la historia de la Iglesia en América Latina, Salamanca (España) 1983; tomo V: *México,* México-Salamanca (España), 1984.

Duverger, Christian, *La Conversion des Indiens de Nouvelle-Espagne,* París, 1987. [Edición en español en el FCE.]

Echeagaray, José Ignacio (y otros) (eds.), *Álbum conmemorativo del 450 aniversario de las apariciones de Nuestra Señora de Guadalupe,* México, 1981.

Ecija, fray Diego de, *Libro de la invención de esta santa imagen de Guadalupe; y de la erección y fundación de este Monasterio; y de algunas cosas particulares y vidas de algunos religiosos de él,* introducción por el doctor fray Arcángel Barrado Manzano, O.F.M., Cáceres, 1953.

Eguiara y Eguren, Juan Joseph de, "Parecer del Dr. D. Juan Joseph de Eguiara y Eguren, Obispo que fue electo de la Santa Iglesia de Yucatán... (México, marzo 12 de 1757 años), [México] s.l.n.a.", en *DocG* (1-G-8), t. V, doc. 11 (BLB/BSMG), [México] s.l.n.a.

Elizondo, Sergio D., "Die Chicanos und ihre Literatur", en *Ibam* 2 (1977), 31-38.

Elizondo, Virgilio P., *Mestizaje. The Dialectic of Cultural Birth and the Gospel,* vols. I-III, San Antonio, Tex., 1978.

———, *La Morenita. Evangelizer of the Americas,* San Antonio, Tex., 1980.

Elizondo, Virgilio P., "Maria und die Armen", en *Conc* 19, H. 10 (1983), 641-646.

———, "Nuestra Señora de Guadalupe como símbolo cultural, en *Tep* 8 (1983) núm. 174, pp. 1, 10-11; núm. 175, pp. 1,14.

———, *Mary, Prophetess and Model of Freedom for Responsability* (MACC), San Antonio, Tex., s.a.

Escalada, Xavier, *Santa María Tequatlasupe,* México, 1968.

———, *María de Guadalupe,* México, 1982.

Eschmann, Anncharlott, *Das religiöse Geschichtsbild der Azteken,* Berlín, 1976.

Escoto, Salvador, *Novena a Nuestra Señora de Guadalupe,* México, 1985.

Espitia, E., y J. Ma. Rodríguez, *La mujer mexicana peregrina al Tepeyac,* México, 1988.

Esquerda Bifet, Juan, "María en el 'Kerigma' o primera Evangelización Misionera", en *Marianum* XLII (1980), 470-488.

Estrada, Julio (comp.), *La música de México,* I: *Historia* 5 vols., México 1986.

Fernández de Echeverría y Veitia, Mariano, *Baluartes de México.* Descripción Histórica de las cuatro milagrosas imágenes de Nuestra Señora, que se veneran en la muy noble, leal, é imperial ciudad de México, capital de la Nueva España... (Imp. A. Valdés), México, 1820.

Fernández, Justino, *Coatlícue,* México, 1954, 1959.

Fitzsimon, Lorenzo Julio, *La devoción a la Santísima Virgen de Guadalupe en los Estados Unidos de América,* México, 1945.

Florencia, Francisco de, *La Estrella de el Norte de México,* aparecida al rayar el día de la luz evangélica en este Nuevo-Mundo, en la cumbre de el cerro de Tepeyacac orilla del mar Tezcucano, á vn Natural recién convertido; pintada tres días después milagrosamente en su tilma, ó capa de lienco, delante del Obispo, y de su familia en su Casa Obispal: Para luz en la Fé á los Indios; para rumbo cierto á los Españoles en la virtud; para serenidad de las tempestuosas innundaciones de la Laguna. En la Historia de la Milagrosa Imagen de N. Señora de Guadalupe de México, que se apareció en la manta de Juan Diego. Compvsola el P. Francisco de Florencia de la Compañía de Jesús... (Imp. Doña María de Benevides, Viuda de Juan de Ribera), México 1688 (Madrid 1785, Guadalajara, Jal. 1895).

———, *Zodiaco mariano,* en que el Sol de Justicia Christo con la salud en las alas visita como signos, y casas propias para beneficio de los hombres los templos, y lugares dedicadas á los cultos de su SS. Madre por medio de las más célebres, y milagrosas imágenes de la misma Señora, que se veneran en esta América Septentrional, y Reynos de la Nueva España. Obra posthuma de el Padre Francisco de Florencia, de la Compañía de Jesús, reducido á compendio, y en gran parte añadida por el P. Jvan Antonio de Oviedo de la misma Compañía, calificador del Sto. Oficio, y perfecto de la Ilustre Congregación de la Purissima en el Colegio Maximo de S. Pedro, y San Pablo de México. Quien la dedica al sacrosanto, y dulcissimo nombre de María (Imp. del Real, y más Antiguo Colegio de San Idefonso), México, 1755.

———, *Las novenas del Santuario de Nuestra Señora de Guadalupe de México, que se apareció en la manta de Juan Diego* (Imp. Lorenzo de San Martín), Madrid, 1785.

Florescano, Enrique, *Memoria mexicana,* México, 1987.

———, "Mito e historia en la memoria mexicana", en *MAMH* XXXIII (1990), 147-193.

Flores de Lemus, Isabel, "Santa María de España en América", en *EspMi* 14(1957) 243-275.305-322; 15 (1958), 60-83.

Fornet-Betancourt, Raúl, *Annäherung an Lateinamerika,* Frankfurt, 1984.

Fornet-Betancourt, Raúl (ed.), *Theologien in der Sozial-und Kulturgeschichte Lateinamerikas,* 3 vols., Eichstätt, 1992/93.

Forster, Karl (comp.), *Wunder und Magie,* Würzburg, 1962.

Foster, George M., *Cultura y conquista. La herencia española de América,* Xalapa, Ver., 1985.

Frei, Fritz, "Armut und Reichtum für die ersten christlichen Generationen", en *NZM,* 41 (1985), 299-308.

Fuentes, Carlos, *Obras Completas,* t. I-III, México, 1974.

Gaiffier, "Baudouin de, Mentalité de l'hagiographe médiéval d'apres quelques travaux récents", en *AnBoll* 86 (1968), 391-399.

Galarza, Joaquín, *Estudios de escritura indígena tradicional (Azteca-Náhuatl),* México, 1980.

Galera Lamadrid, Jesús, *Nican Mopohua, breve análisis literario e histórico,* México, 1992.

Galilea, Segundo, "Die Diskussion über die Volksreligiosität in der lateinamerikanischen Befreiungstheologie", en *Conc* 16, H. 6/7 (1980), 418-422.

Gante, fray Pedro de, *Doctrina cristiana en lengua mexicana* (edición facs. de la de 1553). Estudio crítico en torno de los catecismos y cartillas como instrumentos de evangelización por Ernesto de la Torre Villar, México, 1981.

García Canclini, Nestor, *Culturas híbridas. Estrategias para entrar y salir de la modernidad,* México, 1990.

García Gutiérrez, Jesús, *Primer siglo guadalupano. Documentación indígena y española (1531-1648),* México, 1931, 1945.

———, *Juicio crítico de la carta de D. Joaquín García Icazbalceta y fuentes históricas de la misma,* México, 1931.

———, *Apuntamientos para una bibliografía crítica de historiadores guadalupanos,* México, 1940.

———, "La virgen insurgente y la virgen gachupina", en *Ábside* IV (1940), 42-48.

———, "El culto a Santa María de Guadalupe durante la guerra de Independencia", en *Ábside* IX, núm. 1 (1945), 65-80.

———, "El culto de la Virgen Santísima de Guadalupe durante la guerra de la Independencia", en *MAMH* 4, núm. 1 (1945), 38-50.

———, "Apuntes para una iconografía guadalupana. La Virgen Santa María de Guadalupe en el catecismo", en *MAMH* 14 (1955), núm. 1, 18-21.

García Icazbalceta, Joaquín, *Fray Juan de Zumárraga,* Buenos Aires, 1952.

———, *Bibliografía mexicana del siglo XVI,* México, 1886, 1954.

———, (ed.), *Colección de documentos para la historia de México,* 2 vols, México, 1971.

García, Jesús, *Algunos puntos básicos para una comprensión global del sistema mexicano desde una perspectiva pastoral* (ms.), México, 17 de agosto de 1987.

García Miralles, Manuel, "Fuentes mariológicas españolas dominicanas (1550-1750)", en *EM* 23, vol. 25 (1964), 223-238.

García Quintanilla, Julio, *Historia de la Iglesia de los charcas o La Plata (Sucre-Bolivia),* t. III: Templos, Conventos, Monasterios, Orfelinatos, Congregaciones, Religiosas, etc. (Desde 1539 a 1963), Sucre, 1964.

García, Sebastián, *Guadalupe: Cita de fe y de arte,* Barcelona, 1985.

——— (comp.), *Extremadura en la evangelización del Nuevo Mundo. Actas y Estudios* (Congreso celebrado en Guadalupe durante los días 24 al 29 de octubre de 1988), Cáceres (Extremadura), 1990.

Garibay K., Ángel Ma., *Historia de la literatura náhuatl,* 2 tomos, México 1953/54, 1971.

———, *Cuix amo nican nicá in Mo-Nantzin. (¿Acaso no soy Aquí Tu Madre?),* Toluca, Méx., 1978.

———, "Temas guadalupanos", en *Ábside* 9 (1945), núm. 1, 35-64; núm. 2, 155-169; núm. 3, 243-259; núm. 4, 381-420.

Garibay K., Ángel Ma., "Fray Juan de Zamárraga y Juan Diego", en *Ábside* XIII (1949) núm. 2, 161-183.

———, y otros (eds.), *Diccionario Porrúa de Historia, biografía y geografía de México,* 2 vols., México 1964, 1976.

———, "La maternidad espiritual de María en el mensaje guadalupano", en *La maternidad espiritual de María,* conferencias leídas en los Congresos Mariológicos 7-12 octubre, 1957 y 9-12 octubre, 1960, México (Ed. Jus), 1961.

———, "The Guadalupan Message", en *MQR* 3, núm. 2 (1968), 54-60.

Gaspar de San Agustín, fray, *Conquistas de las Islas Filipinas,* Madrid, 1698 (reimp. 1975).

Gebara , Ivone, y María C. Lucchetti Bingemer, *Maria, Mutter Gottes und Mutter der Armen,* Düsseldorf, 1988.

Gibson, Charles, *Los aztecas bajo el dominio español (1519-1810),* México, 1967.

Gil Martínez, Pedro, *Santa María de Guadalupe y su mensaje,* México, 1982.

Giménez, Gilberto, *Chalma, Sanctuaire de l'Anáhuac. Analyse ethno-sociologique d'un sanctuaire rural,* París, 1976.

Girón, Andrea, "Monseñor Proaño y la Iglesia en Riobamba", en *Iglesias,* Nueva Época I (1984) núm. 6, 4-7.

Gnilka, Christian, *XRHSIS. Die Methode der Kirchenväter im Umgang mit der antiken Kultur. I Der Begriff des «rechten Gebrauchs»,* Basel-Stuttgart, 1984.

Goddard, Jorge Adame, *El pensamiento político y social de los católicos mexicanos 1867-1914,* México, 1981.

Görres, Franz, "Die byzantinischen Besitzungen an den Küsten des spanisch - westgotischen Reiches (554-624)", en *ByZ* XVI (1907), 515-538.

Goldstein, Horst, "Anwältin der Befreiung. Mariologische Neuansätze in Lateinamerika", en *Diakonia* 12 (1981), 396-402.

——— (comp.), *Tage zwischen Tod und Auferstehung. Geistliches Jahrbuch aus Lateinamerika,* Düsseldorf, 1984.

Gómez Canedo, L., *Evangelización y conquista. Experiencia franciscana en hispanoamérica,* México, 1977.

Gómez Marín, Manuel, *Defensa guadalupana,* escrita por el P. Dr. y Mtro. D. Manuel Gómez Marín, presbítero del oratorio de S. Felipe Neri de Méjico, contra la disertación de D. Juan Bautista Muñoz (Imp. D. Alejandro Valdés), Méjico 1819, en *DocG* (1-G-7), t. II, doc. 28 (BLB/BSMG), [México] s.l.n.a.

González, Juan, Breve Reseña de la peregrinación de Querétaro al insigne santuario de Santa María de Guadalupe, y de su función religiosa, celebrada en la misma Basílica el día 8 de setiembre del presente año de 1886; México, 1886.

González Dorado, Antonio, *De María conquistadora a María liberadora,* Santander (España), 1988.

González Echegaray, Carmen, *La patrona de México en las montañas de Santander,* México, 1973.

González-Fernández, Fidel, "La 'Traditio' guadalupana como clave de lectura de la historia de la evangelización en Latinoamérica", en *Ecclesiae Memoria.* Miscellanea in Onore del R.P. Josef Metzler O.M.I. A Cura di Willi Henkel O.M.I., Roma - Freiburg - Wien, 1991, 407-429.

González y González, Luis, "El optimismo nacionalista como factor en la independencia de México", en *EHA* (1948), 153-215.

González Martínez, José Luis, "La ética popular y su autonomía relativa", en *CuCo* III(1989), núm. 7, 131-156.

González-Medina, Salvador, *El acontecimiento del Tepeyac.* Mensaje de Salvación (M.Sp.S.), México, 1981; el mismo estudio en M.Sp.S. (eds.), *Santa María de Guadalupe. Estudios teológicos,* Año Jubilar 1531-1981, México 1981, 67-107.

González Moreno, Joaquín, *Iconografía guadalupana,* clasificación cronológica y estudio artístico de las más notables reproducciones de la Virgen de Guadalupe de Méjico conservadas en las Provincias Españolas, 2 tomos, México 1959/73.

———, *Iconografía Guadalupana en Andalucía,* Jérez de la Frontera, 1991.

Gonzáles Peña, Carlos, *Historia de la literatura mexicana,* México 1928, 1969.

Gonzáles Pineda, Francisco, *El mexicano. Su dinámica psicosocial,* México, 1973.

González, Sylvia A., "La Chicana: Guadalupe or Malinche", en Lindsay, Beverly (ed.), *Comparative Perspectives of Third World Women The Impact of Race, Sex and Class,* Nueva York 1980, 229-250.

Gonzalo de Berceo, *Milagros de Nuestra Señora* (Col. Austral 716), Madrid, 1947, 1973.

Graff, Hilda, Maria. *Eine Geschichte der Lehre und Verehrung,* Freiburg i.Br. 1964.

Grajales, Gloria, *Nacionalismo incipiente en los historiadores coloniales,* México, 1961.

Grajales, Gloria Burrus, Ernest J. (comps. y eds.), *Bibliografía guadalu-*

pana (1531-1984). Guadalupan Bibliography (1531-1984), Washington, D. C., 1986.

Greinacher, Norbert (ed.), *Konflikt um die Theologie der Befreiung*, Zürich Einsiedeln - Köln, 1985.

Grijalva, Juan de, *Crónica de la Orden de N.P.S. Agustín en las Provincias de Nueva España*. En quatro edades desde el año de 1533 hasta el de 1592, México, 1624.

Gründer, Horst, *Welteroberung und Christentum*, Gütersloh, 1992.

Günter, Heinrich, *Legenden-Studien*, Colonia, 1906.

———, *Die christliche Legende des Abendlandes*, Heidelbergo, 1910.

Guerrero, Andrés G., *The Significance of Nuestra Señora de Guadalupe and la Raza Cósmica in the Devolopment of a Chicano Theology of Liberation*, Boston, 1984.

———, *A Chicano Theology*, Maryknoll, N.Y. 1987.

Guerrero Rosado, José Luis G., *El siervo de Dios. Juan Diego Cuauhtlatoatzin (El águila que habla)* (m.s.), México, set.[e] 1987 (inéd.).

———, Los dos mundos de un indio santo (Cuestionario preliminar de la Beatificación de Juan Diego), México 1991.

———, *Flor y canto del nacimiento de México*, México 1979.

Gumppenberg, Wilhelm, *Atlas Marianus* Quo Sanctae Dei Genitricis Mariae Imaginum Miraculosarum Origines Duodecim Historiarum Centurijs explicantur. Auctore Guilielmo Gumppenberg, E Societate Jesv, Monachii, Anno M.DC.LXXII.

Guridi Alcocer, José, *Apología de la Aparición de Nuestra Señora de Guadalupe de Méjico*, en respuesta a la disertación que la impugna (Of. A. Valdés), Méjico, 1820.

Gurjewitsch, Aaron J., *Das Weltbild des mittelalterlichen Menschen*, München, 1982.

Guth, Klaus, "Volk im Verständnis von Theologie und Kulturwissenschaften. Beobachtungen zur Funktion eines historischen Begriffs", en *AfL* 26, H. 1 (1984), 38-47.

Gutiérrez, Gustavo, *Die historische Macht der Armen*, Munich - Mainz 1984.

Gutiérrez Casillas, José, *Evangelización en México*, México, 1985.

Guzmán V., Antonio, Martínez O. Lourdes (eds.), *El Álbum de la mujer*, antología ilustrada de las mexicanas, 4 vols., México, 1991.

H. de León-Portilla, *Ascensión, Tepuztlahcuilolli*, impresos en náhuatl, historia y bibliografía, 2 tomos, México, 1988.

Hagemann, Ludwig, *Christentum und Islam zwischen Konfrontation und Begegnung*, Altenberge - Würzburg, 1983, 1990.

Hagemann, Ludwig, Glei, Reinhold, Thomas von Aquin. *De rationibus fidei,* kommentierte lateinisch-deutsche Textausgabe von L. Hagemann/ R. Glei (Corpus Islamo-Christianum, Series Latina 2), Altenberge 1987.

Hanke, Lewis, *La lucha por la justicia en la conquista de América,* Buenos Aires, 1949.

———, *Colonisation et Conscience chrétienne au XVIe Siècle,* París, 1957.

Haufe, Hans, *Funktion und Wandel christlicher Themen in der mexikanischen Malerei des 20. Jahrhunderts,* Berlín, 1978.

Havers, Wilhelm M., *Unsere Liebe Frau von Mexico Maria de Guadalupe* (Adveniat, Zeugnisse/Berichte/Kommentare H. 7), Essen, 1988.

Heise, Hans-Jürgen, "Vom Quetzalcóatl zum Pepsicóatl. Mexicos Weg vom Mythos in die Geschichte", en *Merkur* XXXIV, núm. 386 (1980), 688-701.

Hellbom, Anna-Britta, "Las apariciones de la Virgen de Guadalupe en México y en España", en *Ethnos* 29, núms. 1-2 (1964), 58-72.

Henkel, Willi, *Die Konzilien in Lateinamerika,* Teil I: Mexiko 1555-1897, Paderborn - München. 1984.

Herms, Dieter, Zwischen Mythos, Anpassung und Rebellion. El Teatro Campesino 1978, en *Ibam* 2 (1979) 14-32.

Höffner, Josef, *Christentum und Menschenwürde. Das Anliegen der spanischen Kolonialethik im goldenen Zeitalter,* Trier 1947, 1972.

Hoenerbach, Wilhelm, *Islamische Geschichte Spaniens,* Stuttgart, 1970.

Hoornaert, Eduardo, "A Evangelizacao segundo a Tradicao Guadalupana", en *REB* 34, fasc. 135 (1974), 524-545.

Horcasitas, F. y Butterworth, D., "La Llorona", en *Tlalocan* 4 (1963), 204-224.

Horst, Ulrich, *Die Diskussion um die Immaculata Conceptio im Dominikanerorden,* Paderborn, 1987.

Hunt, Eva, *The Transformation of the Hummingbird: Cultural Roots of a Zinacantecan Mythical Poem,* Ithaca, N.Y., 1977.

Ibañez, J. Mendoza F., *María en la liturgia hispana,* Pamplona, 1975.

Ibarra de la Selva, Esteban P., *La quinta aparición guadalupana. Recopilación histórica* (BSMG), México, 1962.

Ingham, John M., *Mary, Michael, and Lucifer. Folk Catholicism in Central México,* Austin, Tex., 1986.

ISEE (ed.), *Libro Anual.* Año 1981-1982: Conmemoración Guadalupana, México 1984.

Islas García, Luis, *Las pinturas guadalupanas de Fernando Leal en el Tepeyac,* México, 1950.

Jacobus de Voragine, *Die Legenda aurea,* trad. al alemán por R. Benz, Heidelberg, 1955, 1979.

Jiménez Duque, Baldomero, *La espiritualidad romano-visigoda y muzárabe,* Madrid, 1977.

Jiménez Moreno, Wigberto, "The Indians of America and Christianity", en Americas XIV (1958), núm. 4, 411-431.

———, "Filosofía de la vida y transculturación religiosa. La religión mexica y el cristianismo", en *Actas y Memorias del XXXV CIA,* México, 1964, 543-550.

———, "La crisis del siglo XVII y la conciencia nacional en Nueva España, en *RI,* núms. 159-162 (1980), 415-423.

Johannes Paulus II, *Mensajes de Juan Pablo II a México y a Latinoamérica* (Ed. Paulinas), México, 1979.

———, "Carta de Juan Pablo II con Motivo del Año Jubilar Guadalupano (Vaticano, 8 de Diciembre de 1980)", en *EI* XVIII (1981), núm. 2, 317-318.

———, "Carta de Juan Pablo II con Motivo del Año Jubilar Guadalupano (Vaticano, 8 de Diciembre de 1980)", en *EI* XVIII (1981) núm. 2, 317-318.

Johannes Paulus PP. II, "Exaltavit humiles" (Lc. 1,52)... Datum Mexipoli, sub anulo Piscatoris, die VI mensis Maii, anno MCMXC, Pontificatus Nostri duodecimo (Sigillum: Augustinus Card. Casaroli publicis Eccl. negotiis), México, 1990 (BLB/BSMG).

Jonson, Harvey L., "The Virgen of Guadalupe in Mexican Culture", en Brown, L. C. Cooper, F. (eds.): *Religion in Latin American Life and Literature,* Waco, Tex. 1980, 190-203.

Johnston, Francis, *So hat er keinem Volk getan. Das Wunder von Guadalupe,* Stein am Rhein (Suiza) 1986.

Junco, Alfonso, *Un radical problema guadalupano,* México, 1926, 1971.

———, *El milagro de las rosas,* Méjico, 1945, 1969.

Katz, Israel J. Keller, John E. (eds.), "Studies on the 'Cantigas de Santa Maria': Art, Music, and Poetry", Proceedings of the International Symposium on the «Cantigas de Santa Maria» of Alfonso X, el Sabio (1221-1284) in Commemoration of its 700th Anniversary Year-1981 (New York, November 19-21), Madison, Wi. 1987.

Keenan, Richard, "The Many Faces of La Llorona: from Matlaciuatl to Guadalupe", en International Conference on Liberation Theology (February 6-8, 1986, Simon Fraser University, Burnaby, Vancouver, B.C.), Conference Program, Burnaby, 1986, 33.

Kerkhoff, Manfred, "Orientierung über die Philosophie der Nahua-Völker", en *ZPhF* XVIII, núm. 2 (1964), 185-223.

Kill, Lucia, *Pachamama. Die Erdgöttin in der andinen Religion,* Bonn, 1969.

Klessmann, M., *Identität und Glauben,* Munich 1988.

Klinger, E., y Zerfaß, R. (comps.), *Die Basisgemeinden -ein Schritt auf dem Weg zur Kirche des Konzils,* Würzburgo, 1984.

Kobayashi, José María, *La educación como conquista,* México, 1974, 1985.

König, Hans-Joachim, "Verständnislosigkeit und Verstehen, Sicherheit und Zweifel: Das Indiobild spanischer Chronisten im 16. Jahrhundert", en Urs Bitterli-Eberhard Schmitt (eds.), *Die Kenntnis beider «Indien» im frühneuzeitlichen Europa,* München, 1991, 37-62.

Kohut, K., y Meyers, A. (comps.), *Religiosidad popular en América Latina,* Frankfurt, 1988.

Kollbrunner, Fritz, "Volksfrömmigkeit in Lateinamerika", en Baumgartner, Jakob (comp.), *Wiederentdeckung der Volksfrömmigkeit,* Regensburg, 1979, 233-248.

Konetzke, Richard, "Spanische Universitätsgründungen in Amerika und ihre Motive", en *JBLA,* Bd. 5 (1968), 111-159.

———, *Colección de documentos para la historia de formación social de hispanoamérica 1493-1810,* 3 vols., Madrid, 1953-1962.

———, "Islam und christliches Spanien im Mittelalter", en *HZ* 184 (1957), 573-591.

———, "Christentum und Conquista im spanischen Amerika", en *Sae* 23 (1972), 59-73.

Koselleck, R. y Stempel, W.-D. (comps.), *Geschichte - Ereignis und Erzählung,* München, 1973.

Kossok, M. - Markov, W., "'Las Indias non [sic] eran Colonias?' Hintergründe einer Kolonialapologetik", en Markov, Walter (ed.): *Studien zur Kolonialgeschichte und Geschichte der nationalen und kolonialen Befreiungsbewegung,* Bd. 6/7: Lateinamerika zwischen Emanzipation und Imperialismus 1810-1960, Berlín 1961, 1- 34.

Krappmann, Lothar, *Soziologische Dimensionen der Identität,* Stuttgart, 1969, 1982.

Krickeberg, Walter, *Altmexikanische Kulturen,* Berlín. 1979.

Kruip, Gerhard, *Entwicklung oder Befreiung? Elemente einer Ethik sozialer Strukturen am Beispiel ausgewählter Stellungnahmen aus der katholischen Kirche Mexikos (1982-1987),* Saarbrücken - Fort Lauderdale, Fla., 1988.

Krumwiede, Heinrich-W., "Der Wandel der sozialverantwortlichen Rolle der katholischen Kirche in Lateinamerika", en Lindenberg, Kl. (comp.), *Politik in Lateinamerika,* Hannover, 1971, 82-98.

Kurtz, Donald, "The Virgin of Guadalupe and the Politics of Becoming Human", en *JAR* 38 (1982), 194-210.

Kuteischikova, Vera, "México: La novela y la nación", en *ALECS* 10 (1981), 192-232.

Lafaye, Jacques, "Conciencia nacional y conciencia étnica en la Nueva España: un problema semántico", en Wilkie, J.W. - Meyer, M.C.-Wilkie, E. Monzón de (eds.), *Contemporary Mexico. Papers of the IV International Congress of Mexican History,* Berkeley y otros 1976, 38-46.

———, *Quetzalcóatl y Guadalupe,* México 1977 [FCE].

Lanczkowski, Günter, *Aztekische Sprache und Überlieferung,* Berlín - Heidelberg - Nueva York, 1970.

———, *Die Religionen der Azteken, Maya und Inka,* Darmstadt, 1989.

Lascano, Francisco Xavier, Sermón panegyrico al inclyto patronato de María Señora Nuestra en su milagrosissima Imagen de Guadalupe...que...predicó el P. Francisco Xavier Lascano de la Compañía de Jesús, prefecto de la muy ilustre Congregación de la Purissima, Doctor Theologo por la Real y Pontificia Universidad de México, en ella cathedratico del Eximio, y Calificador del Santo Oficio. En el augusto Templo, dedicado á la misma Soberana Reyna, en la magnifica annual solemnidad, que non assistencia del Excelentissimo Señor Virrey, Real Audiencia, Superiores Tribunales, y Corte; celebra la muy Ilustre Nobilissima Imperial Ciudad de México. En el día martes 12 de diziembre de 1758. La que con el mas profundo respecto lo dedica á la Catholica Magestad del Rey Nuestro Señor D. Fernando Sexto (Imp. Bibliotheca Mexicana), México 1759, en *DocG* (1-G-8), t. V, doc. 3 (BLB/BSMG), [México] s.l.n.a.

Lasso de la Vega, Joseph Ma., Oración panegírica, que en la festividad de Nuestra Señora de Guadalupe, celebrada el día doce de diciembre del año de 1973 en la Iglesia Parroquial de la Nueva Veracruz, dixo su parroco el Dr. D. Joseph María Laso de la Vega... Puebla de los Angeles (Real Seminario Palafoxiana) 1794, en *DocG* (1-G-10), t. VIII, doc. 5 (BLB/BSMG), [México] s.l.n.a.

Lasso de la Vega, Luys, Hvei Tlamahvicoltica Omonexiti In Ilhvicac Tlatóca Cihvapilli Santa María Totlaconantzin Gvadalvpe In Nican Hvei Altepe-Nahvac Mexico Itocayòcan Tepeyacac (Imp. Juan Ruyz), México 1649 [=Edición primera del "Nican Mopohua"].

Lasso de la Vega, Luys, Hvei Tlamahvicoltica... Libro en lengua mexicana, que el Br. Luis Lasso de la Vega hizo imprimir en México, el año de 1649 ahora traducido y anotado por el Lic. Don Primo Feliciano Velázquez. Lleva un prólogo del Pbro. Don Jesús García Gutierrez (Edit. Carreño e Hijo), México 1926.

[Lasso de la Vega, Luys], *Historia de las apariciones de Nuestra Señora de Guadalupe,* escrita en náhuatl por Antonio Valeriano; adicionada por Alva Ixtlilxochitl; publicada por el bachiller Luis Lazo de la Vega y traducida al castellano por el licenciado Primo Feliciano Velázquez, México, 1962.

———, *Nican Mopohua,* traducción del náhuatl al castellano por el presbítero Mario Rojas Sánchez de la diócesis de Huejutla (Imp. Ideal), México, 1978.

———, Las apariciones de la Virgen de Guadalupe, edición facsimilar: Antonio Valeriano; versión castellana: licenciado Primo Feliciano Velázquez, en *EI* VIII, núm. 2(1981) 177-216.

Leander, Birgitta, *In Xóchitl in Cuícatl. Flor y canto,* México, 1972.

Lechuga, Ruth D. (y otros), *Fiestas de México,* México, 1983.

Lehmann, Walter, *Sterbende Götter und christliche Heilsbotschaft... «Colloquios y doctrina christiana» des Fray Bernardino de Sahagún aus dem Jahre 1564.* Spanischer und mexikanischer Text mit deutscher Übersetzung von W. Lehmann. Aus dem Nachlass herausgegeben von Gerdt Kutscher, Stuttgart, 1949.

Lemmon, Alfred E., "A colonial náhuatl hymn to the Virgin", en *Tlalocan* IX (1982) 107-114.

Leñero Otero, Luis, "Valores familiares y dramaturgia social", en *InPMV, AmLa,* núms. 44-45 (1986), 1-46.

León, Nicolás, *Bibliografía mexicana del siglo* XVIII, 2 tomos, México 1903/5.

León, Nicolás, *Álbum de la coronación de la Sma. Virgen de Guadalupe* (Imp. «El Tiempo» de V. Agüeros), México, 1895.

León-Portilla, Miguel, *La filosofía náhuatl,* México, 1956, 1976.

———, *Toltecáyotl. Aspectos de la cultura náhuatl,* México, 1980.

———, *Coloquios y Doctrina Cristiana,* edición facsimilar, introducción, paleografía, versión del náhuatl y notas de M. León-Portilla, México, 1986.

———, *El reverso de la conquista,* México, 1964, 1974.

———, *Pre-Columbian Literatures of Mexico,* Norman, Oklah., 1969.

———, *Los franciscanos vistos por el hombre náhuatl. Testimonios indígenas del siglo XVI,* México, 1985.

Lewis, Oscar, *Life in a Mexican Village. Tepoztlán Restudied,* Illinois, 1951, 1972.

Lezama, José de, Exhortación de Paz que, descubierta la infame Revolución de tierra dentro, predicó el Lic. don José de Lezama, Rector del Real Colegio Carolino de la Puebla de los Angeles, en fiesta de María Santísima de Guadalupe, que celebró el Convento de Señoras Religiosas de Santa Inés del Monte Policiano, para implorar su patrocinio, dedicándola un nuevo Altar el 12 de enero de 1811 (D. Mariano de Zúñiga y Ontiveros), México 1811, en *DocG* (1-G-7), t. II, doc. 16 (BLB/BSMG), [México] s.l.n.a.

Lipschutz, Alejandro, *El problema racial en la conquista de América,* México, 1963, 1975.

Lizana, Bernardo de, *Historia de Yucatán.* Devocionario de Ntra. Sra. de Izmal y Conquista Espiritual. Impresa en 1633, México 1893.

Lizarraga, Fray Reginaldo de, *Descripción breve de toda la tierra del Perú, Tucumán, Río de la Plata y Chile,* estudio preliminar por Don M. Hernández Sánchez-Barba, Madrid, 1968.

Lopetegui, L. Zumbillaga, F., *Historia de la Iglesia en la América española.* Desde el Descubrimiento hasta comienzos del siglo XIX: México, América Central, Antillas; Madrid, 1965.

López Austin, Alfredo, *Hombre-Dios. Religión y política en el mundo náhuatl,* México, 1973.

———, *Educación mexica.* antología de documentos sahaguntinos, México, 1985.

López Beltrán, Lauro, *Obras guadalupanas,* t. I: Homenaje Lírico Guadalupano, México, 1984; t. II: El autor del relato original guadalupano, México, 1981; t. III: La protohistoria guadalupana, México, 1966, 1981; t. IV: Patronatos guadalupanos, México, 1982.

———, *La historicidad de Juan Diego,* México, 1977.

———, *La historicidad de Juan Diego y su posible canonización,* México, 1981.

———, *Treinta y dos milagros guadalupanos históricamente comprobados,* México, 1972.

———, "La guadalupana, reina de los mares", en *Juan Diego* 20 (1959), 4-29.

———, *La protohistoria guadalupana,* México, 1966.

López Bucio, Baltazar, "Notas acerca del catolicismo guadalupano", en *Servir* XII, núm. 62 (1976), 195-204.

López Sarrelangue, Delfina, "Mestizaje y catolicismo en la Nueva España", en *HM* 23, núm. 1 (1973), 1-42.

López, Juan, "Las tres Marías", *en Artes de México* 15 (1968) núm. 113, 56-72.

Lorenza, Francisco Antonio (ed.), *Historia de Nueva-España,* escrita por su esclarecido conquistador Hernán Cortés, aumentada con otros documentos, y notas, por el ilustrissimo Señor Don Francisco Antonio Lorenzana, Arzobispo de México, México, 1770.

Luzbetak, Louis, *The Church and the Cultures* (Applied Missionary Anthropology), Techny, Ill., 1963.

Lozano Barragán, Javier, *Evangelización y religiosidad popular,* comentario al documento de Puebla, Zacatecas, Zac., 1986.

Macías, Pablo G., *Judas está vivo,* estudio histórico, social y jurídico escrito con motivo de las fiestas del cincuentenario de la coronación de la Virgen de Guadalupe (edic. del autor), México, 1946.

Maccagnan, Valerio, "Guadalupe", en Stefano di Fiores, y S. Meo (dirs.), *Nuevo Dizionario di Mariologia,* Milán, 1986, 655-669.

Manzanera, Miguel, "María, Aurora de liberación", en *Yachay* I, núm. 2, 1984, 12-45.

Marcilio, María Luiza, *A. Mulher Pobre na História da Igreja Latinoamericana,* Sao Paulo, 1984.

Mares Prebere, Francesch, *Historia y Miracles de la Sagrada Imatge de Nostra Senyora de Nuria,* composta per lo Dr. Francesch Marés Prebere ab las addicions fetas per Don Anton del Duque y Vergés Rector de Caralps, y Santuari, Puigcerdá (Catalunya), 1850.

Mariscotti de Görlitz, Ana María, *El culto de Pachamama y la religión aldeana de los Andes centrales,* Marburgo, 1975.

———, *Pachamama Santa Tierra,* Marburgo, 1975 (Indiana Beiheft 8, Berlin 1978).

Marshall, C. E., "The Birth of the Mestizo in New Spain", en *HAHR* 19 (1939), 161-184.

Martins, Mario, "Narrativas de Aparicoes de Nossa Senhora", en *Salm* 5 (1958), 703-722.

Maza, Francisco de la, "Los evangelistas de Guadalupe y el nacionalismo mexicano", en *CuadAm* 8, núm. 6 (1949), 163-188.

———, *El guadalupanismo mexicano,* México, 1953 (reimp. 1981).

Medina, José Toribio, *La imprenta en México (1539-1821),* 8 t., Santiago de Chile 1908-1921 (Repr. Amsterdam, 1965).

Meer, Frits van der, *Apokalypse. Die Visionen des Johannes in der europäischen Kunst,* Freiburg -Basel- Wien, 1978.

Meier, Johannes (comp.) *Zur Geschichte des Christentums in Lateinamerika,* Munich, Zürich, 1988.

Meier, Johannes, *Selig, die hungern nach Gerechtigkeit. Aus dem Leben der Kirche in Mittelamerika,* Würzburgo, 1981.

Meier, Matt S., "María insurgente", en *HM* 23 (1974), pp. 466-482.

Méndez Arceo, Sergio, *María, Expresión Suprema de lo Femenino.* Comentario al Evangelio ... con Ocasión de la Peregrinación de la Iglesia de Morelos a la Basílica de Guadalupe, 26 Mayo de 1982, en CEP, ed., Signos de Vida y Fidelidad. Testimonios de la Iglesia en América Latina 1978-1982, Lima, 1983, 136-140.

Méndez Plancarte, Alfonso (ed.), *Obras Completas de Sor Juana Inés de la Cruz,* 4 tomos, México, 1951-1957, (reimp. 1976).

Mendieta, Gerónimo de, *Historia eclesiástica indiana,* estudio preliminar y edición de Francisco Solano y Pérez-Lila, Madrid, 1973.

Mendoza, Andrés, "La Iglesia en México", en *InPMV, AmLa,* núm. 15 (1979), 1-46.

Metzler, Josef (ed.), *America Pontificia primi Saeculi Evangelizationis 1493-1592,* 2 vols., Citta del Vaticano 1991.

[Mexikanische Priester und Ordensleute], "Das andere Gesicht Mexikos. Offener Brief von Priestern und Ordensleuten an den Papst", en *WK* 4 (1990) 121-126.

Meyers, Albert (comp.), *Volksreligiosität in Lateinamerika* (Anuario 14), Münster, 1985.

Mier Noriega y Guerra, José Servando Teresa de, *Obras Completas* I-III. El heterodoxo guadalupano, estudio preliminar y selección de textos de Edmundo O'Gorman, México, 1981.

Mönnich, Anneliese, *Die Gestalt der Erdgöttin in den Religionen Mesoamerikas,* Berlín, 1969.

Molina, Uriel, Letter from the Director, Managua (CEAV) Jan. 30, 1986, núm. 3, 1-3.

Mols, Manfred, Mexiko im 20. Jahrhundert, Paderborn - München 1981.

Monsiváis, Carlos, "La cultura mexicana en el siglo XX", en Wilkie, J. W., Meyer, M.C., y Wilkie, E. Monzón de (comps.), *Contemporary Mexico,* Berkeley y otros, 1976, 624-670.

Montejano y Aguiñaga, Rafael, "Notas para una bibliografía guadalupana", en *Ábside* XIII (1949), núm. 3, 355-402; núm. 4, 499-546.

———, *Santa María de Guadalupe en San Luis Potosí, su culto, su santuario, su calzada y sus santuarios,* México, 1982.

Montemayor, Maurilio, "La Guadalupana y la mujer mexicana", en *Tep* 8 (1983), núm. 174, 1.6-7.

Montoya Quilarte, Agustín, *Cuauhtlactoatzin o Juan Diego y Catarina Tekakwitha,* Los Ángeles, Cal., 1940.
Morande, Pedro, *Synkretismus und offizielles Christentum in Lateinamerika,* München, 1982.
Morera de Guijarro, Juan I., "Sobre la Existencia de una Filosofía Azteca", en *RI* XXXVII (1971), núms. 127/128, 287-307.
Müller, Karl, *Missionstheologie,* Berlín, 1985.
Multhaupt, H., y Pregardier, E. (comps.), Geborgen in meinen gekreuzten Armen. Die Botschaft von Guadalupe, Paderborn- Annweiler 1988, esp.: El Mensaje de Guadalupe, Estella, España 1989.
Muñoz, Ronaldo, *Nueva conciencia de la Iglesia en América Latina,* Salamanca, 1974.
Mussafia, Adolf, "Studien zu den mittelalterlichen Marienlegenden, I., II., III., en Sitzungsberichte der Philosophisch-Historischen Classe der Kaiserlichen Akademie der Wissenschaften CXIII (1886) 917-994; CXV (1888) 5-92; CXIX (1889), Abh. 9, 1-66; CXXIII (1891) 1-85; CXXXIX (1898 1-74.
Nápoles, Sergio, "Observaciones a Quetzalcóatl y Guadalupe", en *Tep* VII (1982) núms. 154/155, pp. 1, 12-14; núms. 156/157, pp. 1, 13; núms. 158/159, pp. 1, 10-11; núms. 160/161, pp. 1, 12-13; núms. 162/163, pp. 13, 16; núms. 164/165, pp. 1, 14-15; VIII (1983), núms. 166/167, pp. 1, 14; VIII, núm. 168, pp. 1, 12-13; núm. 169, pp. 1, 14-15; núm. 170, pp. 1, 6; núm. 171, pp. 1, 14-15.
Navarro García, Luis, *Las claves de la colonización española en el Nuevo Mundo (1492-1824),* Barcelona, 1991.
Nebel, Richard, *Altmexikanische Religion und christliche Heilsbotschaft. Mexiko zwischen Quetzalcóatl und Christus,* Immensee (Suiza), 1983, 1990.
———, "Internationale Konferenz über Befreiungstheologie in Vancouver" (6.-8. Februar 1986), en *ZMR* 70, H. 4 (1986), 310-312.
———, "Concepciones teológicas y filosóficas de los tlamatinime en la cultura náhuatl: hacia una teología liberadora", en *Logos* XIV, núm. 42 (1986), 41-61.
———, "Christological Aspects of the Ancient Mexican-Christian Popular Piety in Modern Mexico", en *Verbum* SVD 27 (1986) 43-52.
———, "Aspectos cristológicos en la religiosidad popular antiguo mexicana-cristiana en el México de hoy", en Kohut, K. -Meyers, A. (comps.) *Religiosidad popular en América Latina,* Frankfurt, 1988, 178-190.
———, Bericht über das Symposion «Encuentro de Reflexión Guadalu-

pana», San Juan Tlacatecpan und Gründung eines «Instituto de Pedagogía Guadalupana», México, D.F., en *NZM* 45 (1988), 233-234.

———, "Aspectos cristológicos y mariológicos de la religiosidad popular mexicana; continuidad y transformación", en *América: encuentro y asimilación,* actas segundas Jornadas de Historiadores Americanistas (Santa Fe, Granada: 7 a 12 octubre de 1988), Granada, 1989, 125-142.

———, "Kindererziehung in Altmexiko", en Beck, Rainer (comp.), *1492. Die Welt zur Zeit des Kolumbus,* München, 1992, 118-125.

———, "Santa María Tonantzin Virgin of Guadalupe. Aztec-Christian Dialogue in Mexico", en *StID* 2 (1992) núm. 2, 152-163.

———, "El rostro mexicano de Cristo", en Franz Damen-Esteban Judd Zanon (comps.), *Cristo crucificado en los pueblos de América Latina,* Cuzco-Sicuani-Quito, 1992, 59-82.

———, "Santa María Tonantzin Virgen de Guadalupe - Pastoral und Volksreligiosität", en Bruno Schlegelberger-Mariano Delgado (comps.), *Ihre Armut macht uns reich. Zur Geschichte und Gegenwart des Christentums in Lateinamerika,* Berlín-Hildesheim, 1992, 144-164.

Neumann, Erich, *Die große Mutter,* Freiburg, 1974.

Nicoselli, Anastasio, *Relación histórica de la admirable aparición...de Ntra. Sra. de Guadalupe,* México, 1871.

Nieto, Francisco, Sermón, en Memorandum de la Solemnidad con que se celebró en Morelia la concesión del Nuevo Oficio Eclesiástico en honor de María Sma. de Guadalupe, Morelia, Mich., 1895.

Nissen, Johannes, *Poverty and Mission.* New Testament Perspectives, Leiden - Utrecht, 1984.

Noguez Ramírez, Francisco J., *The Apparition and the Early Cult of the Virgin of Guadalupe in Tepeyac, México City. A Study of Native and Spanish Sources Written in the Sixteenth and Seventeenth Centuries,* Ann Arbor, Michigan, 1987.

Nutini, Hugo G. - Barry, L. Isaac, *Los pueblos de habla náhuatl de la región de Tlaxcala y Puebla,* México, 1974.

Obeso, Sergio, Directrices Generales para el Plan Diocesano de Pastoral de Conjunto 1980-1990 (Arquidiócesis de Xalapa, Ver., México), Xalapa, Ver., 1981.

Obregón, Gonzalo, "Los baluartes de México", en *Artes de México,* 15, (1968), núm. 113, 24-39.

Ocaña, Fr. Diego de, *Un viaje fascinante por la América hispana del siglo XVI,* Madrid, 1969.

Ocaranza, Fernando, *El imperial Colegio de la Santa Cruz de Santiago Tlaltelolco,* México, 1934.

O'Gorman, Edmundo, *La invención de América,* México, 1958, 1977.

———, "Una aberración histórica", en *Historiae Variae,* edición conmemorativa XXV aniversario de la fundación del Departamento de Historia (1957-1982) (UIA), vol. I, México 1938, 67-88.

———, *Destierro de sombras. Luz en el origen de la imagen y culto de Nuestra Señora de Guadalupe del Tepeyac,* México, 1986.

Olimon Nolasco, Manuel, "Dos aspectos de la cultura mexicana en el siglo XVIII: el guadalupanismo. La idea de la historia", en *EfMex* 3 (1985), núm. 8, 21-80.

Olivera de Bonfil, Alicia, "La Iglesia en México, 1926-1970", en Wilkie, J.W., Meyer, M.C., Wilkie, E. M. de, y otros (comps.), *Contemporary Mexico,* Berkeley, 1976, 295-316.

Orlandis, J., y Ramos-Lisson, D., *Die Synoden auf der Iberischen Halbinsel bis zum Einbruch des Islam* (711), Paderborn 1981.

Orozco y Jiménez, Francisco, *El culto guadalupano en Londres,* documentos coleccionados y ordenados por el Lic. J. Ignacio Dávila Garibi..., Guadalajara, Jal., 1923.

Ortiz de Montellano, Guillermo, "Análisis lingüístico del *"Nican Mopohua"* (50 entregas), en *Tep,* ed. por el CEG desde 1976, continuación núm. 50 en *Tep* VIII, núms. 166-167 (1982), 2-3.

———, *Nican Mopouha,* México, 1989.

Ortiz Echaniz, Silvia, *Una religiosidad popular: el espiritualismo trinitario mariano,* México, 1990.

Osorio Romero, Ignacio, *Colegios y profesores jesuitas que enseñaron latín en Nueva España (1572-1767),* México, 1979.

Ossa, Leonor, *Die Revolution - das ist ein Buch und ein freier Mensch. Zur Inkulturation des Christentums in Lateinamerika,* Hamburgo, 1973.

Padua, Antonio María de, *La madre de Dios en México.* Leyendas y tradiciones religiosas é historia anecdótica de las principales imágenes milagrosas de la Santísima Virgen María y de Nuestro Señor Jesucristo veneradas en los templos Católicos de México, 2 tomos (Edit. J. Ballescá), México, 1888.

Pagels, Elaine H., "What became of God the Mother? Conflicting Images of God in early Cristianity", en *Signs* 2 (1976), núm. 2, 293-303.

Palomera, E. J., *Fray Diego Valadés, O.F.M. Evangelizador Humanista de la Nueva España.* I: Su obra, México, 1962.

Pardave, Amado G., *Las flores de Tepeyac,* Firenze, Italia, 1930.

Pardo Pulido, Ramón, *La Villa de Tingüindín de Argandar en el estado de Michoacán. La Virgen Santísima de la Asunción como su reina, madre y patrona,* Guadalajara, Jal., 1983.

Paredes, Ignacio de, *Promptuario Manual Mexicano...* (en náhuatl) (Imp. Biobliotheca Mexicana), México, 1759.

Paz, Octavio, *El laberinto de la soledad,* México, 1950, 1959.

Pazos, Manuel R., "La Asunción de Nuestra Señora en las misiones franciscanas de Méjico", en *AJbAm* XIII (1953), núm. 51, 329-352.

Peña y Cámara, José de la, *Guadalupe y la hispanidad,* Madrid, 1965.

Peñafiel, Antonio, *Cantares en idioma mexicano,* reproducción facsimilar del manuscrito original existente en la Biblioteca Nacional, México, 1904.

Peñalosa, Joaquín Antonio, *Flor y canto de poesía guadalupana siglo XIX,* México, 1985.

Pérez de Rivas, Andrés, *Crónica y historia religiosa de la provincia de la Compañía de Jesús de México en Nueva España,* tomo I, México, 1896.

Perea, Francisco J., *Cuatrocientos cincuenta años a la sombra del Tepeyac,* México, 1981.

Pereña, Luciano *et al., Inculturación del indio,* Salamanca, (España), 1988.

Pérez Memén, Fernando, *El episcopado y la independencia de México (1810-1836),* México, 1977.

Perfetti, Claudio, *Guadalupe. La Tilma della Morenita,* Milano, 1987.

Pescatello, Ann, "The Female in Ibero-America: An Essay on Research Bibliogrphy and Research Directions", en *LARR* 7 (1972), núm. 2, 125-141.

Piault, Bernardo, *La Virgen de Guadalupe en México,* México, 1975.

Pietschmann, Horst, *Staat und staatliche Entwicklung am Beginn der spanischen Kolonisation Amerika,* Münster, 1980.

———, *Die staatliche Organisation des kolonialen Iberoamerika,* Stuttgart, 1980.

———, "Die Conquista Amerikas: ein historischer Abriss", en Kohut, Karl (Hrsg.), *Der eroberte Kontinent,* Frankfurt, 1991, 13-30.

Pinto Ferreira, Joao A., "Nossa Senhora de Copacabana. Elemento Contribuinte para a Humanizacao Religiosa da Regiao Duriense", en *REtn* XIII, t. I (1969), núm. 25, 137-164.

Platzeck, Erhard Wolfram, *Raimund Lull,* 2 Bde. Düsseldorf 1962/64.

Pompa y Pompa, Antonio, *Álbum del IV centenario guadalupano,* México, 1938.

———, *El gran acontecimiento guadalupano,* México, 1967.

———, *Un radical problema guadalupano,* México, 1976.

Ponce de León, Pedro, "Breve Relación de los Dioses y Ritos de la Gentilidad", en *AMN* 6 (1892) 3-11.

Porres Alonso, Bonifacio, "Advocación y Culto de la Virgen del Remedio en España", en *HispSac* XXIII (1970), 1-79.

Prem, Hanns J., *Geschichte Altamerikas,* Munich, 1989.

Prien, Hans-Jürgen, *Lateinamerika: Gesellschaft - Kirche - Theologie,* 2 Bde., Göttingen, 1981.

———, "Artgemässes Christentum und lateinamerikanische Volksfrömmigkeit", en *ZKG* 94, XXXII (1983), pp. 338-356.

———, *La historia del cristianismo en América Latina,* Salamanca (España), 1985.

Quirozz, Alberto, *Odisea de la Virgen Morena* (historia y política), México, 1961.

Rahner, Karl, *Schriften zur Theologie,* Bd. 16. Zürich - Einsiedeln - Colonia, 1985.

Rahner, K. Vorgrimler, H., *Kleines Konzilskompendium,* Friburgo - Basel - Wien, 1966, 1969.

Ramos, Eduardo, *La Virgen de Guadalupe. Memorias de un criollo 1809-1810* (Edit. Dublan y Compañía), México, 1880.

Ramos Galicia, Yolanda, *Calendario de ferias y fiestas tradicionales del estado de Tlaxcala,* México, 1992.

Rangel Camacho, Manuel, *Virtudes y fama de santidad de Juan Diego. Siglos XVI al XX,* México, 1984.

Rasmussen, J.N., *Bruder Jakob der Däne O.F.M. Als Verteidiger der religiösen Gleichberechtigung der Indianer in Mexiko im XVI. Jahrhundert,* Wiesbaden, 1974.

———, *Fray Jacobo Daciano,* Zamora, Mich., 1992.

Rea, fray Alonso de la, *Crónica de la Orden de N.S. Padre San Francisco,* reimp. de la ed. de la Vda. de B. Calderón, México, 1643.

[Recopilación de las Leyes], *Recopilación de las Leyes de los Reynos de las Indias,* imp. por Julián Paredes, tomos I-IV, Madrid, 1681, 1973 (reimp. en facs.).

Reed, Alma R., "The Virgin of Guadalupe: Historical Background", en *MQR* 1 (1962), núm. 3, 170-180.

Reifler Bricker, Victoria, *El Cristo indígena, el rey nativo,* México, FCE, 1989.

Rendtel, Constanze, *Hochmittelalterliche Mirakelberichte als Quelle zur Sozial-und Mentalitätsgeschichte und zur Geschichte der Heiligenverehrung, untersucht an Texten insbesondere aus Frankreich,* 2 Bde., Düsseldorf, 1985.

Ricard, Robert, *La 'Conquête Spirituelle' du Mexique,* París, 1933. [Edición en español en el FCE.]

Ricard, Robert, "Les Apparitions de Notre-Dame de Guadalupe", en *RHMiss* 8 (1931), 247-262.

Río, Gabriel del, *La Guadalupana es española.* Documentos casi desconocidos que prueban el engaño de que ha sido víctima durante siglos el pobre pueblo mexicano, México, 1975.

Rius [=Eduardo del Río], *El mito guadalupano,* México, 1981.

Robelo, Cecilio A., *Diccionario de mitología náhuatl,* 2 vols., México, 1980.

Rodríguez, Antonio, D*er Mensch in Flammen. Wandmalerei in Mexiko von den Anfängen bis zur Gegenwart,* Dresden, 1967.

Rodríguez Castellanos, José Ma., "Documentos históricos: dos conquistadores de México radicados en Colima imploran en su lecho de muerte la protección de Nuestra Señora de Guadalupe", en *DC* (1912), núm. 4, 169-170; núm. 5,201-203; núm. 6, 282-285; núm. 7, 337-338.

Rodríguez, Jesús Ma., *El guadalupanismo: ayate social* (Edit. Hombre), México, s.a. [1986].

———, *El disfraz de los antiguadalupanos,* México, 1981.

———, *Don Lauro López Beltrán: cruzado mundial guadalupano,* México, 1986.

Rodríguez, Luis, *La Virgen Morena del Tepeyac,* México, 1977.

Rodríguez, Mauro, *Guadalupe: ¿historia o símbolo?,* México, 1980.

Roest Crollius, Ary A., "Inculturation and the Meaning of Culture", en *Greg* 61 (1980), 253-274.

———, "What is so new about Inculturation. A Concept and its Implications", en *Greg* 59 (1978), 721-738.

Rogel, H. Organista, Fr. - Marín G., *Fichero guadalupano* (ISEE), México, 1984.

———, *Libro Anual: Año 1981-1982;* Conmemoración Guadalupana, México, 1984, pp. 409-548.

Rojas Garcidueñas, *El teatro de Nueva España en el siglo XVI,* México, 1935, 1973.

Rojas Sánchez, Mario, *Nican Mopohua.* Dn. Antonio Valeriano, traducción del náhuatl al castellano por el presbítero Mario Rojas Sánchez (Imp. Ideal), México, 1978.

Rosa, Agustín de la, *Dissertatio Historico-Theologica de Apparitione B.M.V. de Guadalupe* (Typ N. Parga), Guadalaxarae, 1887.

———, *Defensa de la aparición de Ntra. Sra. de Guadalupe y refutación de la carta en que la impugna un historiógrafo de México* (Imp. Luis G. González), Guadalajara, 1896.

Rosales R., Salvador, *Pedagogía guadalupana* (ms.) (Parroquia San Isidro Labrador Oriente), Guadalajara, Jal., 1986.

Rosenfeld, Hellmut, *Legende,* Stuttgart, 1961, 1972.

Rubio, Germán, *Historia de Ntra. Sra. de Guadalupe,* Barcelona, 1926.

Rüger, Wolfgang, *Theorie der religiösen Mischung in Zentral-Mexiko im ersten Jahrhundert nach der Eroberung,* Hohenschäftlarn, 1986.

Ruiz de Alarcon, Hernando, *Tratado de las supersticiones y costumbres gentílicas que oy viuen entre los Indios naturales desta Nueva Espana,* en *AMN* 6 (1892) 123-223.

Ruiz de Alarcon, José Mariano, Sermón de Nuestra Señora de Guadalupe. Elogio panegírico que dijo Don José Mariano Ruiz de Alarcón, canónigo de la Santa Iglesia Real Insigne Colegiata de Nuestra Señora de Guadalupe de México, el 19 de diciembre, octava de la aparición, año de 1815 en la misma Colegiata, manifiesto el divinísimo sacramentado y asistencia capitular. Lo consagra con adición de las notas historiales á María Santísima de Guadalupe en protestación de su reconocimiento (Imp. D. Juan Bautista de Arizpe), México 1819, en *DocG* (1-G-7), t. II, doc. 24 (BLB/BSMG), [México] s.l.n.a.

Ruiz Medrano, José, "Patria Santa", en *Ábside* IX (1945), núm. 4, 367-379.

[Sacerdotes de Cuernavaca], "Reflexiones sobre la Nueva Basílica de Guadalupe", en *Correo del Sur* XIV, núm. 728 (22 de junio de 1975) 5.

Sahagún, fray Bernardino de, *Historia general de las cosas de Nueva España,* edición parcial en facsímil de los códices *Matitenses* en lengua mexicana, 5 vols., Madrid, 1905-1907.

———, *Historia general de las cosas de Nueva España,* México, (Edit. Porrúa) 1956, 1982.

Salazar y Salazar, Enrique R., Inicio y Desarrollo del Proceso Canónico de Beatificación y Canonización del Siervo de Dios Juan Diego (XIV Encuentro Nacional Guadalupano, 27-29 de abril de 1989), México, 1989 (Impreso separado, CEG).

Salinas, Carlos, *Juan Diego en los ojos de la Santísima Virgen de Guadalupe,* México, 1974.

Salinas, C. Mora, M. de la, *Descubrimiento de un busto humano en los ojos de la Virgen de Guadalupe,* México, 1976.

Salinas, Joel Romero, *Precisiones históricas de las tradiciones guadalupana y juandieguina,* México, 1986.

San Joseph, Fr. Francisco de, *Historia Universal de la Primitiva, y Milagrosa Imagen de N.ra Señora de Guadalupe...* Refiérense las Historias de las Plausibles Imágenes de nuestra Señora de Guadalupe de México: la del valle de Pacasmayo en el Perú: la de la Ciudad de la Plata... la de la imperial Villa de Potosí; y se toca la milagrosíssima Imagen de la Ciudad del Cuzco, Madrid, 1743.

Sánchez García, Julio, "La Virgen de San Juan de Los Lagos en México", en *ASFM* 8 (1954), 57-79.

Sánchez Lara, Rosa María, *Los retablos populares. Exvotos pintados,* México, 1990.

Sánchez Sánchez, Gerardo, *Religiosidad popular,* México, 1988.

Sánchez, Miguel, *Imagen de la Virgen María Madre de Dios Gvadalupe,* milagrosamente aparecida en la Civdad de México. Celebrada en su historia, con la profecía del capítulo doze del Apocalipsis (Imp. Viuda de Bernardo Calderón), México, 1648 (reimp. Cuernavaca, Mor., 1952).

Sánchez, Ramón Flores, *Juan Diego,* México, 1981.

Sandoval Godoy, Luis, *Reina de Jalisco. Historia y costumbrismo en torno a la imagen de Nuestra Señora de Zapopan,* Guadalajara, Jal., 1984.

Santamaría, Francisco J., *Diccionario de mejicanismos,* México, 1959.

Santander, Josefa Luisa, "Sacrificio y ofrendas en el culto a la Pachamama. Análisis de una ceremonia en Mina Pirquitas (Jujuy)", en *FolkAm* X (1962), núm. 10, 31-67.

Schadel, Erwin, y Voigt, Uwe (comps.), *Sein - Erkennen - Handeln. Interkulturelle, ontologische und ethische Perspektiven.* Festschrift für H. Beck, Frankfurt del Main, 1994.

Scharlau, B., y Münzel, M., *Qellqay. Mündliche Kultur und Schrifttradition bei Indianern Lateinamerikas,* Frankfurt del Main, Nueva York, 1986.

Scheffczyk, Leo, *Neue Impulse zur Marienverehrung,* St. Ottilien 1975.

Schillebeeckx, *Theologisch Geloofsverstaan,* 1983, Barn 1983.

Schlegelberger, Bruno, "Volksreligiosität [...] Überlegungen zum Gespräch zwischen Theologen und Ethnologen", en *Verbum SVD* 27 (1986), 85-88.

———, y Mariano Delgado (comps.), *Ihre Armut macht uns reich. Zur Geschichte und Gegenwart des Christentums in Lateinamerika,* Berlín-Hildesheim, 1992.

Schmidt, Paul, "Maria und das Magnifikat", en *Catholica* 2/3 (1975), 230-246.

Schmitt, Eberhard (comp.), *Dokumente zur Geschichte der europäischen Expansion,* 7 Bde. (München 1984 sig.): Bd. 1. Die mittelalterlichen Ursprünge der europäischen Expansion, 1986; Bd. 2: Die großen

Entdeckungen, 1984; Bd. 3: Der Aufbau der Kolonialreiche, 1987; Bd. 4: Wirtschaft und Handel der Kolonialreiche, 1988.

Schmelz, Bernd, *Kontinuität und Wandel religiöser Feste im Departamento Lambayeque (Peru),* Bonn, 1992.

Schnackenburg, Rudolf, "Das Magnifikat, seine Spiritualität und Theologie", en, del mismo, *Schriften zum Neuen Testament,* München, 1971, 201-219.

Schobinger, Juan, "México entre Cristo y Quetzalcóatl", en *El Nacional, Revista Mexicana de Cultura,* Nueva Epoca, t. II, núm. 3 (México, 11 de febrero de 1989), 1-3.

Schoembs, Jakob, *Aztekische Schriftsprache,* Heidelberg, 1949.

Schreiner, Klaus, "Zum Wahrheitsverständnis im Heiligen- und Reliquienwesen des Mittelalters", en *Sae* 17 (1966), 131-169.

———, "'Discrimen veri ac falsi' - Ansätze und Formen der Kritik in der Heiligen-und Reliquienverehrung des Mittelalters", en *AKG* 48 (1966) 1-53.

Schulenburg Prado, Guillermo (ed.), *450° Aniversario 1531-1981.* Congreso Mariológico, México, 1983.

———, "Breve reseña histórica de los hechos del Tepeyac", en *Artes de México,* 15 (México 1968), núm. 113, 5-23.

Schultze - Jena, Leonhard, *Alt-Aztekische Gesänge,* Stuttgart, 1957.

Seabra, Paulo, "Autorretrato de Nuestra Señora", en *O Cruzeiro* 4 (1960), núm. 24, 14-18.

Segl, Peter, *Königtum und Klosterreform in Spanien,* Kallmünz, 1974.

Seler, Eduard, *Gesammelte Abhandlungen zur Amerikanischen Sprach- und Altertumskunde,* 5 vols., Berlín 1902-1923 (Nachdruck, Graz, 1960).

Sentíes R., Horacio, *La Villa de Guadalupe. Historia, estampas y leyendas,* México, 1991.

Sentíes Rodríguez, Horacio, *Quién fué Juan Diego* (ms.), México, 16 de septiembre de 1987 (inéd.).

———, "La Villa de Guadalupe. Estampas y Leyendas. Los pueblos de la Delegación Gustavo A. Madero: Santa Isabel Tola", en *Metrópoli* (26 de julio de 1986) 10.

———, "San Juan Ixhuatepec", en *Metrópoli* (31 de julio de 1986) 6, (1 de agosto de 1986) 6.

———, "Santiago Atzacoalco", en *Metrópoli* (7 de agosto de 1986) 6, (8 de agosto de 1986) 6.

———, "Zacatenco y Ticomán en la historia", en *Metropóli* (14 de agosto de 1986), 6, (15 de agosto de 1986) 6.

Sentíes Rodríguez, Horacio, "Cuautepec, tierra de conquista", en *Metrópoli* (20 de agosto de 1986) 8; "Cuautepec, herencia de Cuauhtémoc", en *Metropóli* (21 de agosto de 1986) 8; "Cuautepec", en *Metrópoli* (México, 29 de agosto de 1986) 8, (México, 30 de agosto de 1986) 10.

———, "La Magdalena de las Salinas a través del tiempo", en *Metrópoli* (4 de septiembre de 1986) 6.

———, "La Tepeyac Insurgentes y Martín Carrera, dos barrios de la antigüedad", en *Metrópoli* (5 de septiembre de 1986) 6.

———, "San Bartolo Atepehuacan en el tiempo", en *Metrópoli* (12 de septiembre de 1986) 6.

———, "Breve historia de Santiaguito Atepetlac", en *Metrópoli* (13 de septiembre de 1986) 8.

———, *La Villa de Guadalupe, historia, estampas y leyendas,* México, 1991.

Serna, Jacinto de la, "Manual de Ministros de Indios para el Conocimiento de sus Idolatrías, y Extirpación de ellas", en *AMN* 6 (1892), 261-480.

Sievernich, Michael-Camps, Arnulf et al. (comps.), *Conquista y Evangelisation. 500 Jahre Orden in Lateinamerika,* Mainz 1992.

Sievernich, Michael, "Inkulturation und Begegnung der Religionen im 16. Jahrhundert Bernardino de Sahagúns Beitrag in Mexiko", en *ZMR* 71 (1987) H. 3, 181-199.

———, "500 Jahre Evangelisierung Lateinamerikas aus der Sicht der europäischen Theologie", en *OK* 30 (1989) 409-428.

———, "Imagination und Reflexion der Befreiung", en Schmied, W., Schilling, J., *GegenwartEwigkeit. Spuren des Transzendenten in der Kunst unserer Zeit,* Stuttgart, 1990, 47-54.

Sigal, Pierre-André, *L'homme et le miracle dans la France médiéval (XIe-XIIe siécle),* París, 1985.

Sigüenza y Gongora, Carlos, *Piedad Heroyca de Don Fernando Cortés,* Madrid, 1960.

Siller A., Clodomiro L., "Y la Guadalupana cambió la realidad" (entrevista concedida a *El Sol de México,* Febrero 6, 1979), en *EI* VIII, núm. 2 (1981), 311-315.

———, "Para una teología del *Nican Mopohua*", en *EI* V, núm. 4 (1975/76) 409-419, asimismo en *Servir* 62 (1976), 155-174.

———, "Anotaciones y comentarios al *Nican Mopohua*", en *EI* VIII, núm. 2 (1981), 217-274.

———, "El método de la evangelización en el *Nican Mopohua*", en *EI* VIII, núm. 2 (1981), 275-309; en *Servir* 93/94 (1981) 255-293.

Siller A., Clodomiro L., *Historia de las apariciones de Santa María de Guadalupe,* versión al castellano de D. Primo Feliciano Velázquez; introducción y comentario sobre el texto náhuatl de Clodomiro L. Siller A. (Ed. Servir), Xalapa, Ver., 1981.

———, "La evangelización guadalupana", en: *El* I (1984), 1-140; dt. Übersetzung von L. Kock, Hier wird der Reihe nach erzählt. Das Ereignis von Guadalupe. Urtext und Kommentar, Annweiler O.J. (Vorwort, 1988).

Siméon, Rémi, *Diccionario de la lengua náhuatl o mexicana,* México, 1977, 1981.

Simon Pelegri, Alfonso, "Santa María Tonantzintla", en *Mundo Hispánico* 25 (1972), núm. 294, 18-21.

Somonte, Mariano G., *Doña Marina, "la Malinche",* México, 1969.

Sosa, Francisco, *El episcopado mexicano,* con una breve noticia biográfica y un apéndice por Alberto María Carreño, 2 tomos, México, 1877, 1962.

Specker, Johann, *Die Missionsmethode in Spanisch-Amerika im 16. Jahrhundert,* Schöneck - Beckenried (Suiza), 1953.

Stanchina, Peer C., *Das Verhältnis von Staat und Kirche in Mexiko,* München, 1978.

Stietencron, Heinrich von (comp.), *Theologen und Theologien in verschiedenen Kulturkreisen,* Düsseldorf, 1986.

Streit, Robert, *Bibliotheca Missionum,* Bde. II u. III: Amerikanische Missiosliteratur, Atachen, 1924 u. 1927, Roma - Friburgo - Wien, 1969.

Suárez de Peralta, Juan, *Tratado del Descubrimiento de Las Indias...,* compuesto en 1589; nota preliminar de Federico Gómez de Orozco, México, 1949.

Subias Galter, Juan, *Imágenes españolas de la Virgen,* Barcelona, 1941.

Sullivan, Thelma D., *Compendio de la gramática náhuatl,* México, 1976.

Swadesh, Evangelina Arana de (coord.), *Las lenguas de México,* 2 tomos, México, 1975.

Sylvest, Edwin E. Jr., *Motifs of Franciscan Mission Theory in Sixteenth Century New Spain Province of the Holy Gospel,* Washington, 1975.

Talavera (Geron.), fray Gabriel de, *Historia de Nuestra Señora de Guadalupe Consagrada a la Soberana Magestad de la Reyna de los Angeles, Milagrosa Patrona de este Sanctuario.* Com priuilegio en Toledo en casa de Thomas de Guzma. Petrus Angelus, 1597 *fecit.*

Tanzi, Héctor José, "El pensamiento europeo y su influencia en la emancipación americana", en *RHA* (1981), núm. 92, 99-126.

Tapia Méndez, Aureliano, *El caballero de la reina: don Lorenzo Boturini*

Bernaducci, caballero del Sacro Romano Imperio...precursor de la coronación pontificia de Santa María de Guadalupe, Monterrey, N.L. 1917.

———, *Santa María de Guadalupe en el Nuevo Reino de León,* Monterey, N. L. 1973.

———, *Novena en Honor de Nuestra Señora de Guadalupe,* San Pedrito Tlaquepaque, Jal., 1984.

Taylor, William B., "The Virgen of Guadalupe in New Spain: an Inquiry into the Social History of Marian Devotion", en *AmEth* XX (1987), 9-33.

Tepe, Valfredo, "Cultura e teologia", en *REB* 46, fasc. 184 (1986), 739-759.

Terrazas, José Joaquín, *La bandera guadalupano-patriótica* (Imp. del Sagrado Corazón de Jesús), México. 1888.

Tirado López, Abel, *Nuestra Guadalupana en Santa Fe,* Argentina, México, 1964.

Tisné, P., y Milicua, D. J., *Spanien. Bildatlas der Spanischen Kunst,* Schauberg, Colonia, 1968.

Todorov, Tzvetan, *Die Eroberung Amerikas. Das Problem des Anderen,* Frankfurt, 1985.

Toledano Hernández, Manuel, *Las apariciones del Tepeyac, ¿mito o realidad?,* México, 1974.

Tonsmann, José Aste, *Los ojos de la Virgen de Guadalupe. Un estudio por computadora electrónica,* México, 1981.

Toor, Frances, *A Treasure of Mexican Folkways: The Custums, Myths, Folklore, Traditions, Beliefs, Fiestas, Dances and Songs of the Mexican People,* Nueva York, 1956.

Tornel y Mendivil, D. J. Julian, *La aparición de Nuestra Señora de Guadalupe de México,* comprobada con documentos históricos y defendidas de las impugnaciones que se le han hecho, 2 tomos (Imp. José María Naredo) Orizaba, Ver., 1849.

Torquemada, fray Iván de, *Monarquía indiana,* 3 tomos (Edit. Juan Aluarez del Marmol), Seuilla, 1615.

———, *Los veinte y un libros rituales y Monarquía indiana,* 3 tomos, Madrid, 1723.

Torre Villar, Ernesto de la, Los "Guadalupes" y la Independencia, con una selección de documentos inéditos, México, 1966.

———, "La Virgen de Guadalupe en el desarrollo espiritual e intelectual de México", en José Ignacio Echeagaray y otros (coord.), *Álbum commemorativo del 450 aniversario de las apariciones de Nuestra Señora de Guadalupe,* México, 1981, 225-269.

Torre Villar, Ernesto de la, *En torno al guadalupanismo,* México, 1985.
———, "El encuentro de la cultura occidental con las amerindias", en *HispChr* (1988), 545-566.
Torre Villar, Ernesto de la, - Navarro de Anda, T., *Testimonios históricos guadalupanos,* compilación, prólogo, notas bibliográficas e índices de Ernesto de la Torre Villar y Ramiro Navarro de Anda, México, 1982.
———, *Historia de México,* I-II, México, 1987.
———, Juan José de Eguiara y Eguren: *Biblioteca Mexicana, Monumentana Eguiarense,* tomo quinto. Compilación, prólogo y notas de E. de la Torre Villar con la colaboración de R. Navarro de Anda, México, 1989.
Toussaint, Manuel, *Pintura colonial en México,* México, 1965.
———, *Arte colonial en México,* México, 1948.
Trabulse, Elías, *Ciencia y religión en el siglo XVII,* México, 1974.
Tuck, Jim, *The Holy Warin in Los Altos. A Regional Analysis of Mexico's Cristero Rebellion,* Tucson, Ariz., 1982.
Tyrakowski, Konrad, *Patronatos marianos de pueblos y ciudades alrededor de Puebla-Tlaxcala/México,* Eichstätt, 1993 (ms. inéd.).
Ugarte, Salvador, *Catálogo de obras escritas en lenguas indígenas en México o que tratan de ellas,* México, 1949.
Ugarteche, Horacio Aníbal, *Copacabana y sus tradiciones religiosas. Vínculo espiritual de unión de Bolivia con el Brasil,* La Paz, 1967.
Ullrich, Elmar, *Die marianische Advokation und ihre Funktion als Personenname im Neuspanischen,* Würzburg, 1966.
Usigli, Rodolfo, *Corona de luz,* México, 1965 (reimp. 1973 y 1980).
Ussel C., Aline, *Esculturas de la Virgen María en Nueva España* (1519-1821), México, 1975.
Valdés, José Francisco, Devocionarios para Implorar el Poderoso Patrocinio de María Santísima en su Soberana Imagen de Guadalupe, dispuestos por el R.P. Fr. José Francisco Valdés, Religioso de la Provincia de San Diego, México, 1845.
Valenzuela Rodarte, Alberto, "El padre Florencia y las informaciones guadalupanas", en *Ábside* 31 (1967), 3- 28.
Valle, Rafael Heliodoro, *Santiago en América,* México, 1946.
Vargas Alquicira, Silvia, *La singularidad novohispana en los jesuitas del siglo XVIII,* México, 1989.
Vargas Ugarte, Rubén, *Historia del culto de María en Iberoamérica y de sus imágenes y santuarios más celebrados,* 2 tomos, Madrid, 1956.
[Varios], 1er. Congreso Nacional de Educación Indígena, *Memorias* (CNEP), México 1987.

[Varios], "Mexiko. An den Gott des Lebens. Brief und Resolutionen eines ökumenischen Treffens zur indianischen Theologie", en *WK* 1 (1991) 26-28.

Vázquez de Espinosa, fray Antonio, *Compendio y descripción de las Indias Occidentales,* edición y estudio preliminar por B. Velasco Bayón, O. Carm., Madrid, 1969.

Vázquez de Prada, V. Olabarri, Ignacio (comps.), *Balance de la historiografía sobre Iberoamérica [1945-1988].* Actas de las IV Conversaciones Internacionales de Historia [Pamplona, 10-12 marzo 1988], Pamplona, 1989.

Vázquez Santa Ana, Higinio, *Epigrafía, iconografía y literatura popular de Juan Diego,* México, 1940, 1961.

Vega, Salvador de la, *Italia guadalupana y los papas ante la Immaculata del Tepeyac,* México, 1936.

Velasco Rivero, Pedro de, *Danzar o morir. Religión y resistencia a la dominación en la cultura tarahumara,* México, 1983.

Velázquez Oliveres, Roberto, *La Virgen de Guadalupe. Reina del trabajo,* México, 1981.

Velázquez, Primo Feliciano, *La aparición de Santa María de Guadalupe,* México, 1931 (repr. facs., 1981).

Velázquez J., Manuel, "El fenómeno social del guadalupanismo", en *Servir* 62 (1976), 123-154.

Vera, Fortino Hipólito, *Tesoro Guadalupano.* Noticia de los libros, documentos, inscripciones & c. que tratan, mencionan ó aluden a la aparición y devoción de Nuestra Señora de Guadalupe, 2 tomos (Imp. del Colegio Católico), Amecameca, Edo. de Méx., 1887-1889.

———, *Informaciones sobre la Milagrosa Aparición de la Santísima Virgen de Guadalupe,* recibidas en 1666 y 1723. Publícalas el Presbítero Br. Fortino Hipólito Vera (Imp. Católica), Amecameca, Edo. de Méx. 1889 (reimp. 1946).

———, *Contestación histórica-crítica en defensa de la maravillosa aparición de la Santísima Virgen de Guadalupe.* Al anónimo intitulado: Exquisito Histórica, y a otro anónimo también que se dice Libro de Sensación (Imp. Escuela de Artes), Querétaro, Qro. 1892.

Vera, Rodrigo, "Exista o no, tendremos Santo. Se acumulan al va-por relatos de milagros de Juan Diego", en *Proceso,* 580 (1987), pp. 18-20.

Verduzco Villarreal, Jerónimo, *Virgo mater nostra. Piropos con huehuetl y violín para Nuestra Señora de Guadalupe,* Méjico, 1978.

Vernet, Juan, *Die spanisch-arabische Kultur in Orient und Okzident,* Zürich, 1984.

Vidal de Figueroa, José, Copia de un Sermón de Nuestra Señora de Guadalupe Predicado año de 1660. Teórica de la Prodigiosa Imagen de la Virgen Santa María de Guadalupe de México, En un Discurso Theológico que Predicó el Dr. D. José Vidal de Figueroa Colegial de Nra. Sra. de Todos Santos, cura Beneficiado de la Iglesia Parroquial de Texopilco, feligreses de Indios de la Metropolitana de la Nueva España. El día 12 de Diciembre en la Fiesta Anual de la Milagrosa Aparición... [ileg.] Impreso en México...Año de 1661 (Copia m.s.), en *DocG,* t. I (BLB/BSMG), México s.l.n.a.

Vidal Perri, Arturo, "Los orígenes de Ntra. Sra. de Guadalupe en el Uruguay", en *Libro Anual* X del Instituto Teológico del Uruguay Monseñor Mariano Soler, Montevideo 1983, 103-247.

Villacampa, Carlos G., *La Virgen de la hispanidad o santa María de Guadalupe en América,* Sevilla, 1942.

Villaseñor y Sánchez, Joseph Antonio de, *Theatro Americano:* Descripción...de la Nueva España y sus Jurisdicciones. Intr de F. González de Cossío, ed. facs. de la de 1746, México, 1952.

Villecourt, L., "Les Collections Arabes des Miracles de la Sainte Vierge", en *AnBoll* XLII (1924) 21-68.

Viñayo G., Antonio, *Santuarios marianos en tierras de León,* Madrid, 1987.

Voigt, Peter, *Tourismus und Mexiko,* Munich, 1981.

Waldenfels, Hans, *Kontextuelle Fundamentaltheologie,* Paderborn - München u.a. 1985.

——— (comp.), «...denn Ich bin bei Euch» (Mt 28,20). Perspektiven im christlichen Missionsbewußtsein heute, Zürich - Einsiedeln - Colonia 1978.

Warner, Marina, *Maria. Geburt, Triumph, Niedergang - Rückkehr eines Mythos?,* München, 1982.

Waston, Simone, *The Cult of our Lady of Guadalupe,* Collegeville, Minn. 1964.

Weber, Karl, "Johannes Paul II in Mexiko", en *Orientierung* 43, H. 3 (1979) 30-32.

Weckmann, Luis, *La herencia medieval de México,* 2 tomos, México, FCE, 1984.

———, "Las esperanzas milenaristas de los franciscanos de la Nueva España", en *HM* 32, núm. 1 (1982), 89-105.

Wilkie, James W., "The Meaning of the Cristero Religious War against the Mexican Revolution", en *JChSt* 8 (1966), 214-233.

Wlkie, J. W., y Meyer, M. C. y otros (comps.), *Contemporary Mexico,* Berkeley, 1976.

Willeke, Bernward H., "Mission und die Zeichen der Zeit", en *ZMR* 62 (1978) 169-182.

Willeke, Bernward H., "Missionarische Spiritualität und Gestaltwandel in der Mission", en Rzepkowski, H.: Allen alles werden. (Studia Instituti Missiologici Societatis Verbi Divini, Nr. 21), St. Augustin 1978, 75-86.

Williams, John, *Early Spanish Manuscript Illumination,* Londres, 1977.

Wilpert, Paul (Hrsg.), *Antike und Orient im Mittelalter,* Berlín, 1962.

Wolf, Eric, R., "The Virgin of Guadalupe: A Mexican National Symbol", en *JAF* 71 (1985), 34-39.

———, "Society and Symbols in Latin Europe and in the Islamic Near East: some Comparisons", en *AQ* 42 (1969), núm. 3, 287-301.

Zavala, Silvio, "Hernán Cortés ante la justificación de su conquista", en *RHA* 92 (1981), 49-69.

———, *La filosofía política en la conquista de América,* México, 1972.

———, "The American Utopia of the Sixteenth Century", en *HLQ* X (1947), núm. 4, 337-347.

———, "Catálogo de los Fondos del Centro de Documentación del Museo Nacional de Historia, en el Castillo de Chapultepec", en *AMH* 10 (1951) núm. 4, 459-495.

Zea, Leopoldo, *Ensayos sobre filosofía en la Historia,* México, 1948. [También hay edición del FCE.]

———, *Discurso desde la marginalización y la barbarie,* Barcelona, 1988.

Zetina Infante, Juan Pablo, *Sermón I.* panegyrico académico forense de la aparición de Nuestra Señora de Guadalupe la Mexicana, patrona jurada de la nobilissima ciudad de la Puebla de los Angeles. Predicado en la Octava de la Concepción, día 12 de diciembre de 1739 en la Santa Iglesia Cathedral de dicha ciudad, en presencia de ambos cabildos ecclesiásticos, y secular, en *DocG* (1-G-6), t. I, doc. 13 (BLB/BSMG), [México o Puebla 1740?] s.l.n.a.

Zimmermann, Günter (comp.), *Die Relationen Chimalpahin's zur Geschichte Mexico's,* tomo 1: Die Zeit bis zur Conquista 1521, Hamburgo 1963; tomo 2: Das Jahrhundert nach der Conquista (1522-1615), Hamburgo, 1965.

Zires, Margarita, "Reina de México, Patrona de los Chicanos y Emperatriz de las Américas", en Jesús M. Barbero (coord.), *En torno a la identidad latinoamericana,* México, 1992, 53-78.

Zires, Margarita, Nuevas estrategias político-religiosas. Cuando Heidi, Walt Disney y Marilyn Monroe hablan por la Virgen de Guadalupe, en *Versión* (1992), núm. 2, 57-90.

Zumárraga, Juan de, *Regla cristiana breve* (1547), edición, introducción y notas de José Almoina, México, 1951.

ÍNDICE DE DIVINIDADES ANTIGUAS MEXICANAS

ÍNDICE DE LUGARES

ÍNDICE ANALÍTICO

ÍNDICE GENERAL

Segunda Parte
El acontecimiento guadalupano en su estructura literaria

Tercera Parte
El acontecimiento guadalupano y la reflexión teológica

ANEXOS

Este libro se terminó de imprimir y encuadernar
en el mes de septiembre de 1996 en Impresora y
Encuadernadora Progreso, S. A. de C. V. (IEPSA),
Calz. de San Lorenzo, 244; 09830 México, D. F.
Se tiraron 2 000 ejemplares.